北京商务年鉴

（2013）

北京市商务委员会 编

中国商务出版社

图书在版编目（CIP）数据

北京商务年鉴. 2013 / 北京市商务委员会编. —北京：中国商务出版社，2013. 11
ISBN 978-7-5103-0978-6

Ⅰ. ①北… Ⅱ. ①北… Ⅲ. ①商务—北京市—2013—年鉴 Ⅳ. ①F727. 1—54
中国版本图书馆 CIP 数据核字（2013）第 287787 号

北京商务年鉴（2013）
BEIJING SHANGWU NIANJIAN (2013)
北京市商务委员会　编

出　版：中国商务出版社
发　行：北京中商图出版物发行有限责任公司
社　址：北京市东城区安定门外大街东后巷 28 号
邮　编：100710
电　话：010—64515141（编辑三室）
010—64283818（发行部）
网　址：www. cctpress. com
邮　箱：cctp@cctpress. com
照　排：金奥都科技发展中心
印　刷：北京民族印务有限责任公司
开　本：880×1230　1/16
印　张：27. 125　字　数：565 千字
版　次：2013 年 12 月第 1 版　2013 年 12 月第 1 次印刷
书　号：ISBN 978-7-5103-0978-6
定　价：150. 00 元

《北京商务年鉴（2013）》编辑委员会

《北京商务年鉴（2013）》编辑部

2012年2月商务部部长陈德铭调研北京家政服务行业

2012年6月北京市委副书记、市政协主席王安顺带队检查会议驻地食品供应筹备情况

2012年6月全国政协外事委员会副主任马秀红来京调研服务外包业发展

2012年9月北京市人大常委会副主任梁伟率团参加2012中国（贵州）国际酒类博览会

2012年4月商务部副部长姜增伟出席“2012全国消费促进月——畅想品牌展”活动

2012年3月北京市副市长程红出席2012世界零售业大会亚太分会并致辞

2012年12月北京市副市长程红出席北京特色商业系列推广及成果展示活动并为鲜鱼口老字号美食街和酷车小镇颁授市级特色商业街牌匾

2012年5月北京市商务委员会主任卢彦出席出口汽车产品质量安全示范区建设工作备忘录签署仪式

2012年12月北京市商务委员会主任卢彦赴丰台区、东城区检查再生资源回收站点建设情况

2012年9月北京市商务委员会领导出席“北京市中小商贸企业融资服务平台”启动仪式并讲话

2012年2月北京市商务委员会领导陪同市直机关工会领导和12家政府有关部门工会负责人参观考察酷车小镇文化产业园

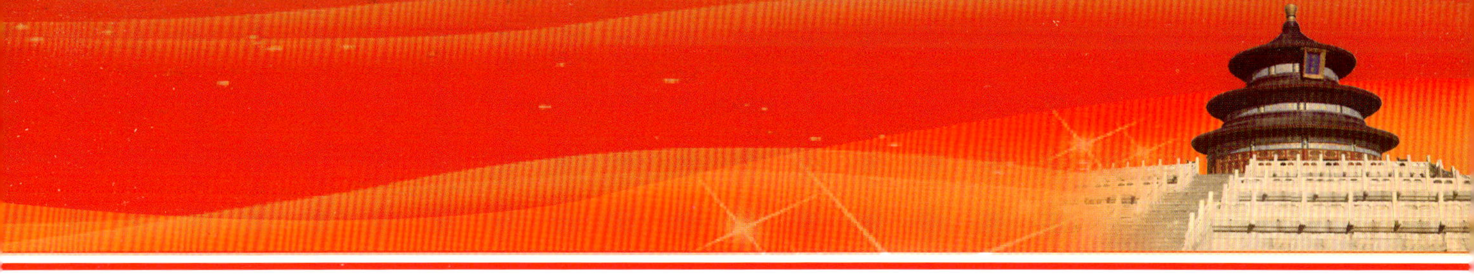

2012年9月北京市商务委员会领导到北京汇源食品饮料有限公司检查工作

2012年10月北京市商务委员会领导参加国际服务贸易统计直报系统培训会并作动员讲话

2012年7月北京市商务委员会领导巡查北京建工沙特项目建设进展情况

2012年10月北京市商务委员会领导会见美国商协会代表团

2012年12月北京市商务委员会领导出席“2012北京西城电子商务节闭幕式”并讲话

2012年6月北京市商务委员会领导会见德国科隆市副市长汉妮特 何柯女士一行

2012年8月北京市商务委员会领导到北京“城市一百”物流有限公司开展调研

2012年9月北京市商务委员会领导参加区县出口信用保险工作会议并讲话

2012年10月北京市商务委员会领导赴沃尔玛建国路店检查指导促销管理和单用途商业预付卡发行工作

2012年4月，北京市人民政府口岸办公室主任检查首都机场航站楼志愿者服务情况

2012年11月北京市粮食局局长到密云县调研县政府应急储备、军粮供应和退耕还林粮的储备和供应情况

2012年4月北京市商务委员会领导带队到海淀区中发百旺商城检查消防安全工作

2012年10月，北京市商务委员会领导在第二届中国（北京）国际服务贸易交易会广州推介会上讲话

2012年7月北京市商务委员会领导带队参加中国国际消费电子博览会

2012年1月北京市商务委员会领导带队走访慰问离退休老党员和困难党员

2012年6月北京市商务委员会领导陪同国家食品安全委员会、国家商务部等相关部门领导参加北京市食品安全宣传周屠宰企业开放日活动

2012年9月北京市商务委员会领导出席2012年中国融资租赁业发展高峰论坛并讲话

2012年9月“北京葡萄香、最美张家湾”农产品展示展卖活动在丰台区北京城乡超市小屯店开幕

2012年8月北京市商务委员会组织7家医疗器械“双自主”企业参加美国国际医疗设备展

2012年5月首届京交会重要专题之一“2012中国（北京）电子商务大会”开幕

2012年1月北京市商务委、北京市人力社保局等5部门授予黄永强等20名同志为北京市商业服务业中华传统技艺技能大师称号

编 辑 说 明

一、《北京商务年鉴（2013）》（以下简称《年鉴》）由北京市商务委员会《年鉴》编辑委员会编纂，是本市商务领域唯一的权威性、综合性年鉴。该书的前身——《北京商务概览》创刊于2003年，2004年分为外经贸卷和内贸卷。2005年将两卷合一，更名为《北京商务年鉴》，并由内部刊印改为公开出版发行。

二、《年鉴》全面、系统地记述了上年北京市商务领域的基本情况和取得的成就。封面年号“2013”表示本期《年鉴》于2013年出版，主要包括2012年1月1日至12月31日期间的工作成果、相关数据和工作照片，并在重要文献中涉及2013年全市商务工作安排。

三、《年鉴》的内容由商务部门各单位提供，内容广泛，资料详实，数据准确，逐年出版，具有宝贵的文献保存价值。

四、《年鉴》不仅能为政府机关领导决策提供参考依据，也可为国内外商务领域和其他各界人士提供相关的法规、政策和数据资料，对本市商务领域的发展具有现实指导意义，对商务领域的各项工作也具有专业指导作用。

五、《年鉴》创刊以来，承蒙商务部门各单位领导的大力支持和撰稿人的积极参与，受到有关人士的欢迎和鼓励，在此谨致谢意，并希望继续得到各界人士的关心和支持。

《北京商务年鉴》编辑委员会

二〇一三年六月

Editor's Notes

Ⅰ. *Beijing Commercial Yearbook* (2013) (hereinafter abbreviated as the Yearbook), compiled by the editorial committee of the Yearbook of Beijing Municipal Commission of Commerce, is the only authoritative and comprehensive yearbook in the commercial field in Beijing. The predecessor of the *Yearbook is Beijing Commercial Review* started publication in 2003. In 2004, the book was divided into two volume—Foreign Economy & Trade Volume and Domestic Trade Volume. In 2005, the two volumes were combined together as one book with the name *Beijing Commercial Yearbook*, which changed from a periodical for restricted circulation into a publicly published one.

Ⅱ. The Yearbook gives a comprehensive and systematic record of the basic situation and achievements in the commercial field in Beijing, "2013" in the cover means the *Yearbook* is published in 2013. The *Yearbook* mainly includes the achievements of work, the related data and work photos from January 1 to December 31, 2012, and involves the commercial work arrangement of Beijing in 2012 in some important documents.

Ⅲ. The contents of the *Yearbook* come from various authorities of Commerce. With rich material, wide coverage and accurate data, the *Yearbook* is a valuable document.

Ⅳ. The *Yearbook* can not only provide reference for the leaders of government authorities to make decision but also provide the related materials of laws, regulations, policies and data for domestic and overseas personnel in the commercial field as well as other fields. It can offer practical directions to the development of the commerce in Beijing and professional directions to specific work in the commercial field.

Ⅴ. We are deeply appreciative of the great support from Beijing Municipal Commission of Commerce, the active participation of the writers, and the enthusiastic encouragement of the related personnel since the publication of the *Yearbook*. We hope we would be concerned and supported continuously in the future.

Editorial Committee of *Beijing Commercial Yearbook*

June 2013

目　录

第一部分　重要文献

第二部分　法规、文件选编

第三部分 主要业务

第四部分 海关、检验检疫

第五部分　开发区、区县商务

第六部分 统计资料

第七部分 大 事 记

第八部分 附 录

CONTENTS

Part Ⅰ Important Documents

Part Ⅱ Selection of Rules, Regulations and Documents

Part Ⅲ Main Work

Part Ⅵ Customs, Inspection and Quarantine

Part Ⅴ Commercial Affairs of Development Area, Districts and Counties

Part Ⅵ Statistical Materials

Part Ⅶ Record of Major Events

Part Ⅷ Appendix

第一部分

重　要　文　献

程红副市长在2013年全市商务工作会议上的讲话

（2013年2月27日）

（录音整理稿）

同志们：

今天我们召开全市商务工作会议，系统总结2012年以及过去五年首都商务工作，对2013年的商务工作进行全面部署。刚才，卢彦同志回顾了过去一年主要工作，具体部署了今年重点任务，我都同意，请大家按照报告要求抓好落实。

一、2012年商务工作

在去年初的全市商务工作会议上，明确提出了在做好日常商务工作的基础上，办好“一件大事”、完成“三项重点任务”。一年来，在全市商务系统的共同努力下，圆满完成了商务发展的各项任务。我重点就办好“一件大事”和“稳物价、保安全”两个方面的工作谈一谈感想。

（一）办好“一件大事”

在党中央、国务院的高度重视下，在市委、市政府的坚强领导下，在有关各方的共同努力下，首届京交会取得了巨大成功。京交会永久落户北京，不仅是首都商务战线的一件大事，也是全市发展中的一件大事，同时还是我们国家对外开放的一件大事。首届京交会体现出高规格、高起点、高水平三个特点。

一是高规格。包括习近平同志在内的五位中央常委都以各种形式指导参与了首届京交会相关工作，温家宝总理亲自出席开幕式并做重要讲话；140多位国内外部长级以上的重要嘉宾出席各项活动；20位世界500强的全球总裁参加了京交会；市四套班子的领导几乎全都参与到京交会相关筹办工作和举办活动当中。

二是高起点。首届京交会共有82个国家和地区的客商参会参展，总成交额超过600亿美元，其中国际服务贸易交易额超过112亿美元，相当于第84届广交会。

三是高水平。主要体现在服务保障工作中，生产安全、食品安全零事故，会展服务和服务接待零差错，知识产权保护零投诉，得到了商务部、国内外嘉宾的一致好评。

首届京交会闭幕后，商务部门及时跟踪了签约500万美元以上的大项目。截至2012年年底，大项目实际成交额已超过签约额。通过京交会这一平台，客商们不仅找到了新的商机，也找到了很好的合作伙伴，交流和合作不断扩大。作为主办城市，我们感到非常欣慰，同时也对办好第二届京交会充满信心。感谢所有的委办局、区县和企业的参与！

（二）稳物价、保安全

在稳物价方面：面对2012年我市部分生活必需品价格上涨的较大压力，各级商务部门和发改、农业等部门积极创新工作模式，使稳物价如期达到了目标。在蔬菜问题上，创新流通模式，通过车载车售、产销对接等，控制成本、降低价格，很好地发挥了新业态的作用，蔬菜零售新模式菜价低于全市均价 20%以上，实现了真正的惠民、利农。去年，在全国 36 个大中城市中，我市蔬菜价格涨幅始终靠后，稳物价工作取得了一定成效。

在保安全方面：商务系统和相关部门加强指导和检查，广大的商贸企业加强自身安全管理，实现了生产安全和食品安全目标。特别是全力做好党的十八大等重大活动的服务保障工作，得到中央的充分肯定。在去年这样一个特殊的年份里，在商贸领域的安全问题上，大事没出，小事也没出，做得非常好。很多商业企业、外资企业都强化了生产安全和食品安全管理理念，在全国的店铺中推行北京的安全管理模式，效果明显。

在应急方面：在“7・21”特大暴雨山洪泥石流灾害以及“11・3”延庆等地的特大暴雪灾害之中，市商务委以及房山、门头沟、延庆、昌平等区县的商务部门，快速行动，保证了受灾群众的生活必需品得到及时供应。在刚果（布）爆炸事件中，外办、口岸、卫生、国资、海关、检疫、公安、应急办、商务等部门密切合作，及时转运伤亡同胞，开创了涉外应急新模式。在日常安全管理和应急保障中，大家经受了考验，也付出了很大努力。

此外，市政府 2012 年通过了商务领域两个比较重要的文件：一是出台《北京市贯彻落实国务院加快流通产业发展意见的实施方案》，二是针对商务领域新的增长点，出台《北京市关于促进电子商务健康发展的若干意见》。两个意见点面结合，为流通领域的长远发展奠定了一个良好的基础。

二、过去五年的主要成就

对首都商务来说，过去五年是一个很不平凡的发展阶段，这是贯彻落实科学发展观，发展速度最快、品质提升最显著的五年；是始终坚持改善民生，使市民得到商务保障和实惠最多的五年；也是商务系统积极参与全市办成大事、办好喜事，对首都经济社会贡献程度最高的五年。主要成就体现在五个方面：

（一）主要商务指标实现历史性跨越

消费、外贸实现翻番，境外直接投资增长 12 倍，利用外资年年上台阶。消费年均增长 15%，超过7 700亿元，连续五年成为全国消费规模最大的城市。货物贸易跨过 4 000亿美元大关，占全球的 1%，占环渤海地区的 45%；服务贸易超过1 000亿美元，占全国的 20%左右。累计利用外资超过 330 亿美元，占改革开放 35 年来总量近一半（47.5%），近五年年均增幅约 9.7%，为北京对外开放做出了历史性贡献。特别是 2012 年，在全国利用外资出现负增长的情况下，我们仍然实现了两位数增长。对外投资首次超过 10 亿美元，取得了跨越式的突破。

（二）民生商务基础体系建设取得重大进展

城乡便民商业体系全面、扎实推进。“一刻钟社区服务圈”已覆盖城区1 500多个社区，连锁超市和便利店实现郊区所有乡镇和千人以上大村全覆盖。作为商务惠民的工作重点，两个民生商务基础体系建设取得了重大进展。

1. 以蔬菜流通为龙头的农产品流通体系建设

2009年开始的新一轮菜篮子建设，明确了农产品流通重大基础设施的公益性质和“市抓批发、区抓零售”的工作格局。在批发环节，提出构建农产品供应“双核”保障新格局的思路，推进国有资本入股大型农产品批发市场，增强政府对市场的调控能力。在零售环节，市区两级政府本着“多模式、减环节、降费用”的宗旨，进行业态创新，率先推出6类12种蔬菜流通新模式，改造和新建规范化社区菜市场累计达300家，实现农产品产销之间、供应商和消费者之间的对接。海淀、西城、大兴等区县政府，出台政策、划定资金、指定机构，积极有序回购部分蔬菜零售网点。农产品流通体系建设在过去五年取得明显进展，得到了国家部委的充分肯定。

2. 生活必需品的应急保障调控体系

一方面深化区域合作联动机制，完善应急预案，在全国率先建立蔬菜政府储备，得到国务院的认可并在全国大中城市推广。另一方面加强应急投放系统的建设和管理。在服务保障2008年奥运会、2009年国庆等重大活动，以及应对2008年南方雨雪冰冻灾害和汶川地震、2011年食盐抢购风波等突发事件，包括岁末年初短期稳物价调控中，应急体系都发挥了重要作用。

（三）商务发展的质量和水平得到了进一步的提高

五年中，商务系统按照科学发展的总体方向，积极落实国家政策，适应发展要求，主动转型和调整结构，实现了结构的转换和提升。面对全市限车限房等涉及消费领域的重大政策调整，商务部门和企业积极转型，挖掘新的消费热点，在动态调整、优化结构中保持了消费的持续快速增长。积极贯彻科技创新和文化创新“双轮驱动”战略。在科技创新方面，按照政策上支持、管理上优待的方针，着力促进“双自主”的科技产品出口，“双自主”企业出口额占比连续三年大幅提高，从2010年的6%到2012年的10%；在落实文化创新驱动方面，商务、海关积极促进文化产品和服务出口，去年文化服务进出口总额增长超过18%。利用外资领域，结合我市实际，始终坚持内涵式增长，不求数量，注重项目的产业类别和质量。五年中增资项目和大项目基本占利用外资的70%，实现了良性的循环发展。

（四）商务对全市经济社会发展做出了重要贡献

商务领域涉及的批发零售、住宿餐饮、居民服务、仓储运输和商务服务五大行业对全市经济的拉动、支撑作用明显，对全市的GDP、就业、税收等贡献很大。2011年全市最终消费率达58.4%，对经济增长的贡献率为83.4%，在全国率先形成消费投资协调拉动的增长格局。商贸流通业已经成为保障城市安全运行、促进社会和谐发展的基础产业，成为拉动全市经济增长的支柱产业，成为转变发展方式的先导产业，成为提升城市影响力和国际竞争力的战略产业。

（五）服务全国和促进开放的枢纽作用更加突出

枢纽作用主要体现在两个方面：对国内来说，正日益成为全国的流通中心；从国际交往的角度上看，口岸建设迈上了一个大台阶。在商品的购销额、进出口等方面，北京带动了全国其他省市的发展；京交会、各省市商品大集等大型活动也体现了我市作为全国流通中心的影响力。国际合作方面，口岸经济体系建设一年一个大台阶，一年一个大项目。天竺综保区与首都机场全面对接，亦庄保税物流中心揭牌运营，平谷国际陆港开通运营，通州口岸建设成功启动，通过利用稀缺的口岸资源，已初步构建成一个功能优化、布局合理、多元配合、有序衔接的口岸经济体系，辐射作用大大增强，有力地促进了地方经济的发展。为此，感谢所有给予支持的中央部委，感谢发改、财政、规划等相关部门和区县的努力，感谢几个功能区的真抓实干。

过去五年，首都商务工作取得了巨大的成就，这是市委市政府正确领导的结果，是各个区县政府、相关委办局积极支持和配合的结果，更是全体商务工作者、全市商贸企业干部职工以及相关商贸协会奋力拼搏、扎实工作的结果。首都商务战线的同志们能够围绕大局，创新开展工作，始终保持了良好的精神状态，出色地完成了各项任务。正如郭金龙书记在商务部门调研时所指出，商务工作在调结构保增长、稳物价惠民生等全市中心工作中，挑了大梁、出了大力。在此，我受王安顺市长的委托，代表市政府，对各单位的支持表示衷心感谢！对同志们的艰辛付出和顽强拼搏，表示崇高敬意！

三、2013 年商务工作重点

2013 年是全面贯彻落实党的十八大精神的开局之年，是实施“十二五”规划承前启后的关键一年，也是新一届市政府履职的第一年。党的十八大对于加快转变经济发展方式、保障和改善民生提出了更高要求，市十四届人代会也对全年的经济发展提出了新目标。我重点从保增长、惠民生、调结构和转作风四个方面谈谈 2013 年商务工作的重点要求。

（一）统筹推进保增长

最近，中央谈到经济形势时经常提到“底线思维”。作为一个发展中大国，经济发展同时对稳定就业、稳定社会起到基础性的作用，保持经济持续较快增长，是一个总的要求。市十四届人代会一次会议确定了今年全市经济增长的预期目标是 8%，据此测算消费增长应保持在 11%左右。此外，还要保持进出口和国际合作交流稳定发展。商务工作责任重大。

1. 消费工作

安顺同志在市委十一届二次全会时指出，消费在多年增长的高基数上要继续保持 11%的增长，确实不易。通过走访企业和座谈我们也了解到，企业普遍感到市场需求不旺、成本上升，尤其去年年末至今年年初，消费市场出现了一些新的变化。据统计，今年 1 月以来，我市只有 5 个区县达到了消费增长分解指标，朝阳、海淀等权重大区增长情况均不理想。所以，我们要在工作中进一步解放思想，创新方式，开动脑筋，勇于革新，在市场的实践中、在满足消费者需求的过程中逐步调整产业结构和企业经营模式，适应市场变化的需要。

在消费方面，强调三个“统筹”。

一是统筹本地消费与外地消费。本地消费中，着力做好民生消费工作，要下大功夫，努力让民生消费更加便捷、安全，使消费增长有一个稳固的基础。今年将延续对各区县的考核、奖励等机制，力度更大，督查更紧。希望大家高度重视，真正从一个消费者、从一个市民的角度，把民生消费做实、做深、做细。另一个重要方面是外来消费，要进一步发展特色商业，充分利用部分国家

72小时过境免签等政策优势，吸引国际消费和周边省市进京消费。在做好本地以民生消费为核心的消费工作的基础上，积极扩大外来消费。

二是统筹商业促销和环境优化。在引导企业商业促销的同时，紧抓消费环境的优化，把环境优化作为北京消费的品牌树起来、唱出去。商业促销侧重于销售过程，消费环境优化则重点解决售前和售后问题。能够及时落实消费的各项权益保障工作，才是北京消费环境的优势。目前，全市已有4 500家消费者权益保护绿色通道，受到了消费者的普遍欢迎。请工商、商务一起联手，大力推进，积极宣传，做好消费环境优化工作，吸引周边消费。

三是统筹发挥传统业态和新兴业态的作用。在发展传统业态的同时，积极发挥电子商务等新兴业态的作用。这几年电子商务发展迅猛，截至2012年末网上零售额已接近600亿元，增速达99.8%，贡献率达29%，占社零额的比重达7.7%。尤其我市B2C模式的几家龙头企业占全国的市场份额非常高。成立不到九年的京东商城，2012年在全国的销售额已突破600亿元，拥有1亿多名顾客、4万名员工。电子商务作为一个新兴业态，适应了信息化社会的发展趋势。市商务委和各区县商务部门要团结一致，共同引导新兴业态和传统业态的商业企业积极挖掘潜力、挖掘亮点，努力保持消费持续增长。

2. 对外贸易工作

对外贸易不仅要巩固传统市场，还要积极寻找增长点，开拓新市场。2012年，同仁堂等12家“老字号”企业在德国科隆参加“北京一科隆”中国节活动，受到了当地市民的热烈欢迎，展销产品被抢购一空。这说明即使是在非常成熟的欧盟国家，仍然有市场空间，需要做的是多动脑筋，抢抓机遇，构建渠道，促进交易的实现。

在服务贸易领域，要利用京交会的综合平台作用，促进服务贸易更上新台阶。目前，北京服务贸易已占对外贸易的1/5，体现出北京以服务业为主体的城市发展特点。在对外贸易结构上，要注重发挥服务贸易与货物贸易的优势，互相促进，协调发展。

3. “引进来”与“走出去”工作

统筹推进“引进来”和“走出去”，积极利用好国内与海外两个市场。“引进来”要坚持走内涵式发展的道路，注意把握产业性质，扩大绿地投资，使有限的资源充分发挥作用。在“走出去”方面，希望继续大踏步前进。去年我市率先建成全国首个国家级出口汽车产品质量安全示范区，使检验管理节省时间，降低成本，给企业带来很多便利。2012年，我市汽车出口增幅达22%，高于全国平均水平，成为拉动出口一个新的支柱产业。同时，北汽福田等企业还可以到东南亚等国家和地区直接设厂，使产品出口、资本输出和配套服务“走出去”全面统筹起来，发展的势头非常好。

（二）扎扎实实惠民生

惠民、便民始终是商务工作的天职和宗旨。如何做好民生商务工作，强调两点：

1. 全面落实“菜篮子”和“米袋子”责任制

本届政府任期的五年将继续狠抓“菜篮子”建设。我们要做“菜市长”，把蔬菜流通工作一抓到底，希望各级政府、各级商务部门都把“菜篮子”作为一项长期的民生工作持续做好。“市抓批发”主要落实三项责任：一是保供应，特别是把政府储备管好、建好；二是保安全，确保应急时候也有基本保障；三是稳物价，防止市场价格波动过大。零售方面，市政府侧重出要求、出标准、出政策，区县负责落实到位。今年市政府将出台蔬菜零售网络建设管理办法，对于老百姓提出的小区缺乏配套生活设施等相关问题也会出台政策法规。关于“米袋子”，李克强同志在今年专程赴国家粮食局调研时，提出要将粮安工程作为一项底线工程，要求在落实“米袋子”省长负责制方面出台一些新的保障机制。我们将按照国务院的新要求，结合近几年我市探索开展的“米袋子”分级负责制，系统地将“米袋子”省长负责制进行细化和落实。

2. 持续推进便民商业服务网络水平的提升

商务领域要大力提倡商业服务业的精细化管理，强调质量导向，进一步提升便民商业网络的服务水平。工作的核心是注意“三化”：品牌化、连锁化、信息化。要引导品牌企业、连锁化企业向郊区和城乡结合部发展，降低价格、规范服务。金龙书记和安顺市长在十一届二次全会上专门提出，各个区县要拿出网点，拿出政策，相关商务部门进行配合，让品牌化和连锁化的企业更好地在便民商业服务网络中发挥作用。要在社区便民商业网络中倡导信息化，把行业发展的方向落实到便民的服务体系中，用产业的升级实现更好地为百姓服务。商务民生工作，要尽量向连锁化、规范化的企业倾斜。便民企业最大的优势是有网点，紧贴老百姓、紧贴社区，政府的一些公益性项目可以优先选择这些企业去实施。通过工作创新、精细化管理，努力提升生活服务业的品质。

（三）创新方式调结构

北京发展进入了深度调整的关键时期。在这个时期，商务的各个领域、各个产业如何加速调整，加速结构和发展方式的转变，值得我们深思。关于调结构，从全局的角度强调三个方面：

1. 发挥京交会的综合平台作用

首届京交会开幕式上，温家宝总理语重心长地说，京交会承载着促进中国服务业和服务贸易发展的历史使命。金龙书记和安顺市长在今年全会以及政府工作报告中多次强调京交会，把京交会看作是中央对北京的重视、支持和关怀。市委市政府对于办好第二届京交会充满期望。目前，第二届京交会筹备工作进展顺利。开幕当天，将由联合国贸发会议组织召开全球服务贸易领域最具权威的会议——第二届“全球服务论坛·北京峰会”。有关政要以及联合国领导届时将出席会议，也会在京成立服务贸易领域的国际组织，进一步提升北京的国际影响力。京交会刚刚起步，正处在一个爬坡的关键时期，相关参与部门特别是作为组织单位的商务部门要全力以赴，用国际化的思维、用商务人士的思维、从国际惯例的角度办好第二届京交会。这仍然是今年商务工作的一个大事，关系到国家商务品牌的树立。

2. 推动总部经济聚集和升级

据不完全统计，我市包括央企、外资企业和民营企业在内的总部已经有1000多家，数量不多，但在地区生产总值和综合税收中所占比例都接近一半，对首都经济起着非常重要的作用。全面推进总部经济建设，涉及三方面工作：

一是跨国公司地区总部。重点是继续引

进和集聚，并加强能级的提升。最近国家外汇管理局正在进行外汇集中管理试点，我市已有 7 家企业进入试点范围，有将近 200 家成员企业的资金可以在全球范围内调度，非常利于总部资金的结算和调度。我们不但要抓住类似的政策机遇，还要主动提出政策需求，在引进总部的同时，促进总部能级的升级。朝阳、东城、西城等总部企业比较多的区县，更要做好这方面的工作。

二是央企总部。商务委要配合外联办等单位促进央企与本地经济结合，强化与本地企业的合作，更好地带动地方企业。

三是民营企业总部。民营企业的发展规律一般是先从地方起步，待发展壮大后，将总部向北京、上海等大城市迁移。作为首都，北京有很多独特优势。今年，金龙书记专门提出，总部政策要向民营企业延伸。市、区商务部门、工商联、投促局等部门要加强研究、协调，出台有力政策，真正把总部经济、首都经济这一亮点做得更亮，优势进一步做强。

3. 深度推动行业的转型升级

商业餐饮业升级是永恒的命题。除了低端业态升级之外，今年部分高端企业也要进行转型。高端餐饮、高端服务必须要看清消费发展的内在规律，下定决心，及时转型、调整，踏踏实实做好为顾客服务的工作，同时要发挥自身优势，开拓新的领域。今年市场的变化使某些企业的转型具有迫切性，关系到企业的生存问题。企业要适应消费、适应市场，而且越早适应、越早调整，越是主动。希望企业能够进一步增强转型升级的紧迫感。

从政府部门的角度上来说，做好转型升级要“三抓”。

（1）抓企业的品牌建设。品牌建设对于企业和行业的发展都十分重要。北京连续五年成为全国消费规模最大的城市，但是如果没有很强的品牌企业，将会非常遗憾。希望在座的企业要真正地从战略上重视品牌建设。对于商务部门来说，内贸要注重“老字号”等商业品牌发展，外贸要扶持爱国者、北汽福田等“双自主”企业品牌，帮助自有品牌向国际国内市场“走出去”，进一步提高品牌影响力。

（2）抓从业人员的素质。服务业的质量靠从业人员的素质和技能体现，这一点政府要重视，企业也要重视。商务部门要继续做好百名大师、千人“民星”、万人培训等培训工作，同时组织从业人员专业技能的比武和人才选拔，使从业人员既有良好的技能，又有为民服务的精神，通过提高从业人员素质，提升行业整体的服务质量和服务效益。

（3）抓功能区的建设。近几年，商务部门做得比较成功的一项工作，是抓功能聚集区的发展，如口岸经济区、物流园区、电子商务区、商业特色街、商务服务业主题示范楼宇、外贸转型示范基地、服务外包示范区、经济技术开发区等等。这项工作市级要抓，区县更要抓，要持续加大力度。区县要把聚集发展和自身的特色经济密切结合起来，在建设功能区的同时注重二次升级，从公共服务的配套、公平环境的营造等方面研究一些政策，不断改善发展环境。

（四）认认真真转作风

今年要贯彻中央和市委关于转变作风的要求，以优良的政风和行风保证各项任务顺利完成。

1. 要深入调查研究，解决实际问题，更好地服务于市民和企业

要主动深入基层调研，听取服务对象的需求、意见和建议，遇到问题后认真研究，切实解决问题。今年市场压力大，外贸、内贸企业都在转型升级，非常需要政府部门及时给予协调和指导，必要时就共性问题研究出台一些政策。建议商务系统今年把调研工作作为专项工作进行经验交流，并适当评比。2012 年，海关、检疫、边检、外管等部门，在充分研究政策的基础上，积极协调配合、创造机会，在 798 文化艺术区建立了全国首个文化保税试验区，利用保税政策促进文化产品进出口。希望区县的同志也能够在调查、调研中发现问题，寻找政策的着力点，研究怎样争取政策、用足政策。今年要在涉外领域争取有首提政策，争取能够得到中央各部门的更大支持。请大家拿出在 2009 年、2011 年经济困难时期与企业并肩作战、贴身为企业服务的精神，深入调研，解决问题，继续为企业做好服务，为市民做好服务。

2. 要继续推进行政审批改革，提高行政效率

这几年在涉外效能上的改革已经有较大提升，外汇管理业务由平均 20 天缩短至 3～5天，普通企业通关时间平均缩短至进口 23.5 小时、出口 1.8 小时左右。这种效能的提高就是优化各种监管环境的结果，既节约时间成本，又能帮助企业赢得商机。所以，请大家以转变职能、提高效能为核心，继续做好改革工作。

3. 创新服务和管理的方式，进一步发挥社会力量的作用

政府要做好服务和管理工作，一定要充分调动社会力量。市委在十一届二次全会上提出要发挥民间商会和行业协会的作用，这是适应发展需要的。希望商务部门和相关部门一道，站在职能转变的高度，积极团结、引导、发挥行业协会的作用，更好地适应市场经济发展的要求；有关商会的负责人也要积极主动工作，与政府一起做好行业的服务管理。

近年来媒体在报道商务发展情况，包括京交会等重大活动时起到了重要的宣传作用，在反映市民和企业的合理需求方面起到了重要的桥梁作用，在揭露企业的不法行为和行业管理漏洞方面起到了重要的监督作用，在促进商业品牌建设、加快产业结构升级方面起到了积极的促进作用。今后，商务部门在转变职能、搞好服务和优化管理工作中，要进一步发挥媒体的作用，特别要发挥媒体的正能量作用；同时，也希望相关的媒体机构和媒体朋友们能够一如既往地关注、支持首都商务的发展。政府、市民和社会力量共同努力，共同推进首都更加科学、和谐地发展。

同志们，经过多年来的持续快速发展，首都商务工作已经站在了新的起点。回顾过去，我们倍感自豪；展望未来，我们也充满了信心。让我们在党中央国务院和市委市政府的正确领导下，深入贯彻落实科学发展观，同心协力，锐意进取，在首都商务转型发展中再谱写新的辉煌，在首都商务科学发展中再做出新的贡献。

2013年北京市商务工作报告

——服务民生　促进发展　努力推动国际商贸中心建设再上新台阶

北京市商务委员会主任　卢　彦

（2013年2月27日）

同志们：

今天召开全市商务工作会议，总结2012年商务工作，部署2013年重点工作任务。

一、2012年商务工作回顾

2012年，在市委、市政府的正确领导下，面对复杂严峻的国内外经济形势，全市商务系统按照稳中求进的总基调，着力惠民生、稳增长、调结构，不断推动各项工作创新突破，较好地完成了全年任务。

（一）服务和保障民生的基础更加坚实

1. 城乡便民商业体系不断完善

在城市社区，积极推进“六条线”进社区，便民商业服务网络覆盖1 500多个社区，基本实现城市较大规模社区全覆盖。在郊区乡镇，大力实施惠农工程，“家电下乡”商品累计销售109.1万台，3 100多家连锁超市和便利店深入郊区所有乡镇和千人以上大村，累计改造的189家农村集贸市场覆盖了郊区县所有乡镇。

2. 农产品流通体系不断创新

进一步确立农产品流通公益性，回收、回租、补建社区蔬菜零售网点104个，推动国资参股大型农产品批发市场，初步形成“市抓批发、区抓零售”新体制。10家开展“农超对接”超市果蔬农产品销售量15.6万吨，增长15%；蔬菜直营直供店累计达122家；车载蔬菜直销车服务范围覆盖107个社区，蔬菜零售新模式菜价低于全市均价20%以上，模式创新更好地实现了惠民利农。

3. 市场供应保障调控体系不断健全

继续巩固货源市场“日常供给”、商业库存“安全供给”、政府储备“应急供给”三道防线，市场调控和应急处置能力进一步增强。圆满完成十八大服务保障任务。“7·21”特大自然灾害期间，商务部门及房山、门头沟等区，紧急调运1 000多万元的生活必需品，及时保障了灾区群众基本生活需求和市场供应稳定。

（二）推动和促进发展的成效更加显著

1. 聚集发展取得新进展

初步形成两家国家级和六个市级外贸转型升级示范基地梯次结构；海淀、昌平等6个服务外包示范区离岸外包执行额30.7亿美元，增长53.6%；海关特殊监管区进出口额增长13%，高于全市增幅8.3个百分点；首批命名16座商务服务业示范楼宇；通州商务园和大兴区暨北京经济技术开发区两个电子商务聚集区获国家级电子商务示范基地称号；四大物流基地实现营业收入727亿元，增长21%。

2. 内涵发展实现新提升

“双自主”产品出口占全市出口比重达到10%；通讯、保险、金融、计算机和信息服务等新兴服务贸易领域出口增长30.6%，占比达75%，提高14.4个百分点，外贸出口结构更加优化。服务业实际利用外资占全市的85.9%，其中生产性服务业占全市的64.4%，提高9.4个百分点；全市累计认定跨国公司地区总部127家，设立投资性公司208家，吸引跨国公司总部企业和研发机构663家，继续带动产业结构转型升级。服务业境外直接投资增长64.3%，占全市境外直接投资的比重达88.5%；对外承包工程业务从传统的土木工程向矿产资源开发、新型能源利用等中高端业务转移，全年营业额增长16%，“走出去”能级不断提高。“中国铁矿石现货交易平台”、“中国燃料油现货交易平台”成功开市交易并实现平稳运行；首家千亿元规模的大宗商品交易市场在房山诞生；文物艺术品拍卖总成交额占全国的六成以上，高端交易实现新突破。首届京交会取得圆满成功，实现国际服务贸易交易额112亿美元，超过第84届广交会交易规模，呈现出高规格、高起点和高水平的特点，在提升城市国际影响力的同时，也有力带动了我市服务贸易和服务业的发展。

3. 融合发展创出新佳绩

开展中关村现代服务业综合试点工作，9个试点项目带动投资近8亿元；推动新能源汽车应用，70辆纯电动车陆续投入绿色物流运行；积极促进电子商务发展，实现网上零售额596.8亿元，增长99.8%，商务与科技融合成效显著。重点培育酷车小镇、鲜鱼口等26条市级特色商业街区，鼓励“老字号”与旅游产业相结合，全市旅游收入中的餐饮、购物占比达52.2%；支持文化“走出去”，全市广告宣传、电影音像等核心文化服务出口额增长13.2%，商务与文化旅游融合收效良好。

4. 规范发展迈上新台阶

引导商业零售企业诚信促销，纠正不规范促销行为155项；深入开展打击侵犯知识产权和制售假冒伪劣商品活动，协助捣毁窝点221个；认真清理整顿大型零售企业向供应商违规收费，退还或解决违规收费4 000余万元；开展商业服务业技能大赛，行业服务更加规范。扩大北京市“放心肉”工程推广建设试点范围，可追溯的“放心肉”达全市年生猪屠宰量的80%；提高酒类溯源管理信息化水平，广泛推广使用低钠盐，有力保障了流通领域食品安全。加强检查、严格执法，整改商业安全隐患和问题5 000多个，确保了全行业未发生较大以上生产安全事故。

（三）统筹和协调推进的商务发展机制不断健全

1. 消费增长促进机制作用继续显现

一是合力推动。调动区县、行业协会和商业企业促消费积极性，全市共举办各类促消费活动100多场次，推动社会消费品零售额迈上新台阶；西城、延庆、密云等区县促消费活动主题鲜明，效果突出，东城、石景山、顺义和怀柔等15个区县完成或超额完成社会消费品零售额增长任务。二是政策促进。开展家具以旧换新试点月活动，拉动当月全市家具类商品销售额增长11.9%，高于2012年增幅7.2个百分点；结合老旧机动车更新换代，拉动新车销售36万辆；继续实施刷卡促销政策，全年刷卡消费额占社会消费品零售额比重超过75%。

2. 外贸增长协调机制效果明显

为企业实际办理出口退免税278亿元，增长10.1%；简化银行办理贸易收付汇业务流程，所需时间减少70%左右；加快通关速度，普通企业通关时间平均缩短至进口23.5小时、出口1.8小时左右；扩大出口信用保险规模，受益企业覆盖率超过80%。支持“双自主”企业扩大出口，率先建成全国首个国家级出口汽车产品质量安全示范区，汽车成为“双自主”出口的第一大产品；广交会等境内外展会上，本市参展的“双自主”企业占70%以上。

3. 联动发展促进机制成效显著

首都国际机场汽车整车进口口岸功能和部分国家旅客72小时过境免签政策获批。各类外贸政策咨询会、宣讲会、培训会助力企业开拓国际市场。与朝阳、丰台、平谷等区县开展战略合作，引导726个外资项目落地相关区域。为相关外资企业办理土地款入境约16亿美元，破解了多年积累的难题。支持8家担保企业对275家中小商贸企业融资，带动直接投资150亿元，税收19亿元，就业增长15%。积极应对国际贸易摩擦，帮助“双自主”企业首次成功应对美国337知识产权调查。

4. 区域商务合作机制不断深化

农产品货源供应区域商务合作由最初的7个省区市扩大到9个，与30个蔬菜产地签署长期合作协议，蔬菜供应量增长12.5%，在服务首都市民的同时，服务产区菜农。举办“各省市商品大集”，为全国“名特优”商品和品牌进入首都市场搭建平台，累计吸引918个国内品牌落户，销售额超过3亿元，大集已成为各地品牌商品走向全国市场的“孵化器”。

回顾过去的五年，尤其是经过成功服务2008年奥运会、有效应对国际金融危机，全市商务实现了跨越式发展——机制不断创新，政策不断突破，法制不断健全，服务不断提升，指标不断刷新，贡献不断增加——与世界城市要求相适应的国际商贸中心建设已经迈出坚实步伐。

5. 社会消费品零售额接连跨上新台阶

五年内消费规模迈上四个千亿元台阶，自2008年起连续位居全国城市之首，2012年达7 702.8亿元，比2007年翻一番。货物贸易规模持续扩大，2012年实现4 079.2亿美元，是2007年的2.1倍。服务贸易保持全国领先地位，2012年首破千亿美元大关，增速高于全国10个百分点，是2007年的2.1倍。利用外资连创新高，接连跨过60亿、70亿美元台阶，2012年达80.4亿美元，增长14%，在全国吸收外资下降的背景下，实现了规模与质量同步增长。境外投资成十数倍增长，2012年突破10亿美元，达11.9亿美元，是2007年的12.6倍。口岸运营持续向好，2012年进出口货物监管量、征收关税及代征税分别是2007年的1.3倍和1.5倍；首都国际机场年旅客吞吐量排名从世界第九跃居为第二。

经过多年发展，商务领域已经成为首都经济增长十分重要的推动力量。

最终消费率自2006年起连续六年超过投资率，2011年达58.4%，超过投资率17.3个百分点，在全国率先形成消费投资协调拉动型经济增长格局。2012年，商务领域涉及的批发零售、住宿餐饮、居民服务、运输仓储和商务服务五大行业国地税收入占全市的30%、就业占全市的36.6%；外资企业缴纳的国地税占到全市的20.4%。市外和境外购销额占全市商品购销额的73.4%，为外省市进出口货物占全市的71%，分别比2007年提高了8.4和7.7个百分点，北京作为全国流通中心和资源配置中心的地位进一步巩固。2011年，全市货物贸易、服务贸易额分别占全球的1.07%和1.12%，比2007年各提高了0.31和0.35个百分点，实现了国际商贸中心战略确定的到“十二五”末在全球占比突破1%的发展目标。

上述成绩的取得，归功于市委、市政府的正确领导，各区县、部门的大力支持和共同努力，更有赖于商务战线广大企业、相关行业协会全体干部职工的拼搏奉献和创新开拓。在此，我谨代表北京市商务委员会向各级领导、各单位和同志们表示衷心的感谢！

二、2013年商务工作思路

2013年是贯彻落实党的十八大精神的开局之年，是实施“十二五”规划承前启后的关键一年。我们要按照市第十一次党代会精神，准确把握首都发展的阶段性特征，充分利用推动商务发展的良好机遇，牢牢把握扩大内需这一战略基点，全力做好服务和保障民生工作，稳中求进，扎实开局。以抓目标为指引，带动各项工作创新开展；以健机制为保障，强化部门合作和资源统筹；以储后劲为着力点，更加注重首创精神和政策突破，全力推动国际商贸中心建设再上新台阶。主要预期目标是：社会消费品零售额增长11%左右；货物贸易超过4 000亿美元；服务贸易增幅高于12%；实际利用外资80亿美元以上；境外投资增长超过10%。为此要重点抓好以下工作：

（一）努力做好惠民生、促消费工作，更好地满足人民群众对美好生活的向往

坚持把扩大消费放在更加重要的位置，全面落实《北京市贯彻落实国务院加快流通产业发展意见的实施方案》，在继续提高城乡居民生活便利度的同时，进一步增强消费对经济增长的拉动作用。

1. 全力做好服务和保障民生工作

大力发展生活性服务业，丰富城乡便民商业服务体系。探索生活性服务业改革试点，创新服务模式，进一步提升“一刻钟社区服务圈”商业服务水平。继续实施“老人一元理发”项目，支持开展其他公益性惠民服务。启动百名大师、千人“民星”和万人培训工程，推动行业技能水平不断提高。引导早餐经营网点合理布局，以中心城区为重点，建设和改造固定早餐门店100家。以再生资源回收站点空白社区和千人大村为重点，继续推进规范化的再生资源回收站点建设。优化共同配送，整合社会物流资源和需求，新增便民共同配送网点100个。进一步完善郊区现代流通网络，提高商品配送能力和水平，郊区连锁网络联合采购规模达到5亿元。

着力推进公益性农产品流通体系建设，巩固惠农利民成果。出台并组织实施《蔬菜零售网络体系建设管理办法》，探索国资参股重点农产品批发市场和主要蔬菜零售企业模式，加快推进北京鲜活农产品流通中心建设，鼓励区县回收、回租、补建社区蔬菜零售网点，支持区县制定实施“菜篮子”网点建设区域发展规划，继续推进蔬菜流通新模式网点建设，新增蔬菜直营直供店60家，蔬菜流通新模式网点100个。

全力做好市场供应和政府储备，提高调

控和保障能力。继续开展保障冬季首都市场蔬菜供应联合行动，提高冬季蔬菜保供能力。做好全国“两会”等重大活动的服务保障工作，提高服务水平。全面梳理生活必需品政府储备，完善制度，优化结构，扩大规模，不断提升市场调控水平和应急保障能力。

2. 千方百计拉动消费增长

强化政策引导，稳定消费增长。巩固多方联动促消费机制，安排促消费鼓励资金，支持批发、零售（餐饮）企业为保增长做贡献。配合老旧机动车淘汰，推动汽车消费。继续实施家具以旧换新、信用消费和刷卡消费鼓励政策，扩大惠民消费。开展以保障房、餐饮、国际精品销售等为主题的系列促消费活动，营造消费氛围。引导餐饮业转变方式、调整结构、厉行节约，挖掘新的消费增长点。

依托市场优势，发展品牌消费。推动实施品牌战略，发展自主品牌，汇聚国内品牌，吸引国外品牌。整合全市大型商业设施建设信息，推进区县商业地产项目和知名品牌企业有效对接。稳步推进零售外资店铺发展工作，更好地满足多元化消费需求。

创新商业模式，引领新型消费。出台促进电子商务健康发展的意见，完善电子商务发展支撑环境，力争实现网上零售额700亿元，占社会消费品零售额比重突破8%。不断创新电子商务模式，带动传统产业升级，重点培育1～2个电子商务聚集区。研究电子商务企业开展跨境交易业务，扩大国际流通规模。推动网络（电子）发票试点工作，降低企业经营成本。延续拓展电子产品、家居、百货、装修和耐用品市场的信用消费需求；推动建立政府、金融机构、零售企业之间的信用消费合作平台，促进信用消费健康发展。

优化服务环境，扩大外来消费。抓住实施部分国家旅客72小时过境免签政策机遇，配合相关部门积极争取离境退税政策尽快出台，深度开发国际消费；继续做好“老字号”创新发展工作，提升特色商业文化内涵，增加特色消费对国内外游客的吸引力，不断扩大消费增量。

（二）加快培育对外开放新优势，更好地服务首都与世界的经贸往来

推动政策突破和机制创新，努力保持两类贸易和双向投资稳定发展，引导产业结构转型升级。

着力稳定货物贸易增长。一是加快外贸转型升级示范基地建设。重点推动各类外贸特色商品交易功能区建设和特色商品展示交易功能拓展；利用外贸公共服务平台推动示范基地转型升级。二是着力扩大出口。全面推进出口汽车产品质量安全示范区建设，提升“北京创造”影响力；利用各类展会组织本市“双自主”企业积极开拓国际市场，2013年，“双自主”企业出口占比达到12%左右；探索二手车出口试点工作，带动新车消费；加大出口退（免）税支持力度，吸引进出口总部型企业在京发展，扩大外贸出口增量。三是积极增加进口。重点支持企业进口关键设备和先进技术，开展引进消化吸收再创新；培育北京“进口商品购物节”活动品牌，吸引国际品牌商品进入北京消费市场；发挥网络零售优势，探索进口商品零售新途径。四是进一步加强对企业的服务。鼓励开展跨境贸易人民币结算服务；引导和支持企业在东盟、非洲和拉丁美洲等新兴市场建设营销网络；加强产业损害预警，积极应

对贸易摩擦，维护本市产业安全。

努力保持服务贸易快速发展。发挥服务贸易跨部门协调机制作用，充分利用京交会等高端交易平台，打造一批具有核心竞争力的服务出口品牌，推动服务贸易规模再上新台阶。着力推进服务贸易重点领域发展，保持新兴服务贸易出口快速增长态势；稳步扩大文化服务出口，提升“北京服务”影响力；大力发展服务外包，创新机制破解制约生物医药等外包企业发展的瓶颈问题，巩固我市服务外包全国领军城市地位，2013年离岸外包执行额增幅超过15%。

不断提高利用外资的质量和水平。研究出台贯彻落实国务院关于进一步做好利用外资工作意见的措施；推动研究我市外商投资企业高管人员奖励政策以及出入境、居留等便利措施。积极推进天竺空港经济开发区、雁栖经济开发区升级为国家级经济技术开发区；抓住中关村扩区、CBD打造国际金融城、通州新城和新机场建设等机遇，发掘利用外资新的增长点。抓住国家进一步开放服务业契机，引导外资更多投向符合我市产业发展方向的新兴服务业领域，进一步促进外资结构优化。

继续提升“走出去”层级。重点支持骨干科技企业、文化企业以集合化方式“走出去”；支持对外投资带动承包工程、设计咨询业、中国工程技术标准“走出去”，企业联合“走出去”。引导有实力的对外承包工程和境外投资企业向产业链高端延伸，对外承包工程营业额增长超过10%。

进一步完善首都口岸经济体系。一是深入实施口岸发展规划。继续推进北京西站铁路口岸正式开放，加快通州口岸建设步伐，筹划新机场口岸规划相关工作，恢复丰台货运口岸铁路专用线运行，推动与边境城市口岸铁路直通。二是加快完善口岸功能区。鼓励在海关特殊监管区内发展跨境电子商务，在扩大外贸规模的同时促进内贸销售。推进首都国际机场汽车整车进口口岸功能落地后续工作，尽早实现汽车整车进口功能。着力扩大保税业务规模，天竺综保区进出口额增长25%以上；亦庄保税物流中心（B型）进出口量实现翻番。支持平谷国际陆港争取启运港退税政策，力争全年外贸吞吐量突破3.5万标箱。

推动第二届京交会取得更大成效。秉承“务实、合作、诚信、俭朴”的办会理念，以服务客商为本，以交易洽谈为核心，全力办好第二届京交会，提升京交会品牌国际影响力、国别覆盖率、省区市参与率和签约执行率。借助京交会平台，在促进服务贸易发展的同时，吸引一批服务贸易领域国际知名企业落户北京，为建设国家服务业中心城市贡献力量。

（三）深入推进国际商贸中心建设，更好地助力首都世界城市建设

进一步完善发展促进机制，着力培育对首都经济发展具有重要影响的增长领域。

1. 服务大局，不断开拓商务领域发展空间

全面推进总部经济发展。出台总部经济政策，将现有跨国公司地区总部政策扩展至各类内外资总部企业。鼓励和支持总部企业在京发展实体业务，推进总部经济聚集区建设，提高总部企业对全市经济贡献度。跨国公司地区总部认定累计达150家以上。

完善批发业增长促进机制。建立批发业重点行业及重点企业工作联系制度、会商制度和监测体系。出台鼓励批发业发展政策，

完善促进机制，加大促进力度，提高批发业对首都经济增长的贡献水平。

提升商务服务业发展水平。引导商务楼宇差别化定位，打造一批总部管理、投资咨询、会议展览等特色鲜明的主题示范楼宇，突出特色发展。继续支持商务楼宇的软硬件环境改造和服务品质的提升，重点培育15座主题商务示范楼宇，命名首批2～3个商务服务业集聚区，努力打造更多的税收过亿、知名度高的商务楼宇，引导商务楼宇走品牌化发展之路，实现商务服务业的集聚发展。

推进国际会展之都建设。以统筹会展资源、健全会展业发展机制为抓手，提高承接大型会展的能力。落实会展业鼓励政策，支持引进和培育一批国际国内品牌展会，支持大型展馆配套设施改造提升，启动会展业国际化宣传推广活动，优化会展业发展环境，助力打造国际活动聚集之都。

继续加快高端市场发展。充分发挥“中国燃料油现货交易平台”、“中国铁矿石现货交易平台”示范作用，拓展大宗商品交易规模和品种，逐步确立在全国商品交易市场中的主导地位。鼓励本市拍卖企业“走出去”，提高国际竞争力，同时积极引进国外拍卖企业，促进拍卖业国际化发展，推进北京全球中国文物艺术品拍卖中心建设。

2. 提升品质，全力服务科技创新、文化创新“双轮驱动”战略

推进商务与科技的深度融合。依托中关村科技、人才等资源优势，推动电子商务、物流等现代服务业的结构调整和产业升级，促进高新技术产品及服务在流通领域的推广应用。搭建中关村信息服务类、科技服务类等高新技术企业与商贸流通、物流、商务服务等企业需求对接平台，为科技产品进入国内外市场搭建桥梁和渠道。

创新商务与文化的互动发展。继续加强特色商业街等现代商业文化品牌塑造，重点推进五道营等特色商业街建设，积极探索推动南新仓“北延南扩”等特色商业街二次提升工作，扩大文化消费规模。大力实施文化“走出去”战略，重点加快文化出口示范基地建设，推动优秀文化产品扩大出口，不断提升“北京服务”的国际影响力。

3. 加强监管，大力规范流通市场秩序

加大打击侵权假冒工作统筹力度。协调推进商标、进出口商品侵权和药品等重点领域和行业的专项整治行动。建立健全打击侵犯知识产权和制售假冒伪劣商品相关工作制度和机制，推动“双打”工作常态化、规范化。建立“两法”衔接联席会议制度，积极推进行政执法与刑事司法工作有机结合，增强打击违法犯罪的合力。

进一步完善流通市场监管机制。重点推进“放心肉”服务体系建设，实现全部生猪定点屠宰企业和销售猪肉的大型农产品批发市场及大中型连锁超市全覆盖。加强对酒类、药品等特殊商品流通管理。继续开展清理整顿大型零售企业向供应商违规收费和单用途预付卡专项治理行动。加强机电产品国际招投标监管。进一步提升行业安全监管和商务综合执法水平。推动大宗商品中远期交易市场有序回归现货市场。完善商务诚信建设网络平台，健全企业信用档案和评级记录，推动诚信经营，营造首都和谐有序的消费环境。

同志们，商务发展任重道远，做好首都商务工作，责任重大，使命光荣。我们要按照中央的要求，努力加强自身建设，

进一步转变工作作风，加强依法行政；进一步落实党风廉政建设责任制，深化“一岗三责”风险防范管理工作，以务实开拓的进取精神，为首都商务更好更快的发展提供坚实保障。

2013年是我国发展历程中具有特殊重要意义的一年，首都商务一定会更加奋发有为，更加富有生机和活力。我们要在市委、市政府的正确领导下，以踏石留印、抓铁有痕的劲头，敢于担当，敢于碰硬，敢于创新，为形成与世界城市要求相适应的国际商贸中心做出更大贡献！

第二部分

法规、文件选编

2012年国家制修订的部分法律、法规目录

序　号	名　　称	文　　号
1	中华人民共和国刑事诉讼法（2012修正）	主席令第55号
2	中华人民共和国出境入境管理法	主席令第57号
3	中华人民共和国民事诉讼法（2012修正）	主席令第59号
4	中华人民共和国律师法（2012修正）	主席令第64号
5	中华人民共和国国家赔偿法（2012修正）	主席令第68号
6	中华人民共和国治安管理处罚法（2012修正）	主席令第67号
7	中华人民共和国未成年人保护法（2012修正）	主席令第65号
8	中华人民共和国精神卫生法	主席令第62号
9	中华人民共和国人民警察法（2012修正）	主席令第69号
10	中华人民共和国监狱法（2012修正）	主席令第63号
11	中华人民共和国证券投资基金法（2012修订）	主席令第71号
12	中华人民共和国农业法（2012修正）	主席令第74号
13	中华人民共和国老年人权益保障法（2012修订）	主席令第72号
14	机动车交通事故责任强制保险条例（2012修订）	国务院令第618号
15	校车安全管理条例	国务院令第617号
16	女职工劳动保护特别规定	国务院令第619号
17	对外劳务合作管理条例	国务院令第620号
18	机关事务管理条例	国务院令第621号
19	缺陷汽车产品召回管理条例	国务院令第626号
20	期货交易管理条例（2012修订）	国务院令第627号
21	企业名称登记管理规定（2012修订）	国务院令第628号
22	中华人民共和国税收征收管理法实施细则（2012修订）	国务院令第628号

（供稿人：梅　焱）

2012年商务部规章、部分公告目录

序　号	名　　称	文　号
1	单用途商业预付卡管理办法（试行）	商务部令2012年第9号
2	商务部关于涉及外商投资企业股权出资的暂行规定	商务部令2012年第8号
3	家电维修服务业管理办法	商务部令2012年第7号
4	商务行政处罚程序规定	商务部令2012年第6号
5	商务领域标准化管理办法（试行）	商务部令2012年第5号
6	外商投资商业领域管理办法补充规定（五）	商务部令2012年第4号
7	机电产品国际招标机构资格管理办法	商务部令2012年第3号
8	商业特许经营信息披露管理办法（2012修订）	商务部令2012年第2号
9	进出口许可证证书管理规定（2012修订）	商务部令2012年第1号
10	关于公布《2013年进口许可证管理货物目录》的公告	商务部、海关总署、质检总局公告2012年第98号
11	关于对欧盟多晶硅反补贴立案的公告	商务部公告2012年第70号
12	关于对欧盟多晶硅反倾销立案的公告	商务部公告2012年第71号
13	2011—2012年度国家文化出口重点企业和重点项目目录	商务部、中宣部、财政部、文化部、广电总局、新闻出版总署公告2012年第57号
14	关于公布《小商品市场管理技术规范》等80项国内贸易行业标准的公告	商务部公告2012年第47号
15	关于对美国可再生能源产业的部分扶持政策及补贴措施进行贸易壁垒调查初步结论的公告	商务部公告2012年第26号
16	缓解生猪市场价格周期性波动调控预案	国家发展改革委员会、财政部、农业部、商务部、工商总局、质检总局公告2012年第9号
17	公布商务部现行有效规章目录及规范性文件目录	商务部公告2012年第18号
18	文化产品和服务出口指导目录（2012修订）English	商务部、中宣部、外交部、财政部、文化部、海关总署、税务总局、广电总局、新闻出版总署、国务院新闻办公告2012年第3号

（供稿人：梅　焱）

2012年其他有关部门规章目录

序　号	名　　　称	文　　号
1	海关总署关于修改《中华人民共和国海关关于执行〈内地与澳门关于建立更紧密经贸关系的安排〉项下〈关于货物贸易的原产地规则〉的规定》的决定（2012）	海关总署令第207号
2	海关总署关于修改《中华人民共和国海关关于执行〈内地与香港关于建立更紧密经贸关系的安排〉项下〈关于货物贸易原产地规则〉的规定》的决定（2012）	海关总署令第206号
3	民用爆炸物品进出口管理办法	工业和信息化部、公安部、海关总署令第21号
4	海关总署关于废止《中华人民共和国海关特别优惠关税待遇进口货物原产地管理办法》的决定	海关总署令第205号
5	出入境人员携带物检疫管理办法（2012）	国家质量监督检验检疫总局令第146号
6	进口食品境外生产企业注册管理规定	国家质量监督检验检疫总局令第145号
7	发明专利申请优先审查管理办法	国家知识产权局令第65号
8	专利实施强制许可办法（2012）	国家知识产权局令第64号
9	专利标识标注办法	国家知识产权局令第63号
10	危险化学品经营许可证管理办法（2012）	国家安全生产监督管理总局令第55号
11	安全生产培训管理办法（2012修订）	国家安全生产监督管理总局令第44号

（供稿人：梅　焱）

2012年国务院、商务部等有关部委和北京市相关文件目录（部分）

序　号	名　　称	文　号
1	国务院关于印发服务业发展“十二五”规划的通知	国发〔2012〕62号
2	国务院关于开展第三次全国经济普查的通知	国发〔2012〕60号
3	国务院关于第六批取消和调整行政审批项目的决定	国发〔2012〕52号
4	中共中央、国务院关于深化科技体制改革加快国家创新体系建设的意见	
5	国务院关于印发节能减排“十二五”规划的通知	国发〔2012〕40号
6	国务院关于深化流通体制改革加快流通产业发展的意见	国发〔2012〕39号
7	国务院关于印发“十二五”国家战略性新兴产业发展规划的通知	国发〔2012〕28号
8	国务院关于加强食品安全工作的决定	国发〔2012〕20号
9	国务院关于加强进口促进对外贸易平衡发展的指导意见	国发〔2012〕15号
10	国务院关于进一步支持小型微型企业健康发展的意见	国发〔2012〕14号
11	国务院批转发展改革委关于2012年深化经济体制改革重点工作意见的通知	国发〔2012〕12号
12	国务院关于批转促进就业规划（2011—2015年）的通知	国发〔2012〕6号
13	国务院办公厅关于促进外贸稳定增长的若干意见	国办发〔2012〕49号
14	国务院办公厅关于印发2012年全国打击侵犯知识产权和制售假冒伪劣商品工作要点的通知	国办发〔2012〕30号
15	国务院办公厅关于印发建立完整的先进的废旧商品回收体系重点工作部门分工方案的通知	国办函〔2012〕82号
16	商务部办公厅关于报送贯彻落实《国务院关于深化流通体制改革加快流通产业发展的意见》有关情况的通知	商办流通函〔2012〕1052号
17	商务部等七部委关于印发《中国境外企业文化建设若干意见》的通知	商政发〔2012〕104号
18	商务部办公厅关于印发《流通行业标准制修订流程管理规范（试行）》的通知	商办流通函〔2012〕1038号

（续）

序　号	名　　称	文　　号
19	商务部办公厅、国务院台湾事务办公室秘书局关于印发《台湾非企业经济组织在大陆常驻代表机构审批管理工作规则》的通知	商办台函〔2012〕259 号
20	国家发展改革委办公厅、财政部办公厅、商务部办公厅等关于促进电子商务健康快速发展有关工作的通知	发改办高技〔2012〕226 号
21	商务部办公厅关于进一步做好商贸流通业统计工作的通知	商办流通函〔2012〕30 号
22	中国人民银行、财政部、商务部等关于出口货物贸易人民币结算企业管理有关问题的通知	银发〔2012〕23 号
23	工业和信息化部、财政部、国家发展和改革委员会、商务部关于印发《节能产品惠民工程推广信息监管实施方案》的通知	工信部联节〔2012〕335 号
24	环境保护部、商务部、科技部关于举办 2012 年国家生态工业示范园区培训班的通知	环办函〔2012〕1173 号
25	中共北京市委、北京市人民政府关于贯彻落实《国务院关于同意调整中关村国家自主创新示范区空间规模和布局的批复》的实施意见	
26	北京市人民政府办公厅印发关于进一步促进本市老旧机动车淘汰更新方案（2013 — 2014 年）的通知	京政办发〔2012〕59 号
27	北京市人民政府办公厅转发市知识产权局等部门关于加强知识产权工作推动战略性新兴产业发展实施意见的通知	京政办发〔2012〕56 号
28	北京市人民政府关于进一步加强企业信用监管推进企业信用体系建设的意见	京政发〔2012〕42 号
29	北京市人民政府关于进一步支持小型微型企业发展的意见	京政发〔2012〕40 号
30	北京市人民政府办公厅转发市政府法制办关于进一步加强本市行政复议工作规范化建设意见的通知	京政办发〔2012〕52 号
31	北京市人民政府关于印发北京市交易场所管理办法（试行）的通知	京政发〔2012〕36 号
32	北京市人民政府办公厅转发市发展改革委、市政府法制办、市监察局关于贯彻落实招标投标法实施条例工作意见的通知	京政办发〔2012〕36 号
33	北京市人民政府办公厅关于印发首都标准化战略纲要重点任务分解方案的通知	京政办发〔2012〕22 号
34	中共北京市委宣传部、北京市安全生产委员会办公室关于加强 2012 年北京市安全生产宣传工作的意见	
35	北京市人民政府办公厅关于健全市政府重大行政决策和行政规范性文件合法性审查工作机制的通知	京政办发〔2012〕73 号

（供稿人：梅　焱）

2012年北京市部分地方性法规、规章目录

序号	名称	文号
1	北京市实施《中华人民共和国村民委员会组织法》的若干规定（2012修订）	
2	北京市审计条例	北京市第十三届人民代表大会常务委员会公告第22号
3	北京市河湖保护管理条例	北京市人民代表大会常务委员会公告第23号
4	北京市就业援助规定	北京市人民代表大会常务委员会公告第21号
5	北京市生活垃圾管理条例	北京市第十三届人民代表大会常务委员会公告第20号
6	北京市实施《中华人民共和国残疾人保障法》办法（2011修订）	北京市第十三届人民代表大会常务委员会公告第19号
7	北京市人民政府关于废止《北京市实施〈中华人民共和国车船税暂行条例〉办法》的决定	北京市人民政府令第245号
8	北京市节约用水办法（2012）	北京市人民政府令第244号
9	北京市汽车租赁管理办法（2012）	北京市人民政府令第243号

（供稿人：梅　焱）

2012 年市商务委规范性文件备案目录

序 号	名 称	文 号
1	北京市商务委员会关于高效节能家电产品促销试点工作的补充通知	京商务秩字〔2012〕2 号
2	北京市商务委员会关于加强酒类流通行业信息监测工作的通知	京商务酒字〔2012〕1 号
3	北京市商务委员会关于印发〈北京市商业特许经营备案管理实施办法〉的通知	京商务流通字〔2012〕5 号
4	北京市商务委员会 北京市财政局印发北京市关于加快外贸结构调整转变外贸发展方式意见的通知	京商务外运字〔2012〕7 号
5	北京市商务委员会 北京市财政局关于促进我市商业会展业发展的通知	京商务贸发字〔2012〕55 号
6	北京市商务委员会关于做好财政部 商务部 2012 年度承接国际服务外包业务发展资金申报工作的通知	京商务服贸字〔2012〕22 号
7	北京市商务委员会关于申报 2012 年中小商贸企业参展补助资金有关工作的通知	京商务贸发字〔2012〕112 号
8	北京市商务委员会关于组织申报 2012 年北京市中小商贸企业国内贸易信用保险项目的通知	京商务秩字〔2012〕15 号
9	北京市商务委员会 北京市财政局关于开展信用消费工作的通知	京商务秩字〔2012〕16 号
10	北京市商务委员会关于印发北京市家具以旧换新试点实施办法的通知	京商务交字〔2012〕171 号
11	北京市商务委员会 北京市财政局关于加快推进本市“双自主”企业开拓国际市场的通知	京商务外运字〔2012〕16 号

（供稿人：邵 丽）

北京市商务委员会关于高效节能家电产品促销试点工作的补充通知

京商务秩字〔2012〕2号

各区（县）商务委，各有关商业零售企业：

2011年12月31日，我市家电以旧换新政策推广实施期结束。为进一步做好2012年1月1日至2月29日期间北京市高效节能家电产品促销试点工作，现就有关事项通知如下：

一、补贴产品范围

补贴产品范围不作调整，仍延续前期《北京市高效节能家电产品促销试点工作方案》（以下简称《方案》）中所规定的范围，即能效标识为一级或二级节能型家电产品（简称节能产品）包括：电视机、电冰箱、洗衣机、空调、电脑（配有节能显示器）。

参加活动的节能产品要通过能效标识备案，且在近三年内国家产品质量监督抽查、质量监测和能效标识市场专项检查中，同品牌的产品无不合格情况。

二、补贴标准

财政资金补贴标准不作调整，仍延用前期《方案》中所规定的标准。即购买节能产品的，可享受财政资金补贴。其中，购买一级能效电视机、电冰箱、洗衣机、空调的，给予300元/台的补贴；购买二级能效电视机、空调的，给予100元/台的补贴；购买节能电脑（配有一级和二级能效显示器）的，给予200元/台的补贴。

三、补贴对象和限购数量

购买节能家电产品并在北京市注册登记的法人单位和具有本市有效身份证件（身份证、军人身份证等）的个人。单位购买节能家电的，购买数量不超过50台；个人购买节能家电的，购买数量不超过5台。

四、家电销售企业范围

家电销售企业范围不作调整，仍延续前期《方案》中所规定的范围。即原北京市“以旧换新”家电销售资质的企业。

五、家电购买人申报资料

（一）个人购买节能家电，要提供本人的北京市有效身份证件。

（二）单位购买节能家电，要提供《组织机构代码证》原件及复印件、法定代表人身份证复印件、申请办理人身份证原件及复印件、《单位购买高效节能家电申请表》（见附件1）一式两份；其中，企业单位购买节能家电的，还要提供企业法人营业执照、税务登记证。单位法定代表人不能现场购买节能家电的，可委托其他人代其购买，并提供加盖单位公章的授权委托书。

六、补贴领取流程

（一）购买人领取补贴程序

购买人选择北京市高效节能家电销售资质的企业，到销售企业购买节能家电产品。销售企业要提示购买人到服务台登陆“北京市高效节能家电试点工作管理信息系统”，查验购买人已购买节能家电的数量和即将购买的家电产品能效等级；当购买人购买的节能家电已达到限制数量或即将购买的节能家电产品能效等级发生变更时，家电销售企业要明确告知购买人。家电销售企业在为购买人开具发票时，每张发票只能开具一台家电，且发票直接填写个人姓名或购买单位名称。

对符合条件的，销售企业在销售高效节能家电时直接向购买人垫付促销试点工作补贴资金，购买人在《北京市节能家电补贴确认书》上签字，销售企业加盖单位印章，并将购物发票编号等相关信息录入高效节能家电产品试点工作管理信息系统。

（二）销售企业领取补贴程序

销售企业根据节能家电产品销售情况定期对单位购买所提供的营业执照复印件、组织机构代码复印件、法人身份证复印件、办理人身份证复印件、购物发票复印件、加盖公章的委托书原件、单位购买高效节能家电申请表、节能补贴申请确认书和个人购买所提供的身份证件复印件、购物发票复印件、节能补贴申请确认书等申报资料进行整理，填报高效节能家电产品补贴资金申请材料。区县商务部门对申请材料审核通过后，销售企业到区县财政部门申领高效节能家电补贴。区县财政部门审核确认后，将补贴资金通过国库集中支付方式直接支付到家电销售企业在银行开设的基本账户。

七、工作要求

（一）加大监督检查力度。市、区县商务部门要会同财政、发展改革委、北京节能环保中心等相关部门要加大监督检查力度，采取专项检查、抽查、暗访等多种措施，加强对促销试点工作的监管力度，督促企业严格执行相关规定，及时掌握促销试点工作动态，对违规、骗取财政补贴的行为，一经查实，要采取追回财政补贴资金、扣除履约保证金、取消资质并向社会曝光等措施进行严肃处理，切实维护促销试点工作有序开展。

（二）做好销售服务工作。各销售企业要严格遵守法律、法规和促销试点工作要求，加强员工培训，改进服务质量，提高工作效率，最大限度地方便消费者参加促销试点工作，避免出现补贴资金发放不及时的情况；要加强与生产企业的沟通，及时将在售节能家电产品的能效等级变更情况和新增高效节能家电产品情况上报市商务委备案。

（三）加强对申报材料的审核。各销售企业应当坚持购买人（单位为委托人）持本人有效身份证件到现场申领家电补贴的规定，并对购买人及其所有申报资料进行全面、认真审核，确保购买人提供的资料真实，防止发生盗用他人身份信息购买节能家电产品的现象。

特此通知。

附件：1. 单位购买高效节能家电申请表
2. 北京市高效节能家电销售资质企业

北京市商务委员会
二〇一一年十二月二十六日

附件 1：

单位购买高效节能家电申请表

<table>
<tr><td>单位名称</td><td colspan="3"></td></tr>
<tr><td>地　址</td><td colspan="3"></td></tr>
<tr><td>组织机构代码</td><td></td><td>邮政编码</td><td></td></tr>
<tr><td>法人代表</td><td></td><td>电　话</td><td></td></tr>
<tr><td>联 系 人</td><td></td><td>电　话</td><td></td></tr>
<tr><td>申请事项</td><td colspan="3">年　月　日
（单位公章）</td></tr>
<tr><td>区（县）商务委审核意见</td><td colspan="3">年　月　日
（单位公章）</td></tr>
<tr><td>备　注</td><td colspan="3"></td></tr>
</table>

注：“申请事项”中须注明高效节能家电的用途。

附件 2：

北京市高效节能家电销售资质企业（共 29 家）

1. 北京方正延中信息系统有限公司
2. 北京王府井百货集团股份有限公司
3. 海信（北京）电器有限公司
4. 索尼（中国）有限公司
5. 北京家乐福商业有限公司
6. 国美电器有限公司
7. 北京市大中家用电器连锁销售有限公司
8. 北京美的制冷产品销售有限公司
9. 北京苏宁电器有限公司
10. 北京明珠新兴格力空调销售有限公司
11. 北京海尔工贸有限公司
12. 北京市顺义国泰商业大厦
13. 同方股份有限公司
14. 康佳集团股份有限公司北京分公司
15. 北京顺义西单商场
16. 四川长虹电器股份有限公司北京销售分公司
17. 联想（北京）有限公司
18. 北京翠微大厦股份有限公司
19. 百盛商业发展有限公司
20. 深圳创维－RGB 电子有限北京分公司
21. 北京物美商业集团股份有限公司
22. 北京世纪卓越信息技术有限公司
23. 北京京东世纪贸易有限公司
24. 北京城乡贸易中心股份有限公司
25. 北京宏图三胞科技发展有限公司
26. 北京沃尔玛百货有限公司
27. 北京欧尚超市有限公司
28. 北京易初莲花连锁超市有限公司
29. 库巴科技（北京）有限公司

北京市商务委员会关于加强酒类流通行业信息监测工作的通知

京商务酒字〔2012〕1号

各区县商务委、各有关企业：

为进一步做好酒类流通行业信息监测工作，充分调动有关企业的积极性，及时准确掌握酒类流通市场情况，促进酒类流通管理工作顺利开展，依据《商务部关于印发〈酒类流通行业信息监测统计报表制度〉（2011—2013年度）的通知》（商运函〔2011〕1147号）精神，我委制定了《北京市酒类流通行业信息监测统计报表制度（2012—2013年度）》，已经北京市统计局批准（京统函〔2012〕30号），现印发给你们，请遵照执行。并就有关事项通知如下：

一、高度重视，提高对监测工作重要性的认识

开展酒类流通行业监测统计是做好酒类流通管理的一项重要基础性工作。全面了解酒类流通行业情况，及时掌握酒类流通相关信息，准确分析酒类流通市场规模、运行质量和消费结构，对加强酒类流通行业管理和促进行业健康发展具有重要意义。各区县商务部门和监测企业要充分认识酒类流通行业监测统计工作的重要性，认真贯彻落实《北京市酒类流通行业信息监测统计报表制度（2012—2013年度）》要求，把监测统计工作作为酒类流通行业管理的一项重要的日常工作抓实抓好。

二、加强信息收集，提高信息分析质量

各区县商务部门和监测企业要加强对酒类市场相关信息的收集和整理，为准确掌握酒类市场运行状况、引导酒类行业更好更快发展做好基础性工作。要不断拓展酒类信息收集的途径，丰富信息资源。区县商务部门负责督促辖区内监测企业按时报送信息，收集、汇总、分析本辖区内酒类市场信息，并及时了解酒类市场异常情况及酒类突发事件。监测企业应严格按照《北京市酒类流通行业信息监测统计报表制度（2012—2013年度）》规定的时间和方式准确报送监测信息，并及时上报酒类市场异常情况和酒类突发事件。

三、加强培训，提高监测工作水平

市、区商务部门要结合酒类流通行业信息监测工作的开展情况，定期组织酒类信息监测相关培训，丰富培训内容，有关单位要鼓励和支持具体工作人员参加培训，提高酒类监测人员信息收集、汇总分析等方面的工作能力，不断提高酒类流通行业信息监测工作水平。

四、加强管理，完善各项监测制度

市、区商务部门要建立健全酒类流通监测管理各项工作制度，制定样本筛选调整、信息核对汇总及分析上报的相关工作规程，规范监测管理；市、区商务部门及监测企业要有明确的酒类信息监测工作部门及人员，并保持工作人员的相对稳定；要严格落实酒类信息监测工作人员A、B角制度，如有人员调换，需及时报市商务委备案。酒类信息监测工作部门及人员应对企业报送的数据严格保密，未经企业同意，不得用于政府部门统计分析以外的任何其他用途。从2012年起，市商务委将对各区县商务部门和监测企业报送信息的及时率、准确率进行考核，并与有关奖励挂钩。

附件：北京市酒类流通行业信息监测统计报表制度（2012—2013年度）

北京市商务委员会

二〇一二年二月二十一日

附件：

北京市酒类流通行业信息监测统计报表制度

（2012—2013年度）

北京市商务委员会制定

北京市统计局批准

二〇一二年二月

本报表制度根据《中华人民共和国统计法》的有关规定制定

《中华人民共和国统计法》第七条规定：国家机关、企业事业单位和其他组织以及个体工商户和个人等统计调查对象，必须依照本法和国家有关规定，真实、准确、完整、及时地提供统计调查所需的资料，不得提供不真实或者不完整的统计资料，不得迟报、拒报统计资料。

《中华人民共和国统计法》第九条规定：统计机构和统计人员对在统计工作中知悉的国家秘密、商业秘密和个人信息，应当予以保密。

目　录

一、总说明

（一）目的意义

为加强酒类流通行业管理，及时准确掌握我市酒类流通运行情况，监测分析酒类流通市场规模、运行质量、消费结构、从业人员情况等，促进酒类行业健康有序发展，依据《商务部关于印发〈酒类流通行业信息监测统计报表制度〉（2011－2013年度）的通知》（商运函〔2011〕1147号）精神，结合工作实际，制定《北京市酒类流通行业信息监测统计报表制度（2012－2013年度）》。

（二）统计范围

本报表制度的统计范围为：1. 纳入市商务委酒类流通行业监测系统的所有酒类企业，详见《北京市酒类流通行业信息监测企业名单》；2. 区县商务部门。

（三）统计监测酒类品种

选择本市酒类市场中销量大、有代表性的酒类品种进行监测。详见《北京市酒类流通行业信息监测品种名单》。

（四）主要统计内容

1. 酒类生产、批发、零售企业报送：酒类经营企业基本情况、酒类商品年销售量、期末从业人数、其中酒类期末从业人数、年销售额、其中酒类销售额、年纳税金额、其中酒类商品年纳税金额、年利润总额、其中酒类商品年利润额等指标。

2. 酒类生产企业主要报送：白酒、啤酒、葡萄酒、黄酒、果露酒等的生产量、销售量（销往本市、销往外埠、出口）、销售额，以及由市商务委核定的酒类商品的品名、包装规格、出厂均价、销售量、销售额等指标。

3. 酒类批发企业主要报送：白酒、啤酒、葡萄酒、进口酒、黄酒、果露酒、进口酒、其他酒的销售量（销往本市、销往外埠、出口）、销售额，以及由市商务委核定的酒类商品的品名、包装规格、批发量、批发均价、销售额等指标。

4. 酒类零售企业主要报送：白酒、啤酒、葡萄酒、黄酒、果露酒、进口酒、其他酒的销售量、销售额等，以及由市商务委核定的酒类商品的品名、包装规格、零售均价、销售量、销售额等指标。

5. 各区县商务部门报送酒类流通管理机构名称、建立时间、酒类流通管理人数、具有执法资格人数、开展专项行动次数、专项行动出动人数、检查企业数、查处违法企业数、查处案件数等，以及负责区域内批发企业、零售企业、餐饮企业、酒吧娱乐企业及其他企业的备案企业数量、购用随附单企业数量、随附单使用份数、使用电子随附单企业数量等；区域内批发企业、零售企业、餐饮企业、酒吧娱乐企业、其他企业的企业数量、从业人数、销售量（白酒、啤酒、葡萄酒、黄酒、果露酒、进口酒、其他酒）、销售额（白酒、啤酒、葡萄酒、黄酒、果露酒、进口酒、其他酒）、税收、利润等指标。

（五）报送方式

通过登陆“北京市商务委员会酒类流通管理信息系统”（http：//210.73.84.33：9090）直接报送数据；《北京市酒类突发事件即时报表》网上或电话报送。

（六）其他说明

1. 市商务委负责本报表制度的制定、监测系统建设与维护、信息加工整理与发布等。

2. 各区县商务部门负责辖区内纳入酒类流通行业监测系统的企业推荐选定工作，督促企业及时、准确填报报表，同时要加强对辖区内酒类市场监测、统计、分析和数据上报工作。

3. 如酒类流通市场发生供求和价格等异常情况以及假酒中毒等突发事件等，纳入酒类流通行业监测系统企业应立即向所在地区县商务部门报告，并填报酒类突发事件报表，区县商务部门应及时向市商务委报告。

4. 各级商务部门对企业报送的数据要严格保密，未经企业同意，不得用于政府部门统计分析以外的任何其他用途。

5. 本制度有效期至 2013 年 12 月 31 日止。

二、报表目录

表　号	报表名称	报告期别	统计范围	报送单位	报送时间及方式	页码
京商酒企业 1 表	北京市酒类流通企业基本情况年报表	年报	纳入市商务委酒类流通行业监测系统的所有酒类企业	纳入市商务委酒类流通行业监测系统的所有酒类企业	每年 1 月 15 日前网上填报	40
京商酒生产 1 表	北京市酒类生产企业产销情况表（月报表一）	月报	纳入市商务委酒类流通行业监测系统的所有酒类生产企业	纳入市商务委酒类流通行业监测系统的所有酒类生产企业	月后 15 日前网上填报	41
京商酒生产 2 表	北京市酒类生产企业产销情况表（月报表二）	月报	纳入市商务委酒类流通行业监测系统的所有酒类生产企业	纳入市商务委酒类流通行业监测系统的所有酒类生产企业	月后 15 日前网上填报	42
京商酒生产 3 表	北京市酒类生产企业产销情况表（节假日表）	节假日报	纳入市商务委酒类流通行业监测系统的所有酒类生产企业	纳入市商务委酒类流通行业监测系统的所有酒类生产企业	国家法定节假日（含调休日）结束后 3 日内网上填报	43
京商酒批发 1 表	北京市酒类批发企业经营情况表（月报表一）	月报	纳入市商务委酒类流通行业监测系统的所有酒类批发企业	纳入市商务委酒类流通行业监测系统的所有酒类批发企业	月后 15 日前网上填报	45
京商酒批发 2 表	北京市酒类批发企业经营情况表（月报表二）	月报	纳入市商务委酒类流通行业监测系统的所有酒类批发企业	纳入市商务委酒类流通行业监测系统的所有酒类批发企业	月后 15 日前网上填报	46
京商酒批发 3 表	北京市酒类批发企业经营情况表（节假日表）	节假日报	纳入市商务委酒类流通行业监测系统的所有酒类批发企业	纳入市商务委酒类流通行业监测系统的所有酒类批发企业	国家法定节假日（含调休日）结束后 3 日内网上填报	47
京商酒零售 1 表	北京市酒类零售企业经营情况表（月报表一）	月报	纳入市商务委酒类流通行业监测系统的所有酒类零售企业	纳入市商务委酒类流通行业监测系统的所有酒类零售企业	月后 15 日前网上填报	49
京商酒零售 2 表	北京市酒类零售企业经营情况表（月报表二）	月报	纳入市商务委酒类流通行业监测系统的所有酒类零售企业	纳入市商务委酒类流通行业监测系统的所有酒类零售企业	月后 15 日前网上填报	50
京商酒零售 3 表	北京市酒类零售企业经营情况表（节假日表）	节假日报	纳入市商务委酒类流通行业监测系统的所有酒类零售企业	纳入市商务委酒类流通行业监测系统的所有酒类零售企业	国家法定节假日（含调休日）结束后 3 日内网上填报	51
京商酒管理 1 表	北京市酒类流通管理基本情况年报表	年报	各区县商务部门	各区县商务部门	每年 1 月 31 日前网上填报	53
京商酒管理 2 表	北京市酒类流通行业基本情况年报表	年报	各区县商务部门	各区县商务部门	每年 1 月 31 日前网上填报	54
京商酒突发 1 表	北京市酒类突发事件即时报表	即时	各区县商务部门及纳入市商务委酒类流通行业监测系统的所有酒类企业	各区县商务部门及纳入市商务委酒类流通行业监测系统的所有酒类企业	发生突发事件时，即时网上或电话报送	55

三、调查表式

（一）北京市酒类流通企业基本情况年报表

表　　号：京商酒企业1表
制定机关：北京市商务委员会
批准文号：京统函〔2012〕30号
有效期限：2013年12月31日

组织机构代码：
单位详细名称：　　　　　　　　　20　年

<table>
<tr><td>单位详细名称</td><td colspan="3"></td><td>法定代表人</td><td></td></tr>
<tr><td>登记注册类型</td><td></td><td>注册资金
（人民币，万元）</td><td></td><td>经营类型</td><td></td></tr>
<tr><td>工商登记注册号</td><td></td><td>税务登记号</td><td></td><td>许可证号</td><td></td></tr>
<tr><td>备案登记号</td><td colspan="3"></td><td>备案登记机关</td><td></td></tr>
<tr><td>联 系 人</td><td></td><td>电　话</td><td></td><td>传　真</td><td></td></tr>
<tr><td>电子信箱</td><td colspan="3"></td><td>手　机</td><td></td></tr>
<tr><td>经营地址</td><td colspan="3"></td><td>邮　编</td><td></td></tr>
<tr><td>主要经营（生产）
酒类种类</td><td colspan="5">□白酒　□啤酒　□葡萄酒　□黄酒　□果露酒　□进口酒　□其他酒</td></tr>
<tr><td>期末从业人数（人）</td><td colspan="2"></td><td colspan="2">其中：酒类期末从业人数（人）</td><td></td></tr>
<tr><td>年销售量（千升）</td><td colspan="2">—</td><td colspan="2">酒类商品年销售量（千升）</td><td></td></tr>
<tr><td>年销售额（万元）</td><td colspan="2"></td><td colspan="2">其中：酒类商品年销售额（万元）</td><td></td></tr>
<tr><td>年纳税金额（万元）</td><td colspan="2"></td><td colspan="2">其中：酒类商品年纳税金额
（万元）</td><td></td></tr>
<tr><td>年利润总额（万元）</td><td colspan="2"></td><td colspan="2">其中：酒类商品年利润总额
（万元）</td><td></td></tr>
<tr><td>企业简介</td><td colspan="5"></td></tr>
</table>

负责人：　　　　填表人：　　　　联系电话：　　　　报表日期：　年　月

说明：1. 报送单位：纳入市商务委酒类流通行业监测系统的所有酒类企业。

2. 报送时间及方式：每年1月15日前网上填报。

3. 企业简介需附相关材料（营业执照、卫生（流通）许可证、税务登记证、反映生产经营规模等资料）扫描件。

（二）北京市酒类生产企业产销情况表（月报表一）

表　　号：京商酒生产1表
制定机关：北京市商务委员会
批准文号：京统函［2012］30号
有效期限：2013年12月31日

组织机构代码：
单位详细名称：　　　　20　年　月

类别	序号	期初库存量（千升）	本月生产量（千升）	上年同期生产量（千升）	本月销售量（千升）				上年同期销售量（千升）	本月销售额（万元）				上年同期销售额（万元）	期末库存量（千升）
					合计	销往本市	销往外埠	出口		合计	销往本市	销往外埠	出口		
甲	乙	1	2	3	4	5	6	7	8	9	10	11	12	13	14
合计	01														
一、白酒	02														
高度白酒（酒精度40度及以上）	03														
低度白酒（酒精度40度以下）	04														
二、啤酒	05														
瓶装啤酒	06														
易拉罐啤酒	07														
桶装啤酒	08														
三、葡萄酒	09														
四、黄酒	10														
五、果露酒	11														
六、其他酒	12														

负责人：　　　　填表人：　　　　联系电话：　　　　报表日期：　年　月　日

说明：1. 报送单位：纳入市商务委酒类流通行业监测系统的所有酒类生产企业。

2. 报送时间及方式：月后15日前网上填报。

3. 审核关系：列关系：（1）4＝5＋6＋7　（2）14＝1＋2－4　（3）9＝10＋11＋12

行关系：（1）01＝02＋05＋09＋10＋11＋12　（2）02＝03＋04　（3）05＝06＋07＋08

（三）北京市酒类生产企业产销情况表（月报表二）

表　　号：京商酒生产2表
制定机关：北京市商务委员会
批准文号：京统函[2012]30号
有效期限：2013年12月31日

组织机构代码：
单位详细名称：　　　　20　年　月

品　名	序号	商品编码	包装规格（瓶/箱）	计量单位（ml/瓶）	产地	本月生产量（千升）	出厂均价（元/瓶）	本月销售量（千升）	本月销售额（万元）	期末库存量（千升）
甲	乙	丙	丁	戊	己	1	2	3	4	5

负责人：　　　填表人：　　　联系电话：　　　报表日期：　年　月　日

说明：1. 报送单位：纳入市商务委酒类流通行业监测系统的所有酒类生产企业。
2. 报送时间及方式：月后15日前网上填报。
3. 品名：按照市商务委确定的酒类流通行业信息监测品种名单据实填写，不要漏报。
4. 商品编码：酒类单品的商品条形码。
5. 产地：填报该品牌酒类生产企业所在地的省级行政区划名称。

（四）北京市酒类生产企业产销情况表（节假日表）

表　　号：京商酒生产3表
制定机关：北京市商务委员会
批准文号：京统函[2012]30号
有效期限：2013年12月31日

组织机构代码：
单位详细名称：　　　　20　年　月　日—20　年　月　日

类别/品名	商品编码	包装规格（瓶/箱）	计量单位（ml/瓶）	期间出厂均价（元/瓶）	上年同期出厂均价（元/瓶）	期间销售量（千升）	上年同期销售量（千升）	期间销售额（万元）	上年同期销售额（万元）
甲	乙	1	2	3	4	5	6	7	8
一、白酒		—	—	—	—				
其中：1.56度红星二锅头		1×12	500						
…									
二、啤酒		—	—	—	—				
其中：1.									
…									
三、葡萄酒		—	—	—	—				
其中：1.									
…									

（续）

类别/品名	商品编码	包装规格（瓶/箱）	计量单位（ml/瓶）	期间出厂均价（元/瓶）	上年同期出厂均价（元/瓶）	期间销售量（千升）	上年同期销售量（千升）	期间销售额（万元）	上年同期销售额（万元）
四、黄酒		—	—	—	—				
其中：1.									
…									
五、果露酒		—	—	—	—				
其中：1.									
…									
六、其他酒		—	—	—	—				
其中：1.									
…									

负责人： 填表人： 联系电话： 报表日期： 年 月 日

说明：1. 报送单位：纳入市商务委酒类流通行业监测系统的所有酒类生产企业。
2. 报送时间及方式：国家法定节假日（含调休日）结束后 3 日内网上填报。
3. 报送内容：节假日（含调休日）期间信息。
4. 品名：按照市商务委确定的酒类流通行业信息监测品种名单据实填写，不要漏报。
5. 商品编码：酒类单品的商品条形码。

（五）北京市酒类批发企业经营情况表（月报表一）

表　　号：京商酒批发1表
制定机关：北京市商务委员会
批准文号：京统函[2012]30号
有效期限：2013年12月31日

组织机构代码：
单位详细名称：　　　　20　年　月

类别	序号	期初库存量（千升）	本月进货量（千升）				上年同期进货量（千升）	本月销售量（千升）				上年同期销售量（千升）	本月销售额（万元）				上年同期销售额（万元）	期末库存量（千升）
			总计	来自本市	来自外埠	进口		总计	销往本市	销往外埠	出口		总计	销往本市	销往外埠	出口		
甲	乙	1	2	3	4	5	6	7	8	9	10	11	12	13	14	15	16	17
合计	01																	
一、白酒	02																	
高度白酒（酒精度40度及以上）	03																	
低度白酒（酒精度40度以下）	04																	
二、啤酒	05																	
三、国产葡萄酒	06																	
四、黄酒	07																	
五、果露酒	08																	
六、进口酒	09																	
其中：进口葡萄酒	10																	
七、其他酒	11																	

负责人：　　　　填表人：　　　　联系电话：　　　　报表日期：　年　月　日

说明：1. 报送单位：纳入市商务委酒类流通行业监测系统的所有酒类批发企业。
2. 报送时间及方式：月后15日前网上填报。
3. 审核关系：列关系：（1）2=3+4+5　（2）7=8+9+10　（3）12=13+14+15　（4）17=1+2−7
行关系：（1）01=02+05+06+07+08+09+11　（2）02=03+04

（六）北京市酒类批发企业经营情况表（月报表二）

表　　号：京商酒批发2表
制定机关：北京市商务委员会
批准文号：京统函[2012]30号
有效期限：2013年12月31日

组织机构代码：
单位详细名称：　　　　20　年　月

品名	序号	商品编码	包装规格（瓶/箱）	计量单位（ml/瓶）	产地	商品主要来源	批发量（箱）	批发均价（元/瓶）	销售额（万元）
甲	乙	丙	丁	戊	己	庚	1	2	3

负责人：　　　　填表人：　　　　联系电话：　　　　报表日期：　年　月　日

说明：1. 报送单位：纳入市商务委酒类流通行业监测系统的所有酒类批发企业。
2. 报送时间及方式：月后15日前网上填报。
3. 品名：按照市商务委确定的酒类流通行业信息监测品种名单，据实填写，不要漏报。
4. 商品编码：酒类单品的商品条形码。
5. 产地：填报该品牌酒类生产企业所在地的省级行政区划名称。

（七）北京市酒类批发企业经营情况表（节假日表）

表　　号：京商酒批发3表
制定机关：北京市商务委员会
批准文号：京统函[2012]30号
有效期限：2013年12月31日

组织机构代码：
单位详细名称：　　　　20　年　月　日—20　年　月　日

类别/品名	商品编码	规格（瓶/箱）	单位（ml/瓶）	期间批发均价（元/瓶）	上年同期批发均价（元/瓶）	期间销售量（千升）	上年同期销售量（千升）	期间销售额（万元）	上年同期销售额（万元）
甲	乙	1	2	3	4	5	6	7	8
一、白酒		—	—	—	—				
其中：1.56度红星二锅头		1×12	500						
…									
二、啤酒		—	—	—	—				
其中：1.									
…									
三、国产葡萄酒		—	—	—	—				
其中：1.									
…									
四、黄酒		—	—	—	—				
其中：1.									
…									

（续）

类别/品名	商品编码	规格（瓶/箱）	单位（ml/瓶）	期间批发均价（元/瓶）	上年同期批发均价（元/瓶）	期间销售量（千升）	上年同期销售量（千升）	期间销售额（万元）	上年同期销售额（万元）
五、果露酒		—	—	—	—				
其中：1.									
…									
六、进口酒		—	—	—	—				
其中：1.									
…									
七、其他酒		—	—	—	—				
其中：1.									
…									

负责人：　　填表人：　　联系电话：　　报表日期：　年　月　日

说明：1. 报送单位：纳入市商务委酒类流通行业监测系统的所有酒类批发企业。

2. 报送时间及方式：国家法定节假日（含调休日）结束后3日内网上填报。

3. 报送内容：节假日（含调休日）期间信息。

4. 品名：按照市商务委确定的酒类流通行业信息监测品种名单据实填写，不要漏报。

5. 商品编码：酒类单品的商品条形码。

（八）北京市酒类零售企业经营情况表（月报表一）

表　　号：京商酒零售1表
制定机关：北京市商务委员会
批准文号：京统函［2012］30号
有效期限：2013年12月31日

组织机构代码：
单位详细名称：　　　　20　年　月

类别	序号	本月销售量（千升）	上年同期销售量（千升）	本月销售额（万元）	上年同期销售额（万元）
甲	乙	1	2	3	4
合计	01				
一、白酒	02				
高度白酒（酒精度40度及以上）	03				
低度白酒（酒精度40度以下）	04				
二、啤酒	05				
三、国产葡萄酒	06				
四、黄酒	07				
五、果露酒	08				
六、进口酒	09				
其中：进口葡萄酒	10				
七、其他酒	11				

负责人：　　　填表人：　　　联系电话：　　　报表日期：　年　月　日

说明：1. 报送单位：纳入市商务委酒类流通行业监测系统的所有酒类零售企业。
2. 报送时间及方式：月后15日前网上填报。
3. 审核关系：行关系：（1）01＝02＋05＋06＋07＋08＋09＋11　（2）02＝03＋04

（九）北京市酒类零售企业经营情况表（月报表二）

表　　号：京商酒零售2表
制定机关：北京市商务委员会
批准文号：京统函[2012]30号
有效期限：2013年12月31日

组织机构代码：
单位详细名称：　　　　20　年　月

品 名	序号	商品编码	包装规格（瓶/箱）	计量单位（ml/瓶）	产 地	商品主要来源	零售均价（元/瓶）	本月销售量（箱）	本月销售额（万元）
甲	乙	丙	丁	戊	己	庚	1	2	3

负责人：　　　　填表人：　　　　联系电话：　　　　报表日期：　年　月　日

说明：1. 报送单位：纳入市商务委酒类流通行业监测系统的所有酒类零售企业。
2. 报送时间及方式：月后15日前网上填报。
3. 品名：按照市商务委确定的酒类流通行业信息监测品种名单据实填写，不要漏报。
4. 商品编码：酒类单品的商品条形码。
5. 产地：填报该品牌酒类生产企业所在地的省级行政区划名称。

（十）北京市酒类零售企业经营情况表（节假日表）

表　　号：京商酒零售3表
制定机关：北京市商务委员会
批准文号：京统函[2012]30号
有效期限：2013年12月31日

组织机构代码：
单位详细名称：　　　　20　年　月　日—20　年　月　日

类别/品名	商品编码	包装规格（瓶/箱）	计量单位（ml/瓶）	期间零售均价（元/瓶）	上年同期零售均价（元/瓶）	期间销售量（千升）	上年同期销售量（千升）	期间销售额（万元）	上年同期销售额（万元）
甲	乙	1	2	3	4	5	6	7	8
一、白酒		—	—	—	—				
其中：1.56度红星二锅头		1×12	500						
…									
二、啤酒		—		—	—				
其中：1.									
…									
三、国产葡萄酒		—	—	—	—				
其中：1.									
…									
四、黄酒		—	—	—	—				
其中：1.									
…									

（续）

类别/品名	商品编码	包装规格（瓶/箱）	计量单位（ml/瓶）	期间零售均价（元/瓶）	上年同期零售均价（元/瓶）	期间销售量（千升）	上年同期销售量（千升）	期间销售额（万元）	上年同期销售额（万元）
五、果露酒		—	—	—	—				
其中：1.									
…									
六、进口酒		—	—	—	—				
其中：1.									
…									
七、其他酒		—	—	—	—				
其中：1.									
…									

负责人： 填表人： 联系电话： 报表日期： 年 月 日

说明：1. 报送单位：纳入市商务委酒类流通行业监测系统的所有酒类零售企业。

2. 报送时间及方式：国家法定节假日（含调休日）结束后 3 日内网上填报。

3. 报送内容：节假日（含调休日）期间信息。

4. 品名：按照市商务委确定的酒类流通行业信息监测品种名单据实填写，不要漏报。

5. 商品编码：酒类单品的商品条形码。

（十一）北京市酒类流通管理基本情况年报表

表　　号：京商酒管理1表
制定机关：北京市商务委员会
批准文号：京统函〔2012〕30号
有效期限：2013年12月31日

填表单位：　　　　　　20　年

<table>
<tr><td>区县酒类流通管理机构名称</td><td colspan="4"></td><td colspan="2">机构建立时间</td><td colspan="4"></td></tr>
<tr><td>酒类流通管理人数（人）</td><td colspan="4"></td><td colspan="2">具有执法资格人数（人）</td><td colspan="4"></td></tr>
<tr><td>开展专项行动次数（次）</td><td colspan="4"></td><td colspan="2">专项行动出动人数（人次）</td><td colspan="4"></td></tr>
<tr><td>检查企业数（个）</td><td colspan="4"></td><td colspan="2">查处违法企业数（个）</td><td colspan="2"></td><td>查处案件数（件）</td><td></td></tr>
<tr><td rowspan="2">酒类经营企业类型</td><td colspan="2">批发企业</td><td colspan="2">零售企业</td><td colspan="2">餐饮企业</td><td colspan="2">酒吧娱乐企业</td><td colspan="2">其他</td></tr>
<tr><td>累计</td><td>新增</td><td>累计</td><td>新增</td><td>累计</td><td>新增</td><td>累计</td><td>新增</td><td>累计</td><td>新增</td></tr>
<tr><td>备案企业数量（个）</td><td></td><td></td><td></td><td></td><td></td><td></td><td></td><td></td><td></td><td></td></tr>
<tr><td>购用随附单企业数量（个）</td><td></td><td></td><td></td><td></td><td></td><td></td><td></td><td></td><td></td><td></td></tr>
<tr><td>随附单使用份数（份）</td><td></td><td></td><td></td><td></td><td></td><td></td><td></td><td></td><td></td><td></td></tr>
<tr><td>使用电子随附单企业数量（个）</td><td></td><td></td><td></td><td></td><td></td><td></td><td></td><td></td><td></td><td></td></tr>
</table>

负责人：　　　填表人：　　　报表日期：20　年　月　　　联系电话：

说明：1. 报送单位：各区县商务部门。

2. 报送时间及方式：每年1月31日前网上填报。

3. 主要指标解释：

（1）具有执法资格人数：指具备当地相关部门执法证书资格的人数。

（2）开展专项行动次数：指开展酒类流通领域专项整治行动的次数。

（3）专项行动出动人数：指酒类流通领域专项整治行动参与的人次。

（4）企业类型：根据《酒类流通管理办法》中备案登记的类型分类。

（5）备案企业数量：执行《酒类流通管理办法》，办理了酒类经营者备案登记表企业数量。

（十二）北京市酒类流通行业基本情况年报表

表　　号：京商酒管理2表
制定机关：北京市商务委员会
批准文号：京统函〔2012〕30号
有效期限：2013年12月31日

填表单位：　　　　　　　　20　年

	批发企业	零售企业	餐饮企业	酒吧娱乐企业	其他
一、企业数量（个）					
二、从业人数（人）					
三、销售量（千升）					
1. 白　酒					
2. 啤　酒					
3. 国产葡萄酒					
4. 黄　酒					
5. 果露酒					
6. 进口酒					
其中：进口葡萄酒					
7. 其他酒					
四、销售额（万元）					
1. 白　酒					
2. 啤　酒					
3. 国产葡萄酒					
4. 黄　酒					
5. 果露酒					
6. 进口酒					
其中：进口葡萄酒					
7. 其他酒					
五、税收（万元）					
六、利润（万元）					

负责人：　　　　填表人：　　　　报表日期：20　年　月　　　　联系电话：

说明：1. 报送单位：各区县商务部门。

2. 报送时间及方式：每年1月31日前网上填报。

3. 主要指标解释：

（1）销售量：为年度饮料酒销售量，包括白、啤、葡以及其他所有酒种的年度销售总量。

（2）销售额：为年度饮料酒销售额，包括白、啤、葡以及其他所有酒种的年度销售总额。

（十三）北京市酒类突发事件即时报表

表　　号：京商酒突发1表
制定机关：北京市商务委员会
批准文号：京统函〔2012〕30号
有效期限：2013年12月31日

填表单位：

事件名称			
事件发生地点		所在区县	
事件填报单位			
事件报送人		联系电话	
填报时间			
事件内容（基本情况、主要原因、影响程度及处理情况）			
涉及的酒类品牌			
酒类商品来源（包括生产厂家、供货商等渠道）			
以上内容由事件填报单位填写，以下内容由市、区县商务部门填写。			
区县商务部门经办人		接报时间	
区县商务部门领导批示			
区县商务部门处理情况			
市商务委经办人		接报时间	
市商务委领导批示			
处理结果			

负责人：　　填表人：　　报表日期：20　年　月　　联系电话：

说明：1. 报送单位：各区县商务部门及纳入市商务委酒类流通行业监测系统的所有酒类企业。
2. 报送时间及方式：发生突发事件时，即时网上或电话报送。

四、填表说明及指标解释

1. 单位详细名称（京商酒企业 1 表）：指工商营业执照载明的企业全称。

2. 法定代表人（京商酒企业 1 表）：指工商营业执照载明的法定代表人姓名。

3. 登记注册类型（京商酒企业 1 表）：指根据国家统计局与国家工商行政管理局联合制定的《关于划分企业登记注册类型的规定》，本企业在工商行政管理部门登记注册的类型。

4. 经营类型（京商酒企业 1 表）：分为生产、批发、零售、餐饮四种类型，只能任选其一

5. 工商登记注册号（京商酒企业 1 表）：指工商营业执照载明的注册编号。

6. 许可证号（京商酒企业 1 表）：指工商部门向批发及零售企业颁发的食品流通许可证编号或食品药品监督部门向餐饮企业颁发的餐饮服务许可证编号，尚未换发上述两种许可证的企业可以填录原来由卫生部门颁发的卫生许可证编号。

7. 备案登记号（京商酒企业 1 表）：指依据《酒类流通管理办法》办理酒类流通备案登记，备案登记表载明的 12 位编号。

8. 备案登记机关（京商酒企业 1 表）：备案登记表上加盖的备案登记机关印章的全称。

9. 经营地址（京商酒企业 1 表）：指从事经营活动的实际地址。

10. 主要经营（生产）酒类商品种类（京商酒生产 1 表）：分为白酒、啤酒、葡萄酒、黄酒、果露酒、进口酒、其他酒七类，根据实际经营情况选填经营状况良好的一种或多种。

11. 酒类商品年销售量（京商酒企业 1 表）：指全年累计销售酒类商品的总量。

12. 酒类期末从业人数（京商酒企业 1 表）：指年末从事酒类经营（生产）的在册员工人数。

13. 年销售额（京商酒企业 1 表）：指统计期间企业全年累计销售各类商品的总金额。

14. 酒类商品年销售额（京商酒企业 1 表）：指统计期间全年累计销售酒类商品的总金额。

15. 年纳税金额（京商酒企业 1 表）：指统计期间全年实际缴纳的企业总税金。

16. 酒类商品年纳税金额（京商酒企业 1 表）：指统计期间全年实际缴纳的酒类总税金。

17. 年利润总额（京商酒企业 1 表）：指统计期间全年经营总收入扣除各种耗费后的盈余，反映报告期内实现的盈亏总额，包括营业利润、补贴收入、投资净收益和营业外收支净额。

18. 酒类商品年利润总额（京商酒企业 1 表）：指统计期间全年酒类经营总收入扣除各种耗费后的盈余。

19. 白酒（京商酒生产 1 表、京商酒批发 1 表、京商酒零售餐饮 1 表）：酒精度 40 度及以上为高度白酒，酒精度 40 度以下为低度白酒。

20. 期初库存量（京商酒生产 1 表、京商酒批发 1 表）：指月初企业酒类产品（商品）的库存数量。

21. 期末库存量（京商酒生产 1 表、京商酒批发 1 表）：指月末企业酒类产品（商品）的库存数量。

22. 商品主要来源（京商酒批发 2 表、京商酒零售 2 表）：填报该商品的主要供货商名称。

23. 酒类生产企业填报在京厂家产销信息。其中白酒产量应填报成品量。

五、监测样本分类目录

（一）北京市酒类流通行业信息监测企业名单（63个）

序号	企业类别		监测企业名称
1	生产	白酒	北京红星股份有限公司
2			北京顺鑫农业股份有限公司牛栏山酒厂
3			北京二锅头酒业股份有限公司
4			北京皇家京都酒业有限公司
5			北京华都酿酒食品有限责任公司
6		啤酒	北京燕京啤酒股份有限公司
7			北京青岛三环啤酒有限公司
8			北京五星青岛啤酒有限公司
9			华润雪花啤酒（北京）有限公司
10			嘉禾啤酒（北京）有限公司
11			北京啤酒朝日有限公司
12			广东蓝带集团北京蓝宝酒业有限公司
13		葡萄酒	北京丰收葡萄酒有限公司
14			北京龙徽酿酒有限公司
15	批发	集团公司	北京市糖业烟酒公司
16			北京朝批商贸股份有限公司
17			北京鼎力兴商贸有限责任公司
18			北京市食品供应处34号供应部
19			北京市京兴望糖酒食品饮料公司
20			美夏国际贸易（上海）有限公司北京分公司
21		批发市场	北京农产品中央批发市场有限责任公司
22			北京锦绣大地联合农副产品批发市场有限公司
23			北京大洋路农副产品市场有限公司
24			北京城北回龙观商品交易市场有限公司
25			北京八里桥农产品中心批发市场有限公司
26			北京顺鑫石门农产品批发市场有限责任公司
27			北京水屯农副产品批发市场中心
28		外埠知名品牌在京代理商	北京茅台贸易有限责任公司（茅台）
29			四川五粮液驻京办（五粮液）
30			北京剑南春商贸有限公司（剑南春）
31			北京融辰世纪商贸有限公司（水井坊）
32			北京贵州醇酒业有限公司（贵州醇）

（续）

序号	企业类别		监测企业名称
33	零售	商业连锁集团	北京物美商业集团股份有限公司
34			北京京客隆连锁集团公司
35			北京家乐福商业有限公司
36			北京超市发连锁股份有限公司
37			北京美廉美连锁商业有限公司
38			北京沃尔玛百货有限公司
39			北京欧尚超市有限公司
40			北京易初莲花连锁超市有限公司
41			北京华润万家生活超市有限公司
42			北京旺市百利商业有限公司
43			北京华冠商贸有限公司
44			北京首航国力商贸有限公司
45			北京市奥士凯商贸连锁经营公司
46			北京大星发配送中心
47			北京迪亚首联商业零售有限公司
48			北京华普联合商业投资有限公司
49			北京天超仓储超市有限责任公司
50			北京顺天府商贸有限公司
51			乐天超市有限公司
52			北京永辉超市有限公司
53		餐饮	中国全聚德（集团）股份有限公司
54			北京顺峰饮食酒店管理有限公司
55			北京东来顺集团有限责任公司
56			北京眉州东坡酒楼
57			北京便宜坊烤鸭集团有限公司
58			北京云龙金阁大饭店有限公司
59			北京大董烤鸭店有限责任公司
60			聚德华天控股有限公司
61			北京市西单麻辣诱惑餐饮有限公司
62			北京翔达投资管理有限公司
63			北京首都机场餐饮发展有限公司

（二）北京市酒类流通行业信息监测品种名单（214 个）

1. 白酒监测品种名单（92 个）

序号	品　　名	度数	净含量	规格	商品编码
1	飞天茅台（双杯）	53	500ml	1×12	6902952880294
2	飞天茅台	53	375ml	1×12	6902952880058
3	飞天茅台	43	500ml	1×12	6902952884308
4	飞天茅台	38	500ml	1×12	6902952880096
5	飞天茅台双杯	38	500ml	1×12	6902952884315
6	五星茅台	53	500ml	1×12	6902952880089
7	新品五粮液	52	500ml	1×6	6901382103355
8	新品五粮液	39	500ml	1×6	6901382266395
9	五粮液 1618	52	500ml	1×6	6901382023677
10	五粮液 1618	39	500ml	1×6	6901382023875
11	剑南春	52	500ml	1×6	6901434382882
12	剑南春	38	500ml	1×6	6901434395981
13	剑南老窖	52	500ml	1×6	6901434522288
14	珍藏级剑南春	52	501ml	1×6	6901434014356
15	珍藏级剑南春	38	502ml	1×6	6901434014783
16	国窖 1573	52	500ml	1×6	6901798104595
17	国窖 1573	38	500ml	1×6	6901798104601
18	国窖 1573 蓝花釉	50	573ml	1×6	6901798131249
19	国窖 1573 中国品味	52	500ml	1×6	6901798132246
20	国窖 1573 中国品味	38	500ml	1×6	6901798136893
21	水井坊（水晶装）	53	500ml	1×6	6901676539969
22	水井坊（井台瓶）	52	500ml	1×6	6901676529588
23	红星二锅头	56	500ml	1×12	6906785230868
24	红星二锅头	65	500ml	1×12	6906785230806
25	红星二锅头酒（精品）	56	500ml	1×6	6906785210860
26	红星二锅头酒（精品）	52	500ml	1×6	6906785012297
27	红星二锅头酒（精品）	46	500ml	1×6	6906785012808
28	红星二锅头酒（珍品）	52	500ml	1×6	6906785010422
29	红星二锅头酒（珍品）	46	500ml	1×6	6906785010415
30	红星特制二锅头（白标）	56	500ml	1×12	6906785220869
31	古钟二锅头酒（珍品）	46	500ml	1×6	6906785030106

（续）

序号	品　名	度数	净含量	规格	商品编码
32	老北京二锅头酒	52	500ml	1×6	6905785010132
33	牛栏山珍品二锅头酒	45	400ml	1×6	6906151600318（盒码） 6906151605535（箱码）
34	牛栏山二锅头酒（绿瓶）	56	100ml	1×40	69020001（标码） 6906151608079（箱码）
35	牛栏山二锅头酒（白瓶）	56	100ml	1×40	69020001（标码） 6906151608055（箱码）
36	牛栏山二锅头	46	500ml	1×12	6906151890160（盒码） 6906151607157（箱码）
37	牛栏山二锅头酒（新）	46	500ml	1×12	6906151600851（标码） 6906151608390（箱码）
38	牛栏山二锅头酒	38	110ml	1×24	6906151608130（箱码）
39	牛栏山三牛百年	36	400ml	1×6	6906151600349（盒码） 6906151602213（箱码）
40	精品牛栏山二锅头酒（普箱）	52	500ml	1×6	6906151608116
41	牛栏山陈酿	42	500ml	1×6	6906151600462
42	牛栏山浓香型（桶装）	38	2000ml	1×6	6906151600912
43	百年牛栏山白酒（红6年）	35	500ml	1×6	6906151615794（盒码） 6906151615817（箱码）
44	百年牛栏山白酒（红8年）	38	500ml	1×6	6906151615831（盒码） 6906151615855（箱码）
45	百年牛栏山白酒（红10年）	38	500ml	1×6	6906151615879（盒码） 6906151615893（箱码）
46	京都二锅头	41	2000ml	1×6	6910856520819
47	京都天坛礼盒	56	500ml	1×6	6910856666616
48	京都外贸黄圆桶	45	500ml	1×6	6910856518601
49	京都纯中醇盒	45	500ml	1×6	6910856666685
50	京都小桶	41	2000ml	1×6	6910856510889
51	京都小桶	56	2000ml	1×6	6910856151068
52	三星京王子	38	500ml	1×6	692468820118
53	二两京王子	38	100ml	1×24	6924685899312
54	四星京王子	36	500ml	1×6	6921413220226
55	典藏京王子	38	500ml	1×6	6921413223173
56	酒中宝京王子	42	500ml	1×6	6921413222619
57	北京二锅头	50	2500ml	1×6	6921413224064
58	精品十六年二锅头	56	500ml	1×6	6921413220370

（续）

序号	品　　名	度数	净含量	规格	商品编码
59	北京二锅头	42	2000ml	1×6	6921413262127
60	北京二锅头（白瓶）	56	500ml	1×6	6921413220363
61	醉流霞	42	500ml	1×6	6921413222787
62	十三陵二锅头	46	500ml	1×12	6926152510249
63	华都老酒（盒装）	38	500ml	1×6	6926152510508
64	红华都	38	500ml	1×6	6926152510782
65	十三陵北京二锅头老酒	46	500ml	1×6	6926152510522
66	华都珍藏一号十年	35	460ml	1×6	6926152510102
67	华都老酒（光瓶）	38	500ml	1×12	6926152510669
68	十三陵二锅头	56	500ml	1×12	6926152510287
69	十三陵二锅头	65	500ml	1×12	6926152510683
70	华都珍藏一号三十年	52	500ml	1×12	6926152510140
71	华都脸谱二锅头佳酿	56	500ml	1×6	6926152510942
72	贵州醇	35	500ml	1×6	6901328000342
73	贵州醇（铁盒）	35	500ml	1×6	6901328000335
73	贵州醇（铁盒）	35	500ml	1×6	6901328000335
74	贵州醇（纸盒）	38	500ml	1×6	6901328000021
75	贵州醇（金铁盒）	38	500ml	1×6	6901328000397
76	铁盒喜酒贵州醇	35	500ml	1×6	6901328001134
77	泸州老窖铁盒特曲	52	500ml	1×6	6901798108951
78	泸州老窖铁盒特曲	38	500ml	1×6	6901798109675
79	泸州老窖泸州红高粱	52	450ml	1×12	6901798104151
80	泸州老窖（百年）	52	500ml	1×6	6901798128164
81	京酒（四代）	38	500ml	1×6	6901382021918
82	浏阳河三星	39	500ml	1×6	6901382002696
83	浏阳河四星	39	475ml	1×6	690138207396
84	浏阳河五星	52	450ml	1×6	6901382752522
85	金六福三星	38	475ml	1×6	6901382044382
86	金六福三星	38	500ml	1×6	6901382301386
87	金六福三星福星高照	38	500ml	1×6	6901382300389
88	金六福新四星	38	500ml	1×6	6901382105380
89	金六福 38 红色经典	38	1000ml	1×6	6901382786381
90	金六福 52 新四星	52	500ml	1×6	6901382208524
91	绵竹大曲	52	500ml	1×12	6901434392386
92	黑土地	42	500ml	1×6	6925802902366

2. 啤酒监测品种名单（41个）

序号	品　　名	度数	净含量	规格	商品编码
1	燕京清爽瓶啤	10	600ml	1×24	6903102102358
2	燕京纯生瓶啤	10	600ml	1×12	6903102102587
3	燕京精品瓶啤	10	600ml	3×4	6903102102549
4	燕京本生瓶啤	10	600ml	4×6	6903102101030
5	燕京清爽特制听啤	10	330ml	1×24	6903102103270
6	燕京特制听啤	10	330ml	1×24	6903102103485
7	燕京无醇	11	518ml	1×24	6903102103041
8	燕京鲜啤	8	500ml	3×4	6903102103133
9	青岛大优瓶啤	10	600ml	1×12	6901035604093
10	青岛金8度啤酒	8	600ml	1×12	6901035607612
11	青岛山水啤酒	10	600ml	1×24	6916420891675
12	优质青岛啤酒	8	600ml	1×12	6901035603515
13	青岛精品听啤（清爽）	11	330ml	1×24	6901035609265
14	青岛啤酒冰醇（筐啤）	10	600ml	1×12	6901035609227
15	青岛啤酒经典（箱啤）	8	600ml	1×12	6901035603515(瓶码) 6901035603522(箱码)
16	崂山大罐	8	500ml	1×12	6901035603782
17	青岛冰纯（纸箱）	10	330ml	1×24	6901035603140
18	雪花清爽瓶啤	10	600ml	1×24	6909347883311
19	雪花纯爽瓶啤	10	600ml	1×24	6909347883267
20	雪花清爽瓶啤	10	620ml	1×9	6909347883311
21	雪花清爽瓶啤	9	620ml	1×9	6909347883298
22	雪花清爽	9	580ml	1×24	6909347883441
23	雪花酣畅	8	640ml	1×24	6909347883434
24	北京生啤	8	600ml	1×20	6900228600836
25	北京10度生啤酒	10	600ml	1×20	6900228636019
26	北京精品听装	10	330ml	1×24	6900228351042
27	嘉禾瓶啤	10	600ml	1×9	4942414300007
28	蓝宝超纯	10	500ml	1×24	6931743402193
29	蓝宝超纯	10	350ml	1×24	6931743401509
30	蓝宝啤酒	10	350ml	1×24	6931743400014
31	蓝宝特制听啤	10	350ml	1×24	6931743400090
32	蓝宝新品听啤	10	350ml	1×24	6931743400113

（续）

序号	品　　名	度数	净含量	规格	商品编码
33	艾尔黑啤	13	500ml	1×24	6940721900163
34	蓝宝黑啤	13	330ml	1×24	6931743400809
35	蓝宝菠萝啤	5	330ml	1×12	6931743400229
36	蓝宝纯生态	10	330ml	1×24	6931743402285
37	嘉士伯	11.1	330ml	1×24	6901672912643
38	嘉士伯冰纯听啤	4.3	330ml（355ml）	1×24	6901672912698
39	冰纯嘉士伯小瓶啤酒	10.5	330ml（325ml）	1×24	6901672912681
40	嘉士伯听啤	4.3（11）	330ml（355ml）	1×24	6901672912636
41	喜力（透明装小瓶）	10.5	330ml	1×24	6908942371070

3. 葡萄酒监测品种名单（35个）

序号	品　　名	度数	净含量	规格	商品编码
1	丰收98干红	12	750ml	1×6	6920407301606
2	丰收98干红促销装	12	750ml	1×6	6920407301521
3	丰收98圆筒干红	12	750ml	1×6	6920407302856
4	丰收干红（圆口瓶）	12	750ml	1×6	6920407302771
5	丰收橡木桶陈酿干红	12	750ml	1×6	6920407304218
6	丰收中国红（高档）	16	750ml	1×12	6920446701221
7	丰收橡木桶珍藏干红	12	750ml	1×6	6920407303402
8	丰收蛇龙珠干红	12	750ml	1×6	6920446700408
9	龙徽干红	12	750ml	1×12	6901149001016
10	龙徽中国红	13.5	750ml	1×12	6905662191230
11	龙徽宫桂陈酿加香葡萄酒	13.5	640ml	1×12	6905662191247
12	龙徽赤霞珠干红	12	750ml	1×6	6901149750099
13	龙徽怀来珍藏2007	12	750ml	1×6	6901149750204
14	长城精品赤霞珠干红	12	750ml	1×6	6901009911936
15	长城精选级赤霞珠干红（出口型）	12	750ml	1×6	6901009901005
16	长城龙禧2000干红	11.5	750ml	1×6	6920872802509
17	长城三星干红葡萄酒	12	750ml	1×6	6901009903955
18	长城世纪星干红	12	750ml	1×6	6901009908769
19	长城桑干珍藏级	12	750ml	1×6	6901009903489

（续）

序号	品　　名	度数	净含量	规格	商品编码
20	长城桑干特别珍藏西拉干红	12	750ml	1×4	6901009908189
21	沙城长城翠高武龙干红	12	750ml	1×6	6901009911455
22	华夏长城A区干红	12	750ml	1×6	6901009909322
23	沙城长城五星干红	12	750ml	1×6	6901009904716
24	长城桑干特别专供2002	12	750ml	1×6	6901009915163
25	长城桑干特级精选干红	12	750ml	1×6	6901009915194
26	沙城长城一星干红	12	750ml	1×6	6901009904747
27	华夏92年长城干红（木盒）	12.5	750ml	1×6	6901009600328
28	华夏96年份葡园干红	12.5	750ml	1×6	6901009905119
29	华夏97年长城干红	12	750ml	1×6	6901009905706
30	华夏长城赤霞珠干红	12	750ml	1×6	6901009905164
31	华夏清新干红	12	750ml	1×6	6901009909292
32	千禧赤霞珠干红	14	750ml	1×6	6920407302436
33	王朝葡萄酒	12	750ml	1×6	6901025100406
34	张裕解百纳干红	12	750ml	1×6	6901584100442
35	张裕解百纳干红葡萄酒	12	750ml	1×6	6901584061231

4. 进口酒监测品种名单（31个）

序号	品　　名	度数	净含量	规格	商品编码
1	芝华士12年	40	700ml	1×12	5000299284629
2	轩尼诗VSOP	40	700ml	1×12	3245990969419
3	名士马爹利	40	700ml	1×12	3219820002256
4	蓝带马爹利	40	700ml	1×12	3219820000382
5	马爹利XO	40	700ml	1×12	3219820003703
6	人头马VSOP	40	700ml	1×12	3024482270123
7	绝对伏特加	40	750ml	1×12	7312040017010
8	黑牌威士忌	40	700ml/70cl	1×12	5000267024233
9	红牌威士忌70cl	40	700ml/70cl	1×12	5000267014234
10	皇家礼炮	40	700ml	1×6	5000299211243
11	百利甜酒	12	750ml	1×12	5011013100132
12	温莎12年威士忌700ml	40	700ml	1×12	5000267109589
13	帝王12年苏格兰威士忌700ml	40	700ml	1×12	5000277002450

（续）

序号	品　　名	度数	净含量	规格	商品编码
14	芝华士 18 年苏格兰威士忌	40	700ml	1×6	5000299225004
15	百龄坛特醇苏格兰威士忌	40	700ml	1×12	5010106113073
16	金玺百龄坛十二年苏格兰威士忌	40	700ml	1×12	5010106110232
17	绝对伏特加限量版	40	700ml	1×12	7312040550319
18	拉菲特城堡	12.5	750ml	1×12	3272860330796
19	丽佛莱城堡	12.5	750ml	1×12	3468173911986
20	波尔多红葡萄酒	12.5	750ml	1×12	3192040337639
21	红魔鬼卡本妮苏维翁	13	750ml	1×6	7804320303178
22	红魔鬼梅洛	13	750ml	1×6	7804320985633
23	原野卡本妮苏维翁	13	750ml	1×6	7804320148410
24	红魔鬼黑皮诺	13	750ml	1×6	7804320510163
25	科瑞丝曼波尔多珍酿红葡萄酒	13	750ml	1×6	3258691240053
26	红魔鬼设拉子	13	750ml	1×6	7804320510170
27	远山卡本妮苏维翁	13	750ml	1×6	7804320559001
28	红魔鬼卡麦妮	13	750ml	1×6	7804320087016
29	远山苏维翁白	13	750ml	1×6	7804320556000
30	科瑞丝曼梅多克珍酿红葡萄酒	13	750ml	1×6	3258691255408
31	杰卡斯西拉加本纳	13.5	700ml	1×12	9300727453389

5. 黄酒监测品种名单（11 个）

序号	品　　名	度数	净含量	规格	商品编码
1	古越龙山陈年花雕	16.5	600ml	1×12	6903290190502
2	古越龙山特坛加饭	16.5	1500ml	1×6	6903290190366
3	大越八年陈年花雕	15	480ml	1×6	6920309396786
4	会稽山三年陈花雕	16	600ml	1×6	6905321279101
5	会稽山陈年花雕	16	500ml	1×12	6905321390509
6	女儿红	16	500ml	1×12	6904508937070
7	黄中皇清润型三年	10	750ml	1×6	6904654901604
8	醇雕坛花雕酒	16	1600ml	1×6	6930865600012
9	醇雕花雕酒	12	600ml	1×12	6930865600623
10	醇雕加饭酒	12	1500ml	1×6	6930865600029
11	塔牌三年陈绍兴花雕 1000ml	15	1000ml	1×6	6901206031352

6. 果露酒监测品种名单（4个）

序号	品　　名	度数	净含量	规格	商品编码
1	中华桂花陈	15	750ml	1×12	6905662191216
2	丰收桂花陈	15（12）	750ml	1×12	6920446799990
3	丰收青梅酒	15	700ml	1×6	6920446702068
4	丰收山楂酒	14	700ml	1×6	6920446702044

北京市商务委员会关于印发《北京市商业特许经营备案管理实施办法》的通知

京商务流通字〔2012〕5号

各区县商务委、有关企业：

商务部《商业特许经营备案管理办法》经修订后，自2012年2月1日起施行。我委依据新修订的《商业特许经营备案管理办法》和《商务部关于委托省级商务主管部门开展商业特许经营备案工作的通知》（商商贸发〔2009〕186号），对《北京市商业特许经营备案管理实施办法》进行了重新修订。现印发给你们，请遵照执行。原《北京市商业特许经营备案管理实施办法》（京商流通字〔2007〕29号）同时废止。

北京市商务委员会

二〇一二年三月七日

北京市商业特许经营备案管理实施办法

第一条　为加强对商业特许经营活动的管理，规范特许经营市场秩序，做好本市商业特许经营备案管理工作，根据国务院《商业特许经营管理条例》（以下简称《条例》）和商务部《商业特许经营备案管理办法》的有关规定，制定本办法。

第二条　在本市注册，在中华人民共和国境内（以下简称中国境内）从事商业特许经营（以下简称特许经营）活动，适用于本办法。

第三条　特许人从事特许经营，应当遵守中华人民共和国的法律、法规，遵循自愿、公平、诚实、信用的原则。

第四条　符合《条例》规定的特许人，依据本办法规定通过商务部设立的商业特许经营信息管理系统进行备案。

第五条　申请备案的特许人拟获取商业特许经营信息管理系统登录号和密码，应当向市商务委提交以下材料：

（一）特许人备案申请书。

（二）商业特许经营基本情况表（见附件1）。

（三）商业特许经营企业店铺分布情况表（见附件2、3）。

（四）特许人的市场计划书（见附件4）。

（五）经法定代表人签字盖章的特许人承诺书（见附件5）。

（六）企业法人营业执照原件（副本和年检证明）及复印件或其它主体资格证明文件原件及复印件。

（七）与特许经营活动相关的商标权、专利权及其他经营资源的注册证书原件及复印件。如商标权、专利权及其他经营资源已由相关部门受理的，须提交受理通知书原件及复印件；如商标权、专利权及其他经营资源是他人授权使用的，须提交符合要求的许可使用授权书原件及复印件。

（八）符合《条例》第七条第二款规定的证明文件（在2007年5月1日前已经从事特许经营活动的特许人在提交申请商业特许经营备案材料时不需提交）。

（九）国家法律法规规定经批准方可开展特许经营的产品和服务，须提交相关主管部门的批准文件的原件及复印件。

外商投资企业应当提交《外商投资企业批准证书》，《外商投资企业批准证书》经营范围中应当包括"以特许经营方式从事商业活动"项目。

（十）特许人企业法定代表人身份证明原件及复印件。

（十一）特许经营合同样本。

（十二）与中国境内的被特许人订立的第一份特许经营合同。

（十三）特许经营操作手册。

（十四）特许人的名称、联系人（职务、电话、传真）、地址、邮政编码、电子邮件地址。

（十五）市商务委认为应当提交的其他材料。

以上文件在中华人民共和国境外形成的，需经所在国公证机关公证（附中文译本），并经中华人民共和国驻所在国使领馆认证，或者履行中华人民共和国与所在国订立的有关条约中规定的证明手续。在香港、澳门、台湾地区形成的，应当履行相关的证明手续。

第六条　特许人获取登录号和密码后，须登录商务部商业特许经营信息管理系统（http：//txjy.syggs.mofcom.gov.cn）填报备案信息。

第七条　特许人应填写所有备案事项的信息，并确保所填写内容真实、准确和完整。

第八条　特许人应当在与中国境内的被特许人首次订立特许经营合同之日起15日内向市商务委申请备案。

第九条　市商务委在收到符合本办法第五条规定的申请文件、资料之日起7日内对申请企业予以备案，并在商务部商业特许经营信息管理系统上予以公告。特许人提交的文件、资料不完备的，市商务委可以要求其在7日内补充提交文件、资料。市商务委在特许人材料补充齐全之日起7日内予以备案。

第十条　特许人的以下备案信息有变化的，应当自变化之日起30日内向市商务委申请变更：

（1）特许人的工商登记信息。

（2）经营资源信息。

（3）中国境内全部被特许人的店铺分布情况。

第十一条　特许人应在每年3月31日前将其上一年度订立、撤销、终止、续签的特许经营合同情况向市商务委报告。

第十二条　已完成备案的特许人有下列行为之一的，市商务委可以撤销备案，并在商业特许经营信息管理系统予以公告：

（一）特许人注销工商登记，或因特许人违法经营，被主管登记机关吊销营业执照的。

（二）市商务委收到司法机关因特许人违法经营而作出的关于撤销备案的司法建议书。

（三）特许人隐瞒有关信息或者提供虚假信息，造成重大影响的。

（四）特许人申请撤销备案并经市商务委同意的。

（五）其他需要撤销备案的情形。

第十三条　本办法由北京市商务委员会负责解释。

第十四条　本办法自2012年3月15日起施行，2007年8月31日发布的原《北京市商业特许经营备案管理实施办法》（京商流通字〔2007〕29号）同时废止。

附件1：商业特许经营基本情况表

附件2：商业特许经营企业店铺分布情况表（直营店）

附件3：商业特许经营企业店铺分布情况表（加盟店）

附件4：市场计划书

附件5：特许人承诺书

附件 1：

商业特许经营基本情况表

（盖章）

<table>
<tr><td rowspan="17">企业基本情况</td><td>企业名称（中文）</td><td colspan="7"></td></tr>
<tr><td>企业名称（英文）</td><td colspan="7"></td></tr>
<tr><td>成立时间</td><td></td><td colspan="2">联系人</td><td colspan="2"></td><td>邮政编码</td><td></td></tr>
<tr><td>联系电话</td><td></td><td colspan="2">网址</td><td colspan="2"></td><td></td><td></td></tr>
<tr><td>传　　真</td><td></td><td colspan="2">E—MAIL</td><td colspan="2"></td><td></td><td></td></tr>
<tr><td>地　　址</td><td></td><td colspan="2"></td><td colspan="2"></td><td></td><td></td></tr>
<tr><td>注册资本（万元）</td><td></td><td colspan="2">企业类型</td><td colspan="2"></td><td>所属行业</td><td></td></tr>
<tr><td colspan="2">特许授权内容</td><td colspan="2">注册号</td><td colspan="3">注册类别</td><td>有效期</td></tr>
<tr><td>注册商标</td><td></td><td colspan="2"></td><td colspan="3"></td><td></td></tr>
<tr><td>专利</td><td></td><td colspan="2"></td><td colspan="3"></td><td></td></tr>
<tr><td>专有技术</td><td></td><td colspan="2"></td><td colspan="3"></td><td></td></tr>
<tr><td>企业标志</td><td></td><td colspan="2"></td><td colspan="3"></td><td></td></tr>
<tr><td>其它经营资源</td><td></td><td colspan="2"></td><td colspan="3"></td><td></td></tr>
<tr><td>开展特许经营时间</td><td colspan="3"></td><td colspan="3">特许加盟费（万元）</td><td></td></tr>
<tr><td>注册商标名称</td><td></td><td colspan="2">注册时间</td><td colspan="2"></td><td>注册地点</td><td></td></tr>
<tr><td>总店数（个）</td><td></td><td colspan="2">直营店数（个）</td><td colspan="2"></td><td>加盟店数（个）</td><td></td></tr>
<tr><td>企业员工总数（人）</td><td></td><td colspan="2">直营店员工总数（人）</td><td colspan="2"></td><td>加盟店员工总数（人）</td><td></td></tr>
<tr><td rowspan="2">管理者</td><td>法定代表人</td><td></td><td>年龄</td><td></td><td>职 务</td><td></td><td>联系电话</td><td></td></tr>
<tr><td>特许经营业务负责人</td><td></td><td>年龄</td><td></td><td>职 务</td><td></td><td>联系电话</td><td></td></tr>
</table>

（本表可复印，盖章有效）

填报时间：　　年　　月　　日

附件 2：

商业特许经营企业店铺分布情况表

单位名称：

中国境内特许人全部直营店基本情况 （以下信息要与营业执照上登记的信息一致）			
序号	店铺名称	营业地址	联系电话

（本表可复印，盖章有效）

填报时间：　　年　　月　　日

附件 3：

商业特许经营企业店铺分布情况表

单位名称：

中国境内全部被特许人（加盟店）店铺分布情况					
序号	被特许人名称	被特许方式（划√）		营业地址	联系电话
		直接特许	分特许		

（本表可复印，盖章有效）

填报时间：　　年　　月　　日

附件 4：

市场计划书

单位名称：

网点开设计划			
类别	年 度	所在区、县	数 量
直营店			
加盟店			

特许网点初期投资概算		
类 别	估计金额 （元；低一高）	缴纳时间及方式，估算解释

（本表可复印，盖章有效）

填报时间：　　年　　月　　日

附件5：

特许人承诺书

本特许人作如下保证：

一、遵守《商业特许经营管理条例》、《商业特许经营备案管理办法》、《北京市商业特许经营备案管理实施办法》及其相关法律、法规、规章。

二、服从北京市商务委员会对商业特许经营的行业管理，自觉维护商业特许经营的经营秩序。

三、按要求认真填写、及时提交与经营活动有关的文件和资料。

四、《商业特许经营备案管理办法》、《北京市商业特许经营备案管理实施办法》要求的任何事项发生变化之日起，30日内到北京市商务委员会办理变更手续。

五、所有备案材料及其备案变更材料中的信息是完整的、准确的、真实的。

以上如有违反，将承担一切法律责任。

特许人名称____________________

法定代表人或授权代表人（签字、盖章）

____

年　　月　　日

北京市商务委员会　北京市财政局印发北京市关于加快外贸结构调整转变外贸发展方式意见的通知

京商务外运字〔2012〕7号

各区县商务委、财政局，北京经济技术开发区商务局、财政局，各相关单位：

为贯彻落实商务部等十部委《关于加快转变外贸发展方式的指导意见》（商贸发〔2012〕48号），加快推进市政府《关于加快国际商贸中心建设的意见》和《北京市“十二五”时期对外经贸发展规划》的全面落实，进一步提升我市外贸发展水平，加快调整外贸结构，转变外贸发展方式，促进全市外贸进出口保持持续快速增长，市商务委和市财政局联合制定了《北京市关于加快外贸结构调整转变外贸发展方式的意见》，现印发给你们，请结合具体情况贯彻实施。

北京市商务委员会

北京市财政局

二〇一二年四月二十五日

北京市关于加快外贸结构调整转变外贸发展方式的意见

为贯彻落实商务部等十部委《关于加快转变外贸发展方式的指导意见》，加快推进市政府《关于加快国际商贸中心建设的意见》和《北京市“十二五”时期对外经贸发展规划》的全面落实，进一步提升我市外贸发展水平，加快调整外贸结构，转变外贸发展方式，促进全市外贸进出口保持持续快速增长，特制定本意见。

一、指导思想

以邓小平理论和“三个代表”重要思想为指导，以科学发展为主题，以加快转变外贸发展方式为主线，紧紧围绕建设中国特色世界城市、打造国际商贸中心的目标，结合首都特点，发挥首都优势，着力促进外贸结构调整和转型升级，逐步实现本市外贸发展从规模速度向质量效益转变，从加工制造向创新驱动转变，从简单贸易环节向完整贸易链条转变，进一步增强我市对外贸易综合竞争优势，促进对外贸易可持续快速发展。

二、发展目标

到“十二五”末期，本市对外贸易发展力争实现以下发展目标：

——对外贸易辐射能力显著增强。着力提升在全球贸易网络中的枢纽地位，到2015年，年货物贸易额达到5 000亿美元，占全球比重突破1%。

——自主创新能力得到较大提升。外贸企业产品研发和创新能力明显增强，“双自主”企业出口占全市出口比重达到10%以上。

——外贸转型升级取得明显成效。加快培育一批市级外贸出口基地，获得国家商务部认定的外贸转型升级示范基地达到5家以上。

——外贸企业主体结构进一步优化。进一步强化外贸稳定增长工作措施，力争引入和设立进出口总部企业10家。

——国际市场参与度进一步提高。把握国际市场竞争先机，鼓励企业在参与国际标准制定和建立海外自主营销网络方面取得较大进展。

——外贸交易方式更加丰富。加快国际电子商务发展，电子商务进出口额占比达5%以上。

三、重点工作任务

（一）优化商品结构，促进“双自主”企业开拓市场

1. 鼓励“双自主”企业开展自主创新。引导和鼓励“双自主”企业不断提高自主创新能力，加强自主品牌建设和自主知识产权研发，进一步增强企业市场竞争能力。

2. 支持“双自主”企业参加国际展会。利用展会推动“双自主”企业产品进入国际市场，优先保证“双自主”企业参加“广交会”，大力支持“双自主”企业到境外参加国际知名展会。

3. 支持“双自主”企业开拓国际市场。充分发挥中小企业国际市场开拓资金、信用保险等政策的引导作用，支持“双自主”企业积极开拓国际市场；对于非中小型的“双自主”企业开拓国际市场给予相同的政策支持。

4. 支持“双自主”企业扩大品牌宣传。加强面向“双自主”企业的公共服务平台建设，支持“双自主”企业建立具有企业特色的设计研发、宣传展示等平台；支持“双自主”企业开展国际电子商务，广泛拓展外贸渠道；加大对“双自主”企业宣传推广力度，提升北京“双自主”企业和“双自主”产品在国际市场的影响力。

（二）优化主体结构，增强外贸出口市场带动力

5. 积极吸引外贸进出口总部企业在京发展。研究制订在京设立外贸进出口总部的鼓励政策，积极引导产业链比较完整、处于贸易枢纽地位、综合竞争力较强的中央企业和其他进出口总部企业进驻北京；鼓励中央企业和其他出口企业在京设立研发中心、营销管理中心、采购中心、结算中心；加大对民营进出口总部企业进驻北京的支持力度。

6. 加快推动外贸示范基地建设。支持国家级和市级外贸示范基地建设，加大对具有本市特色和优势外贸产业支持力度；重点支持包括移动通信、数字电视、集成电路、计算机、半导体照明、广播电视设备在内的电子信息产业，包括新能源装备、节能环保装备、高端制造装备在内的装备产业以及包括汽车、生物和医药、服装、乐器、食品在内的都市产业等基地建设；在上述产业基础比较雄厚、企业集聚度高、外贸增长潜力大的区县，培育和建设一批市级外贸示范基地，并积极参加国家级外贸转型升级示范基

地申报工作；推动中关村国家自主创新示范区创新型企业扩大对外贸易。

7. 鼓励企业参与国际技术行业标准的制定。引导和鼓励具备条件的本市外贸企业把具有较强竞争优势产品的技术标准和行业标准纳入国际标准体系；支持本市企业参与制定对本市外贸特色和优势产业发展具有带动作用的国际标准；支持本市企业承办国际标准化组织年会。

8. 鼓励企业融入国际定价体系。利用进出口规模优势，积极参与国际市场商品进出口价格协商，增强国内企业在国际定价体系中的作用和影响力，提升在国际市场的话语权。

（三）优化市场结构，建设多元化、多层次的对外营销体系

9. 实施市场多元化战略。充分利用国际展会，帮助企业拓展市场渠道，巩固传统市场，开拓新兴市场；引导外贸企业充分利用国家（地区）间自由贸易区“零关税”等优惠政策，大力开拓自由贸易区市场；加强北京与国外“友好城市”的经贸合作，搭建经贸合作交流平台，推动我市外贸企业与“友好城市”企业扩大贸易往来，形成良性互动。

10. 加快海外自主营销网络建设。支持有实力的外贸企业把出口产品贸易链延伸到国外批发和零售终端，把进口贸易链逐步延伸到国外上游生产供应商，提高对境外营销渠道的控制能力；支持外贸企业在境外市场投资办厂、设立区域营销总部，或通过境外兼并、收购国际品牌等方式建立海外营销网络。

11. 鼓励发展国际电子商务。引导和鼓励外贸企业运用电子商务拓展国际市场，积极发展电子商务平台；支持外贸企业利用电子商务平台开展市场营销和交易，举办网上商品展览会。

（四）优化贸易结构，促进多种贸易方式协调发展

12. 加快促进加工贸易转型升级。在大力推进一般贸易稳步增长的同时，鼓励高技术含量、高附加值、低碳型加工贸易产业发展，吸引跨国公司把技术含量和增值率高的加工贸易环节转移到我市，鼓励加工贸易企业设立研发中心、营销中心，发挥加工贸易在引进技术和管理、人才培育、拓展国内外市场中的溢出效应。

13. 积极拓展保税功能区服务功能。充分发挥北京天竺综合保税区政策优势，进一步拓展北京天竺综合保税区功能，吸引知名跨国公司在北京天竺综合保税区设立国际采购分拨配送中心；加快北京天竺综合保税区航空维修基地建设，推进融资租赁、转口贸易、研发、展览展示等业务的发展。发挥北京亦庄保税物流中心（B型）作用，增强对高端制造业产业链企业的服务能力，提高产业聚集度，形成产业集群集聚发展，全面提升北京南部地区高端产业竞争力。

14. 进一步促进货物贸易、服务贸易协调发展。发挥服务贸易的促进作用和对外承包工程的带动作用，促进货物贸易增长。

（五）优化进口结构，促进外贸平衡发展

15. 发展总部经济扩大进口。发挥中央在京企业和民营企业总部优势，进一步提高本市进口在全国的资源配置能力，促进贸易平衡。

16. 鼓励先进技术、设备、关键零部件和消费品进口。推动企业开展引进消化吸收再创

新，提升“北京创造”品质；扩大消费品进口，丰富国内消费品市场，促进国内消费。

17. 发挥首都会展经济优势，以展促贸。充分利用“进口商品购物节”、“进口商品网上展示汇”等多种形式促进进口。推进内外贸融合发展，支持我市进口企业与国内外大型商贸流通企业合作，积极拓展内销渠道。

（六）优化贸易环境，丰富服务手段，创新服务模式

18. 积极推进贸易便利化。以方便企业开展进出口贸易为出发点，在商务、海关、检验检疫、出口退税、外汇管理、外贸融资、信用保险等多个环节加大支持力度，提高企业运行效率，降低企业运行成本，以贸易便利化助推外贸发展。

19. 深入开展跨境贸易人民币结算试点工作。加强对跨境贸易人民币结算试点政策宣传，鼓励金融机构积极为外贸企业提供跨境贸易人民币结算服务；加强各相关部门的沟通协作，及时研究解决跨境贸易人民币结算试点过程中出现的问题。

20. 加快推进外贸公共服务平台建设。支持产品设计中心、公共试验检测、公共技术研发、公共认证及注册服务、农产品质量可追溯体系、国际营销、国际孵化器、公共交易、公共展示、公共信息、公共培训、公共物流等外贸公共服务平台建设，尤其是加大对重点面向双自主企业的公共服务平台支持力度，用平台聚集企业，集约发展，使之成为品牌、技术和标准等外贸竞争新优势的重要推动载体。提高外贸公共服务平台面向外贸示范基地的公共服务能力，将外贸公共服务平台建设工作和外贸转型升级示范基地培育工作有机结合起来，提升外贸发展质量和水平。

21. 加强对重点进出口企业的跟踪服务。建立重点外贸企业联络员制度，对重点企业专人负责，重点给予服务和支持。加强对企业的走访调研，掌握企业的发展动态，及时发现和解决企业运行中出现的问题。

四、保障措施

（一）建立促进外贸发展协调机制

深化与商务部、海关总署等国家部委确立的部市合作机制，加强与国家有关部门及在京央企的沟通、协作；建立由财政、国税、海关、检验检疫、外管等多部门参加的联席会议机制，定期对外贸发展中的重大问题进行协调沟通，共同解决外贸企业运行中出现的问题。

（二）发挥政策集成效应

进一步完善贸易促进政策，强化政策集成，提高资金的使用效率。鼓励区县设立支持外贸发展配套资金，逐步建立国家、市、区县三级相互补充、多层支持、共同推进的贸易促进体系。

（三）加强市区（县）外贸发展工作联动

建立市、区（县）两级联动机制。加强对区县外贸工作的指导，充分发挥区县在促进企业开拓国际市场、跟踪了解企业运行状况、为企业提供政策支持等工作中的作用，形成全市促进外贸发展工作合力。研究建立外贸工作考核激励机制，对外贸发展业绩突出和服务外贸贡献突出的区县给予表彰和奖励。

北京市商务委员会　北京市财政局
关于促进我市商业会展业发展的通知

京商务贸发字〔2012〕55号

各有关单位：

为进一步促进我市商业会展业发展，根据市委市政府的指示精神，结合北京地区实际情况，北京市商务委员会、北京市财政局将加大工作力度，不断提升北京展会业专业化、国际化程度，培育具有核心竞争力的首都品牌展会，将北京打造为国际会展聚集之都。现将有关事宜通知如下：

一、引进国际大型展会

鼓励引进具有国际影响力的展会，对新引进的国际展会，并满足下列条件，在京办展的前三届，每届给予主办方不超过50%的场租费用支持、最高不超过500万元。具体条件如下：

（一）每届展览面积不低于3万平方米。

（二）每届展览参展商不低于500家，其中国际参展商（含台、港、澳地区）租用展览面积占总展览面积的比例不低于30%。

二、培育品牌展会

（一）依托北京市优越的政治、经济、科技及文化等条件，培育一批规模较大、国际影响力较强、符合北京产业发展政策的首都品牌展会。商务部门结合北京产业发展现状，定期发布《北京引导支持品牌展会名录》（以下简称名录，支持、引导的展会项目的征集、评审等有关事宜另行通知），对名录中的品牌展会，并满足下列条件，每届给予主办方不超过100万元奖励资金。具体条件如下：

1. 已在北京市连续举办两届。

2. 展览面积不低于2万平方米。

3. 展览参展商不低于300家，其中国际参展商（含台、港、澳地区）租用展览面积占总展览面积的比例不低于30%。

（二）引导具有发展潜力的同类同质展会进行整合，合理配置展会资源，扩大展会的规模和提升品牌效应。凡在京分别连续举办过两届以上、展览面积在5 000平方米以上的同类同质展会，整合后展出面积超过整合前最大面积50%的，给予整合主办单位不超过100万元奖励资金。

三、公共服务平台建设及宣传推介

支持建设北京市会展公共信息服务平台，为会展企业、参展商与采购商搭建真实、优质、畅通、高效的信息渠道，给予北京市会展公共信息服务平台建设单位不超过50%的费用支持、总额最高不超过300万元；每年在国际知名展会上以政府推介等形式对北京会展环境进行整体宣传推介，投入费用总额不超过500万元。

四、优化会展环境

（一）改造提升大型展馆配套设施，提高承接国际大型会展的能力。对于室内面积20 000平方米以上（含20 000平方米）的专业展馆设施改造发生的贷款给予不高于50%的贴息，每年贴息额度不超过500万元，贴息年限不超过两年。

（二）加强会展业人才队伍建设，市商务部门遴选具备会展专业培训资质的培训机构，对会展企业在这些培训机构中进行的员工业务培训给予必要的资金支持；引进国内外高素质会展专业人才，为北京市会展业发展提供人才保证。关于会展专业培训机构的遴选以及培训方案由市商务委和市财政局另行颁布。

五、申请要求

（一）每年十二月份，北京市商务委员会会同北京市财政局向社会发布本年度项目征集通知，符合条件的单位，按要求将会展项目或企业相关材料提交至北京市商务委员会。

（二）鼓励资金申报单位应保证申报资料完整、真实、有效，申报项目有明确的绩效目标。如出现伪造资料虚报冒领则取消鼓励资金申报资格。

（三）同一单位同时符合本通知多条资助、奖励标准的，不重复资助或奖励，按资助或者奖励的最高者执行。

（四）获得资金支持的申报单位，须严格按照国家有关规定管理和使用资金。

（六）市商务委、市财政局将对专项资金使用情况和绩效情况进行监督检查。

（五）本通知于发布之日起30日内开始实施，执行期至2014年12月31日。

（六）本通知由市商务委和市财政局共同负责解释。

北京市商务委员会

北京市财政局

二〇一二年五月二十日

北京市商务委员会关于做好财政部　商务部2012年度承接国际服务外包业务发展资金申报工作的通知

京商务服贸字〔2012〕22号

各区县（含北京经济技术开发区）商务委员会，北京市服务外包企业、培训机构：

为落实国务院关于促进服务外包产业发展的精神，支持服务外包企业做大做强，积极承接国际服务外包业务，财政部、商务部下发了《关于做好2012年度承接国际服务外包业务发展资金管理工作的通知》（财企〔2012〕165号），安排专项资金对2012年度承接国际服务外包的相关业务（服务外包业务范围见附件1，下同）予以资金支持。

为做好资金申报工作，现通知如下：

一、2012年资金支持的领域和重点

（一）在京服务外包企业（服务外包企业的分支机构，由其具有独立法人资格的总公司向总公司所在地区县商务和财政部门统一申请）。

（二）鼓励培训各类承接国际服务外包人才的培训机构（含大专院校，以下统称培训机构）。

（三）支持示范区相关公共服务平台设备购置、运营及维护（已另发通知）。

（四）支持服务外包企业取得国际通行的资质认证。

（五）支持和鼓励服务外包企业参与国际竞争，积极开拓国际市场。

二、申请资金支持的企业和培训机构须具备的条件

（一）服务外包企业必须具备下列条件：

1. 在我市行政区域内依法登记注册、具有企业法人资格、依法备案登记的对外贸易经营者，且在商务部“服务外包及软件出口信息管理系统”中如实填报业务及《服务外包统计报表制度》中规定的报表；

2. 近两年未因在进出口业务管理、财务管理、税收管理、外汇管理、海关管理等方面受到处理处罚；

3. 已与服务外包发包商签订中长期提供服务外包业务合同，企业2011年提供服务外包业务额不低于50万美元，其中向境外最终客户提供服务外包业务额占50%以上；

4. 具有服务外包承接能力及服务外包市场开拓和项目管理人员，大学（含大专，下同）毕业及以上学历员工占员工总数70%以上。

（二）培训机构必须具备下列条件：

1. 具有服务外包人才培训的从业资格；

2. 具有符合条件的场地、设施、专业教材和师资力量；

3. 具有为服务外包企业提供定制培训的经验；

4. 具有健全的财务制度和合格的财务管理人员；

5. 所申报的培训项目原则上为非盈利培训；

6. 上年度培训机构无虚报、瞒报等违规行为。

三、支持的标准和支持方式

对2011年7月1日—2012年6月30日期间的服务外包业务予以支持：

（一）服务外包企业每新录用1名大学以上学历员工从事服务外包工作并签订1年以上（含1年，下同）《劳动合同》的，给予企业每人不超过4 500元的定额培训支持（定向用于上述人员的培训）。

对被录用人员提前解除合同，并在原合同规定的一年期内，与其他服务外包企业或原企业签订新的《劳动合同》的不再予以资金支持。

（二）服务外包培训机构培训的从事服务外包业务人才（大学以上学历），通过服务外包业务专业知识和技能培训考核，并与服务外包企业签订1年以上《劳动合同》的，给予培训机构每人不超过500元的定额培训支持。

（三）给予示范区总额共500万元定额支持，专项用于公共技术服务平台、公共信息服务平台和公共培训服务平台所需设备购置、运营及维护费用。

（四）对服务外包企业取得的开发能力成熟度模型集成（CMMI）、开发能力成熟度模型（CMM）、人力资源成熟度模型（PCMM）、信息安全管理（ISO27001/BS7799）、IT服务管理（ISO20000）、服务提供商环境安全性（SAS70）、国际实验动物评估和认可委员会认证（AAALAC）、优良实验室规范（GLP）、信息技术基础架构库认证（ITIL）、客户服务中心认证（COPC）、环球同业银行金融电讯协会认证（SWIFT）、质量管理体系要求（ISO9001）、业务持续性管理标准（BS25999）等相关认证及认证的系列维护、升级给予支持，每个企业每年最多可申报3个认证项目，每个项目不超过50万元的资金支持。

四、资金的申请和拨付

（一）申报材料。符合条件的服务外包企业和培训机构，可向所在地区县商务主管部门提出资助申请（申报材料见附件2、附件3）。

（二）资金申请程序。申请采取网上和书面申请相结合的方式，并建立分级负责制，以保障资金安全。申报程序和各级责任如下：

1. 企业申报

申报企业指定专人登录商务部“服务外包及软件出口信息管理系统”（www.fwwb.gov.cn）网站，完成企业基本信息更新和合同登记工作，作为享受相关鼓励政策的前提和业务依据。应指派专门申报员申报资金补助，并指派企业相关负责人核定签字，方可网络传输上报。同时，将电子材料汇总后编制申报情况汇总表及明细表，编制索引（即将申报的材料与明细表对应编制索引），并将填报的纸质材料与电子材料核对一致，经企业法人核定签字和加盖公章后，报送所在地区县商务主管部门。

2. 区县商务、财政主管部门审核

区县商务主管部门指派专人受理申报单位的电子和纸质材料，进行对照审核，形成审核记录，报同级财政主管部门审核后，以电子和纸质（一式两份）两种方式报市商务委、市财政局。

3. 市级商务、财政主管部门审定

市商务委会同市财政局对区县上传的电子材料与上报的纸质材料进行审核、评估和汇总，在规定时间内报商务部、财政部。

（三）资金申报时间

申报企业及培训机构需在 2012 年 7 月 19 日前将纸质材料和网上申报材料提交至所在地区县商务主管部门，区县商务、财政主管部门于 2012 年 7 月 26 日前将审核意见及相关资料报市商务委、市财政局。

五、工作要求

1. 服务外包企业及培训机构要真实、准确、完整、按时完成在线信息申报和纸质材料报送工作，超过申报期限不予受理。申报材料请编制目录索引并按顺序装订，并确保其对应原件完整存档，随时接受审核部门的必要核查。

2. 区县商务、财政主管部门应切实加强财政资金的审核监督管理，确保资金准确及时到位。对申报企业报送的资金拨付申请要按《档案管理法》的规定将有关纸质材料妥善保管，以备核查。资金申请审核工作将纳入服务外包工作综合评价指标体系。

3. 严禁任何单位骗取、挪用或截留资金；不得虚报、瞒报、拒报、迟报，不得伪造、篡改服务外包统计信息。对违反规定的单位，财政部、商务部将全额收回资金，取消其以后年度申请资格，并按《财政违法行为处罚处分条例》（国务院令第 427 号）和《中华人民共和国统计法》予以处理；情节严重或触犯国家法律的，依法追究相关人员或单位的责任。

联系人：张艳芳、刘树民、张华雨；

联系电话：010－85163185、
85163102、65256705；

传　　真：010－65252214；

E-mail：zhyf@bjcoc.gov.cn，lsm@bjcoc.gov.cn。

特此通知。

附件：1. 服务外包业务范围
2. 服务外包企业专项资金申报资料清单
3. 服务外包培训机构专项资金申报资料清单
4. 区县汇总上报材料清单

北京市商务委员会

二〇一二年七月十八日

附件 1：

服务外包业务范围

一、信息技术外包服务（ITO）

（一）软件研发及外包

类　别	适用范围
软件研发及开发服务	用于金融、政府、教育、制造业、零售、服务、能源、物流和交通、媒体、电信、公共事业和医疗卫生等行业，为用户的运营/生产/供应链/客户关系/人力资源和财务管理、计算机辅助设计/工程等业务进行软件开发，定制软件开发，嵌入式软件、套装软件开发，系统软件开发软件测试等
软件技术服务	软件咨询、维护、培训、测试等技术性服务

（二）信息技术研发服务外包

类　别	适用范围
集成电路设计	集成电路产品设计以及相关技术支持服务等
提供电子商务平台	为电子贸易服务提供信息平台等
测试平台	为软件和集成电路的开发运用提供测试平台

（三）信息系统运营维护外包

类　别	适用范围
信息系统运营和维护服务	客户内部信息系统集成、网络管理、桌面管理与维护服务；信息工程、地理信息系统、远程维护等信息系统应用服务
基础信息技术服务	基础信息技术管理平台整合等基础信息技术服务（IT 基础设施管理、数据中心、托管中心、安全服务、通讯服务等）

二、技术性业务流程外包服务（BPO）

类　别	适用范围
企业业务流程设计服务	为客户企业提供内部管理、业务运作等流程设计服务
企业内部管理数据库服务	为客户企业提供后台管理、人力资源管理、财务、审计与税务管理、金融支付服务、医疗数据及其他内部管理业务的数据分析、数据挖掘、数据管理、数据使用的服务；承接客户专业数据处理、分析和整合服务
企业运营数据库服务	为客户企业提供技术研发服务、为企业经营、销售、产品售后服务提供的应用客户分析、数据库管理等服务。主要包括金融服务业务、政务与教育业务、制造业务和生命科学、零售和批发与运输业务、卫生保健业务、通讯与公共事业业务、呼叫中心等
企业供应链管理数据库服务	为客户提供采购、物流的整体方案设计及数据库服务

三、技术性知识流程外包（KPO）

适用范围
知识产权研究、医药和生物技术研发和测试、产品技术研发、工业设计、分析学和数据挖掘、动漫及网游设计研发、教育课件研发、工程设计等领域

附件 2：

服务外包企业专项资金申报资料清单

一、服务外包企业申请人才培训资金需提供的材料

请将材料按下列顺序装订，A4 纸左侧胶装，并标注页码，加盖骑缝章。提交材料一式两份。同时，在商务部“服务外包及软件出口信息管理系统”中填报新录用人员信息。

请务必确保复印及上传资料完整、清晰、准确！

（一）封面

2012 年度国家服务外包业务发展专项资金（人才培训资金）申报材料（32 号字体，黑体）

申报企业名称（加盖公章）、申报日期（20 号字，黑体）

（二）目录

（三）内容

1. 服务外包人才培训资金补助申请报告（附 1）

需法定代表人签字（手签）并加盖公章，如授权签署，需提交由法定代表人手签并加盖公章的授权书原件。

2.《企业基本信息表》

该表从商务部“服务外包及软件出口信息管理系统”（http://www.fwwb.gov.cn）中在线打印，法人签字并加盖公章。（请做好信息更新）

3. 企业营业执照副本复印件（加盖公章）

4. 地税、国税登记证复印件（加盖公章）

5. 相关资质证书复印件（加盖公章）

6. 企业上一年度审计报告

7. 企业服务外包业务收入明细表（附 2），同时报送电子版

离岸服务外包业务情况请与“服务外包及软件出口信息管理系统”填报一致。法人签字并加盖公章。

8. 企业服务外包业务额证明材料

请按“企业服务外包业务收入明细表”中对应的合同名称，按顺序依次排列以下材料：

（1）“服务外包及软件出口信息管理系统”中打印的合同信息（含执行情况）；

（2）离岸服务外包业务合同；

（3）离岸服务外包业务额不低于50万美元的银行收汇凭证复印件、涉外收入申报单复印件、企业向境外最终客户提供服务外包业务额占50%以上的业务凭证复印件。

9. 2011.07.01—2012.06.30期间服务外包企业新录用人员汇总表（附3），同时报送电子版

10. 企业新录用人员相关材料

请按照“新录用人员汇总表”中的名单顺序，依次排列以下材料：

（1）《服务外包人才培训资金补助申请表》（附4，在“服务外包及软件出口信息管理系统”中录入人员信息后网站自动生成），需经被录用人员本人签字和企业法人签字并加盖公章；

（2）录用人员身份证明及大专以上学历证明（毕业证书）复印件；

（3）被录用人员与服务外包企业签订的1年以上的《劳动合同》复印件。

11. 企业专门针对培训内容的审计报告，或包括培训内容的审计报告

二、服务外包企业申请国际认证补助资金提供的材料

此材料需单独装订！请务必确保复印资料完整、清晰、准确！

请将材料按下列顺序装订，A4纸左侧胶装，并标注页码，加盖骑缝章。提交材料一式三份。

（一）封面

2012年度国家服务外包业务发展专项资金（国际认证补助资金）申报材料（32号字体，黑体）

申报企业名称（加盖公章）、申报日期（20号字，黑体）

（二）目录

（三）内容

1. 服务外包国际资质认证补助申请报告（附1）

需法定代表人签字（手签）并加盖公章，如授权签署，需提交由法定代表人手签并加盖公章的授权书原件。

2.《企业基本信息表》

该表从商务部“服务外包及软件出口信息管理系统”中在线打印，法人签字并加盖公章。

3. 企业营业执照副本复印件（加盖公章）

4. 地税、国税登记证复印件（加盖公章）

5. 相关资质证书复印件（加盖公章）

6. 企业上一年度审计报告

7. 企业服务外包业务收入明细表（附2），同时报送电子版

离岸服务外包业务情况请与“服务外包及软件出口信息管理系统”填报一致。法人签字并加盖公章。

8. 企业服务外包业务额证明材料（同时申请人才培训资金的企业，可不用再提供此项材料）

请按“企业服务外包业务收入明细表”中对应的合同名称，按顺序依次排列以下材料：

（1）“服务外包及软件出口信息管理系统”中打印的合同信息（含执行情况）；

（2）离岸服务外包业务合同；

（3）离岸服务外包业务额不低于50万美元的银行收汇凭证复印件、涉外收入申报单复印件、企业向境外最终客户提供服务外包业务额占50%以上的业务凭证复印件。

9. 企业获得的国际资质认证证书复印件（加盖公章）

10. 企业与相关国际认证评估顾问公司签订的合同协议复印件

11. 企业缴纳认证费用凭证的复印件（包括认证费用发票和相对应的银行出具的支付凭证）

12. 企业专门针对国际认证内容的审计报告，或包括国际认证内容的审计报告

附 1

XXXXXX 公司
关于申报 2012 年度财政部、商务部支持承接国际服务外包业务发展资金的申请报告及承诺书

我公司（企业名称）是北京市一家从事服务外包业务的企业，2011 年提供服务外包业务总额______万美元，其中向境外最终客户提供服务外包业务额______万美元，占______%。公司具有服务外包承接能力及服务外包市场开拓和项目管理人员______人，大学（含大专）毕业及以上学历员工占总数______%。

按照 2012 年度商务部、财政部支持承接国际服务外包业务发展资金的申报要求，我公司对下述工作申请专项资金支持：

XXXX 年 X 月 X 日至 XXXX 年 X 月 X 日期间，我公司与（　　　）名大专以上学历人员，其中应届毕业生（　　）名，签订了一年以上的劳动合同，并开展了相关培训工作。

XXXX 年 X 月 X 日至 XXXX 年 X 月 X 日期间，我公司通过了（　　　　　　）认证或对（　　　　　　）认证进行维护或升级。

同时，我公司（企业名称）谨就申请 2012 年度商务部、财政部支持承接国际服务外包业务发展资金，做出以下承诺：

1. 已认真阅读和全面了解专项资金申报规定及资金使用管理办法，承诺严格符合申报条件和要求，并将严格按照专项资金管理办法组织项目的实施；

2. 保证提供的所有申报文件和资料真实有效，并承担相应的法律责任；

3. 接受有关部门及市商务部门、市财政部门指派的审计机构和评估机构的监督、评估；

4. 如违反专项资金管理制度或有违法违纪行为，将承担一切责任，并在规定的时限内如数退还资金。

5. 保证配合相关部门工作要求，按期提供企业相关信息和统计数据。

申请人：（法人签字并加盖公章）

申请日期：

（说明：1. 法人必须手签字，盖名章无效；如授权签字需付授权委托书原件。2. 本材料需盖骑缝章。）

专项资金申报联系人及联系方式：

姓名：　　　　　　　　电话：　　　　　　　　传真：

手机：　　　　　　　　E-mail：

附 2

2011 年 XXXX 公司服务外包业务收入明细表

序号	合同号	合同名称	发包商	发包商国别	实际发包商	实际发包商国别	合同协议金额（万美元）	合同执行金额（万美元）
1								
2								
…								
…								
离岸业务额小计								
1								
2								
…								
…								
境内业务额小计								
服务外包业务额合计								
外包企业声明	郑重声明： 1. 上述内容准确、真实、完整和有效； 2. 对应资料已完整存档，随时备查； 3. 承诺接受有关审核部门为审核本申请而进行的必要核查和相关法律责任。 法人签字　　盖章							

附 3

2011.07.01－2012.06.30 期间服务外包企业新录用人员汇总表

序号	申请单位全称	申请人员姓名	授训机构	身份证号	性别	学历	合同起止时间
1	服务外包企业名称		授训机构名称				20XX.XX.XX 到 20XX.XX.XX

附 4

服务外包人才培训资金补助申请表

申请单位：　　　（服务外包企业/培训机构）　　　　　　本单位申请表编号：NO.

<table>
<tr><td rowspan="2">人员基本情况</td><td>姓名</td><td>性别</td><td>出生年月</td><td>身份证号</td><td>毕业院校</td><td>所学专业</td><td>学历</td></tr>
<tr><td></td><td></td><td></td><td></td><td></td><td></td><td></td></tr>
<tr><td rowspan="2">培训情况</td><td colspan="2">培训机构</td><td colspan="2">参加培训项目</td><td colspan="2">培训时间</td><td>培训费用（元）</td></tr>
<tr><td colspan="2"></td><td colspan="2"></td><td colspan="2"></td><td></td></tr>
<tr><td>就业单位及性质</td><td colspan="7"></td></tr>
<tr><td>录用人员申明</td><td colspan="7">本人郑重申明：1. 提供的所有材料、单据是准确、真实，完整和有效的；2. 提供的所有复印件均与原件核对，完全一致；3. 承诺接受有关主管部门为审核本申请而进行的必要核查和相关法律责任。

被录用人员（签字）：</td></tr>
<tr><td>外包企业或培训机构的意见</td><td colspan="7">经核对，申请填写的培训情况属实，提供的申请材料符合要求。承诺接受有关主管部门为审核本申请而进行的必要核查和有关法律责任。

企业法人或培训机构法人（签字并盖公章）</td></tr>
</table>

说明：1. 申请单位填写单位全称，并打√选择服务外包企业或培训机构。

2. 就业单位性质包括信息技术外包、业务流程外包等。

附件3：

服务外包培训机构专项资金申报资料清单

请将材料按下列顺序装订，A4纸左侧胶装，并标注页码，加盖骑缝章。提交材料一式两份。同时，在商务部“服务外包及软件出口信息管理系统”中填报新录用人员信息。

请务必确保复印及上传资料完整、清晰、准确！

（一）封面

2012年度国家服务外包业务发展专项资金（人才培训资金）申报材料（32号字体，黑体）

申报机构名称（加盖公章）、申报日期（20号字，黑体）

（二）目录

（三）内容

1. 服务外包人才培训资金补助申请报告（附1）

需法定代表人签字（手签）并加盖公章，如授权签署，需提交由法定代表人手签并加盖公章的授权书原件。

2. 培训机构组织机构代码证复印件（加盖公章）

3. 企业营业执照副本复印件（加盖公章）

4. 地税、国税登记证复印件（加盖公章）

5. 相关资质证书复印件（加盖公章）

6. 经市商务委备案的培训机构的证明

7. 培训机构上一年度包括培训内容的年度审计报告，或专门针对培训内容的审计报告

8. 培训机构从事服务外包相关培训证明材料

（1）每期项目的培训方案及课程安排

（2）出具为服务外包企业提供定制培训的材料，包括培训机构与服务外包企业签订的定制培训协议

（3）每期培训项目成本、收费标准等明细情况

9. 服务外包培训机构培训人员汇总表（附2），同时报送电子版

10. 服务外包培训机构培训人员相关材料

请按照“培训人员汇总表”中的名单顺序，依次排列以下材料：

（1）《服务外包人才培训资金补助申请表》（附2，在“服务外包及软件出口信息管理系统”中录入人员信息后网站自动生成），需经被录用人员签字和企业法人签字并加盖公章

（2）被录用人员身份证明及大专以上学历证明（毕业证书）复印件

（3）被录用人员与符合资金申报条件的服务外包企业签订的1年以上的《劳动合同》复印件

（4）被培训人员的培训费用缴费凭证复印件

（5）培训机构颁发被培训人员专业知识和技能培训考核合格证书复印件

附 1

XXXXXX 培训机构
关于申报 2012 年度财政部、商务部支持承接国际服务外包业务发展资金的申请报告及承诺书

我机构(培训机构名称)是北京市一家具有合法资质的服务外包人才培训机构，按照 2012 年度商务部、财政部支持承接国际服务外包业务发展资金的申报要求，现就下述人员培训工作申请专项资金支持：

XXXX 年 X 月 X 日至 XXXX 年 X 月 X 日期间，经我机构培训，并通过服务外包专业知识和技能培训考核，与符合资金申报条件的服务外包企业签订 1 年以上《劳动合同》，且具有大专以上学历的服务外包人才（　　）名，其中应届毕业生（　　）名。

同时，我机构（培训机构名称）谨就申请 2012 年度商务部、财政部支持承接国际服务外包业务发展资金，做出以下承诺：

1. 已认真阅读和全面了解专项资金申报规定及资金使用管理办法，承诺严格符合申报条件和要求，并将严格按照专项资金管理办法组织项目的实施；

2. 保证提供的所有申报文件和资料真实有效，并承担相应的法律责任；

3. 接受有关部门及市商务部门、市财政部门指派的审计机构和评估机构的监督、评估；

4. 如违反专项资金管理制度或有违法违纪行为，将承担一切责任，并在规定的时限内如数退还资金。

5. 保证配合相关部门工作要求，按期提供企业相关信息和统计数据。

申请人：（法人签字并加盖公章）
申请日期：

（说明：1. 法人必须手签字，盖名章无效；如授权签字需付授权委托书原件。2. 本材料需盖骑缝章。）

专项资金申报联系人及联系方式：

姓名：　　　　电话：　　　　传真：

手机：　　　　E-mail：

附 2

服务外包培训机构培训人员汇总表

序号	申请单位全称	申请人员姓名	录用企业	身份证号	性别	学历	合同起止时间
1	培训机构名称		录用企业名称				20XX. XX. XX 到 20XX. XX. XX

附 3

服务外包人才培训资金补助申请表

申请单位：　　　　（服务外包企业/培训机构）　　　　　　本单位申请表编号：NO.

<table>
<tr><td rowspan="2">人员基本情况</td><td>姓名</td><td>性别</td><td>出生年月</td><td>身份证号</td><td>毕业院校</td><td>所学专业</td><td>学历</td></tr>
<tr><td></td><td></td><td></td><td></td><td></td><td></td><td></td></tr>
<tr><td rowspan="2">培训情况</td><td colspan="2">培训机构</td><td colspan="2">参加培训项目</td><td colspan="2">培训时间</td><td>培训费用（元）</td></tr>
<tr><td colspan="2"></td><td colspan="2"></td><td colspan="2"></td><td></td></tr>
<tr><td>就业单位及性质</td><td colspan="7"></td></tr>
<tr><td>录用人员申明</td><td colspan="7">本人郑重申明：1. 提供的所有材料、单据是准确、真实，完整和有效的；2. 提供的所有复印件均与原件核对，完全一致；3. 承诺接受有关主管部门为审核本申请而进行的必要核查和相关法律责任。
被录用人员（签字）：</td></tr>
<tr><td>外包企业或培训机构的意见</td><td colspan="7">经核对，申请填写的培训情况属实，提供的申请材料符合要求。承诺接受有关主管部门为审核本申请而进行的必要核查和有关法律责任。
企业法人或培训机构法人（签字并盖公章）</td></tr>
</table>

说明：1. 申请单位填写单位全称，并打√选择服务外包企业或培训机构。

2. 就业单位性质包括信息技术外包、业务流程外包等。

附件4：

区县汇总上报材料清单

一、XX区（县）2012年度服务外包业务发展资金材料审核意见表（附1）

二、XX区（县）2012年度服务外包人才培训资助汇总表（附2）

三、XX区（县）2012年度服务外包企业国际认证资助汇总表（附3）

四、XX区（县）2012年度服务外包企业录用人员汇总表（附4）

附1

XX区（县）2012年度服务外包业务发展资金材料审核意见表

经审核，________区（县）________家企业________人、________家培训机构________人、________家企业________项国际认证的申请材料符合《财政部、商务部关于做好2012）年度承接国际服务外包业务发展资金管理工作的通知》的要求和条件。

本单位已核对相关上报材料，上述企业和机构上报材料完整、真实、准确。以上保证内容如有不符，将承担相关责任。

区县财政主管部门盖章、负责人签字

区县商务主管部门盖章、负责人签字

附 2

XX 区（县）2012 年度服务外包人才培训资助汇总表

编报单位（商务、财政部门盖章）：　　　　金额单位：万元人民币

序号	申请单位全称	服务外包企业实际录用人数	其中：实际录用应届毕业生人数	培训费用
服务外包企业小计				
培训机构小计				
合　　计				

商务部门联系人及电话：　　　　财政部门联系人及电话：

附 3

XX区（县）2012年度服务外包企业国际认证资助汇总表

编报单位（商务、财政部门盖章）： 金额单位：万元人民币

序号	申请单位全称	通过认证类别	通过认证时间	认证费用
合计				

商务部门联系人及电话： 财政部门联系人及电话：

附 4

XX 区（县）2012 年度服务外包企业录用人员汇总表

编报单位（商务、财政部门盖章）：

序号	申请单位全称	录用人员姓名	授训机构或录用企业	身份证号	性别	学历	合同时间（年 月 日— 年 月 日）
1	服务外包企业名称		授训机构名称				
2	……		……				
3	……						
…	……		……				
服务外包企业小计							
1	培训机构名称		录用企业名称				
2	……		……				
3	……						
…	……		……				
培训机构小计							
合　　计							

商务部门联系人及电话：　　　　　　　　财政部门联系人及电话：

北京市商务委员会关于申报2012年中小商贸企业参展补助资金有关工作的通知

京商务贸发字〔2012〕112号

各有关单位：

为做好北京地区2012年中小商贸企业参展补助有关工作，根据商务部《关于做好2012年中小商贸企业参展补助资金有关工作的通知》（商办服贸函〔2012〕779号）、《财政部关于2012年支持酒类追溯体系建设等商贸流通服务业项目有关问题的通知》（财办建〔2012〕111号）、《财政部商务部关于下达2012年酒类追溯体系建设等商贸流通服务业项目资金的通知》（财建〔2012〕364号），现就有关工作事项通知如下：

一、补助资金申报条件

中小商贸企业参加中央在京单位或北京市单位主办的展会、展会已列入商务部主办及参与主办展会（见附件1）及2012年商务部引导支持展会名单（见附件2）、2012年各地大型消费促进活动（见附件3）、2011年商务部内贸领域引导支持展会名单（见附件4），对企业2011年5月1日至2012年5月30日期间发生的参展费用及展会主办单位发生的招商宣传费用予以支持。

二、补助资金申报、审核及拨付程序

（一）补助资金由符合补助资金申报条件的展会主（承）办单位申报，并由其负责转拨参展企业。请展会主办单位组织参展企业填写申报材料（由国务院有关部门和副省级以上人民政府主办的展会可由承办单位代为申报），于2012年9月15日前将申报材料提交至北京市商务委员会（以下简称市商务委）。

（二）市商务委将对各单位申报的参展商数量及摊位数量、补助费用内容进行审核，参展企业补助费用项目包括参展商展位费、展品宣传材料制作费、单个体积1立方米或重量1吨以上的单个展品运输费。主办单位招商宣传费用包括宣传文字材料和光盘制作费、在境内媒体上发布公告费。

（三）市商务委对申报材料进行审核后，委托第三方专业机构对票据等资料进行审验。

（四）市商务委根据票据等资料审验结果确定补助资金方案，于10月31日前将补助资金方案及申报单位资料提交北京市财政局（以下简称市财政局）审核。

（五）市财政局审核确认后，根据审核结果按照国库集中支付的相关规定拨付资金。

三、补助资金申报材料

（一）申请报告。原则上由展会主办单位出具（由国务院有关部门和副省级人民政府主办的展会可由承办单位代为出具）。报告内容包括展会举办时间、地点、主办单位、承办单位、成交情况、申报展位费补贴的参展企业个数，每个展位费金额、申报总额、招商宣传费用金额等。

（二）申请表（表格见附件5）。原则上由展会主办单位出具（由国务院有关部门和副省级人民政府主办的展会可由承办单位代为出具）。请按要求填写申请补助项目基本情况及费用支出情况明细，并在表头加盖主（承）办单位公章。

（三）主、承办单位之间的合作协议（复印件）。如展会由主办单位自身承办则无需提供。

（四）支付凭证（复印件）。提供申报补贴单位的费用支付银行单据，如存在代付转付情况，需附各环节银行支付单据及相关说明。单笔支付不超过1 000元的，可以不提供支付凭证。

（五）费用发票（复印件）。发票抬头应为申报补贴单位，中奖密码涂层需刮开且为发票联。

（六）费用合同（复印件）。展位费的费用合同签订方为申报补贴单位与展会主（承）办单位，合同应有双方签字盖章。运输费的费用合同中应体现所运输单个物品的体积与重量，如合同中未作规定，可提供承运单位的书面证明。

四、申报材料要求

（一）各单位提交的纸质申报材料需统一为A4纸，按申报资料顺序编制目录及页码，并进行装订。

（二）申报资料中涉及补助金额的数据以人民币为单位，并保留两位小数。

（三）申报资料中的主、承办单位之间的合作协议、支付凭证、费用发票及费用合同均需提供原件及复印件（原件在第三方机构审核时提供）。复印件要清晰，且需加盖申报单位公章，页数较多的文件复印件在首页加盖公章并加盖骑缝章。

（四）提供资料如为外文，须同时提供中文译本，并加盖公章。

五、申报材料注意事项

（一）北京地区2012年中小商贸企业参展补助资金材料申报工作于9月15日前结束。

（二）单个展会项目涉及多家主办单位申报补助资金的，提交的申报材料需各主办单位联合盖章（国务院有关部门和副省级以上人民政府可委托下属厅局级单位盖章，并提供委托协议）。

六、监督检查

市商务委、市财政局及有关监督机构负责对补助资金的拨付情况进行监督和检查。任何单位不得以任何形式截留、挪用补助资金。对蓄意提供假发票、假证明文件、假资质文件等虚假材料的单位，经查属实的，取消其申请本补助资金的资格。对违反规定的，根据《财政违法行为处罚处分条例》（国务院令第427号）予以处理。

七、其它

本通知由市商务委和市财政局负责解释。

附件1：商务部主办及参与主办展会

附件2：2012年商务部引导支持展会名单

附件3：2012年各地大型消费促进活动

附件4：2011年商务部内贸领域引导支持展会名单

附件5：申请补助项目基本情况及费用支出情况明细表

北京市商务委员会

二○一二年八月二十七日

附件 1：

商务部主办及参与主办展会

序号	展会名称	主办单位	举办时间	首届举办时间	举办地点
1	中国进出口商品交易会	商务部、广东省人民政府	4月、10月	1957	广州市（广东）
2	中国—亚欧博览会	新疆维吾尔自治区人民政府、新疆生产建设兵团、商务部等20多个国家有关部委办局、金融机构	9月	2011.9	乌鲁木齐市（新疆）
3	中国国际装备制造业博览会	商务部、国务院振兴东北办、中国贸促会、辽宁省人民政府	9月	2002	沈阳市（辽宁）
4	中国中部投资贸易博览会	商务部、税务总局、工商总局、广电总局、国家旅游局、贸促会、工商联、工经联及山西、安徽、江西、河南、湖北、湖南六省人民政府	9月	2006.9	按湖南、河南、湖北、安徽、江西、山西顺序轮办
5	中国国际投资贸易洽谈会	商务部	9	1997	厦门市（福建）
6	中国（深圳）国际文化产业博览交易会	商务部、文化部、广电总局、新闻出版署、贸促会、广东省人民政府、深圳市人民政府	5月	2003	深圳市（广东）
7	中国重庆国际投资暨全球采购会	商务部、重庆市人民政府	5月	1993	重庆市
8	中国哈尔滨经济贸易洽谈会	商务部、黑龙江省人民政府、浙江省人民政府、中国贸促会、哈尔滨市人民政府	6月	1990	哈尔滨市（黑龙江）
9	中国—东盟博览会	商务部、东盟各国商务主管部门	10月份	2004.10	南宁市（广西）
10	中国餐饮业博览会	商务部、省级人民政府	4月	2005.10	申办
11	中国食品博览会	商务部、省级人民政府	9月	2004.12	申办
12	中国绿色食品博览会	商务部、江西省人民政府	11月	2008.10	南昌市（江西）

附件 2：

2012 年商务部引导支持展会名单

1	中国（深圳）国际玩具及礼品展览会
2	深圳国际机械制造工业展览会暨深圳国际塑料橡胶工业展览会
3	中国国际光电博览会
4	湖南省农业机械、矿山机械、电子陶瓷产品博览会
5	中国（莆田）海峡工艺品博览会
6	中国福建商品交易会
7	重庆婚礼博览会
8	中国（玉林）中医药博览会
9	大连国际建筑装饰材料（用品）展览会
10	中国云南野生食用菌交易会
11	皖西北（阜阳）投资贸易洽谈会
12	中国名优商品展销会（黑龙江·绥芬河）
13	中国西部国际装备制造业博览会
14	中国（太原）国际卡车暨物流展览会
15	中国厦门国际石材展览会
16	中国（北京）国际石油石化技术装备展览会及中国国际管道防爆电气自动化展览会
17	中国·北京国际礼品、赠品及家庭用品（秋季）展览会

附件 3：

2012 年各地大型消费促进活动

编号	活动名称	主办单位	举办时间	举办地点
1	北京“各地商品大集”	北京市商务委员会	3 月—12 月	北京市
2	北京购物季	北京市商务委员会	9 月—12 月	北京市
3	中国天津第十二届国际啤酒节	天津市商务委员会	7 月	天津市
4	天津第五届购物节	天津市商务委员会	9 月—10 月	天津市
5	中国秦皇岛国际葡萄酒展销会	河北省人民政府、秦皇岛市人民政府	8 月	秦皇岛市
6	山西省“迎两节、促销费、保供应”购物月活动	山西省商务厅	1 月	太原市
7	山西品牌产品推介会	山西省商务厅	9 月	上海市
8	第十三届昭君文化节暨第六届民族商品交易会	内蒙古自治区商务厅、呼和浩特市委	6 月—7 月	呼和浩特市
9	辽宁“千家企业、万种商品联展销”活动	辽宁省服务业委员会牵头各市组织	1 月—2 月	辽宁省
10	沈阳市食品节	辽宁省服务业委员会、沈阳市服务业委员会等	2 月	沈阳市
11	中国国际啤酒节	大连市人民政府、中国轻工业联合会	7 月 28 日—8 月 8 日	大连市
12	吉林省年货大集（中东）	吉林省商务厅、吉林省商业联合会	1 月—2 月	长春、吉林、通化、松原等城市

附件4：

2011年商务部内贸领域引导支持展会名单

序号	展　会　名　称	主办单位	举办时间	举办地点
1	四川新春年货购物节能源	四川省经信委、四川省商务厅、四川省工商联	1月	成都
2	第8届济南迎新春精品年货交易会	济南市人民政府	1月	济南
3	2011陕西省新春年货购物节（西安）主会场暨第9届西安糖酒食品年货会	陕西省商务厅、西安市商务局	1月	西安
4	新疆新春年货博览会	新疆维吾尔自治区商务厅、乌鲁木齐市人民政府	1月	乌鲁木齐
5	2011全国年货购物节能源	中国商业联合会	1月	广州
6	中国汽车用品暨改装汽车展览会（第12届）	北京雅森国际展览有限公司	2月	北京
7	中国眼镜业博览会	中国眼镜行业协会	2月	上海
8	第18届中国（北京）建筑装饰及材料博览会	中国建筑装饰协会　中国国际展览中心集团公司	3月	北京
9	第119届全国五金商品交易会（春季）	中国五金交电化工商业协会	3月	上海
10	第93届中国针棉织品交易会	中国纺织品商业协会	3月	上海
11	第8届中国台州（黄岩）电动车及零配件展览会	浙江省商务厅、黄岩区人民政府	3月	浙江台州
12	2011中国婚庆文化博览会暨国际婚庆高端品牌嘉年华	南京市商务局	3月	南京
13	中国白酒金三角，中国酒谷博览会	四川省商务厅、泸州市人民政府	3月	四川泸州
14	第10届中国广州鞋业展览会	中国商业联合会	3月	广州
15	第23届中国丝绸交易会	中国纺织品商业协会	3月	上海
16	2011北京“各地商品大集”	北京市商务委员会、各省、市、自治区商务主管部门	3—12月	北京
17	中国（济南）太阳能利用大会暨展览会	济南市人民政府、山东省经信委、山东省发改委	3月	济南
18	中国（荷泽）农资交易会	山东省人民政府、中国国际贸易促进委员会	3月	山东菏泽
19	中国建材商大会暨展会	中国建筑材料流通协会	4月	北京
20	第6届北京泳池沐浴SPA展览会	中国商业联合会	4月	北京

（续）

序号	展会名称	主办单位	举办时间	举办地点
21	中国衡器展览会	中国衡器行业协会	4月	上海
22	中国电子展（第77届）	中国电子器材总公司	4月	深圳
23	中国铸造零部件展览会	中国铸造行业协会	4月	南京
24	全国药品交易会（第65届）	国药励展展览有限责任公司	4月	成都
25	全国名优特产品与外贸商品展	商务部流通产业促进中心等	4月	南昌
26	2011中国特许加盟展览会	中国连锁经营协会	5月	北京
27	中国散装水泥暨预拌混凝土与预拌砂浆技术装备及产品展览会	中国散装水泥推广发展协会	5月	北京
28	第5届中国新型墙体材料技术装备及产品博览会	中国建筑材料联合会	5月	北京
29	中国绿色饭店博览会	中国饭店协会	5月	北京
30	上海包装和食品加工技术展	中国包装和食品机械总公司	5月	上海
31	第6届中国零售商大会暨展会	中国商业联合会、重庆市人民政府	5月	重庆
32	中国汽车用品暨改装汽车展览会（第13届）	重庆市政府、北京雅森国际展览有限公司	5月	重庆
33	中国体育用品博览会（2011年春季）	中国体育用品业联合会	5月	成都
34	中国畜牧业展览会（2011年）	中国畜牧业协会	5月	青岛
35	第9届中国（漯河）食品博览会	中国商业联合会、中国食品工业协会、河南省人民政府	5月	河南漯河
36	全国制药机械博览会（第41届）	中国制药装备行业协会	5月	沈阳
37	第5届中国餐饮产业发展大会暨第六届中国（北京）餐饮·食品博览会	中国烹饪协会	5月	北京
38	中国美发美容用品博览会	中国美发美容协会	6月	北京
39	第105届中国文化用品商品交易会	中国百货商业协会	6月	上海
40	第99届中国鞋业皮具商品博览会暨“名品名店”对接展会	中国百货商业协会	6月	上海
41	天津第18届投资贸易洽谈会	天津市人民政府、中华全国归国华侨联合会、中国商业联合会等	6月	天津
42	全国新特药品交易会（第46届）	国药励展展览有限责任公司	6月	南京
43	2011中国药店展览会	国药励展展览有限责任公司	6月	南京
44	第3届广东外商投资企业产品（内销）博览会	广东省人民政府	6月	广东东莞

（续）

序号	展 会 名 称	主 办 单 位	举办时间	举办地点
45	第105届中国日用百货商品交易会暨中国现代家庭用品博览会	中国百货商业协会	7月	上海
46	天津第11届啤酒节	天津市人民政府 中国商业联合会	7月	天津
47	第12届中国美食节	中国饭店协会、沈阳市人民政府	7月	沈阳
48	中国兰州投资贸易洽谈会	甘肃省人民政府	7月	兰州
49	中国云南野生食用菌交易会	云南省商务厅、玉溪市人民政府	7月	云南玉溪
50	中国民族商品交易会	呼和浩特市人民政府、中国社会科学院财政与贸易经济研究所、中国市场学会、中国民族贸易促进会等	7月	呼和浩特
51	“繁荣的石河子”名优地产品展销会	新疆生产建设兵团商务局	7—8月	石河子
52	中国·南京美食文化节	中国饭店协会、南京市商务局、南京市旅游局、南京市工商联	7—9月	南京
53	第7届中国商业地产博览会	中国商业联合会	8月	上海
54	第6届山西酒饮食品博览会	山西省商务厅	8月	太原
55	全国名优特产品与外贸商品展	商务部流通产业促进中心等	8月	山东烟台
56	第5届中国（牡丹江）木业博览会	国家林业局、黑龙江省人民政府	8月	黑龙江牡丹江
57	中国沈阳自行车展览会	沈阳市人民政府	8月	沈阳
58	中国肉业博览会	商务部流通产业促进中心（商务部屠宰技术鉴定中心）	9月	北京
59	2011中华老字号博览会	上海市商务委员会、上海市经济和信息化委员会	9月	上海
60	第7届上海不锈钢展览会	中国钢铁工业协会、中国贸促会冶金行业分会	9月	上海
61	第6届中国老年产业博览会	民政部、重庆市人民政府	9月	重庆
62	唐山中国陶瓷博览会	中国国际贸易促进委员会、中国轻工业联合会、河北省人民政府、中国建筑材料工业协会	9月	河北唐山
63	第8届中国中华老字号精品博览会	浙江省商务厅、杭州市人民政府	9月	杭州
64	第16届中国五金博览会	中国商业联合会、中国国际贸易促进委员会、中国轻工业联合会等	9月	浙江永康
65	第11届中国塑料交易会	中国石油化工股份有限公司 中国石油天然气集团公司、台州市人民政府	9月	浙江台州

（续）

序号	展 会 名 称	主 办 单 位	举办时间	举办地点
66	第5届海南秋季家居·装饰·建材博览会	海南省商务厅	9月	海口
67	第27届全国（亳州）中药材交易会	安徽省人民政府、中国国际贸易促进委员会、中国中药协会	9月	安徽亳州
68	第18届中国豆腐文化节	中国商业联合会、安徽省人民政府	9月	安徽淮南
69	郑州全国商品交易会	河南省人民政府	9月	郑州
70	中国（贵州）酒类博览会	贵州省人民政府	9月	贵阳
71	第120届全国五金商品交易会（秋季）	中国五金交电化工商业协会	9月	广州
72	2011中国（深圳）保健节	国药励展展览有限责任公司	9月	深圳
73	2011中国体育用品博览会（冬季）	中国体育用品业联合会	10月	北京
74	第11届中国真空展览会	中国真空学会、中国真空设备行业协会	10月	上海
75	2011中国（重庆）食品博览会	重庆市政府、中国贸促会、中国民贸会	10月	重庆
76	第83届中国劳动保护用品交易会	中国纺织品商业协会	10月	厦门
77	2011中国柯桥纺织品博览会	中国商业联合会、中国国际贸易促进委员会、中国纺织工业协会、浙江省人民政府	10月	浙江绍兴
78	第21届中国厨师节	中国烹饪协会、昆明市人民政府	10月	昆明
79	新疆特色林果产品博览会	新疆维吾尔自治区商务厅、新疆维吾尔自治区林业厅	10月	乌鲁木齐
80	全国制药机械博览会（第42届）	中国制药装备行业协会	10月	福州
81	中国汉口北商品交易会	武汉市人民政府　湖北商务厅	10月	武汉
82	第5届中国（重庆）火锅美食文化节	中国烹饪协会、重庆市人民政府	10月	重庆
83	中国食品加工和包装机械展	中国包装和食品机械总公司	11月	北京
84	中国电子展（第78届）	中国电子器材总公司	11月	上海
85	中国裘皮服装节	中国商业联合会、中国皮革协会、余姚市人民政府	11月	浙江余姚
86	全国药品交易会（第66届）	国药励展展览有限责任公司	11月	郑州
87	第13届中国连锁店博览会	中国连锁经营协会	11月	长沙
88	中华民族医药博览会	中国民族贸易促进会、重庆市人民政府、中华中医药学会	11月	重庆
89	中国调味品及食品配料博览会	中国调味品协会	11月	广州
90	第20届中国食品博览会暨交易会	中国商业联合会、中国食品工业协会、湖北省人民政府、武汉市人民政府	12月	武汉

附件 5：

申请补助项目基本情况及费用支出情况明细表

金额单位：人民币元

序号	主办单位或参展企业	银行账号	银行开户名	企业联系人	联系电话	申报费用名称	申报展位个数	申报的相关财务单据						申请补贴金额
								支付凭证金额	页码	费用发票金额	页码	费用合同金额	页码	
合计														

备注：1. 主办单位及参展企业一栏，申报展位费的填写参展企业名称，申报招商宣传费的填写主办单位名称。

2. 支付凭证、费用发票、费用合同金额不一致时，取最小值填入申报补贴金额一栏。

北京市商务委员会关于组织申报2012年北京市中小商贸企业国内贸易信用保险项目的通知

京商务秩字〔2012〕15号

各有关保险机构、商贸企业：

为缓解中小商贸企业融资难、扩大信用销售、改善市场信用环境，经市财政局同意，现就组织申报2012年北京市中小商贸企业国内贸易信用保险保费补助项目有关事项通知如下：

一、目的依据

根据财政部办公厅、商务部办公厅《关于2012年支持开展放心肉服务体系建设等项目有关问题的通知》（财办建〔2012〕100号）和商务部办公厅《关于做好2012年中小商贸企业融资性担保和国内贸易信用保险补助工作的通知》（商办秩函〔2012〕651号）等有关文件要求和相关法律法规，为管好用好国家中小商贸企业国内信用保险专项资金（以下简称专项资金），支持中小商贸企业投保国内贸易信用保险，鼓励承办保险机构（以下简称保险机构）帮助中小商贸企业进行保单融资。

二、申请专项资金的企业条件

申请专项资金的企业分为两类：一是向保险机构的北京市分支机构投保国内贸易信用保险并已缴纳保费的中小商贸企业；二是以中小商贸企业为风险方（买方）向保险机构的北京市分支机构投保国内贸易信用保险并已缴纳保费的其他企业。两类企业需具备以下申报条件：

（一）在我国境内（不含香港、澳门、台湾地区）注册，具有独立企业法人资格；

（二）第一类中小商贸企业注册资本金规模不超过1亿元人民币；

（三）面向国内企业和消费者开展信用销售，所售产品符合国家产业政策及相关规定；

（四）会计、纳税、银行信用等方面无不良记录；

（五）3年内无严重违法违规行为记录；

（六）申请补助的企业及其产品符合国家宏观经济政策、产业政策和区域发展政策；

中小企业的划型标准按照国家规定执行（见附件1）；本通知所称的中小商贸企业，其认定标准（见附件2）；

本通知所称承办保险机构是指由商务部、财政部、保监会确定的具有承办国内贸易信用保险业务资格的保险机构。

三、支持方式和支持标准

专项资金采取因素法由中央财政切块分配到本市，采用财政补助的支持方式。

（一）投保企业保费补助

1. 对2011年5月1日至2012年4月30日之间发生，符合条件的中小商贸企业向承办保险机构本市分支机构投保国内贸易信用保险，以及其他企业以中小商贸企业为风险方向承办保险机构本市分支机构投保国内贸易信用保险，给予投保企业不超过实际缴纳保费50%的基本保费补助，保险业务发生时间以承办保险机构保费发票出具日期为准，无法出具保费发票的投保企业，不得申请补助；

2. 对同时符合前述条件的以农资为交易标的投保方再给予保费10%的行业保费补助；

3. 每家作为投保方的中小商贸企业最高补助额原则上不超过25万元，每家以中小商贸企业为风险方的其他投保企业最高补助额不超过500万元。

（二）保险机构风险补偿支持标准

1. 对2011年5月1日至2012年4月30日之间，承办保险机构本市分支机构在中小商贸企业国内贸易信用保险保单融资的过程中承担保险责任，同时单笔融资在1 500万元以下，给予承办保险机构本市分支机构不超过融资金额0.2%的风险补偿；

2. 每家保险机构的北京市分支机构最高补助额原则上不超过300万元；

3. 保险机构收到的补助资金，只能用于补充风险准备金和支持国内贸易信用保险业务发展。

四、项目申报、审核、拨付程序

（一）项目申报

1. 申请专项资金的投保企业于2012年9月25日前将申请材料提交给承办保险机构本市分支机构，由承办保险机构本市分支机构统一汇总后，将申报材料的电子版和纸质文件（一式二份）于2012年9月30日前报送市财政局、市商务委。

2. 申请专项资金的投保企业应如实提交以下资料：

（1）国内贸易信用保险补助项目投保企业申报表；

（2）企业法人营业执照副本及章程的复印件；

（3）与承办保险机构本市分支机构签订的保险合同、承办保险机构本市分支机构出具的保费发票复印件；

（4）经第三方机构出具的企业上年度会计报表（资产负债表、现金流量表和利润表）审计报告；

（5）相关银行出具的企业贷款卡信息资料（中国人民银行企业征信信息查询）；

（6）投保企业为中小商贸企业的，须提交所属地区社保管理部门出具的企业上年度为企业员工缴纳的社保清单或第三方审计机构出具的企业上年度会计报表审计报告等证明企业为中小商贸企业的材料；以中小商贸企业为风险方的投保企业也须提交其买方为中小商贸企业的上述相关证明材料，同时须提交其买方的企业法人营业执照复印件；投保企业也可出具有保险机构盖章确认的由第三方机构获取的证明其自身或风险方为中小商贸企业的证明材料；

（7）其他须提供的材料。

以上材料均须加盖投保企业公章。

3. 申请专项资金的承办保险机构本市分支机构应如实提交以下材料：

（1）保险机构承诺书（附件3）；

（2）企业法人营业执照副本及章程的复印件；

（3）保费补助申报材料（5份材料）。投保企业营业执照复印件、投保企业组织机构代码复印件、发票复印件、中小商贸企业承诺函（附件 4）或保险机构对中心商贸企业认定的承诺函（附件 5）、《北京市国内贸易信用保险补助项目投保企业申报表》（附件 6）；

国内贸易信用保险业务的发生日期以保险机构保费发票出具日期为准。同一保费发票所覆盖业务中，有部分风险方为中小商贸企业的，应出具由投保企业和保险机构共同盖章确认的详细保费清单，或投保企业和保险机构共同盖章确认的《北京市国内贸易信用保险补助项目投保企业申报表》（附件 6）；

申请行业补助的企业，须在《北京市国内贸易信用保险补助项目投保企业申报表》中标明农资产品类别。类别包括：种子、农药、肥料、饲料和饲料添加剂、农机及零配件；

（4）风险补偿补助申报材料（3 份材料）。保险机构须提供由投保企业提供加盖企业公章的银行融资利息单复印件、赔款转让协议复印件、保单复印件，或提供合作银行盖章确认的《北京市国内贸易信用保险补助项目保险机构风险补偿申报表》（附件 7）；

（5）补助汇总表（2 份材料）。《北京市国内贸易信用保险补助项目汇总表》（附件 8）和《北京市国内贸易信用保险补助项目投保企业补贴资金汇总表》（附件 9）；

（6）其他须提供的材料。

以上材料均须加盖承办保险机构公章。

（二）项目审核及资金拨付

1. 项目评审。市财政局、市商务委对保险机构的北京市分支机构上报的材料进行汇总后，组织专家或中介机构对申报项目进行评审，并出具有法律效力的评审意见书。

2. 资金拨付。市财政局、市商务委按照预算管理的有关规定，对审核通过的项目，及时将专项资金拨付至保险机构的北京市分支机构。

保险机构的北京市分支机构收到专项资金后，应在 10 个工作日内将专项资金拨付至投保企业，并将专项资金到位时间、额度、账务处理以及专项资金拨付情况等有关信息向市财政局、市商务委反馈。市财政局、市商务委及时将汇总情况报财政部、商务部（汇总表见附件 8）。

五、绩效评价

市财政局建立专项资金使用情况绩效评价制度，市商务委建立项目实施情况绩效评价制度，分别对专项资金使用情况、项目实施情况及效果进行考核评价。

六、监督检查

（一）监督检查。获得专项资金支持的保险机构和投保企业应接受政府有关部门、审计机构及社会的监督。市财政局、市商务委对专项资金共同实施监督检查，每年还将进行不定期抽查。检查、抽查内容包括：专项资金的使用情况、财务管理情况、工作业绩情况等。

（二）违规处罚。申报专项资金的保险机构和投保企业如有下列行为，按照《财政违法行为处罚处分条例》（国务院令 427 号）等相关法律法规进行处理处罚：

1. 弄虚作假申报、骗取专项资金的；

2. 截留、挪用、挤占专项资金的；

3. 违反本通知的其它行为。

联 系 人：刘伟

联系电话：85163108

附件：1. 中小企业划型标准规定
2. 中小商贸企业认定标准
3. 保险机构承诺书
4. 中小商贸企业承诺函
5. 保险机构对中小商贸企业认定的承诺函
6. 北京市国内贸易信用保险补助项目投保企业申报表
7. 北京市国内贸易信用保险补助项目风险补偿申报表
8. 北京市国内贸易信用保险补助项目汇总表
9. 北京市国内贸易信用保险补助项目投保企业补贴资金汇总表

北京市商务委员会
二〇一二年九月七日

附件1：

中小企业划型标准规定

（工信部联企业〔2011〕300号）

一、根据《中华人民共和国中小企业促进法》和《国务院关于进一步促进中小企业发展的若干意见》（国发〔2009〕36号），制定本规定。

二、中小企业划分为中型、小型、微型三种类型，具体标准根据企业从业人员、营业收入、资产总额等指标，结合行业特点制定。

三、本规定适用的行业包括：农、林、牧、渔业，工业（包括采矿业，制造业，电力、热力、燃气及水生产和供应业），建筑业，批发业，零售业，交通运输业（不含铁路运输业），仓储业，邮政业，住宿业，餐饮业，信息传输业（包括电信、互联网和相关服务），软件和信息技术服务业，房地产开发经营，物业管理，租赁和商务服务业，其他未列明行业（包括科学研究和技术服务业，水利、环境和公共设施管理业，居民服务、修理和其他服务业，社会工作，文化、体育和娱乐业等）。

四、各行业划型标准为：

（一）农、林、牧、渔业。营业收入20 000万元以下的为中小微型企业。其中，营业收入500万元及以上的为中型企业，营业收入50万元及以上的为小型企业，营业收入50万元以下的为微型企业。

（二）工业。从业人员1 000人以下或营业收入40 000万元以下的为中小微型企业。其中，从业人员300人及以上，且营业收入2 000万元及以上的为中型企业；从业人员20人及以上，且营业收入300万元及以上的为小型企业；从业人员20人以下或营业收入300万元以下的为微型企业。

（三）建筑业。营业收入80 000万元以下或资产总额80 000万元以下的为中小微型企业。其中，营业收入6 000万元及以上，且资产总额5 000万元及以上的为中型企业；营业收入300万元及以上，且资产总额300万元及以上的为小型企业；营业收入300万元以下或资产总额300万元以下的为微型企业。

（四）批发业。从业人员200人以下或营业收入40 000万元以下的为中小微型企业。其中，从业人员20人及以上，且营业收入5 000万元及以上的为中型企业；从业人员5人及以上，且营业收入1 000万元及以上的为小型企业；从业人员5人以下或营业收入1 000万元以下的为微型企业。

（五）零售业。从业人员300人以下或营业收入20 000万元以下的为中小微型企业。其中，从业人员50人及以上，且营业收入500万元及以上的为中型企业；从业人员10人及以上，且营业收入100万元及以上的为小型企业；从业人员10人以下或营业收入100万元以下的为微型企业。

（六）交通运输业。从业人员1 000人以下或营业收入30 000万元以下的为中小微型企业。其中，从业人员300人及以上，且营业收入3 000万元及以上的为中型企业；从业人员20人及以上，且营业收入200万元及以上的为小型企业；从业人员20人以下或营业收入200万元以下的为微型企业。

（七）仓储业。从业人员200人以下或营业收入30 000万元以下的为中小微型企业。其中，从业人员100人及以上，且营业收入1 000万元及以上的为中型企业；从业人员20人及以上，且营业收入100万元及以上的为小型企业；从业人员20人以下或营业收入100万元以下的为微型企业。

（八）邮政业。从业人员1 000人以下或营业收入30 000万元以下的为中小微型企业。其中，从业人员300人及以上，且营业收入2 000万元及以上的为中型企业；从业人员20人及以上，且营业收入100万元及以上的为小型企业；从业人员20人以下或营业收入100万元以下的为微型企业。

（九）住宿业。从业人员300人以下或营业收入10 000万元以下的为中小微型企业。其中，从业人员100人及以上，且营业收入2 000万元及以上的为中型企业；从业人员10人及以上，且营业收入100万元及以上的为小型企业；从业人员10人以下或营业收入100万元以下的为微型企业。

（十）餐饮业。从业人员300人以下或营业收入10 000万元以下的为中小微型企业。其中，从业人员100人及以上，且营业收入2 000万元及以上的为中型企业；从业人员10人及以上，且营业收入100万元及以上的为小型企业；从业人员10人以下或营业收入100万元以下的为微型企业。

（十一）信息传输业。从业人员2 000人以下或营业收入100 000万元以下的为中小微型企业。其中，从业人员100人及以上，且营业收入1 000万元及以上的为中型企业；从业人员10人及以上，且营业收入100万元及以上的为小型企业；从业人员10人以下或营业收入100万元以下的为微型企业。

（十二）软件和信息技术服务业。从业人员300人以下或营业收入10 000万元以下的为中小微型企业。其中，从业人员100人及以上，且营业收入1 000万元及以上的为中型企业；从业人员10人及以上，且营业收入50万元及以上的为小型企业；从业人员 10 人以下或营业收入 50 万元以下的为微型企业。

（十三）房地产开发经营。营业收入200 000万元以下或资产总额10 000万元以下的为中小微型企业。其中，营业收入1 000万元及以上，且资产总额5 000万元及以上的为中型企业；营业收入 100 万元及以上，且资产总额2 000万元及以上的为小型企业；营业收入 100 万元以下或资产总额2 000万元以下的为微型企业。

（十四）物业管理。从业人员1 000人以下或营业收入5 000万元以下的为中小微型企业。其中，从业人员 300 人及以上，且营业收入1 000万元及以上的为中型企业；从业人员 100 人及以上，且营业收入 500 万元及以上的为小型企业；从业人员 100 人以下或营业收入 500 万元以下的为微型企业。

（十五）租赁和商务服务业。从业人员300 人以下或资产总额120 000万元以下的为中小微型企业。其中，从业人员 100 人及以上，且资产总额8 000万元及以上的为中型企业；从业人员 10 人及以上，且资产总额 100 万元及以上的为小型企业；从业人员10 人以下或资产总额 100 万元以下的为微型企业。

（十六）其他未列明行业。从业人员300 人以下的为中小微型企业。其中，从业人员 100 人及以上的为中型企业；从业人员10 人及以上的为小型企业；从业人员 10 人以下的为微型企业。

五、企业类型的划分以统计部门的统计数据为依据。

六、本规定适用于在中华人民共和国境内依法设立的各类所有制和各种组织形式的企业。个体工商户和本规定以外的行业，参照本规定进行划型。

七、本规定的中型企业标准上限即为大型企业标准的下限，国家统计部门据此制定大中小微型企业的统计分类。国务院有关部门据此进行相关数据分析，不得制定与本规定不一致的企业划型标准。

八、本规定由工业和信息化部、国家统计局会同有关部门根据《国民经济行业分类》修订情况和企业发展变化情况适时修订。

九、本规定由工业和信息化部、国家统计局会同有关部门负责解释。

十、本规定自发布之日起执行，原国家经贸委、原国家计委、财政部和国家统计局2003 年颁布的《中小企业标准暂行规定》同时废止。

附件2：

中小商贸企业认定标准

（一）认定中小商贸企业，应以具有法人资格的单个企业为对象，中小商贸企业划分标准参照工业和信息化部、国家统计局、发展改革委、财政部研究制定的《中小企业划型标准规定》（工信部联企业〔2011〕300号）执行，认定依据为上一年度企业信息。

其中投保企业为中小商贸企业的，应至少提供自证材料（见附件4）、营业执照和组织机构代码证。风险方为中小商贸企业的，应提供风险方自证材料（格式同附件4）或保险公司依据从第三方机构获得信息出具的证明（见附件5）。

（二）企业经营范围中如没有属于下述国民经济行业分类的，除经商务主管部门批准外，原则上不予认定为中小商贸企业。具体分类参见国家统计局《国民经济分类》第63、65类（批发和零售），第66、67类（住宿和餐饮），第73、74类（租赁和商务服务），第82、83类（居民服务和其他服务业），第13类中的1351（屠宰），第51类中的5125120（铁路货物运输）、513（货运站），第52类中的5225220（道路货物运输），第54类中的542（水上货物运输）、543（货运港口），第55类中的5512（航空货物运输），第56类（管道运输业），第57类（装卸搬运和其他运输服务业），第58类（邮政业），第59类（仓储业）。

附件3：

保险机构承诺书

北京市商务委员会：

我单位将严格按照根据财政部办公厅、商务部办公厅《关于2012年支持开展放心肉服务体系建设等项目有关问题的通知》（财办建〔2012〕100号）要求和北京市财政局、北京市商务委员会制定的《北京市中小商贸企业国内信用保险专项资金管理实施办法》有关规定，组织申报　　年度国内贸易信用险补助项目，保证向市商务委及有关部门提供的资料真实、有效，各项手续齐全、合规，保险机构风险补偿资金仅用于补充风险补偿和用于支持国内贸易信用保险业务发展，保费补助资金及时拨付投保企业。如违反相关规定我单位将承担一切责任。

项目单位法定代表人签字：

单位公章

年　月　日

附件 4：

中小商贸企业承诺函

本公司系依据中华人民共和国法律合法设立并有效存续的境内（不含香港、澳门、台湾地区）法人，近 3 年不存在严重违反工商、税务、土地管理、劳动安全、社会保险、环境保护、质量技术管理等方面法律法规的行为，且在银行信用等方面无不良信用记录。本公司确认：______年度，本公司员工人数为______人，销售额为______万元，经核准的经营范围为______，符合中小商贸企业认定标准，为此本公司已向贵单位提供营业执照等资料。

本公司特此承诺，向贵单位提供的上述所有书面材料均真实有效，所有复印件均与原件完全相同，本公司保证该等事实、陈述、材料和文件真实、准确、完整，否则将承担由此引致的一切责任。

公司名称（盖章）

法定代表人或授权代表（签字）

以上承诺函系由__________公司向本公司提供。

保险机构分支机构（盖章，或以业务章代）

附件 5：

保险机构对中小商贸企业认定的承诺函

根据________________等公司提供的信用调查报告及相关资料，本公司已按照行业公认的业务标准、道德规范及勤勉尽职精神对____等____家公司的基本信息进行了核查，认定上述企业为中小商贸企业。已核查企业名单及信息（应至少包括上一年度员工人数，销售额和经核准的经营范围）附后。

保险机构分支机构或总公司（盖章，或以业务章代）

附件 6：

北京市国内贸易信用保险补助项目投保企业申报表

编制单位（盖章）： 项目申报期：20 年 月 日至 20 年 月 日

序号	投保企业									风险方（买方）				保单号	险种类别	保险金额	保费金额	保费费率（‰）	申请基本保费补助金额	申请行业补助金额	累计申请补助金额
	公司全称	组织机构代码	公司地址	联系电话	是否为中小商贸企业	开户行	账号	行业保费补助		公司全称	公司地址	联系电话	是否为中小商贸企业								
								农资产品类别	涉及农资产品金额												
1																					
2																					
3																					
4																					
5																					
6																					
7																					
8																					
9																					
…																					
总计																					

注：本表为样式页，可换用 B4 纸打印 填表日期：

附件 7：

北京市国内贸易信用保险补助项目风险补偿申报表

编制单位（盖章）：　　　　项目申报期：20　年　月　日至 20　年　月　日

序号	投保企业									风险方（买方）				保单号	险种类别	保险金额	保费金额	保费费率（‰）	申请风险补偿金额
	公司全称	组织机构代码	公司地址	联系电话	是否为中小商贸企业	开户行	账号	保单融资金额	保单融资授信银行	公司全称	公司地址	联系电话	是否为中小商贸企业						
1																			
2																			
3																			
4																			
5																			
6																			
7																			
8																			
9																			
…																			
总计																			

合作金融机构意见：以上　　笔　　万元保单融资业务属实。

注：本表为样式页，可换用 B4 纸打印　　　　填表日期：

附件 8：

北京市国内贸易信用保险补助项目汇总表

编制单位（盖章）：					报告期间：20　年　月　日至 20　年　月　日								单位：万元	
序号	承办保险机构	享受补贴的投保企业			风险方（买方）企业		保险金额				保单融资		实收保费金额	资助金额	
		总数	中小商贸企业数	享受行业补助企业数	总数	中小商贸企业数	合计	投保方为中小商贸企业	风险方为中小商贸企业	保险标的为农资	融资金额	平均利率		投保企业	承办保险机构
1															
2															
3															
4															
5															
6															
7															
8															
…															
合计															

注：本表为样式页，可换用 B4 纸打印

附件 9：

北京市国内贸易信用保险补助项目投保企业补贴资金汇总表

编制单位（盖章）：　　　　　　　　　　　　　　　　项目申报期：

承办保险机构名称	序号	投保企业名称	投保企业补贴金额
	1		
	2		
	3		
	4		
	5		
	6		
	7		
	8		
	9		
	…		
	总计		

注：本表为样式页，可换用 B4 纸打印

北京市商务委员会　北京市财政局
关于开展信用消费工作的通知

京商务秩字〔2012〕16号

各区（县）商务委、财政局，各有关企业：

为支持大型零售企业向消费者直接开展信用消费，鼓励大型零售企业与商业银行、信用担保公司、消费金融公司等合作开展各类信用消费业务，进一步推动新型消费，市商务委、市财政局制定了《北京市开展信用消费实施方案》，现印发给你们，请结合实际，贯彻执行。

北京市商务委员会　北京市财政局

二〇一二年九月十七日

北京市开展信用消费实施方案

为支持大型零售企业向消费者直接开展信用消费，鼓励大型零售企业与商业银行、信用担保公司、消费金融公司等合作开展各类信用消费业务，进一步推动新型消费，特制定本方案。

一、申报企业满足以下三个条件

（一）在北京市注册，具有独立法人资格的商业零售企业或消费金融公司。

（二）在2012年2月1日至2012年12月31日之间面向北京市场的消费者开展信用消费或发放信用消费贷款，消费者购买的产品符合国家产业政策及相关规定。

（三）会计、纳税、银行信用等方面无不良记录。

二、补助标准

对开展信用消费或发放信用消费贷款的企业，在补助资金额度内按不超过信用消费额2.5%给予费用补助。补助资金用于弥补坏账损失、补充开展信用消费所产生的费用。

三、申报组织征集工作

市商务委、市财政局及时组织申报工作，面向全市征集参加信用消费企业名单，并对申报企业资格进行审查。

征集时间：2012年9月22日至2012年9月29日。

提交申报材料地点：东城区朝内大街190号北京市商务委员会流通秩序处（427房间），联系人：刘伟，联系电话：85163108。

征集结束后，市商务委、市财政局组织审核并最终确定参与企业名单。

四、参与企业需要提交的资料

（一）申请报告（包括企业基本情况介绍及具备的相应条件）；

（二）企业法人营业执照复印件；

（三）信用消费工作方案。

以上材料需加盖公章，一式两份。

五、申报资金材料

（一）购物 POS 卡单复印件或贷款合同确认书。

（二）银行对账单、顾客姓名及联系方式备查。

六、申报资金程序

（一）项目申报。各申报企业每月 10 日前向市商务委、市财政局报送申报项目的电子数据和纸质文件。

（二）项目评审。市财政局、市商务委审核申报项目后，由评审公司进行评审并出具评审结论。

（三）资金拨付。市财政局根据评审结论拨付资金。

（四）项目总结。各申报企业于信用消费工作结束 10 日内，向市商务委、市财政局报送信用消费工作总结情况。

附件 1：

申　请　书

根据《北京市开展信用消费实施方案》的相关规定，____________________（申请企业名称）提出信用消费工作促销企业申请，并提交下述文件正本一份，副本二份，电子版本二份：

一、申请书

二、企业基本情况介绍

三、信用消费工作推广方案

四、相关证明材料

1. 营业执照；

2. 税务登记证明；

3. 银行出具的促销企业资信证明；

4. 其他材料。

并确认如下事项：

1. 本企业按相关文件的规定履行责任和义务；

2. 本企业已详细审查全部申请材料，并保证材料的真实性；与申请有关的正式往来信函请寄：

地址：________________　　联 系 人：________________

电话：________________　　传　　真：________________

网址：________________　　电子邮件：________________

法定代表人签章　　日期

附件2：

企业基本情况介绍

<table>
<tr><td>信用消费促销企业名称</td><td colspan="3"></td></tr>
<tr><td>详细地址</td><td colspan="3"></td></tr>
<tr><td>企业法人代表</td><td></td><td>组织机构代码</td><td></td></tr>
<tr><td>营业执照号码</td><td></td><td>所有制性质</td><td></td></tr>
<tr><td>注册资金（万元）</td><td></td><td>固定资产（万元）</td><td></td></tr>
<tr><td>企业人数</td><td></td><td>销售人员人数</td><td></td></tr>
<tr><td>联系人</td><td></td><td>联系电话</td><td></td></tr>
<tr><td>E—MAIL</td><td></td><td>邮政编码</td><td></td></tr>
<tr><td colspan="4">企业基本能力介绍（包括生产规模、管理水平、研发能力、质量保障能力、资信状况、销售网络和组织体系、售后服务条款及能力、社会责任，限2 000字以内）</td></tr>
</table>

附件3：

信用消费工作方案

（包括组织实施、推广进度安排、保障措施和宣传计划等，限4 000字以内）

北京市商务委员会关于印发北京市家具以旧换新试点实施办法的通知

京商务交字〔2012〕171号

各有关单位：

为做好北京市家具以旧换新试点工作，市商务委制定了《北京市家具以旧换新试点实施办法》，现将印发给你们，请遵照执行。

北京市商务委员会

2012年10月29日

北京市家具以旧换新试点实施办法

第一章　总　则

第一条　为检验评估家具以旧换新的流程设计和实施效果，促进家具销售企业业态升级和管理升级，拉动家具消费，培育建立废旧家具回收处理体系，本市将开展家具以旧换新试点工作，特制定本办法。

第二条　本办法所称“家具以旧换新”是指个人消费者购买新家具并交送旧家具的行为。

第三条　家具以旧换新试点工作遵循“方便消费、直接补贴、资源利用、集中处理”的原则，对参与家具以旧换新试点的个人消费者予以一定的政府补贴。

第四条　通过公开招标方式选取参与以旧换新试点的家具销售企业、再生资源回收企业、家具废料无害化处理企业（名单另行公布）。

第二章　补贴政策

第五条　家具以旧换新试点实施期限为2012年11月1日—2012年11月30日。

试点实施期以新家具销售合同的签定日期为准。试点结束后，将安排一定期限的过渡期，用于送新收旧、领取补贴等收尾工作。

第六条　家具以旧换新试点补贴产品范围包括柜体、沙发、床具、桌椅4类家具（仅限可移动家具）。

第七条　补贴方式及对象：

（一）对在试点家具销售企业购买补贴范围内的新家具并交送旧家具的个人消费者（以下简称购买人）给予补贴。

购买人包括：

1. 本市户籍人员。

2. 驻京部队现役军人和现役武警。

3. 持有有效《北京市工作居住证》的非本市户籍人员。

4. 持有本市有效暂住证的非本市户籍人员。

购买的新家具与交送的旧家具应为同一种类、同等数量。

新家具的购买人、旧家具的交送人、补贴的申请人应为同一人。

（二）对试点的家具废料无害化处理企业给予运输和处理费用补贴。

第八条　补贴标准：

（一）购买人交旧购新补贴按照新家具实际销售价格的10%给予补贴，由政府和家具销售企业共同负担，各自补贴5%，单件家具补贴金额最高不超过1 000元。

（二）家具废料无害化处理企业补贴按照实际运输和处理量给予补贴。具体标准另行制定。

第三章　操作流程

第九条　购买人首先与试点家具销售企业签定购买新家具的销售合同。

若购买人新家具交付地点与旧家具所在地点一致，家具销售企业在配送新家具的同时，购买人无偿交出、家具销售企业免费回收旧家具，并向购买人开具《北京市家具以旧换新试点凭证》（回收联），企业留存销售联。

若购买人新家具交付地点与旧家具所在地点不一致，购买人可自行将旧家具交送到家具销售企业旧家具仓库，家具销售企业向购买人开具《北京市家具以旧换新试点凭证》（回收联）；家具销售企业也可提供有偿的旧家具上门回收服务。

第十条　家具销售企业应按销售合同约定的销售价格统一向购买人收取货款、开具发票。发票的开具单位和《北京市家具以旧换新试点凭证》中的家具销售企业应相互对应。

第十一条　购买人在规定期限内到家具销售企业申请交旧购新补贴。

购买人申报补贴时应当提供：1.《北京市家具以旧换新试点凭证》（回收联）；2. 购买新家具的发票与合同；3. 购买人身份证件（出示原件，企业留存复印件）。

家具销售企业经过审核，对符合条件的，指导购买人填写《家具以旧换新试点购买人补贴资金申报表》，并将10%补贴资金一次性直接支付给购买人，其中政府负担的5%补贴由家具销售企业先行垫付。

第十二条　回收的旧家具，可再使用的由家具销售企业交合法的二手家具经营者回收或进行公益捐赠，不可再使用的须由家具销售企业自行或委托再生资源回收企业全部拆解，实现资源回收利用。

旧家具拆解后，可再利用的材料由委托的再生资源回收企业回收利用；无利用价值的旧家具拆解废物，由废料无害化处理企业按环保要求收集并进行无害化处理。

第十三条　家具以旧换新试点结束后，家具销售企业提交《家具以旧换新试点购买人补贴资金申报表》、新家具销售发票存根、对应的《北京市家具以旧换新试点凭证》（回收联）、购买人身份证件等资料，向市商务委申领垫付的补贴资金；废料处理企业提交拆解废物收集、处理记录，申领运输和处理补贴资金。

经过第三方机构评审清算、商务主管部门审核确认，市商务委按照评审结果将家具销售企业垫付的补贴资金直接支付到家具销售企业在银行开设的基本账户；将家具废料无害化处理企业补贴资金直接支付到家具废料处理企业在银行开设的基本账户。

第四章　参与企业的责任

第十四条　家具销售企业承担新家具销售、旧家具回收拆解职责，应将销售网点、旧家具仓库、拆解场地等信息报商务主管部门备案。

家具销售企业应将家具以旧换新的有关信息，包括家具销售企业名称、销售新家具的类别、品牌、型号、销售发票序列号、销售价格、补贴金额以及回收旧家具的类别、数量以及购买人的姓名和身份证件号码、以旧换新试点凭证序列号等相关信息及时录入北京市家具以旧换新试点管理信息系统。

家具销售网点、旧家具仓库和拆解场地应通过北京市家具以旧换新试点管理信息系统记录、查验以旧换新有关信息。

第十五条　家具销售企业内部应统一收银，规范开具发票；明码实价，明折明扣，不得议价；及时向购买人公示家具产品名称、厂家、型号、价格；及时向购买人兑付10％的补贴。

家具销售企业不得随意或变相提价；不得销售不符合国家有关质量要求的家具产品，侵害消费者利益；不得采取任何方式限制消费者同时享受企业促销优惠和政府以旧换新试点补贴；要加强购买人交旧购新补贴发放的审核，对审核不符的，不得发放补贴；要及时解决家具以旧换新试点活动新家具销售中发生的消费投诉等问题，及时处理销售中的违规行为。

凡发现违规经营、服务不到位或以任何方式套取补贴资金的行为，一经查实，不予支付相应的政府补贴并追回已发放的政府补贴资金，并视情节轻重给予警告、没收履约保证金、取消其家具销售企业资质的处罚，并向社会公布。

第十六条　家具销售企业应积极回收购买人交送的旧家具；要对回收的旧家具逐一核对，旧家具实物应与以旧换新试点凭证、家具以旧换新试点管理信息系统记录的产品类别、数量、流向等信息保持一致。

家具销售企业应加强《北京市家具以旧换新试点凭证》的管理。规范填写、发放《北京市家具以旧换新试点凭证》，并认真审核相关资料及信息。任何单位和个人不得转让、买卖《北京市家具以旧换新试点凭证》，不得从事弄虚作假、骗取政府补贴等违法违规行为。

如发现违规行为，一经查实，要追回政府补贴资金，并视情节轻重给予警告、没收履约保证金、取消其家具销售企业资质的处罚，并向社会公布。

第十七条　家具销售企业或其委托的再生资源回收企业将不可再使用的旧家具进行拆解。

对拆解处理的旧家具要逐一核对，旧家具实物应与以旧换新试点凭证、家具以旧换新试点管理信息系统提供的产品类别、数量等信息保持一致；拆解场地应建立完整的出入库记录。

要按照环保、消防等要求、在规定的时限内将旧家具全部拆解处理完毕，保证旧家具应拆尽拆，不得流失；旧家具拆解产物要分类堆放；拆解后可利用的拆解物由再生资源回收企业回收，由合法的再利用企业再利用；拆解废料需无害化处理的交由无害化处理企业收集处理，不得私自处理；不属于危险废物的，委托环卫部门清运。

凡发现违规经营行为，一经查实，视情节轻重给予警告、没收履约保证金、取消其家具以旧换新参与企业资格的处罚，并向社会公布。

第十八条　家具废料无害化处理企业，负责对家具废料按照环保要求进行无害化运输和处理。

废料无害化处理企业不得无故拒收旧家具拆解回收产生的家具废料；废料处理要符合国家和北京市环保要求，并在规定的时限内处理完毕，将废料处理相关信息录入北京市家具以旧换新试点管理信息系统；不得以任何方式套取政府补贴资金。

如发现违规行为，一经查实，要追回政府补贴资金，并视情节轻重给予警告、没收履约保证金、取消其废料处理企业资质的处罚，并向社会公布。

第十九条　所有参与家具以旧换新试点的企业要积极履行投标文件所做的各项承诺。家具销售企业、废料处理企业需与市商务委签订承诺协议，并交纳履约保证金。

第五章　监督管理和工作分工

第二十条　市商务委负责组织实施家具以旧换新试点工作，相关部门予以配合。

北京家具行业协会、北京再生资源和旧货行业协会协助政府部门对参与企业的以旧换新试点行为予以监督检查。

第六章　附　　则

第二十一条　本实施办法自发布之日起执行。

第二十二条　本实施办法由北京市商务委员会负责解释。

北京市商务委员会　北京市财政局
关于加快推进本市“双自主”企业
开拓国际市场的通知

京商务外运字〔2012〕16号

各区（县）商务委、财政局，各有关企业：

为贯彻落实商务部等十部委《关于加快转变外贸发展方式的指导意见》（商贸发〔2012〕48号）和北京市商务委员会、北京市财政局《北京市关于加快外贸结构调整转变外贸发展方式的意见》等文件精神，引导本市“双自主”企业不断提高自主创新能力，优化外贸商品结构，加快国际市场开拓步伐，现将有关事项通知如下：

一、加强“双自主”企业培育和服务工作

“双自主”企业是指拥有自主品牌和自主知识产权的企业，即拥有国内及出口市场（含港、澳、台地区）注册商标以及拥有国内及出口市场专利（包括发明专利、实用新型和外观设计专利等）的企业。获得国家相关部门颁发的中华老字号、中国驰名商标以及北京市自主创新产品证书等称号的企业视同“双自主”企业。

各区（县）商务主管部门要进一步加强对辖区内“双自主”企业的培育和服务工作，对符合条件的“双自主”企业要做好审核和备案登记，并报北京市商务委员会（以下简称市商务委）备案，进一步充实本市“双自主”企业信息库。符合“双自主”企业标准的企业也应积极向各区（县）商务主管部门申报登记。

二、支持“双自主”企业开拓国际市场

按照“经济上优惠、管理上优待”的原则，加大对列入本市“双自主”企业信息库企业的政策引导和资金支持力度。

（一）优先支持“双自主”企业参加“广交会”及境外国际展会，利用展会资源推动“双自主”企业产品进入国际市场。

（二）优先支持符合中小企业国际市场开拓资金支持条件的中小型“双自主”企业参加境外展会、企业管理体系认证、各类产品的认证、境外专利申请、国际市场宣传推介、电子商务、境外广告和商标注册、国际市场考察、境外投（议）标、境外收购技术和品牌等国际市场开拓活动。

（三）在全市促进外经贸发展资金中统筹规划部分资金作为“北京市双自主企业国际市场开拓资金”，支持大型“双自主”企业开展的国际市场开拓活动。对其参加境外展会、企业管理体系认证、各类产品认证、境外专利申请、境外广告和商标注册、国际市场宣传推介、国际电子商务、国际市场考察、境外收购技术和品牌等国际市场开拓活动，在资金预算控制规模内，对其申报项目进行择优支持。

三、“双自主”企业项目申报和审核程序

（一）项目申报程序

1. “双自主”企业申请“广交会”展位，在规定时间内登录市商务委网站“广交会专题”进行展位申报。

2. “双自主”企业申请参加境外国际展会，按照市商务委网站每年年初发布的组团通知公告要求报名参展。

3. 中小型“双自主”企业申报中小企业国际市场开拓资金项目，登录“中小企业国际市场开拓资金网络申报系统（http：//www.smeimdf.org）”，按照《北京市“中小资金”项目申报流程》进行项目申报。

4. 大型“双自主”企业申报“北京市双自主企业国际市场开拓资金”项目，登录“北京市双自主企业国际市场开拓资金申报系统（http：//bj.smeimdf.org）”，按照《北京市“双自主”企业项目申报流程》进行项目申报。

（二）申报项目审核。“双自主”企业申请“广交会”展位或申请参加境外展会，市商务委将依照相关规定优先安排；“双自主”企业申报国际市场开拓资金项目，市商务委会同北京市财政局（以下简称市财政局）在资金预算额度内，择优列入年度项目计划。

（三）项目资金拨付。列入年度项目计划的项目完成后，项目单位在规定的时间内，通过“申报系统”完成网上资金拨付申报。具有初审资格的区县商务主管部门受理属地项目单位提交的资金拨付书面申请资料。未经授权的区县商务主管部门属地项目单位向市商务委提交资金拨付书面申请资料。市商务委会同市财政局对资金拨付的相关资料进行审核，对符合支持条件的项目予以公示，并按规定办理资金拨付手续。

（四）“双自主”企业在申请资金拨付时还需报送商标注册证书、专利证书或国家相关部门颁发的中华老字号、驰名商标、北京市自主创新产品等证书复印件一式两份，并在复印件上加盖企业公章。

四、本通知自印发之日起生效。文中相关事宜由市商务委、市财政局负责解释。

北京市商务委员会

北京市财政局

二〇一二年九月二十四日

第三部分

主 要 业 务

一、依法行政

法制建设

【概况】2012 年，在市委市政府的正确领导下，市商务委认真贯彻落实《北京市关于加强法治政府建设的意见》(京政发〔2011〕20 号)、《关于进一步加强和改善行政执法工作的意见》(京政发〔2010〕27 号) 及《北京市 2012 年全面推进依法行政工作要点》等文件精神，结合首都商务工作实际，扎实推进依法行政工作，取得了积极成效。

一、领导班子高度重视依法行政工作

市商务委领导班子高度重视推进依法行政工作，明确推进依法行政工作由一把手负总责，重大事项由主任办公会研究决定。以创建法治型、服务型、效能型机关为目标，不断加强组织领导，健全体制机制，把推进依法行政工作贯穿于全委各项工作之中。2012 年，结合商务工作实际，研究制定了《北京市商务委员会 2012 年度依法行政工作要点》，明确了 4 个方面 12 项重点工作。主任办公会分别讨论了行政审批制度改革、行政处罚自由裁量权行使等依法行政议题。

二、不断建立健全科学民主决策机制

深入贯彻落实《北京市人民政府办公厅关于健全市政府重大行政决策和行政规范性文件合法性审查工作机制的通知》(京政办发〔2011〕73 号) 文件精神，不断完善重要决策法律分析和论证制度，凡提请市政府讨论的重大决策事项、重要规范性文件起草等均事前进行合法性审查。认真执行重大决策集体讨论制度，对涉及商务事业发展全局的重大事项，广泛征求被管理对象及相关部门意见。不断畅通公众参与渠道，增强决策的民主性、科学性。

三、扎实推进行政审批制度改革

按照市政府“加快、简化、下放、取消、协调”要求和市行政审批制度改革领导小组办公室的统一部署，组织召开行政审批制度改革专题会议，扎实开展第六批行政审批事项的清理工作。认真做好国务院《关于第六批行政取消和调整行政审批项目的决定》(国发〔2012〕52 号) 中涉及商务部门的 24 个审批事项的落实和衔接工作。对市商务委现有审批事项的名称、设立依据、审批条件进行全面梳理、逐项核对。经本次清理后，又减少 12 个行政审批事项。

四、深入落实行政执法责任制

召开全市商务系统行政执法例会，传达学习《北京市人民政府关于进一步加强和改善行政执法工作的意见》及《北京市行政问责办法》等文件精神，通报 2011 年全市商务行政处罚案卷评查结果，部署下一阶段行政处罚自由裁量权规定落实监督检查工作。按照自查和重点抽查相结合的方式，精心组织行政处罚案卷评查工作。加强行政处罚执法资格管理工作，组织全市商务系统 30 名执法人员资格考试。按照《北京市人民政府办公厅转发市政府法制办关于进一步加强本市行政复议工作规范化建设意见的通知》（京政办发〔2012〕52号）要求，不断完善行政复议各项制度，畅通行政复议渠道。深入贯彻落实《北京市人民政府关于进一步加强本市行政应诉工作的意见》（京政发〔2010〕19号）文件精神，认真履行法定职责，不断加强应诉能力建设，积极做好全年3件行政诉讼案件应诉工作。

五、加强规范性文件管理

按照《北京市行政规范性文件备案监督办法》，认真做好全委规范性文件的审核和备案工作，严格落实“有件必审、有件必备”。2012年，共办理规范性文件备案11件。按照商务部和市政府文件要求，认真办理60余部法规规章及规范性文件征求意见工作。积极推进蔬菜零售网点立法，研究起草《北京市蔬菜零售网络体系建设管理办法》（送审稿）。

六、扎实开展法制宣传培训工作

研究制定《北京市商务委员会2012年普法学法计划》，明确了年度学习目标、内容和方式。坚持学用一致、分级分类的原则，采取自学为主、集中培训为辅的方式，深入开展领导干部和公务员法制学习和培训工作。紧贴商务工作实际，认真落实领导干部年度学法计划，年内党组中心组（扩大）学习会分别安排了国际经贸热点法律问题、安全生产法等专题讲座。积极派员参加全市依法行政专题培训。全年共报送依法行政信息32条，其中14条被法制信息平台采用。

（白岩京、佟广军）

【起草蔬菜零售网点立法初稿】按照市政府2012年立法计划安排，市商务委积极推进本市蔬菜零售网点立法工作，在充分借鉴国内外立法经验基础上，起草了立法初稿及征求意见稿，并书面征求相关政府部门及各区县政府的意见。

（佟广军）

【减少12个行政审批事项】按照国务院《关于第六批行政取消和调整行政审批项目的决定》要求，扎实开展第六批行政审批事项的清理工作。对市商务委现有审批事项的名称、设立依据、审批条件进行全面梳理、逐项核对。经本次清理后，又减少12个行政审批事项。

（佟广军）

【委党组集体学习外经贸热点法律问题】市商务委研究制定《北京市商务委员会2012年普法学法计划》，明确了年度学习目标、内容和方式。坚持委党组中心组集体学法制度，分别组织了国际经贸热点法律问题、安全生产法等专题讲座。结合年度公务员培训，开展依法行政专题讲座，收到良好效果。

（佟广军）

【做好三件行政诉讼案件应诉工作】深入贯彻落实《北京市人民政府关于进一步加强本市行政应诉工作的意见》（京政发〔2010〕19号）文件精神，市商务委认真履行法定职责，不断加强应诉能力建设，积极做好全年三件行政诉讼案件的应诉工作。

（佟广军）

【成功结案1起作为复议被申请人案件】按照《北京市人民政府办公厅转发市政府法制办关于进一步加强本市行政复议工作规范化建设意见的通知》（京政办发〔2012〕52号）要求，不断完善行政复议各项制度，畅通行政复议渠道。全年作为复议被申请人案件1起，经调解后成功结案。

（佟广军）

【鼓励企业参与制定国际技术行业标准】市商务委、市财政局在出台的《关于加快外贸结构调整转变外贸发展方式意见的通知》中提出了鼓励企业参与制定国际技术行业标准的措施。

（邵　丽）

【实现中国移动多媒体广播标准走出去】市商务委对以中国标准走出去的四达时代集团给予政策支持，该企业积极开拓海外市场，已在十个非洲国家成功建设和运营数字地面电视，实现了中国移动多媒体广播标准（CMMB）“走出去”。

（邵　丽）

【北京企业首次以中国标准承建海外机场】北京建工集团以“设计、采购、施工”总承包（EPC）的方式，承建坦桑尼亚桑给巴尔（岛）总价为7 000多万美元的机场项目，这一项目是北京企业首次以中国标准承建海外机场，市商务委积极给予政策支持。

（邵　丽）

【累计实施一般行政程序处罚案件72件】2012年市、区商务部门累计实施一般行政程序处罚案件72件，较上年提高35.9%。其中，市执法监察大队较上年提高44.4%，各区、县商务委较上年提高31.4%，怀柔、延庆、顺义商务委一般程序处罚案件较上年实现了零的突破。

（李　民）

【组织全市商务系统行政执法资格考试】考试由专业考试机构负责出题、监考、阅卷。全市八个区县商务委和市执法监察大队共30名同志报名参加了专业法律知识考试，其中25名同志通过了本次专业法律知识考试，通过率83.3%。

（李　民）

商务执法

【概况】2012年商务执法监察大队紧紧围绕首都商务中心工作，以为国际商贸中心建设提供执法保障为主题，以依法行政为主线，深入落实行政执法责任制，全面履行商务执法职能，大力开展“弘扬北京精神，践行执法为民”主题实践活动，做到了严格规范公正文明执法，圆满完成了工作任务。

一、工作完成情况

全年共出动执法人员5 884人次，同比增加3.5%，检查单位1 742家次；处理举报投诉74件；实施一般程序处罚31件，同比增加11%；累计罚款人民币8.4万元，没收违法盐产品30吨。执法检查涉及商业法规的19个领域，比2011年增加了3个，涉及法规44部，覆盖了除零供交易、单用途商业预付卡之外的所有领域。在二手车流通、机电招投标、对外劳务领域的执法取得新突破。

二、全面履行执法职责

安全生产执法检查方面。通过抓时间节点、重点企业、重点区域的检查，以点带面、辐射全部，保证了北京市商务领域安全有序。检查督促665家规模以上企业整改问题和隐患549件，对应急广播、排油烟管道、无购物出口存在问题的6家企业实施了行政处罚。重大节假日领导带队检查形成长效机制。坚持明查与暗访相结合，要求企业落实安全生产主体责任，确保安全隐患排查治理到位，防范措施落实到位。引导商业企业将安全与收效同等重视，积极营造重视安全的社会氛围。以点带面加强重点区域重点企业的检查。对王府井百货大楼、西单商场等长安街沿线重点商业街区的重点企业年均检查达到3次以上。针对连锁企业门店多、覆盖面广的特点，对鸿运天外天、玉林烤鸭店、物美超市、华普超市、国泰百货等11家连锁企业进行检查，将点线面有机结合，起到了以点带面的效果。

食品安全执法检查方面。检巡结合开展食盐执法。加强了对新发地、岳各庄等大型批发市场和城乡结合部农贸市场检查、巡查力度。指导区县查处私盐加工窝点4处，根据两法衔接要求，及时移送司法部门。按照市商务委纪委的要求，对大兴盐业公司计划外购销食盐的问题进行了深入调查。生猪屠宰执法保持高压态势。对全市12家屠宰企业年平均检查6次以上，配合储调处完成了定点屠宰企业资质清理审核验收工作，“血豆腐”事件后，加强了对屠宰企业副产品的检查监督工作。

履行省级商务执法职责方面。加大了商业特许经营的执法检查力度。处理举报35件，办理上级批转的案件5件，检查特许经营企业21家，整改并规范问题46项，实施行政处罚1件，有效震慑了商业特许经营违法行为，取得了明显的社会效益。商业特许经营的执法经验被商务部以简报形式向全国进行推广。全年共检查预展现场52家次，抽查拍卖活动现场2次。集中对17家B类典当企业进行调查。依法对3家违规企业实施了行政处罚。对外承包工程和劳务输出的执法进一步深入，初步涉足“两用物项”和机电进出口招投标的执法检查，依法实施了家电维修、垃圾分类、单用途商业预付卡等新法规的执法检查，执法范围进一步扩展，执法领域从去年的16个扩大到19个。

三、着力加强队伍建设

坚持从智能、技能、体能上锻炼队伍，提升执法队伍的整体素质和能力。坚持工作会议制度，各项工作周密部署、有序推进、及时总结，困难和问题得到及时反馈、定期分析、有效解决。优化职能明确职责。结合队伍发展和工作实际，将原财务科更名为行政科，将办公室的后勤保障等职能划入行政科，使办公室和行政科的管理职责更加明确，行政办公更加顺畅。按照立体式培养干部的思路，对2名中层职位进行了竞争上岗，选送1名执法骨干去东城区商务委挂职锻炼，选送4名骨干去机关处室挂职学习，新接收军队转业干部4名。根据队伍发展的形势和现状，修订《规章制度汇编》，对近30项内部管理制度进行修改完善，新制订了《商务行政执法六条禁令》等2项制度，为队伍建设提供保障。搬入新的办公场所后，立足现有条件，建立“一库三室”（装备器材库、图书室、约谈室、档案资料室），使办公秩序更加规范。

（郭明学）

【圆满完成2012年执法保障任务】以规模以上监管企业的行业安全生产执法检查为主，着力为党的十八大胜利召开营造安全、稳定、和谐的商业消费环境。对全市14个代表驻地和重点区域的204家单位进行了拉网式的全覆盖检查，检查范围从往年全国两会代表驻地周边200米扩展到500米，消除生产安全隐患166处，隐患整改率达100%。按照“严整、严防、严控”的工作要求，认真落实《“京交会”及“2012上合组织北京峰会”期间安全生产检查方案》，严密组织外围安全生产和促销检查工作。京交会举办期间，所有执法人员停止休息，全力参与主会场安全保障，圆满完成了任务。此外，还完成了世界知识产权组织(WIPO)

保护音像表演外交会议、广交会的执法保障任务，圆满完成12期全国各地商品大集和老字号博览会的安全巡查。

（陈孝晋）

【开展弘扬北京精神，践行执法为民实践】服务区县更加深入。指导、帮助东城区、西城区、丰台区开展盐业执法，全年共指导区县承办食盐一般程序案件6件，协同区县执法检查32次，为区县培训执法人员96人次，帮助区县商务执法部门提高办案能力水平。服务企业观念更加牢固。将严格执法与服务企业有机结合，为“促消费稳增长”提供执法保障。全年检查促销企业103家，只对问题突出的1家企业实施了处罚。一方面，通过正面引导，对大型企业较大规模的促销活动，提前介入，进行规范。另一方面，通过反面警示，对个别存在问题突出、屡教不改的企业，坚决从严从重进行处罚。处罚结果在业内进行口头通报，用事实警示其他企业规范促销活动，安全生产。执法三队因在商业特许经营领域秉公执法、热情服务，收到群众送来的锦旗一面。执法人员积极参加社会志愿活动，1名同志被评为“首都治安志愿者标兵”，执法大队被首都社会综合治理委员会评为“首都群防群治优秀团队”，执法二队党支部被商务委评为先进基层党组织。

（郭明学）

【深入开展“三进两促”活动】组织执法骨干深入大兴中瑞、资源屠宰厂为企业培训屠宰操作技工120余人。6月份，在市商务委的组织下，深入鹏程屠宰厂帮助企业开展“北京市食品安全宣传周屠宰企业开放日活动”。广泛的宣传和对企业员工的有力培训，减少了违法行为的发生，从侧面保障了执法效能的提高。“7·21”特大自然灾害发生后，立即安排执法人员前往房山燕都立民和密云宇航两家生猪屠宰企业，协助进行受灾厂房整理，帮助企业恢复生产、降低损失，用实际行动践行“以人为本、执法为民”的理念。

（郭明学、石宝珉）

【开展冬季食盐专营整治专项行动】2012年12月20日至2013年1月20日，市商务执法监察大队组织全市商务执法部门开展2012年冬季食盐专营整治专项行动，进一步净化了食盐市场。

（郭明学）

【组织2012年全市商务执法联席会议】2012年2月和7月市商务执法监察大队分别组织召开了两次全市商务行政执法联席会。第一次联席会议总结通报了2011年全市商务行政执法工作，讨论了2012年北京市商务行政执法工作指导意见（征求意见稿），确定2012年全市商务行政执法工作重点，分组讨论了落实行政执法责任制情况、12312商务举报投诉服务工作系统试运行的相关问题、《生猪屠宰管理条例实施办法》和《生猪定点屠宰厂（场）病害猪无害化处理管理办法》行政处罚自由裁量权征求意见稿。第二次联席会议就“血豆腐”事件对当前法制与商务领域食品安全的形势、任务进行了工作分析，研究了如何加强对生猪屠宰企业的全面监管，市政府法制办执法监督指导处王鸿剑处长从加强制度建立促进执法平台建设、落实两法衔接工作规程促进涉刑案件移送、规范执法行为促进执法形象改善三个方面对商务行政执法工作提出了建议。

（陈孝晋）

【及时报送商务执法信息43条】执法业

务管理系统运行有序，全市商务执法数据实现互联共享。全年报送商务执法信息43条，其中关于召开全市商务执法联席会议、与天安门地区城管分局交流学习等11条信息被市政府法制信息平台采用。

（陈孝晋）

【三项工作稳步推进执法协作机制】充分发挥联合执法的整体合力和叠加效应，配合安监处牵头市安监局、市消防局、区县商务委开展商业企业联合执法检查。联合市民防局对商业企业开展的地下空间专项执法行动，联合市市政市容委对十八大周边的餐饮进行燃气使用安全专项检查督导。与市公安局经侦总队召开3次打击违法销售食盐的专题联席会议，共同探索执法协作的方式、方法。会同通州、大兴、丰台、海淀、朝阳区商务委及工商、公安、动检联合取缔4处私屠滥宰窝点和4处私盐窝点。

（陈孝晋）

【人均培训87学时，强化业务、提升能力】以提高执法人员的“五种能力”（依法履职、协调解决问题、语言文字表达、应急处置和运用岗位专业技能能力）为核心，着力加强培训。组织全市商务执法培训3次，内部培训29次，外出培训15人次，全年人均培训87学时。培训涵盖法律法规13部，包括行政强制法、商务行政处罚程序规定、单用途商业预付卡等新实施的法律法规和规章5部，执法能力和办案水平得到进一步提升。

（陈孝晋）

【举办《商务行政处罚程序规定》培训班】2012年11月28日，市商务执法大队举办了培训班。市、区两级商务系统执法人员78人参加了培训。商务部市场秩序司监督检查处袁明松副处长从立法精神、指导思想、适用范围、行政处罚实施主体、行政管辖、监督检查、行政处罚程序、执法监督、执法文书等十个方面对《商务行政处罚程序规定》进行了详细解读。通过培训，执法人员进一步了解了商务行政执法的职能、任务和程序。

（陈孝晋）

【推行行政处罚案件主承办人机制】引入竞争机制，探索奖优罚劣的方式方法，鼓励执法人员深入学习研究法律法规和执法办案业务，以此推动执法能力建设。

（郭明学）

【聘请法制顾问确保案卷质量】执法大队聘请了法制顾问，各执法队设立法制员，严把案卷质量关口，全年31件一般程序案卷事实清楚、证据充分、程序合法、依据明确、处罚得当、引用法律法规正确。坚持重大案情集体讨论，坚决落实自由裁量权限坚决，避免了行政处罚的随意性，在保证行政处罚合法性的基础上，保证其合理性。案卷评查，连续第5年取得优秀成绩。

（郭明学）

【成立生猪屠宰和食盐执法课题小组】着眼执法难点，立足队伍现状，成立了生猪屠宰和食盐执法两个课题小组，对行业发展状况、存在问题和执法难点、问题进行攻关，积极破解执法困难。成立生猪屠宰和食盐两个执法课题小组，深入研究行业发展和执法现状，主动破题解难。

（郭明学）

【引进1名法律专业硕士人才】通过遴选，引进具有基层工作经验的法律专业硕士研究生1名，推进队伍知识结构合理化。

（陈孝晋）

【建立法规题库】为了提高培训实效，制定、收集试卷13套，建立了法规题库，涉及行政处罚法、行政强制法等公共法律6部，商务领域法律法规和规章9部，基本涵盖了商务执法的重点领域，培训考核的力度进一步加强。

（陈孝晋）

【编制“一岗三责”风险防范管理资料】按照市商务委党组印发的《市商务委员会关于深化“一岗三责”风险防范管理工作的意见》的通知要求，执法大队对本级工作职能、职位、任务进行了梳理，对可能存在的工作风险进行了查找，对风险等级进行了进一步审核，健全了风险防范管理措施。经整理，执法大队共有“一岗三责”风险点161个（包括岗位职责风险点113个、党风廉政风险点36个和安全生产风险点12个），其中中风险的风险点59个、低风险的风险点102个。执法大队领导班子共有“一岗三责”风险点23个，制定相应防控措施23条。其中：业务工作职责风险点8个，防控措施8条；党风廉政责任风险点9个，防控措施9条；安全生产责任风险点6个，防控措施6条。大队处级以下共有13个中风险职位，12个低风险职位。编制业务工作流程图115张。于2012年年底汇编成册，印制了《“一岗三责”风险防范管理工作资料汇编》，人手一册，为廉洁执法提供了制度保障。

（石宝珉）

【编写队史和发展规划】为从执法队伍的发展历程中提炼文化和精神，建设一流的行政执法队伍，组织编写了《队史资料汇编》和《队伍发展规划》。

（陈孝晋）

二、商业流通规划与发展

流通规划

【概况】2012年是“十二五”规划第二年，也是北京建设中国特色世界城市和打造国际商贸中心的重要一年。流通规划处紧密围绕市政府和市商务委中心工作，大力推进农产品流通体系建设，强化特色商业，积极推进品牌工程，各项工作取得了积极成效。

一、农产品流通体系建设持续深入

一是农产品流通“市抓批发、区抓零售”新体制稳步推进。新体制运行一年来，市区两级政府工作职责更加清晰，部门横向联动进一步增强。对区县落实属地责任加强督促指导，完成了区县蔬菜零售网络建设工作绩效考核制度建设。二是进一步加快农产品流通法制化进程。制定修订《社区菜市场建设管理办法》，向全社会公开征求意见，力争2013年上会审议通过，以政府令的形式正式发布实施。三是农产品市场“双核”保障格局建设稳步推进。政府参股新发地农产品批发市场各项工作全面完成，北京市商务委派驻董事认真履行行业监管职责，确保市场经营方向和农产品市场保障功能“双不变”；北京鲜活农产品流通中心规划筹备工作克服重重困难，实现选址方位、用地规模、主营方向、功能要求、相关政策、建设运营标准、经营管理机制、项目参与主体“八确定”。四是蔬菜零售网点回归公益性取得新突破。各区县采取回收、回租、回购、补建等手段，加大政府对蔬菜零售网点的掌控力度，加快菜市场公益性回归步伐。目前，全市回收、回租、补建社区蔬菜零售网点104个，增加蔬菜经营面积3500余平方米。

二、品牌引进与发展工作稳步推进

2012年，北京市新批准零售外资店铺557个；新批准零售外资营业面积19.6万平方米。全市零售外资店铺累计数量首次超过4 000家，达到4 361家。爱马仕在北京开设第一家家具专卖店，吉米周（Jimmy Choo）、仙黛尔等品牌也首次进京开店。

三、大型商业设施稳步发展

根据北京市商务委对重点项目的跟踪调查，2012年我市新开业大型商业设施18家，与去年持平。新增营业面积65.2万平方米。郊区大型商业设施建设继续保持快速发展势头，在2012年新开业的18家大型商业设施中，城区、郊区各占一半。

四、特色商业发展工作进展顺利

重点培育酷车小镇、鲜鱼口、五道营、北京台湾街等重点特色商业街区。酷车小镇、鲜鱼口正式获得市级特色商业街颁牌。为进一步提升我市特色商业知名度和美誉度，统筹谋划2012年北京特色商业系列宣传推广活动，通过组织特色商业摄影大赛、特色街橱窗评比，观摩和改造提升，拍摄新版特色街宣传片，进一步提升特色商业的外部形象和消费凝聚力，充分展示首都特色商业风采。年内共组织专业研讨会2次，走访调研企业近30家，邀请知名学者、专家开展培训2次，培训企业150余家次。新推出一系列反映北京文化深厚底蕴、符合企业内涵的创意设计产品，受到消费者的青睐，企业品牌价值得到有效提升。

五、圆满完成上合组织北京峰会和京交会购物保障接待工作

北京市商务委成立了“2012上合组织北京峰会购物接待服务保障工作指挥部”，设立了购物接待服务、安全秩序保障、信息宣传和后勤保障三个工作组，遴选了全聚德、红桥市场、潘家园旧货市场、南锣鼓巷、老舍茶馆等20家特色商业服务业企业作为购物接待重点商业服务业企业。峰会期间，重点接待企业共接待参会外宾81人次，各企业高标准、高质量和热情周到的服务，受到了参会代表的充分肯定和高度赞誉，进一步提高了我市特色商业的知名度和美誉度。2012上合组织峰会北京市接待保障工作接待组办公室向北京市商务委发来感谢信，对北京市商务委所承担的峰会购物服务保障工作，确保峰会圆满成功做出的贡献表示感谢。

六、聚焦通州、城南行动、西部开发等专项工作稳步推进

2012年继续贯彻落实市政府《关于加快西部地区转型发展的实施意见》、深入推进西部地区转型发展工作。近一年来，按照市政府要求，在市西部地区转型发展联席会议办公室的指导下，积极协调丰台区、石景山区、门头沟区和房山区商务委，立足商业流通领域开展西部地区转型发展工作。借助京交会、厦门投洽会等平台对丰台区第九届园博会、世界种子大会等项目进行重点推介。指导石景山区开展2012京西消费节和第三届北京台湾美食文化节。按照市政府聚焦通州战略，配合市规划、土地、建设、金融等有关部门，指导通州区商务委做好辖区商业设施的规划建设、硬件升级改造及品牌引进工作。

（张德全）

【为“7·21”灾区提供应急保障】为解决“7·21”特大暴雨灾害期间受灾群众吃菜难问题，北京市商务委充分发挥车载车售模式灵活、快速优势，组织蔬菜流通新模式重点企业——北京新发地百舸湾农副产品物流公司安排34车次蔬菜直通车，将10余种40余万斤蔬菜、水果和鸡蛋送到受灾最严重的房山区和门头沟区8个乡镇应急物资投放现场，受到灾区居民热烈欢迎。房山区政府向北京市商务委赠送锦旗、发来感谢信，感谢对灾区人民的及时救助。

（褚志磊）

【蔬菜直营直供店累计超百家】北京市按照“多元化、少环节、降费用、增便利、强调控”的原则，积极探索创新直营直供、公司化经营、业态提升、批零延伸、军地共建、车载车售等6类12种蔬菜零售新模式。2012年新发展蔬菜直营直供店77家，超额完成新增60家的年度任务，蔬菜直营直供店已累计达到122家；培育发展车载蔬菜直销社区运输车37辆，车载车售覆盖社区超过百个，达到105个社区。蔬菜流通新模式网点在蔬菜零售市场保供稳价中发挥出积极的示范带动作用。新模式网点蔬菜平均价格低于全市平均零售价20%以上，新模式网点在保障蔬菜供应、稳定蔬菜价格方面发挥了明显的带动作用。

（褚志磊）

【完成21个大型商业配套设施建设项目】2012年北京市完成停车引导系统升级

改造项目5个、商业设施无障碍改造项目16个，进一步完善了商业消费环境，提高了消费便利化程度，促进了居民消费。继续推动企业特色商品创意设计与品牌提升工作。

（李轶鼎）

【接待上合组织北京峰会外宾81人】 上合组织北京峰会期间，北京市重点接待企业共接待参会外宾81人次，包括：全聚德集团接待参会代表65人次，其中，前门店接待了中国国务委员、公安部部长孟建柱宴请吉尔吉斯斯坦总统阿坦巴耶夫一行40人；王府井店分别接待了俄罗斯副总理和外长一行14人和阿富汗矿业部长一行11人。潘家园旧货市场和红桥市场分别接待了参会代表共16人次。各企业高标准、高质量和热情周到的服务，受到了参会代表的充分肯定和高度赞誉，进一步提高了我市特色商业的知名度和美誉度。

（李轶鼎）

【新设557个外资零售店铺涉5个业态】 2012年，北京市审批设立外资零售店铺557个。从新设零售外资店铺业态分布来看，外资零售店铺涉及百货、大型超市、超市、专卖店、专业店等5个业态。其中，专卖店和专业店分别为415家和121家（比2011年同期分别上涨1.5%、17.4%），两种业态店铺占总数的96.2%。

（曹丽君）

流通发展

【概况】

一、大力发展电子商务

积极进行国家电子商务示范城市的创建工作。围绕创建国家电子商务示范城市实施方案、建设国际商贸中心的重点任务，积极促进本市电子商务的发展。进一步明确了电子商务发展的方向、重点任务和工作目标。研究起草相关鼓励政策。按照市委、市政府的部署，研究起草本市促进电子商务发展的政策措施，从政策上进一步对北京市电子商务行业的发展给予扶持和规范。培育电子商务聚集区发展。目前，北京市通州商务园、大兴经济技术开发区2个电子商务聚集区获得国家级电子商务示范基地称号。强化为企业服务。加强对传统企业电子商务应用的培训，培育推广示范企业的应用经验。做好中关村现代服务业试点工作。鼓励支持技术和模式创新，促进北京市电子商务企业做大做强，保持领军地位。

二、积极促进老字号发展

支持老字号弘扬优秀传统文化，积极践行北京精神。举办"弘扬老字号文化，践行北京精神"论坛，分析老字号文化的核心价值，交流弘扬和践行北京精神的经验做法。继续推进老字号"非遗"保护和传承。为了加强老字号企业文化建设，进一步推进老字号非遗的保护与传承，围绕"文化遗产日"的"文化遗产与文化繁荣"主题，组织全市入选国家级和市级"非遗"保护名录的老字号企业召开了"非遗"展示场馆建设经验交流会。鼓励老字号建立博物馆。鼓励老字号企业建设企业博物馆和文化展厅，支持老字号企业设立旅游开放日，宣传老字号传统文化，提高老字号品牌影响力。目前，北京市已有27家老字号企业建立了博物馆或非遗展厅。鼓励老字号与旅游产业相结合，促进特色消费。组织全聚德、同仁堂、张一元等18家老字号企业与"北京礼物"特许运营商进行对接，支持老字号企业与旅游产业相结合，积极开发旅游产品，促进特色消费。组织老字号企业参加境外展会，积极拓展欧洲市场。9月中旬，组织荣宝斋、便宜坊等12家北京老字号企业及北京市老字号协会前往德国科隆参加“北京—科隆”25周年中国节活动。

三、继续深入推进农超对接工作

一是积极搭建平台。组织物美、超市发、永辉、华堂、城乡超市等参加全市农产品流通季系列活动；组织本地合作社与超市进行对接；组织近20家超市采购人员参加“大兴西瓜节农超对接洽谈会”活动。二是扩大对接规模。对北京周边产菜县市的蔬菜生产情况进行调研，与河北固安、永清和安次等三个区县建立合作关系，满足京城居民的消费。三是加强区域合作。积极落实市政府与河北省区域合作的协议，与市农委一起组织对承德近60家农业合作组织负责人培训，支持家乐福、沃尔玛和超市发等超市对河北等地2 000家农民专业合作社培训；组织超市企业参与2012年黑龙江“北菜南运”项目推介。四是解决“卖难”问题。帮扶顺义北务镇小珠宝村，支持超市解决山东禹城芹菜“卖难”和河北张家口大白菜“滞销”问题，疏通了农产品的销售渠道。积极参与首都蔬菜保供行动，组织超市到基地采购、搭建对接关系、扩大采购数量、实施促销活动等，确保暴雨灾害后市场稳定，维护了市民和农民的利益。

四、进一步规范特许经营备案工作

一是进一步规范特许经营备案流程。根据2012年新修订的商务部《商业特许经营备案管理办法》及时修订《北京市商业特许经营备案管理实施办法》，并在市商务委网站上及时更新，进一步简化流程，提高办事效率。二是加强特许备案工作。按照相关要求审查书面备案材料，严格遵守审批流程。截至2012年年底，北京市共有505家企业完成备案，居全国首位。

五、继续推进社区商业发展

持续推进社区商业便民服务体系发展，会同市社会办，开展调研，明确社区需求。召开连锁企业、区县商务主管部门座谈会，了解连锁企业具体需求，为企业和街道社区搭建对接平台。组织连锁企业赴天津学习交流，推进企业由零售型向服务型转变，进一步开阔了工作思路。完善“北京社区商业便民服务体系信息管理系统”，召开社区商业现场会，组织区县商务委、有关行业协会和连锁企业进行实地学习和交流，积极推广好的经验和做法，为进一步提高和完善社区商业服务水平打下坚实基础。

六、完善中小商贸企业服务

积极贯彻《北京市人民政府关于贯彻国务院进一步促进中小企业发展若干意见的实施意见》等政策措施，发挥中央财政资金的激励作用，8家担保公司为本市中小商贸企业融资担保86亿元，其中支持了8家担保对275家中小商贸企业的融资担保补助。通过融资担保补助，带动直接投资达150亿元，社会就业增幅15%，交易额达386亿元，税收19亿元。利用中小商贸企业融资补助，扩大了对商场、综合购物中心、特色商业街、商务楼宇等新业态及商圈的支持；北京银行、首创担保等为代表的银担机构加强市场开拓，以马连道茶业街、红桥市场为代表的一批商圈融资取得积极成效。2012年9月，市商务委支持、市商联会搭建了“北京市中小商贸企业融资服务平台”，畅通服务渠道，帮助解决中小商贸企业融资难的问题。

（于　文）

【在全国电子商务工作会议上作典型发言】2012年2月29日，北京市作为国家电子商务示范城市代表在全国电子商务工作会议上发言，与天津、上海、深圳、成都、浙江等近30个省、市、自治区、直辖市分享发展经验并交流工作体会。自2011年11月，商务部等8部委命名21个城市为“国家电子商务示范城市”以来，各地商务主管部门在电子商务领域积极开展工作。

（李　威、许　凯）

【开展“点击消费·2012”促销活动】市商务委支持行业协会联合40余家重点北京电子商务企业，于2012年3月31日至6月30日，开展“点击消费·2012”联合促销活动。消费者在活动中将享受到实惠、放心的网购乐趣。

（李　威　许　凯）

【2012电子商务大会召开】“2012中国（北京）电子商务大会”作为首届京交会专题之一，于2012年5月29日隆重开幕。大会以“创新为源、服务为本”为主题，为国内外电子商务企业搭建交流互动的平台。原全国人大副委员长成思危参加电子商务大会主论坛并做主旨演讲。大会现场发布《中国电子商务发展报告》和《中国城市电子商务影响力报告》两份国家层面的最新报告，商务部正式授牌34个首批国家电子商务示范基地，成立国家电子商务咨询专家委员会。

（李　威、许　凯）

【2个区域成首批国家电子商务示范基地】2012年5月29日，在京交会“2012中国（北京）电子商务大会”上，商务部命名北京、天津、上海、深圳等27个省、自治区、直辖市的34个区域为“国家电子商务示范基地”并授牌。北京市通州商务园、北京市大兴区暨北京经济技术开发区位列其中。商务部将积极协调有关部门，在示范基地公共信息和服务平台建设、基础环境和软环境建设、战略和基础应用研究、改善中小企业融资环境等方面给予政策扶持。至此，北京市初步建立了以国家电子商务示范城市、2个示范基地和14家示范企业为重点，以点带面促进本市电子商务行业加速发展的格局。

（李　威、许　凯）

【向市政协通报北京市电子商务发展情况】2012年9月4日，市政协组织8个民主党派、市工商联、市侨联、市政府参事室、社科院专家和民族宗教代表等70余人听取北京市促进电子商务发展情况通报，为第九次议政会做前期准备。市商务委就本市电子商务发展情况、相关促进政策措施，以及下一步发展目标和发展任务等内容进行了详尽通报。通报会为参加议政会的议政代表深入了解北京市电子商务发展情况，发表意见建议提供了丰富素材。

（李　威）

【“双11”网络促消费收益大】2012年11月11日，因连续四个“1”的排列形式，在网络上被称为“光棍节”。为抓住消费者的节日消费特点，商业企业积极开展网络促消费活动。京东商城、当当网、凡客诚品、库巴网、乐友网、上品折扣、探路者等企业在“光棍节”期间均开展了促销活动。据不完全统计，11月11日当天，7家企业中库巴网、上品折扣、探路者3家企业销售同比增长5倍，2家企业增长3倍。老字号企业内联升、百花蜂借助网络平台开展促销，11日百花蜂销售额翻番，突破100万元，成为平台蜂产品销售冠军，内联升销售为平时的3倍。

（李　威）

【2012年北京网上零售额同比增长一倍】据市统计局数据显示，2012年，全市网上销售快速增长，限额以上批发零售企业实现网上零售额596.8亿元，比上年增长近1倍；占全市社会消费品零售总额比重为7.75%，比上年增加3.3个百分点。艾瑞咨询数据显示，2012年，全国自主销售为主的B2C市场份额排名前9位的企业中，5家总部位于北京，交易规模占比67.1%。其中，京东商城占比49%，位列第一；亚马逊中国占比6.8%，位列第三；当当网占比4.8%，位列第四；国美（库巴）商城占比3.6%，位列第六；凡客诚品占比2.9%，位列第八。

（李　威、许　凯）

【2012年老字号“非遗”保护成果显著】2012年，全市有27家老字号企业建立了博物馆或“非遗”展厅，9家老字号建立了“非遗”传承人工作室；全市老字号企业中国家级“非遗”代表性传承人23人，市级“非遗”代表性传承人51人；在全市评选的60名北京市商业服务业中华传统技艺技能大师中，有34人出自老字号企业。

（李　威）

【“北京风味小吃”进区级“非遗”名录】为了更好地保护和传承北京小吃独特的制作技艺，提升北京小吃整体品牌价值，促进北京小吃健康发展，市商务委委托北京老字号协会启动了“北京风味小吃”申遗项目。通过社会调查、座谈、走访等形式，全面掌握了北京小吃的基本情况和基础数据。目前，“北京风味小吃制作技艺”项目已进入区级“非遗”名录。

（李　威）

【老字号成为向旅游者开放的重要窗口】2012年，14家老字号企业进入北京市旅游开放日企事业单位名单，老字号已经成为服务我市旅游产业的重要社会资源。目前，北京市已有26家老字号企业建立了博物馆或非遗展厅，且全部对社会开放，义利、红螺、内联升等7家老字号企业的特色产品进入“北京礼物”专营店销售。

（李　威）

【召开“非遗”展示场馆建设经验交流会】为交流老字号企业“非遗”展示场馆建设和管理经验，进一步加强老字号企业文化建设，提高老字号品牌影响力和竞争力，2012年6月14日，市商务委组织全市入选国家级和市级“非遗”保护名录的老字号企业在北京红星二锅头酒博物馆召开了“非遗”展示场馆建设经验交流会。市商务委副主任李薇薇出席会议并讲话。

（李　威）

【老字号与“北京礼物”特许运营商对接】为了鼓励老字号企业与旅游产业相结合，促进特色消费，市商务委组织部分老字号企业参观了“北京礼物”专营店，并与“北京礼物”特许运营商进行对接。对接会上，市商务委简要介绍了全市老字号的发展情况和老字号企业的品牌优势，并就下一步老字号企业参与“北京礼物”运营合作提出要求。

（李　威）

【老字号产品在德国科隆三天售罄】为庆祝中德建交40周年，北京与德国科隆缔结友好城市25周年。2012年9月中旬，市商务委组织本市12家老字号企业、北京市老字号协会赴科隆参加“2012科隆中国年”活动。北京老字号特色产品受到了科隆市民的热烈欢迎，三天展会产品全部售罄。此次活动为老字号企业开拓国外市场奠定了良好基础。

（李　威）

【2012年老字号博览会呈现四特点】 2012年12月12日，中国中华老字号博览会（2012·北京）在北京展览馆隆重开幕。此届博览会在为各地老字号企业搭建展销平台、提供洽商机遇、增进行业交流的同时，将进一步扩大消费、繁荣市场，成为龙年岁末里京城百姓采购年货的新亮点。此届博览会呈现以下特点：第一，参展企业地域分布广，商品品类丰富。第二，精湛技艺现场展示体验，烘托欢乐气氛。第三，突出文化内涵，强调创新主题。第四，北京展团规模大，特装展风采。

（李　威）

【五措施促老字号保持较快发展】 2012年，市商务委采取积极措施，促进本市老字号传承创新。一是支持老字号弘扬优秀传统文化，积极践行北京精神。二是整合资源，拓宽老字号文化宣传渠道。三是继续推进老字号“非遗”保护和传承。四是鼓励老字号与旅游产业相结合，促进特色消费。五是组织老字号企业参加境外展会，积极拓展欧洲市场。据统计，2012年全市20家重点监测的老字号企业持续保持平稳发展速度，销售额、利润额和缴税额分别达到400.6亿元、27.7亿元和16.2亿元，比上年同期分别增长17.5%、18.4%和23.6%。全年销售额超百亿元的有北京同仁堂（集团）有限责任公司（198.2亿元）和北京菜市口百货股份有限公司（124.5亿元）。另据资料显示，张一元大栅栏老店年销售额突破亿元大关，达到1.032亿元，成为中国茶业界第一家单店年销售额“破亿”的门店。

（耿英贞）

【三社区成第六批全国社区商业示范社区】 2012年，我市丰台区卢沟桥街道京铁家园社区、东城区龙潭街道华城社区、石景山区苹果园街道西山枫林社区等3家社区获评第六批全国社区商业示范社区。截至目前，北京市共有20个社区获得国家级商业示范社区称号。

（耿英贞）

【第二届社区商业论坛在京开幕】 由《中国商报·超市周刊》主办的第二届社区商业论坛暨第九届全国连锁商业战略研讨会近日在京开幕，包括国家、地方相关主管部门、国内外著名专家学者、优秀社区商业企业、商业地产开发商、投资机构及社区商业供应商服务商等各界人士300余人参加了此次论坛。

（李　威）

【召开社区商业便民服务工作推进会】 市商务委于2012年11月在朝阳区易事达广场召开社区商业便民服务工作推进会，总结交流两年来北京市在完善社区商业便民服务体系方面的工作经验，并就下一步推进社区商业便民服务体系工作进行部署。商务部市场建设司、市商务委相关处室、区县商务委有关领导、相关行业协会负责人以及连锁企业代表共50余人参加了此次会议。

（耿英贞）

【举办第十七届北京商业科技周】 第十七届北京商业科技周活动以“树立绿色消费理念、倡导科技生活方式”为主题，着力营造绿色消费环境，倡导科学健康的生活方式。活动期间，新光天地、西单商场等传统商业企业及乐友网、窝窝团等电子商务企业42家，结合自身经营特点，以消费者喜闻乐见的形式，宣传绿色消费理念，显示了商业企业在科普宣传领域的示范与带动作用。

（耿英贞）

【世界零售业大会（亚太分会）隆重召开】2012世界零售业大会（亚太分会）于2012年3月28日在北京国际饭店召开，北京市副市长程红出席会议并致辞。大会会期2天，来自欧美成熟市场，中国、巴西、俄罗斯、印度、南非等新兴市场，日本、韩国、澳大利亚、沙特、香港等亚太地区的近50位零售商代表和专家，就特定的发展战略、优胜的零售业态、顾客体验、未来的零售科技、品牌的影响力等近20个话题展开讨论。

（耿英贞）

【农超对接销售额达16亿元】2012年，市商务委稳步推进农超对接工作，从搭建平台、畅通信息、加强服务等多方面入手，确保农产品流通渠道畅通和便民利民工作的完成。2012年我市开展农超对接的超市已扩展至10家，经营生鲜的卖场超过400家，与全国120家农业合作组织建立合作关系，果蔬农产品销售量和销售面积同比增加15%左右，销售量达15.6万吨，销售额达到16亿元。

（张　爽）

【中小商贸企业融资贷款担保超130亿元】2012年，结合北京市商务工作实际，积极争取有利的政策，扩大对中小商贸企业的支持。在市商务委内部协调有关处室，做好中小商贸企业的服务工作，利用现有政策、资金、服务等，为中小商贸企业发展、开拓国内外市场、增强企业实力、提升服务水平提供支持。利用国家对中小商贸企业的融资担保支持政策，支持中小企业融资担保工作。22家担保公司为全市中小商贸企业融资贷款担保达135.4亿元，其中800万元以下的融资担保企业达438家，担保金额26.1亿元，满足了中小商贸企业的融资需求，带动了中小商贸企业近100亿元的间接投资，产生了较好的社会效益。

（张　爽）

【近30家商贸服务企业参加上市辅导会】2012年7月组织了商贸流通企业的上市辅导会，吸引了近30家商贸服务业企业参加，对加速企业内部体制调整，优化组织管理，借助资本市场实现快速发展奠定了良好的基础。

（张　爽）

【搭建中小商贸企业融资服务平台】2012年9月成功搭建了“北京市中小商贸企业融资服务平台”，通过协会和中介组织加大对商贸流通领域的融资服务支持，鼓励银行、担保公司等金融机构对我市传统商场、超市集中的商圈、特色商业街区、专业市场产业链集中区域加大融资支持力度，促进了部分商圈的繁荣。

（张　爽）

【连锁企业销售额占社零额比重近三成】利用国家和北京市有关政策继续支持我市通过支持直营连锁和特许加盟等方式，提高企业品牌影响力，扩大企业经营规模，提升企业服务管理水平。北京市连锁超市业发展较快，形成了内资、外资共同发展，高中低档不同的格局，方便了市民生活，促进了经济发展。纳入北京市连锁统计的232家连锁企业具有门店10 297个，销售额达

2 225.7亿元，占社会消费品零售额的比重为28.8%。国美、王府井百货、物美、北京华联、北京首商、京客隆、菜市口百货等14家企业进入中国连锁百强，销售额占中国连锁百强的14.5%。其中折扣店、便利店、专卖店、专业店等零售业态、餐饮业态等增幅较快。

（张 爽）

【建设完1 500个一刻钟社区商圈设施】为方便市民生活，近年来我市积极鼓励连锁商业服务企业加快向社区发展，完善服务功能，提升服务水平。2012年完成全市1 500个社区“一刻钟社区商业服务圈”便民服务设施建设任务，确保市民生活更加便捷、安全、优质。

（张 爽）

【举办2012年刷卡促消费活动】由市商务委、市财政局、中国人民银行营业管理部、北京银监局主办，中国银联北京分公司以及在京24家中资商业银行承办，北京市银行卡市场协调委员会、北京市商业联合会协办的2012年北京市“月刷卡、月中奖”刷卡促消费活动正式启动。此次活动是继2011年以后全市开展的又一次大规模、高额度的刷卡促消费活动。目前，北京市银行卡刷卡消费增长迅速，刷卡消费已成为主流支付方式。

（耿英贞）

三、市场运行与管理

消费品市场

【概况】2012年，受国际、国内宏观经济环境的影响，北京市消费市场增长动力明显不足，热点商品增速下滑，消费保持持续较快增长的压力增大。全市商务部门认真贯彻落实中央“着力扩大消费需求”的战略方针和市委市政府的工作部署，在市相关部门和区县政府的共同努力下，围绕国际商贸中心建设，引导消费结构调整，全力扩大消费需求。

一、消费品市场平稳增长

2012年，全市共实现社会消费品零售额7 702.8亿元，同比增长11.6%，实现了年初制定的“全年社会消费品零售总额增长12%左右”的目标，连续第五年成为全国最大的城市消费市场。其中，吃、穿、用和烧类商品全面增长，分别实现零售额1 679.1亿元、718亿元、4 678.4亿元和627.3亿元，同比分别增长7.5%、7.9%、14.7%和5.7%；按消费形态分，商品零售和餐饮收入分别为6 878.4亿元和824.4亿元，同比分别增长12.1%和7.7%。

2012年，消费结构保持多元均衡发展。全市限额以上批发零售企业销售的25类商品中，除通讯器材类占限额以上批零企业零售额的比重比2011年提高了1.4个百分点、石油及制品类的占比下降了0.7个百分点外，其他类商品的比重变化均在0.5个百分点之内。购物和餐饮消费占旅游收入的比重达52.2%；批发零售业实现增加值2 279.4亿元，成为仅次于金融业的第三产业第二大行业。

二、继续出台促消费政策

2012年继续以市政府名义向区县政府下达社会消费品零售额增长任务，并纳入对区县政府的考核内容。

继续实施对零售（餐饮）、批发企业的鼓励政策，根据零售（餐饮）企业对全市社会消费品零售额增长的贡献、批发企业的销售额和销售增幅分别给予资金鼓励。

出台鼓励刷卡消费、信用消费、家具“以旧换新”等促消费政策，把完善政策措施作为推动消费增长的重要抓手，探索建立促消费长效机制。

三、系列主题促消费活动促进消费增长

2012年，共举办“畅想品牌展”、各地商品大集、国际美食盛典、北京购物季、北京“商惠”保障房幸福暖房行动等多项促消费活动，取得了良好的经济和社会效益。

(1) 配合商务部举办“2012年全国消费促进月”开幕式和“畅想品牌展”活动。2012年4月2日至5月4日“全国消费促进月”期间，北京市围绕品牌消费、网络消费、餐饮消费等内容开展了多次消费促进活动，取得良好效果。同期举办的“畅想品牌展”共有15个省市的名优特产品参展。参展企业还与北京大型连锁企业集团、批发商等进行洽谈对接并达成合作意向。

(2) 继续举办各地商品大集。2012年

共成功举办了山东、新疆、吉林、青海、云南、山西、四川、内蒙古、江西共11期"各地商品大集"，共有近800家企业、7 500余种特色商品参展，累计现场销售额近1亿元，洽谈超过3 000家次，累计意向签约金额高达6.5亿元，共有149个品牌通过大集平台进入北京市场。"各地商品大集"活动进一步加强了北京与各地区的商务交流，为各地名特优新商品进入首都市场搭建了平台，提高了首都市场的品牌丰富度。

(3) 举办"2012·北京国际美食盛典"。"2012·北京国际美食盛典"活动于2012年4月16日正式启动，持续时间长达7个月，参与企业达8 000余家，宣传"健康饮食，理性消费"理念，得到了社会各级的关注和积极响应，让消费者在大饱眼福、口福的同时，拉动餐饮消费，达到了"弘扬中华饮食文化，促进首都餐饮行业国际化发展"的目的。

(4) 举办"2012北京购物季"。"2012北京购物季"于2012年10月23日至12月底举办，重点推出"巧娘商品展示"、"新婚消费推广"、"家电购物节"、"黄金珠宝消费节"、"汽车置换节"、"北京城里过大年"等六项全市性主题促消费活动，呈现三大特点：一是市商务委、市旅游委、市妇联和市商联会等多部门合作；二是零售、餐饮、旅游等多行业参与；三是百货、购物中心、专业专卖店和家居建材商店等多业态联动。据统计，"巧娘商品展示"仅半天时间就销售1.4万余元的手工艺品；"家电购物节"期间，国美、苏宁、大中三大家电卖场167个门店销售额达25.3亿元；菜百公司、德胜门工美大厦共12个门店"黄金珠宝消费节"活动期间销售额近3亿元。

(5) 举办2012北京"商惠"保障房幸福暖房行动。2012北京市"商惠"保障房幸福暖房行动于2012年10月12日正式启动，是首次针对保障房相关商品推出的跨业态联合大型促消费活动。期间，苏宁、国美、居然之家等九大统一收银的家电连锁卖场、家居和装饰设计公司，整合内部资源，通过联合促销、社区落地推展、大众媒体宣传等多种营销手段，推出价格实惠的促销活动，拉动消费增长。据统计，参加幸福暖房行动户数合计1 512户，购买联合促销"万元套餐"户数合计738户，幸福暖房行动销售额合计1 653万元。

(万薇薇)

【重点流通监测系统样本新增182家】 2012年，北京市重点流通监测系统样本企业数量达到1 247家，比2011年年底增加了182家；商贸流通业统计典型企业达到2 188家，比上年增加1 966家，达到了商务部的要求；重点流通企业监测系统样本企业零售额占全市社会消费品零售额比重达到了40%以上，超额完成年初制定的目标。重点流通监测系统样本结构继续优化。新发展的样本企业主要是批发企业、购物中心、电子商务企业等，并首次将部分特色商业街纳入了监测范围。新增样本企业在行业、业态、规模等方面更具有代表性，进一步增强了监测样本的代表性和监测数据的科学性、权威性。

(万薇薇)

【监测工作直辖市排名第一】 继续加强信息报送和市场分析工作。按照商务部要求，每月继续开展市场运行分析，每季度进行较全面的市场运行综合分析；继续加强对元旦、春节、清明、五一、端午、国庆、中秋等节假日市场的监测和分析；继续编纂《北京消费品市场监测月报》，加强对监测数据的分析利用和信息报送工作，为各级商务部门把握市场动态、进行宏观调控提供有效的参考。在商务部网站信息维护、各类市场分析报送工作中，北京市监测工作在全国各省市考核排名继续保持领先位置，在直辖市排名第一。

（万薇薇）

【完成 2012 年商贸流通业统计工作】按照商务部要求，2012 年商贸流通业统计工作的主要任务是“初步形成以各省（自治区、直辖市）行业数据为主体、以典型企业数据为支撑的统计数据报送体系”。在相关部门和行业协会的积极配合下，通过制定工作计划、逐步完善工作机制，2012 年商贸流通业统计的各项工作（包括选择典型企业、开展培训工作、组织典型企业报数、汇总及测算行业报表、撰写各行业简明统计分析报告和商贸流通业年度发展总报告）均已顺利完成。

（万薇薇）

【三举措稳步推进家电下乡工作】2012 年，北京市家电下乡政策继续顺利执行。一是继续加强对家电下乡销售网点的监管，组织区县商务委进行日常抽查，要求每月抽查比例不低于 20%；二是处理家电下乡投诉，在政策执行期即将结束时，部分不法销售网点盗用消费者身份信息套取财政补贴，共处理投诉百余件；三是为有需求的家电下乡生产企业合理增加标识卡数量，满足消费需求。截至 2012 年 12 月 31 日，北京市家电下乡产品销售量为 109.1 万台，销售额为 26.8 亿元，其中 2012 年销售量为 36.2 万台，销售额为 9.9 亿元，销售量和销售额分别为 2010 年的 1.02 倍和 1.4 倍。

（彭　峰）

【20 家“农餐对接”试点企业累计购 10 万余吨农产品】继续将“农餐对接”工作纳入市商务委对区县商务委重点工作考核内容，修订完善考核办法；建立联系机制，加强企业数据月报统计，及时掌握“农餐对接”进展情况；进一步扩大参与“农餐对接”餐饮企业和农产品生产基地规模数量，试点企业由 2011 年的 10 家扩大到了 20 家。2012 年，20 家试点企业累计采购量达 10.2 万吨。

（李志鹏）

【开展三项酒类流通管理工作】一是酒类备案登记工作取得新进展。2012 年全市新增备案登记6 297户，累计完成备案登记80 467户。二是酒类流通溯源制度得到进一步落实。2012 年全市酒类批发企业购用随附单 148 万份，超额完成了年度任务指标。全市新增使用机打随附单企业 30 户，印制《酒类流通随附单管理台帐》1 万本，免费发放给企业使用，促进了酒类随附单的规范化管理。三是开展了酒类流通市场专项检查。元旦、春节、全国“两会”期间，在全市范围内开展了酒类流通领域专项检查行动。8 月份，根据商务部等 7 部委《关于印发〈2012 年联合打击假冒侵权酒类产品专项行动方案〉的通知》精神，开展了专项检查。全市共出动执法检查人员7 000余人次，检查酒类企业4 900余户，责令 102 户违反规定的酒类经营者限期整改，对 3 户违规使用随附单的企业进行了处罚，进一步规范了酒类流通市场秩序。

（胡敬轩）

储备调控

【概况】2012 年工作重点：强化监测，保障生活必需品市场供应；下大力气提高应急保障能力，多措并举提升行业管理和安全水平，全力以赴做好十八大等重要会议服务保障，确保了我市生活必需品市场平稳运行，应急供应保障有力，有关行业规范有序，会议供应服务安全顺畅。

一、强化监测，拓宽货源，保障市场供应稳定

（一）扩大监测范围，完善应急监测

2012 年新增监测 10 家蔬菜直营直供、车载市场等新模式企业，新发地蔬菜上市量，两大批发市场粮油交易情况等监测样本和指标，社区蔬菜监测品种由 18 种增加到26 种。及时启动和完善“7·21”特大暴雨和“11·3”特大暴雪期间应急监测。

（二）积极应对“7·21”特大暴雨影响，千方百计保障蔬菜市场供应

积极动员全市主要批发市场采取减免入场费、增加调运合作基地蔬菜等措施，同时要求流通新模式企业、直采直供联盟等多渠道、多方式调运外埠蔬菜进京，稳定市场供应。2012 年 7 月 26 日至 8 月 17 日，累计增加调运外埠蔬菜3 580.5吨。

（三）充分发挥保供骨干企业作用，保障重要节假日和重要时期市场供应充分

充分发挥京粮集团、二商集团、物美集团、京客隆、超市发等保供骨干企业保障市场供应、维护市场稳定的主力军作用，重点加强 2012 年元旦、春节和全国“两会”期间、中秋、国庆和“十八大”期间生活必需品市场供应工作。

二、加强政府储备管理，应急供应保障给力

（一）全面落实政府储备任务，加强储备检查，确保足额到位

重新梳理了政府储备承储协议，规范了协议文本，按时完成 2012－2013 年度蔬菜政府储备任务。突出敏感时期、特殊时期储备检查，2012 年联合应急保障中心共检查政府储备 80 余次，对发现的问题及时予以纠正，确保政府储备商品“储得住、管得好、调得出、用得上”。

（二）调整充实应急商品，梳理应急投放网络，提高应急保障能力

应急商品数据库企业达到了 41 家，超过了商务部规定的样本企业不少于 34 家的要求。按照新修订完善的《北京市生活必需品供给应急预案》，重新核查梳理城六区生活必需品应急投放网络。

（三）加强应急防汛物资储备管理，圆满完成汛期防汛工作

2012 年 6 月 15 日始，成立市商务委防汛抗旱应急领导小组和防汛办，多次检查防汛物资和应急物资储备，加强防汛值守，确保通讯畅通、指令迅速落实，积极应对“7·21”特大自然灾害，圆满完成了 2012 年汛期防汛工作。

（四）推进蔬菜等生活必需品市场供应风险管理

在修订完善《北京市生活必需品市场供应应急预案》基础上，2012 年开展了本市蔬菜市场供应风险管理体系建设课题研究。经过 3～5 年，逐步建立起北京生活必需品市场供应风险管理体系，提升生活必需品市场供应保障水平。

（五）迅速应对灾情，应急保障给力

“7·21”特大自然灾害期间，向受灾较重区县紧急调运矿泉水2 800箱、方便面6 000箱、清真牛羊肉熟食4 000公斤，运送蔬菜、鸡蛋、水果、榨菜等救灾生活必需品39.7万斤，迅速保障灾区群众基本生活需求。

三、规范管理，提升水平，保障市场供应安全

（一）大力推进“放心肉”服务体系建设，扩大覆盖范围

经充分调研、专家论证、财政评审，并严格招投标管理，2012年新增实施了3家定点屠宰企业、2家批发市场、15家大中型超市的397个门店，实施了“放心肉”可追溯体系建设。在全市较大范围内实现了从屠宰到批发到超市等零售终端全程可追溯管理。

（二）积极开展肉菜流通追溯体系建设准备工作

2012年6月20日，市商务委代表市政府与商务部签约，成为商务部肉菜流通追溯体系建设第三批试点城市。及时开展了肉菜追溯相关工作：成立了以程红副市长任组长的北京市肉菜流通追溯领导小组；开展了肉菜追溯工作的广泛调研，初步形成了肉菜流通追溯工作及技术方案。

（三）全面开展生猪定点屠宰企业资格审核清理工作

历经九个多月的企业自查、区县联合审核和市级复核，生猪屠宰资格审核清理工作已全部完成。经过市区两级审核清理，全市保留了12家生猪定点屠宰企业。

（四）加强盐务市场管理，低钠盐推广取得新成效

2012年为包括中盐北京市盐业公司在内的15家企业颁发了2012—2014年度食盐批发经营资格许可证，为30家企业颁发食盐转（代）批发资格许可证，取消8家个体转代批发证。2012年全年销售低钠盐1.4万吨，比去年增长33.6%，占全市小包装食盐销售比重达到21%。

（五）严格成品油监管，维护市场秩序

全年共计完成行政许可审批（审核）116件；将成品油供应纳入本市生活必需品范畴管理，制定了《北京市雪雾天气高速公路滞留车辆油料应急保障工作方案》；积极配合环保部门推广实施京Ⅴ车用汽柴油标准，8月底完成了全部加油站京Ⅴ汽柴油的置换工作，为改善本市空气质量做出贡献。

（梁惊原）

【保障“7·21”灾区基本生活及蔬菜供应】2012年7月21日，本市遭遇特大暴雨自然灾害，市商务委迅速行动，全力保障灾区群众基本生活和全市蔬菜供应稳定。7月23日至24日，向受灾较为严重的房山、门头沟和石景山区紧急调运应急储备物资矿泉水2 800箱、方便面6 000箱、清真牛羊肉熟食4 000公斤。7月26日至8月17日，累计增加调运外埠蔬菜3 580.5吨。

（杨世巍）

【收储京郊滞销大白菜10万公斤】2012年11月，本市大白菜出现滞销问题，按照市领导指示，市商务委迅速协调蔬菜政府储备承储企业3天之内收储顺义区滞销大白菜25万公斤，以解顺义菜农大白菜卖难燃眉之急。其中：顺鑫石门农产品批发市场收储10万公斤，二商集团菜蔬公司收储15万公斤。

（杨世巍）

【蔬菜政府储备总量达2.6万吨】落实国家四部委“做好北方大城市冬春蔬菜储备

工作”要求，按照市领导批示精神，根据北京市现有蔬菜储备设施最大库容能力，增加2012—2013年蔬菜政府储备6 000吨，储备总量达到26 000吨。

（杨世巍）

【国内外市场双重保障牛羊肉供应】为落实市政府稳定本市牛羊肉价格的措施相关专题会议精神，市商务委切实采取有效措施，加强牛羊肉货源组织，积极做好牛羊肉保供稳价工作。一方面派专题调查组赴内蒙古组织货源，扩大内蒙古牛羊肉在京销售规模，保障首都市场供应；另一方面在国内牛羊货源偏紧的情况下，积极探索利用国际市场货源增加本市牛羊肉市场供应。12月，市商务委派专题考察小组赴澳大利亚，考察、洽谈从澳洲进口牛羊肉事宜，收到良好效果。随行企业当月进口冻牛肉200吨。

（杨世巍）

【召开十八大期间保供稳价会议】为深入贯彻落实市委市政府关于做好十八大期间本市生活必需品保供稳价相关工作部署和要求，2012年9月11日和10月22日，市商务委两次组织召开十八大期间生活必需品保供稳价工作会议。要求区县商务委和29家保供骨干企业做到：第一，加强市场监测，落实值班制度；第二，积极货源组织，充实企业库存；第三，严把市场准入，维护市场秩序；第四，开展储备检查，做好应急准备。

（杨世巍）

【印发通知促成品油供应安全稳定】2012年7月，市商务委会同市交通委、市安监局、市公安局交管局联合印发《关于加强本市城市中心区成品油运输管理工作的通知》，10月，会同市公安局内保局联合印发《关于加强做好成品油经营及安全管理工作的通知》，并加强检查，督促企业认真落实，确保了中秋、国庆“两节”和党的十八大期间本市成品油市场供应安全稳定。

（杨世巍）

【紧急组织雪夜成品油供应】2012年11月3日至4日，受暴雪影响本市西北部道路拥堵，110国道昌平段出现大货车缺少柴油，停驶在国道上。4日23时，市商务委紧急启动《雪雾天气高速公路滞留车辆油料应急保障工作方案》，连夜安排中石化北京石油销售公司3辆供油罐车向8辆停驶大货车免费加油250升，保障了货车正常行驶，缓解了110国道堵塞。

（杨世巍）

【完成生猪定点屠宰企业资格审核清理】根据商务部等九部门组成的国家生猪定点屠宰资格审核清理工作领导小组的统一布署和要求，市商务委组织市相关部门成立北京市生猪定点屠宰资格审核清理工作小组，制定北京市生猪定点屠宰资格审核清理工作实施方案，按步骤组织企业完成自查、区县联合审核及市级联合复核。2012年11月14日至20日，由刘行苍副巡视员带队，市商务委会同市环保局、市农业局、市工商局等9部门对北京市12家生猪定点屠宰企业进行了现场复核，基本上都符合相关审核条件，保留生猪定点屠宰资格。

（赵虹珍、侯学群）

【可追溯“放心肉”占生猪屠宰八成】北京市是商务部、财政部“放心肉”服务体系建设首批十个试点省市之一。北京市“放心肉”工程自2011年正式开展试点以来，经过一年的推广建设，新增加北京市怀柔肉类联合加工厂、北京千喜鹤食品有限公司、北京燕都立民屠宰有限公司3家生猪定点屠宰厂；新增新发地批发市场、城北回龙观商品交易市场2家批发市场以及附属的近300个零售终端，特别扩大了在零售终端超市的推广建设力度，新增物美、京客隆、沃尔玛、华糖洋华堂等16家大型连锁超市开展了“放心肉”推广建设。到2012年年底，可追溯的“放心肉”占全市年生猪屠宰量的80%，占5家批发市场交易量的25%左右，占18家连锁超市销售猪肉门店的70%。

（赵虹珍、侯学群）

【成立“放心肉”食品联盟】为扩大“放心肉”工程建设成效，提升“放心肉”服务水平，在市商务委的支持下，由北京肉类食品协会、北京市连锁经营协会发起，以“放心肉”工程试点企业为成员，成立了北京市“放心肉”食品联盟。联盟以履行企业责任、推动行业自律、配合政府监管、强化社会监督、打造诚信品牌、促进放心消费为宗旨，打造诚信守法、和谐共赢的肉品安全保障体系。

（赵虹珍、侯学群）

【三项举措严厉打击生猪屠宰违法犯罪】按照商务部、公安部等六部门开展打击私屠滥宰强化肉品卫生安全专项治理行动要求，开展了为期9个月的专项整治行动。一是采取多种形式加大对生猪屠宰企业的检查。截至2012年10月30日，共出动执法人员416人次，检查定点屠宰企业12家83次。二是严格按规定处置不合格产品。针对检查中发现的死、病猪、生猪产品落地，现场监督企业进行无害化处理，共化制生猪36头，生猪产品520公斤，严格杜绝不合格生猪产品流入市场。三是检打联动，严厉打击私屠滥宰等违法行为。一方面牵头建立打击私屠滥宰协作机制，密切协作配合关系，共享监管信息，形成打击私屠滥宰的全过程无缝隙监管链条；另一方面强化联合执法。先后与通州区、大兴区、丰台区商委、动检、公安、工商等部门联合执法，取缔私屠窝点14处，查获生猪及猪肉产品99头、工具228件，有效打击了不法分子的违法行为，规范了市场秩序。

（赵虹珍、侯学群）

【圆满完成食品安全宣传屠宰企业开放日】按照《国务院办公厅关于印发2012年食品安全重点工作安排的通知》（国办发〔2012〕16号）精神，举办屠宰企业开放日活动。开放日活动紧紧围绕“共建诚信家园、同铸食品安全”主题开展，邀请了部分消费者代表、人大代表、政协委员和媒体记者直观感受生猪屠宰加工过程；参观企业检测室，了解相关检验项目；了解屠宰企业肉品质量安全管理措施；宣传食品安全和生猪屠宰有关法律法规等。通过开放日活动，使参观者对《食品安全法》、《生猪屠宰管理条例》有了更深刻的理解，对构建食品生产经营者诚信守法的外部约束机制，引导企业牢固树立法律、道德、诚信意识，全面落实食品安全主体责任，促进屠宰行业健康发展起到了积极的促进作用。

（赵虹珍、侯学群）

【完成2012年重要会议的供应服务保障】2012年圆满完成党的十八大、全国“两会”、中央经济工作会、中央农村工作会、市十一次党代会和市“两会”以及上合组织北京峰会、中非合作论坛第五届部长级会议等10余次重要会议和重大活动的供应服务保障工作，受到大会总务组和主办方的肯定与表彰。

（邵 兵）

【新增10家流通新模式企业】2012年新增10家蔬菜直营直供、车载市场等流通新模式企业，新发地蔬菜上市量及价格，盛华宏林和玉泉路两大批发市场粮油交易情况等监测样本和指标，社区蔬菜监测品种由18种增加到26种。

（叶卫东）

【应急商品数据库样本企业达41家】为进一步做好应急保障工作，提升应对突发公共事件应急水平，及时充实了应急商品数据库。应急商品数据库样本企业已达到了41家，超过了商务部规定34家的要求。样本企业共涉及食品、生活用品、救生器材和救灾物资等4大类27种商品，在应对突发公共事件中发挥了积极的作用。

（叶卫东）

【重新梳理应急商品投放网络】根据应急工作的需要，重新梳理了应急商品投放网络，完善了生活必需品应急供应体系。确定了6个区商务部门、12个应急投放集散地、236个应急投放网点的联系人和联系方式；做到"责任到人、响应及时"，确保在应急状态下，生活必需品应急供应迅速、顺畅、到位。

（叶卫东）

【及时调整化肥储备时间及结构】为进一步提高应急保障能力，确保应急、防汛和生产资料政府储备商品质量，及时调整了化肥储备结构、储备时间等。通过加大检查、检测力度，并通过实时视频监控，确保储备商品数量足额到位，质量安全可靠。

（叶卫东）

【开展蔬菜供应风险管理体系课题研究】在修订完善《北京市生活必需品市场供应应急预案》基础上，充分借鉴近年来在保障生活必需品供应工作中积累的实践经验，为进一步提升生活必需品供应风险管理水平，2012年开展了北京市蔬菜市场供应风险管理体系课题研究工作。

（叶卫东）

【圆满完成2012年防汛相关工作】成立了市商务委防汛抗旱应急领导小组和防汛办，加强防汛值守，确保通讯畅通、指令迅速落实。加强防汛物资储备检查，确保数量足额到位、质量合格，并要求做到专库存放、专人保管。同时要求防汛物资承储企业完善应急预案，成立应急指挥组，积极做好物资应急调拨的准备工作。积极应对"7·21"特大自然灾害，圆满完成了汛期防汛工作。

（叶卫东）

【完成"南菜北运"综合试点工作】根据商务部的要求，积极配合海南省商务厅，对北京市2家综合试点项目实施监管。北京物美商业集团股份有限公司承担的海南农产品现代流通综合试点第二批海口市至北京市商流链条项目，北京方圆平安食品开发有限公司承担的海南农产品现代流通综合试点第二批文昌市至北京市商流链条项目，均通过海南省商务厅的验收。历经3年时间，及时完成了试点工作。

（叶卫东）

【完成京V车用汽柴油置换工作】配合市环保局推广实施京V车用汽柴油标准，2012年6月至8月，市商务委按时顺利完成全市1 000余座加油站京V标准汽柴油的置换工作，为改善本市空气质量做出了贡献。

（王云峰）

【审核成品油经营许可97件】全年审批

成品油零售经营企业行政许可97件，初审成品油批发、仓储及原油经营资格行政许可事项19件。

（王云峰）

【1 032家油企全部通过年检】2012年，全市共有1 032家原油、成品油经营企业通过了年度资格检查，其中成品油零售企业942家，成品油批发企业60家，成品油专项用油企业16家，成品油仓储企业3家，原油经营企业11家。

（王云峰）

【成品油销售量同比增加2%】2012年，全市成品油表观销售量为747.1万吨，同比上升2%，其中：汽油334.0万吨，同比上升4%；柴油413.1万吨，同比上升0.5%。

（王云峰）

粮食流通

【概况】2012年是实施“十二五”规划承上启下的一年，党的十八大和北京市十一次党代会胜利召开。在市委市政府的正确领导下，粮食行业坚持稳中求进的工作总基调，围绕年初确定的“稳定市场保供应，提升产业促发展”的中心任务，求真务实，开拓进取，积极应对国际市场粮价大幅波动的冲击，较好地完成了各项任务，保障了首都粮食安全，为促进经济社会持续健康发展做出了积极贡献。

一、保供稳价取得新成效

积极应对全球粮食减产和价格剧烈波动的影响，综合运用储备粮油轮换、进口粮转储、郊区收购转储、产销衔接、信息引导等措施，保持了粮食市场平稳运行。市政府与中储粮总公司签订了战略合作协议，在成品粮油储备、粮食流通产业发展等方面开展务实合作。

二、深化改革取得新进展

市与区县国有粮食企业整合重组工作全面完成，实现了优势互补，完善“一链两翼多园区”发展格局，取得了跨越式发展。国有粮食企业经营活力进一步增强，经济效益稳步提高。多元粮食经营主体进一步发展壮大，对活跃粮食流通、繁荣粮食市场发挥了重要作用。

三、产业发展迈上新台阶

粮食基础设施建设规划全面启动，应急保障、仓房改造、物流基地、检测能力等重点项目稳步推进。继续保持产销合作资金、仓房维修资金的投入，促进了粮油仓储、加工、质检能力的提高。粮油加工业在储备粮轮换机制的助推下快速发展，加工能力趋于合理、均衡、稳定，逐步由米面油生产向主食品产业化生产迈进。全天候军粮供应保障体系进一步完善，综合保障能力得到切实增强。供应退耕还林补助粮1.8万吨，保护了退耕农民的利益。

四、储备粮油管理取得新成绩

市储备粮油增储计划顺利实施，库存不断充实。继续推进市储备粮规范化管理工作，促进了粮油仓储企业管理水平的提高。重新修订市储备粮代购、代储合同，建立规范、完整的质量档案资料，异地储粮和质量管理工作得到切实加强。采取业务培训和现场交流等多种方式，加强对区县储备粮管理工作业务指导，为管好、用好区县储备粮创造有利条件。

五、应急保障积累新经验

重新修订了《北京市粮食供给应急预案》，整体框架与上级预案有效衔接，细化了各环节的工作程序，完善了部门协调联动机制。组织开展了演练和培训，提高了实际操作能力。不断增加成品粮油储备，应急加工企业、投放集散中心和网点分别达到17个、24个和342个，提高了应急投放能力。

六、行业管理再上新水平

认真组织粮油库存清查，确保粮油库存安全。加强粮食收购、统计、政策性粮油供应、原粮质量等方面的监督检查，维护粮食流通秩序。完成行业职业技能培训工作，推动行业人才队伍建设。开通“首都粮食”官方微博，保持与社会公众的良好沟通。

（任昌坤、梅　伟）

【粮价上涨低于全国1.4%】2012年，北京市通过粮食竞价交易平台举行交易会15次，销售粮食35.6万吨、食用油1.5万吨，采购粮食29万吨、食用油2.6万吨。郊区收购转储2万吨，外埠粮源基地收购粮食191万吨，进口加拿大优质小麦5.3万吨。全市粮食供给较为充足，价格水平合理，库存稳步提高，消费继续增长。北京市全年粮价涨幅低于全国平均水平、低于部分主销区省市，让老百姓得到了实惠。据统计资料显示，2012年1－12月，全国CPI上涨2.6%，粮食上涨4%。其中：北京CPI上涨3.3%，高于全国0.7个百分点；粮食上涨2.6%，低于全国1.4个百分点。

（王　玲）

【与中粮、中储粮开展务实合作】市政府与中储粮总公司签订了战略合作协议，按照“发挥各自优势、相互支持配合、深化务实合作、共同促进发展”原则，深化市政府相关部门、北京市大型国有粮食企业和中储粮总公司在京分支机构的合作，在拓展原粮购销渠道、提高成品粮油储备和应急加工能力、推动科技交流等方面取得新进展。市粮食局、市外联办与中粮集团就加强战略合作进行了深入沟通，在成品粮油储备、首都粮食市场供应、推动粮食流通产业发展等方面开展务实合作。

（任昌坤）

【国有粮食企业实现利润49 302万元】京粮集团坚持以科学发展为主题，以加快转变经济发展方式为主线，推动调整转型和改革创新，经济效益、管理水平进一步提升。区县企业融合发展取得新成效，通过文化融入、战略提升、业务对接、管控延伸，经营收入和利润实现较大幅度增长。2012年，全市国有粮食企业实现利润49 302万元（其中：国有粮食购销企业实现利润2 285万元），全行业连续6年保持盈利，购销企业连续10年保持盈利。

（孔令文）

【批发市场成品粮交易量占81.6%】7家重点粮食批发市场成品粮交易量相当于口粮消费量的81.6%，非国有面粉加工企业产量占全市面粉总产量的47.4%，非国有大米加工企业产量占全市大米总产量的83.2%。

（焦红文）

【两场粮食流通宣传主题活动】举办了2012年度北京市粮食科技周“科学膳食、适度消费”主题宣传日活动，传播“以人为本、全面协调可持续”的消费理念。承办了由国家粮食局主办的全国“放心粮油宣传日”主题活动，本市5家企业被授予了“全国放心粮油示范企业”和“北京市放心粮油示范企业”称号，18家放心粮油示范企业现场签署了《放心粮油质量安全承诺书》。

（阎维洪、杜亚丽）

【成功应对“7·21”特大暴雨灾害】排查粮油库点84个、仓房2 583栋，及时处理雨湿粮油。部分军供站启动了应急保障预案，为抢险部队官兵供应军粮和熟食。房山、通州动用了应急储备粮油，积累了应急保障工作的宝贵经验。

（王　玲、姜学华）

【落实质量责任追究制度】指导承储企业按照质量档案要求，建立统一、规范、完整的质量档案资料，为质量跟踪分析提供重要依据；开展市储备粮质量比对工作，全市共17家单位、134名基层检化验员参加了现场检验比对，通过现场比对，全面掌握了市储备粮承储企业检化验水平；开展质量自查、互查和抽查工作，汇总分析检查数据，完成检查报告，及时掌握市储备粮质量情况。

（石红兵）

【开展2012年度全市粮食库存检查】按照国家粮食局等四部门的要求，圆满完成了2012年度北京市粮食流通库存检查工作。从检查结果看，粮食库存数量真实，账实相符；质量符合国家有关规定，储存安全；粮食补贴拨补情况良好；库贷对应，资金占用合理，库存管理较为规范。协调中储粮北京分公司完成了联合数据汇总和联合报告上报工作。

（张继红）

【开展储存收货环节粮食质量监管】组织开展储存环节粮食质量安全抽查，共扦取样品107份；组织开展收获环节粮食质量安全检测，共扦取样品56份；妥善处理指标超标的库存粮；指导区县粮食部门落实辖区内粮食经营者的质量安全主体责任工作，对辖区内从事粮食收购、储存活动的各类经营者及其经营状况进行梳理，建立粮食质量安全检查档案，加强了对粮油经营者履行质量安全主体责任的检查和指导。

（杜亚丽）

【组织开展四项粮食普法宣传】深入开展了北京市粮食行业“六五”普法工作，完成全市《粮食流通管理条例》（以下简称《条例》）八周年宣传活动。重点落实“法律六进”活动，推进“法律进单位、进企业、进乡村、进社区”活动；利用市粮食局网站面向社会开展《条例》法律知识竞赛活动，收集知识竞赛答题卡950份；做到《条例》宣传“五个结合”。开展了“12·4”全国法制宣传日和“10·16”世界粮食日宣传活动，重点加强《北京市储备粮管理办法》以及人民群众生产生活密切相关的粮食法律、法规、规章的宣传教育。

（任昌坤）

【组织开展“打非治违”专项行动】根据国家粮食局统一安排部署，围绕15项工作内容，突出“打非”和深入“治违”两大工作目标。严格按照“依法依规、突出重点、边整边改”的工作要求，针对重点区域、重点企业、重点环节，采取加强领导、突出重点、集中整治、强化监管等措施，有效打击了本市粮食行业安全生产领域非法违法生产经营建设，治理纠正了违规违章行为。

（杜亚丽）

【开展及申报三项粮食课题工作】组织开展了“首都粮食应急关键技术研究与示范”课题研究。组织申报了“食用植物油绿色安全储存技术研究与示范”、“基于物联网的数字粮库关键技术研究与示范”课题，进一步促进了先进科技成果在粮食流通领域的转化。

（杜亚丽）

【储备稻谷全部实现两项绿色储粮技术】 采取免化学药剂熏蒸、惰性粉和硅藻土防虫、准低温储粮技术的比例分别为57%、20%、34%，分别比上年提高6%、11%、2%。其中，市储备稻谷全部实现了准低温储粮技术和免化学药剂熏蒸。

（石红兵）

【举办第三届市粮食行业职业技能竞赛】 京粮集团各直属单位、各远郊区县粮油总公司、市粮食行业协会（非国有企业代表队）、市粮油食品检验所、市经济管理学校和市粮食局军粮供应管理中心共20个代表队87名选手参加比赛。共有27名选手、16个单位和6名裁判员受到表彰。

（闫竞新）

【向对口支援地区捐助60万元资金】 北京市粮食局与拉萨市粮食局签署了《关于对口支援西藏拉萨粮食流通工作框架协议书》，捐助资金40万元用于拉萨市粮食流通监督检查体系建设。向新疆和田地区粮食局提供援助资金20万元。

（杜亚丽）

流通秩序

【概况】 2012年，按照全市商务工作部署，流通秩序规范工作以健全市场秩序机制为重点，整顿和规范市场秩序，推进商务诚信建设，促进信用销售，提升商务服务业整体服务水平，各项工作取得了积极成效。

一、规范和整顿市场秩序，构建和谐商业环境

全力推进商业零售企业诚信促销。一是更新使用促销秩序监管系统，启动促销活动网络监管平台，建立全市促销监管联络员机制，提升监管效率；二是注重从促销报告审查、现场监督检查、靠前预防等方面对商业零售企业的促销活动进行多方位监管；三是加强与市交通委、公安内保局等部门的协调沟通和信息反馈，形成监管合力。截至2012年12月底，市、区县商务部门共出动检查人员1 556人次，检查商业企业216家，现场纠正不规范促销行为155件。消费者对商业零售企业采取的促销方式反映良好，购物返券、虚假打折等投诉明显减少。

牵头开展打击侵犯知识产权和制售假冒伪劣商品。一是申请职能和编制，确定主管领导和成员单位；二是定期组织召开成员单位联络员会议，部署工作；三是每季度参加全国打假工作会，交流工作经验，提升工作效率。

组织开展清理整顿大型零售企业向供应商违规收费。根据商务部等五部委清理整顿大型零售企业向供应商违规收费工作要求，牵头市公安局、市发改委、市国税局、市地税局、市工商局等部门成立专项工作小组，展开清理整顿工作。截至2012年12月底，共检查集团总部12家、门店498个，出动检查人员1 780余人次，查出7家企业14项问题，涉嫌违规收费和使用促销服务费不规范金额2 840余万元，已退还800余万元，利用其他方式解决2 000余万元，处理举报投诉26起。

二、开展信用销售，扩大消费需求

紧紧围绕“惠民生，促转型，保增长”要求，培育新的消费热点，支持零售企业与商业银行、消费金融公司、信用担保机构联合开展2012年信用消费工作。一是加大对信用消费的政策支持。在2011年试点基础上，增加信用消费补贴比例，扩大参与企业范围。二是加快居民信用消费理念的培育。

先后在央视、《北京日报》等媒体进行专题宣传，转变居民消费观念，培育健康的信用消费理念。三是建立商业银行、消费金融公司、零售企业合作平台。支持零售企业、金融机构联合开展“零首付、零利率、零手续费”、“十二期返一期”、“刷卡赠好礼”、“消费金融进万家”、“消费金融服务下乡进村”等系列信用消费活动，有效扩大百姓的消费需求。截至2012年12月底，参与信用消费的7家企业共实现信用消费额25.7亿元，比上年同期增长228%。

扎实推进中小商贸企业国内贸易信用保险补助工作，提升中小商贸企业风险防范水平和融资能力，有效缓解企业融资困难，增强国内贸易信用保险市场的活力。截至2012年12月底，4家保险机构、155家投保企业、3 538家中小商贸企业共同开展国内贸易信用保险业务，缴纳保费8 066万元，实现信用销售1 390亿，银行融资14.2亿元，申请并获得中央财政补助资金2 446.8万元，为缓解企业融资难题发挥积极作用。

三、加强服务规范建设，改善消费环境

组织开展2012年北京市商业服务业服务技能大赛活动。2012年商业服务业服务技能大赛以“创新驱动发展，技能成就未来”为主题，活动包括商品营业员、收银员、摄影师、数码后期整修师、产妇与新生儿护理五个职业技能竞赛，全市1 000余家商业服务业企业的20余万员工开展了岗位练兵和职业技能培训，通过以赛代训，赛训结合等形式选拔、推荐员工参赛，五个职业共有10 592人参加初赛。通过激烈角逐，1 152名选手取得各级国家职业资格证书，其中商品营业员、摄影师职业共有11名取得国家职业资格高级技师证书，24名取得国家职业资格技师证书；商品营业员、摄影师和收银员共有113名获得国家职业资格高级职业证书，371名获得国家职业资格中级证书，633名获得国家职业资格初级证书。大赛活动在全行业掀起一场钻研业务、爱岗敬业的高潮。

广泛开展商务诚信建设工作。在全市商业服务业企业中开展商务诚信建设工作。一是制定《北京市商务委员会关于推进商务诚信建设工作的通知》，组织区县商务部门、行业协会、商业零售企业、餐饮企业等相关单位，召开动员部署大会，在全市商业服务行业中推进诚信建设；二是会同市质检局等15家单位主办了2012年北京市“质量月”活动，倡导企业诚实守信经营，加强行业自律；三是会同市质监局组织召开有机产品认证宣贯会，开展有机产品认证标志专项整治活动，参会企业与认证机构现场签写诚信宣言，并向社会公开诚信承诺。

（褚庆丰）

【深入开展党的十八大安保专项工作】贯彻落实市委、市政府关于党的十八大安保专项工作方案，为党的十八大创建和谐有序的购物环境。加强对党的十八大会场周边和代表驻地200米范围内的商业零售企业的促销检查；督促商业零售企业做好党的十八大期间交通秩序维护；组织商业零售经营单位建立卫生防病管理制度，落实公共场所卫生安全措施；指导商业零售企业落实党的十八大期间刀具管控措施，禁止销售工业管制刀具。

（刘 伟）

【专项治理单用途商业预付卡工作】按照商务部文件要求，成立单用途商业预付卡专项检查工作组，印发了《北京市单用途预付卡专项检查方案的通知》，各区县商务主管部门建立相应工作机构，分步实施商业预付卡专项检查工作。逐步规范商业预付卡市场监管不严、违反财务纪律、缺乏风险防范机制等突出问题，促进了商业预付卡在便利公众支付、刺激消费等方面发挥的积极作用。

（孙　诺）

【落实单用途商业预付卡管理办法】组织机关业务处室、直属单位、区县商务委、行业协会、发卡企业等召开动员部署会，邀请商务部相关同志对预付卡管理办法进行解读；金融机构对资金存管等金融产品进行了介绍；中国国际电子商务中心对业务信息系统操作进行了辅导。组织行业协会、金融机构和代表性发卡企业进行座谈，听取社会各方的建议，先后接待上门来访企业、金融机构100多家，答复网络、电话咨询1 000余次。

（孙　诺）

【开展4项工作推进现代药品流通发展】加强对药品流通行业的管理，做好药品流通行业统计工作。对北京金象大药房、北京医保全新大药房等多家连锁企业进行调研；邀请朝阳医院、中日友好医院等多家医院到商务部座谈医药分开事宜；参加商务部组织的“院店合作”模式研讨会；组织北京医药行业的24名选手参加“全国首届全国药品流通行业岗位技能竞赛暨第二届全国医药行业特有职业技能竞赛”，并取得优异成绩。

（谢凤珍）

【清理整顿17家大宗商品市场】对全市17家大宗商品市场进行清理整顿，推进大宗商品中远期有序回归现货市场，稳步发展成品油、铁矿石、棉花、石化、钢材、木材和蔬菜等大宗商品交易，提升北京对全球战略性要素资源的市场化配置能力。截至2012年12月底，北京市棉花、钢铁、化工、农副产品4家大宗商品市场中远期交易额388.9亿元，交易量376.6万吨，交收量16.2万吨，交收率4.3%。铁矿石、石油、木材、农副产品、粮油等8家大宗商品市场即期现货交易额1 236.8亿元，交易量3 314.2万吨。

（刘　伟）

【北京石油交易所突破千亿元规模】支持北京石油交易所大力推进原油、成品油、天然气、燃料油产品的国家级现货交易平台建设。2012年11月29日启动了北京石油交易所的“中国燃料油现货交易平台”，日均交易额突破2亿元，截至12月底，北京石油交易所实现全年交易额1 005.8亿元，成为全市首家突破千亿元交易额的大宗商品交易平台。

（刘　伟）

【中国铁矿石现货交易平台正式开始交易】2012年5月8日，由中国钢铁工业协会、中国五矿化工进出口商会、北京国际矿业权交易所共同发起设立的“中国铁矿石现货交易平台”开市仪式举行，开市当天实现交易量24.2万吨，交易额3 300万美元。中国铁矿石现货交易平台将推动形成公正合理、公开透明的国际大宗矿产品价格形成机制，进一步促进北京市大宗商品市场健康、稳定、有序发展。

（谭成海）

【开展电力迎峰度夏工作】根据市政府《2012年北京市电力迎峰度夏运行保障方案》，制定下发工作方案，利用各类载体进行节电错峰专题宣传，普及节电常识，形成全社会节能节电的良好氛围。督促商业企业落实电力负荷调控预案，执行温控要求，实施节电错峰，减少电力消耗；推广节能技术应用，采用节能设备，减少电力消耗；开展隐患整治和设备设施运行维护，做好各项应急预演工作。

（谭成海）

【组织 2012 年合同能源管理培训会】会同市财政局、北京节能环保中心等部门，牵头组织 2012 年商务系统节能工作部署会暨合同能源管理培训会。通过工作部署、典型发言、案例分析和培训讲解，引导区县商务委、行业协会以及相关企业进一步明确“十二五”期间商务领域节能减排工作目标。

（褚庆丰）

【推进商场超市“两个标准”立项工作】根据北京市百项节能标准建设实施方案，分别对商场、超市合理用能进行广泛调研，起草《北京市商场超市用能定额标准》和《北京市商场超市合理用能指南》可行性研究报告，并协调相关部门、专业机构和专家组成工作小组，启动项目申报工作。

（孙景东）

【推进三绿工程试点工作】根据《商务部关于深入实施新时期三绿工程的指导意见》要求，起草工作实施方案，召集 50 家零售企业进行三绿工程示范项目和品牌体系促进项目培训会。一是介绍了试点工作的思路和内容；二是讲解了示范项目建设规范，包括绿色低碳采购、绿色低碳市场等建设规范及相关标准；三是听取了有关企业关于开展试点工作的意见和建议。

（孙景东）

【推广节能产品进超市工作】积极探索创新节能产品推广机制，构建绿色消费体系，有效提升节能产品市场占有率，开展北京市“节能产品推广示范店”创建活动，54 家家电销售门店参加创建活动。目前已确定 4 家节能超市建立商业企业、厂家和消费者三方平台，解决节能产品推广难题。

（褚庆丰）

【开展对零售企业卫生间调研】根据行业监管特点，先后对王府井、翠微大厦等企业卫生间进行调研，起草了《北京市商务委员会转发北京市市政市容管理委员会关于北京市主要行业公厕管理服务工作标准的通知》，对行业公厕及第三方公厕情况进行了调查，并配合市市政市容委对重点企业的公厕进行检查评比。

（王庆丽）

【举办 2012 年服务技能大赛展演】2012 年 12 月 2 日北京市商业服务业服务技能大赛展演活动在北京财贸职业学院隆重举办。大赛选拔出了商品营业员、收银员、摄影师、产妇与新生儿护理、数码后期整修师等 5 个职业的竞赛前 10 名和 50 名服务明星、35 名服务先进管理者；获奖选手现场为观众演示了庖丁解肉、面点艺术、超市堆头等精彩技艺。

（庄秋凤）

【10 个集体获“三八”红旗表彰】2012 年“三八”节期间，市妇联、市人力社保局、市总工会联合表彰了一批北京市“三八”红旗集体和“三八”红旗奖章获得者。市商务系统的北京吴裕泰茶业股份有限公司等 10 个集体和王玉伶等 20 名人员荣获北京市“三八”红旗集体和北京市“三八”红旗奖章称号。

（庄秋凤）

【弘扬北京精神和学雷锋活动】在行业

内开展弘扬北京精神和学雷锋活动，起草《北京市商务委员会关于2012年首都商务领域深入开展“弘扬北京精神，践行雷锋榜样，做文明有礼的北京人”主题宣传实践活动的通知》，开展了系列活动，推荐翠微、当代为诚实守信单位，许静、张炎鑫同志为讲究公德的个人典型。

（庄秋凤）

市场秩序协调

【概况】中国政府历来重视知识产权保护和产品质量监管工作。2010年11月，国务院决定在全国范围内开展打击侵犯知识产权和制售假冒伪劣商品专项行动。此次专项行动历时8个月，至2011年6月底结束。根据国务院统一部署，北京市政府决定由苟仲文、程红两位副市长牵头成立打击侵犯知识产权和制售假冒伪劣商品工作领导小组。领导小组办公室设在市商务委。经过8个月的专项整治，北京市共出动执法人员28万余人次，处理案件1 880起，其中移送司法机关48起；捣毁窝点695个，抓获犯罪嫌疑人1 441人；案件涉及579项国外品牌，涉案金额3.1亿余元；举办大型侵权假冒伪劣商品销毁活动9次。专项行动成效显著。

专项行动结束以后，国务院决定将打击侵犯知识产权和制售假冒伪劣商品工作常态化。根据国务院相关文件精神，2012年7月，市编委下发了《关于设立北京市打击侵犯知识产权和制售假冒伪劣商品工作领导小组有关事项的批复》，确定北京市打击侵犯知识产权和制售假冒伪劣商品领导小组为市政府议事协调机构，办公室设在市商务委。办公室的主要职责是：在领导小组的领导下，具体负责本市打击侵犯知识产权和制售假冒伪劣商品工作的计划、方案并组织实施，协调推动跨地区跨部门执法协作及相关诚信体系建设，督促落实领导小组的议定事项，协调解决工作中遇到的问题，承担领导小组的日常工作。

2012年12月，市编办下发《关于同意调整市商务委（市政府口岸办）内设机构设置的函》，同意在市商务委内部增设市场秩序协调处，承担市打击侵犯知识产权和制售假冒伪劣商品工作领导小组办公室日常工作职责。北京是全国各省级政府第一个将打击侵犯知识产权和制售假冒伪劣商品工作领导小组办公室专职化办公的省市。

北京市打击侵犯知识产权和制售假冒伪劣商品工作在全国具有强烈的标杆意义，且在国际上影响广泛。市打击侵犯知识产权和制售假冒伪劣商品工作领导小组办公室成立后，将协调各有关执法单位，以更加饱满的热情对保护首都知识产权，维护首都市场秩序发挥更大的作用。

（葛子建）

【市商务委市场秩序协调处获批准成立】北京市商务委员会市场秩序协调处获编办批准设立，明确承担市打击侵犯知识产权和制售假冒伪劣商品工作领导小组办公室日常工作，为下一步全面有序协调全市执法力量整顿市场秩序，维护人民合法权益奠定了组织基础。

（葛子建）

【做好月度报表工作】定期召集各成员单位讨论打击侵犯知识产权和制售假冒伪劣商品工作，每月及时上报月度报表。报表主要涉及公安、知识产权、工商、质监、文化执法、农业、药监、出入境检验检疫、海关、检察院、法院等部门。

（葛子建）

安全监管

【概况】2012年，商务行业安全监管工作经过全市商务部门认真筹划、全面部署，狠抓各项工作落实，行业安全生产形势持续稳定，没有发生较大以上生产安全事故。全年共出动安全生产执法检查人员22 207人次，检查经营单位8 756家次，发现并消除安全问题隐患5 001个，行政处罚34起，罚款317 400元，移送相关部门安全生产违法问题50起。

2012年，市商务委荣获“2010－2012年度北京市安全生产工作先进单位”、“北京市安全生产工作优秀单位”、“北京市消防工作先进集体”、“北京预防煤气中毒工作先进集体”，及北京市安全生产月活动“优秀组织奖”和“最佳实践活动奖”等奖项。

一、圆满完成十八大行业安保任务

根据市委市政府关于《党的十八大安保专项行动工作方案》要求，市商务委成立了十八大安保专项工作领导小组，委主要领导、主管领导多次到区县商务部门和企业督导检查，推进工作落实。自2012年8月份以来，市区商务部门采取明查与暗查、部门查与联合查、全面查与重点查相结合的方式，对代表驻地周边500米范围、繁华商业街区规模以上商业零售和餐饮经营单位开展了不间断的安全检查。从8月1日至11月16日，市区商务部门共出动执法检查人员5 552人次，检查经营单位2 147家次，发现并整改问题隐患902个，确保了十八大期间商务行业的安全稳定。

二、加强宣传教育，夯实行业安全生产基础

紧紧抓住全市安全生产培训日、“两个安全生产规定”施行五周年、全国安全生产月、“11·9”消防宣传日等时机，组织开展形式多样的安全生产宣传教育活动；以日常检查中发现存在安全隐患问题较为突出的大中型商业零售和餐饮集团为重点，制定专门培训计划，有针对性地进行安全生产法规培训，对鸿运天外天、物美（美廉美）超市、华普超市、国泰百货、玉林烤鸭、麻辣诱惑、华润超市、首航国力等8家商业零售和餐饮企业集团的200家门店进行了集中培训，培训人员达480人次；修订《北京市商业零售和餐饮经营单位安全生产管理制度导则》和《北京市商业零售和餐饮经营单位安全生产突发事件应急预案编制导则》，进一步规范了企业安全生产管理制度建设和突发事件应急处置工作；2012年全年，全市商务部门共举办宣传培训活动403场次，发放宣传材料23.8万余份，受众人数7.6万余人次。

三、加强重大节日和重要活动期间的安全保障

元旦、春节、五一、中秋、国庆期间，在经营单位自查基础上，市、区商务部门领导带队，集中对重点街区、重点单位商业零售和餐饮经营单位进行了安全生产和促销安全大检查，为市民提供了安全放心的节日购物环境；在市党代会、上合组织峰会、世界知识产权组织保护音像表演外交会议和各地商品大集活动期间，全力做好行业安全生产保障工作；市、区商务部门以高度的责任感和服务奥运的工作标准，积极配合做好京交会各项安全保障工作，加强对展会周边的商业零售和餐饮经营单位安全生产检查，为京交会成功举办提供了有力的安全保障。

四、完善机制促进安全生产责任落实

2012年，每季度组织召开区县商务部门工作会议，传达全市安全生产工作要求，听取区县重点工作进展情况，通报上季度全市行业工作开展情况，分析行业安全生产形势并部署下季度重点工作；在区县商务部门组织开展了安全生产工作互查互访活动，通过区县间安全生产工作交流、实地抽查经营单位安全生产工作落实情况等形式，进一步促进行业安全监管水平的提高；全市商务部门积极采取措施，不断创新工作方法，开展企业安全生产联组建设工作，目前14个区县已组建商业零售型、餐饮型、综合型安全生产联组94个，参加企业1 194家，有效促进了企业安全生产主体责任的落实。

（杨　冲）

【举办“两个规定”五周年宣传日活动】 2012年4月1日，市商务委会同西城区政府在北京庄胜崇光百货商场联合举办了以“落实主体责任，保障商务安全”为主题的“两个规定”施行五周年主题宣传日活动。市安监局、消防局，区县商务、安监、消防、街道等部门负责人，以及商业零售和餐饮经营单位代表近200人参加。现场向广大市民开展了安全生产法规、安全生产知识宣传咨询活动。

（杨　冲）

【举办行业安全生产法规培训】 2012年4月16日，市商务委举办了商务行业安全生产法规培训班，十六个区县商务部门安全生产主管领导和科室负责人、市商务执法监察大队负责人、部分大中型商业零售和餐饮企业集团安全生产负责人，共120余人参加。市安全生产协会、市消防局防火部负责人，就如何贯彻落实法规，做好生产安全和防火安全工作进行了深入浅出的分析，并对火灾事故预防及初起火情的处置进行了详细的讲解。

（杨　冲）

【开展再生资源回收单位专项联合检查】 按照市安委会关于开展安全生产“护航”联合行动第二战役的统一部署，市商务委牵头会同市安监、消防、治安、工商、市政市容、城管、环保等部门，集中组织开展了再生资源回收单位专项联合检查行动。

（杨　冲）

【“打非治违”出动执法人员万余人次】 按照市安委会统一工作部署，2012年5月1日至12月10日，开展了商务行业安全生产“打非治违”专项行动，市、区商务委分别成立“打非”专项行动领导小组；制定了商务行业“打非”专项行动工作方案；确定了“打非”专项行动的重点和内容。专项行动期间，全市商务部门共出动执法人员11 780人次，检查经营单位4 413家次，发现并整改隐患和问题1 703起，并对发现的隐患和问题进行了督促整改。

（杨　冲）

【组织200余人参加安全生产大课堂】 2012年6月13日，市商务委举办了商务行业安全生产大课堂活动，邀请中国安全生产科学研究院学术委员会主任刘铁民作了题为“安全生产工作面临的新挑战”的讲座。十六个区县商务部门安全生产主管领导和科室负责人，市商务执法监察大队、商业联合会、饮食行业协会负责人，部分大中型商业零售和餐饮企业集团安全生产负责人、安全生产联组组长共200余人参加。通过学习，进一步提高了对安全生产工作重要性和规律性的认识，增强了商务行业各部门、企业安全管理人员安全生产意识和责任意识，坚定了围绕着党的十八大努力做好商务行业安全生产工作的信心。

（杨　冲）

【每季度均召开安全生产工作会】每季度，召集区县商务部门召开重点工作推进会，分析季度工作形势，听取区县重点工作进展情况和下一步工作打算，安排部署下季度重点工作；每半年，市商务委召开一次全市商务行业安全生产工作会。市安监局、消防局、商务执法监察大队、商联会、餐饮协会有关领导以及各区县商务部门主管领导参加会议，总结全市商务行业安全生产工作，部署下一步重点工作，全面指导区县商务部门推动行业安全监管工作平稳发展。

（杨　冲）

【开展安全生产月“三个一”活动】根据市安委会的统一部署，2012年6月份，市商务委组织全市商务行业以“践行北京精神，弘扬安全文化，保障国际商贸中心建设”为主题，集中组织开展了“三个一”活动，即：开展一次安全生产宣传咨询日，开展一次安全生产培训，开展一次隐患排查治理。市商务委在房山区开展了安全生产宣传咨询日活动，举办了商务行业“安全生产大课堂”，组织了安全生产联合执法专项检查。通过安全生产月活动的开展，进一步提高了全员安全生产意识，促进了经营单位安全生产主体责任落实，在全行业营造了浓厚的安全生产工作氛围。

（杨　冲）

四、生活服务业和特殊流通行业

生活服务业

【概况】落实王岐山同志在北京调研生活性服务业的指示，代市政府提出了提升生活性服务业质量和水平工作措施的报告。

加强行业统计工作。组织6个生活服务业协会协助开展行业典型企业数据报送和统计工作。共有473家生活服务业企业被列为行业统计典型企业，60家企业被列为生活服务业重点联系企业。

促进家政服务行业发展。落实“家七条”，会同有关部门出台鼓励员工制试点的意见；启动新一轮的家政服务体系建设，制定了《北京市家政服务体系建设方案》，确定16家企业为北京市家政服务体系建设企业培育项目实施单位；探索家政服务体系建设的新型模式，探索节假日应急保障方式；开展2012年“家政服务工程”培训工作，增补自主培训企业3家，自主培训企业累计达12家，全市培训机构共35家，全年完成培训1万人；开展星级家政服务组织评定，新认定19家星级门店；支持行业协会制定《母婴护理师岗位规范》，发布月嫂的参考价格。

开展规范北京市家电维修市场活动。会同市工商局开展规范北京市家电维修市场活动，召开规范中关村电子维修服务市场动员大会，启动“北京市电子产品服务管理平台”运行。

开展生活服务业的宣传推广。联合市委宣传部组织开展对市美发美容行业“关爱老人一元理发”活动的宣传；启动了新一轮的“北京家政服务网”宣传推广；编辑北京服务消费手册，收录北京市家政、洗染、美发美容、洗浴、摄影、服装、刻字、文化活动、健身及家电维修等10个服务行业的企业和门店近1 000家，发放10万册。印制了中华传统技艺技能大师宣传画册。

积极探索家具以旧换新工作。2012年11月1日至11月30日，开展了家具以旧换新试点工作，试点政策效果显著。5家试点销售企业以旧换新销售4类家具2.6万件，以旧换新销售金额1.5亿元，以旧换新销售额占同类家具总销售额的26.6%，超过1万名的消费者得到实惠。试点为2013年以旧换新政策推广实施奠定了实践基础。

（张炳词）

【出台文件鼓励家政服务员工制】为贯彻落实“家七条”，经市政府同意，与市人力社保局等联合印发了《关于鼓励家政服务企业实行员工制管理的试点意见》，支持试点企业开展连锁经营，对投资建设的项目优先给予不超过50%的资金支持。在最新认定的5家员工制试点企业中，三替集团北京三替家政服务公司已被列入北京市家政服务体系建设的培育企业和“家政服务工程”自主培训机构。

（张炳词）

【商务部部长陈德铭调研北京家政行业】2012年2月7日，商务部部长陈德铭、部长助理仇鸿对北京市家政服务行业进行调研，考察了北京市爱依家政服务有限责任公司总部和培训学校，召开了家政服务企业座谈会。北京市副市长程红等陪同调研。

（张炳词）

【部市领导节前走访慰问北京家政企业】 2012年1月16日是农历小年，商务部部长助理仇鸿、北京市副市长程红率队走访慰问北京的家政服务企业北京市三八服务中心劲松店和北京华夏中青家政服务有限公司分钟寺店，向节日坚守岗位的家政服务员表示感谢并致以新春的问候。

（张炳词）

【启动新一轮的家政服务体系建设】 按照国家商务部、财政部的要求，市商务委与市财政局制定了《北京市家政服务体系建设实施方案》（以下简称《方案》），启动新一轮的家政服务企业培育工作，计划在2013年年底前，利用中央资金支持北京市家政服务企业连锁化、信息化建设。通过公开征集、专家论证、社会公示，确定了16家培育企业，包括龙头企业2家，大型企业4家，中小专业型企业10家。《方案》提出北京市还将探索家政服务体系建设的新型模式，探索节假日应急保障方式，推进家政服务品牌建设，支持推行家政服务机构职业责任险和从业人员意外伤害险，保护从业人员权益，鼓励支持开展员工制家政企业试点。

（张炳词、傅乐衡）

【“家政服务工程”培训近万人】 2012年，我市“家政服务工程”培训家政服务员近10 000人。2009－2012年，按照商务部、财政部、全国总工会关于实施“家政服务工程”的要求，我市组织城镇下岗人员、农民工进行免费家政服务技能培训，实现上岗就业，三年共培训3.8万人。

（张炳词、傅乐衡）

【新增3家“家政服务工程”培训单位】 2012年，通过公开征集、资格初审、现场核查、社会公示，我市增补了北京鹤雄森科技发展有限公司等3家“家政服务工程”自主培训机构。北京市“家政服务工程”自主培训机构累计达到12家，专业培训机构累计23家。

（张炳词、傅乐衡）

【启动新一轮家政服务网站宣传推广】 2012年，启动了新一轮的“北京家政服务网”宣传推广，利用报纸、电视、公交车身刊登广告；制作了购物布袋、雨伞等宣传品；印制《北京服务消费手册》，对46家家政企业、近200个家政门店进行了整体宣传。宣传期间网站访问量增长217%。

（张炳词、傅乐衡）

【家政服务星级单位累计达到55家】 按照北京市地方标准《家政服务组织等级划分与评定》，2010－2012年，我市连续三年开展了家政服务等级评定工作。2012年度评出19家星级门店，三年累计评出家政服务星级单位55家，其中五星级2家，四星级9家，三星级30家，二星级11家，一星级3家。星级家政服务单位的评定对规范家政服务行业发展，提升企业经营管理水平起到了积极的推动作用。

（张炳词、傅乐衡）

【100名家政服务员成“最佳服务明星”】 北京家政服务协会授予100名一线家政服务员为2012年度“最佳服务明星”荣誉称号。这100名家政服务员热爱本职工作，热情服务，努力学习，不断提高服务技能，积极参与职工技能大赛、家政“春节保

供”等活动，用爱心和汗水赢得了用户的信任和好评。近年来，北京市家政行业涌现出一批劳动模范和先进个人，其中全国劳模1人，北京市劳模3人，“首都劳动奖章”获得者4人。

（张炳词、傅乐衡）

【组织家政服务企业到外省招聘员工】 2012年6月28日，“2012年内蒙古与北京市跨区域促进就业招聘会”和“2012年内蒙古与北京市促进就业校企合作洽谈会”在内蒙古自治区通辽市举行，北京市16家家政服务机构参加了招聘、洽谈和签约活动，与18家培训学校、职介机构签订了60份合作意向书。根据所签意向，内蒙古有望向北京市输送万名家政服务人员。

（傅乐衡）

【家政行业积极参与第三届职业技能大赛】 北京家政服务协会承办了“北京市第三届职业技能大赛”的家政服务技能比赛，设产妇和新生儿护理竞赛项目，近50个家政服务组织5 377名人员参加了岗位练兵和比赛，经过理论知识考试和实际操作的初赛、复赛、决赛等程序，10名优秀选手最终胜出。

（张炳词、傅乐衡）

【制定母婴护理师岗位规范】 市商务委积极支持北京家政服务协会研究起草了《母婴护理师岗位规范》（以下简称《规范》），将母婴护理师（月嫂）岗位分为初、中、高三个等级，工作内容分为产妇照料、新生儿护理两项，对月嫂的岗位能力、培训要求等做出明确规定。同时，在对全市50多家家政公司1万多名月嫂岗位工资收入情况进行调查的基础上，协会发布了各个等级月嫂岗位的参考价格。《规范》和参考价格的出台，对提高行业规范化水平具有十分积极的作用。

（傅乐衡）

【举办家电维修管理培训会】 2012年12月25日市商务委举办商务部《家电维修服务业管理办法》培训会，商务部服务贸易和商贸服务业司、中家电维修协会、北京电子电器协会介绍了《办法》出台背景、行业概况、规范工作等情况，为我市家电维修服务业的管理和执法工作打下良好的基础。服务交易处、市商务执法监察大队、16区县商务委业务科室和执法科室（队）共70余人参加了培训。

（张炳词、傅乐衡）

【启动“北京市电子产品服务管理平台”】 市商务委会同市工商局开展规范北京市家电维修市场活动，启动“北京市电子产品服务管理平台”。

（傅乐衡）

【集群式家电维修平台第四方在京启动】 2012年12月，第四方电子电器服务城暨第四方认证认定中心在中关村鼎好电子商城启动。第四方电子电器服务城是以集群式维修服务为特色的服务平台，把具有良好信誉的服务商集中在一个规范、透明的平台上，最大限度地减少行业内重复建设、提高资源利用率，是探索电子电器维修服务新模式、促进维修服务产业升级的有益尝试。第四方由中国家用电器服务维修协会和中国电子商会共同主办，汇集了30多个国内外电子电器品牌的自营服务机构和授权服务机构。该平台在北京首创，并陆续在全国推广。

（张炳词）

【一元理发活动累计服务13万老人】 2012年以来，在市商务委和市社会办等部门的倡导推动下，北京市美发美容行业积极开展“关爱老人，一元理发”公益性惠民服务，即凡60岁以上老年人均可在悬挂“关爱老人，一元理发”标牌的美发店享受一元洗、剪理发服务。首批100余家门店参与，累计服务老人13万人次，服务收入用于公益慈善事业。活动得到社会各界的关注和好评。

（张炳词）

【加强生活服务业的行业统计工作】为落实商务部关于建立商贸流通行业统计信息平台的要求，围绕家政服务、家用电器维修、美发美容、洗染、沐浴、摄影等6个生活服务业开展了行业信息报送和数据统计工作，共有474家生活服务业企业被列为商贸流通行业统计典型企业。

（张炳词、傅乐衡）

【编辑出版《北京服务消费手册》】手册收录北京市家政、洗染、美发美容、洗浴、摄影、服装、刻字、文化活动、健身及家电维修等10个服务行业的企业和门店近1 000家，免费发行10万册。

（张炳词、傅乐衡）

特殊流通业

【概况】加强拍卖、典当行业监管，规范企业经营行为。开展了2011年度拍卖企业核查、典当企业核查，254家拍卖企业通过核查，216家典当企业通过核查（其中199家A类，17家B类），1家典当企业分支收回许可证。全市拍卖企业共举办拍卖会2 039场次，成交额266.3亿元，同比分别下降7%、53%。全市典当企业注册资本总额58.0亿元，同比增长36.7%；典当总额190.4亿元，同比增长27.9%；典当余额44.9亿元，同比增长18.3%。典当总额190.4亿元，全行业实现收入12亿元，上缴税金1.4亿元，提供就业岗位3 172个；经营状况进一步规范，企业抗风险能力进一步提高，全市典当企业资产负债率11.9%，比2011年同期减少5.3%。

加强协调配合，部门联动监管。市商务委与市工商局和市文物局建立了拍卖监管联席会议制度，做到各部门定期沟通情况、联动监管行业、联合查处违法，以提高监管能力。

继续开展拍卖季活动。在连续举办五届北京拍卖季的基础上，市商务委与相关部门、协会、企业研究创新2012北京拍卖季工作，举办了以“规范、繁荣、发展”为主题的2012北京拍卖季行业发展论坛并纳入第七届中国（北京）国际文化创意产业博览会系列活动，与北京电视台合作制作播放了2012北京拍卖季和北京拍卖20年宣传片。拍卖季参与企业118家，举办拍卖会498场，成交额143.5亿元。

加强汽车流通行业管理，促进行业稳步发展。全市二手车交易量69.5万辆，同比增长65.8%。8家报废汽车回收拆解企业共回收报废汽车48 322辆，同比增长7.8%。配合相关部门推进老旧机动车更新淘汰工作。2012年，共审核老旧机动车报废补贴信息3.5万辆，共淘汰老旧机动车37.7万辆。

再生资源回收行业完成《北京市2012年拟为群众办重要实事》任务，完成415个站点建设；确定北京青龙河经济技术开发有限公司、北京市海淀区物资回收公司、北京华京源再生资源回收有限公司3家企业为2012年再生资源回收示范企业。据测算，2012年全市再生资源回收量约为490万吨。

以“再生资源回收日”活动为载体，加大再生资源回收宣传力度。2012年以“做文明有礼的北京人，资源回收、垃圾减量、从我做起”为主题，分别开展了10次“再生资源回收日”进社区、进机关、进企业、进农村宣传活动。按照全国统一部署，开展了“绿色回收进校园”宣传活动，共组织活动32次，商务部网上刊登“北京市绿色回收进校园宣传活动效果突出”。完成《北京市再生资源回收从业人员研究》调研报告和再生资源回收人员培训，共培训2 931人。

向商务部推荐内资融资租赁试点企业，其中北京中车信融汽车租赁有限公司、东森海润租赁有限公司、荣达租赁有限公司和联通物产租赁有限公司5家企业获得试点资格，全市累计已有内资融资租赁试点企业22家。完成了《北京市融资租赁聚集区发展对策研究》调研报告。

（赵　洁、张炳词）

【建立再生资源回收体系建设协调机制】 积极推进《北京市加快推进再生资源回收利用体系产业化发展意见》（以下简称《意见》）重点任务的落实。建立了全市再生资源回收体系建设工作协调机制；指导东城、大兴、怀柔等区县制定贯彻落实《意见》的具体实施意见和工作方案。

（张炳词、魏　拓）

【开展10次“再生资源回收日”宣传】 以“再生资源回收日”活动为载体，加大再生资源回收宣传力度。2012年以“做文明有礼的北京人，资源回收、垃圾减量、从我做起”为主题，分别开展了10次“再生资源回收日”进社区、进机关、进企业、进农村宣传活动。

（张炳词、魏　拓）

【开展32次“绿色回收进校园”宣传】 按照全国统一部署，开展了“绿色回收进校园”宣传活动，共组织活动32次，商务部网上刊登“北京市绿色回收进校园宣传活动效果突出”。

（张炳词、魏　拓）

【超额完成回收站点实事任务】 “新建300个规范化再生资源回收站点”被列为2012年市政府35项实事之一，并纳入北京市2012年推进生活垃圾处理工作折子工程。市区商务部门共同努力，当年新建415个再生资源回收站点。

（魏　拓）

【培育3家再生资源回收示范企业】 专家评审认定北京青龙河经济技术开发有限公司、北京市海淀区物资回收公司、北京华京源再生资源回收有限公司3家企业为2012年再生资源回收示范企业。

（魏　拓）

【对16区县开展再生资源回收考核】 按照《北京市商务委员会关于印发〈北京市再生资源回收体系建设考核办法〉（试行）的通知》和《北京市商务委员会关于下达2012年再生资源体系建设任务的通知》的有关规定，市商务委组成了考核验收小组对16个区县商务委2012年再生资源回收体系建设情况逐一进行考核。考核结果显示，各区县进一步重视回收体系建设，考核成绩比上年明显提高，平均提高了5分。

（张炳词、魏　拓）

【组织再生资源回收从业人员培训】 为提高再生资源回收管理人员的政策水平和回收从业人员素质，加强行业管理，自2011年8月至2012年6月，市商务委开展了“北京市再生资源回收从业人员和管理人员培训班”，共完成16个区县2 931名学员的培训工作。

（魏 拓）

【集中开展7次再生资源回收安全检查】为进一步规范本市再生资源回收单位安全生产管理工作，按照《北京市安全生产委员会关于开展安全生产“护航”联合行动第二战役的通知》工作部署，市区商务部门配合安监等部门，自2012年5月起至2012年11月底，在全市范围内集中开展再生资源回收单位安全生产专项检查行动，共组织了7次集中联合检查。通过专项检查，消除了再生资源回收单位的安全隐患，规范了回收单位的经营和管理，推进了再生资源回收行业有序发展。

（张炳词、魏 拓）

【开展再生资源回收从业人员研究】撰写了《北京市再生资源回收从业人员研究》的调研报告，为推进北京市再生资源回收体系进一步完善和发展奠定了基础，为北京市人口规模调控提供了依据和参考。

（张炳词、魏 拓）

【9个单位及8人获生活垃圾分类贡献奖】东城区商务委、海淀区商务委、昌平区商务委、怀柔区商务委、北京再生资源和旧货行业协会、北京天龙天天洁再生资源回收利用有限公司、北京海川得益源心源分拣中心、北京多利洁物资回收有限责任公司、北京市华京源再生资源回收市场有限公司9个单位被首都城市环境建设委员会、首都精神文明建设委员会评为“2011年度生活垃圾分类社会单位贡献奖”；丰台区商务委曹军、再生资源行业协会刘甫强、天天洁公司刘权、海川得益公司马小兰、湘鄂情公司阎肃、鑫宏鹏纸业公司姜晓强等8名同志荣获“2011年度生活垃圾分类个人贡献奖”。

（张炳词、魏 拓）

【家具以旧换新销售额占比26.6%】2012年11月1日至11月30日，北京市开展了家具以旧换新试点工作。试点效果显著，5家试点销售企业以旧换新销售4类家具2.6万件，以旧换新销售金额1.5亿元，以旧换新销售额占同类家具总销售额的26.6%，超过1万名的消费者得到实惠。试点方便了居民处置旧家具，拉动了新家具消费，推动建立废旧家具回收处理体系，促进家具销售企业的业态升级和管理升级，为2013年以旧换新政策推广实施奠定了实践基础。

（张炳词、魏 拓）

【内资融资租赁试点企业达22家】根据商务部、国家税务总局《关于从事融资租赁业务有关问题的通知》，通过推荐上报，荣达租赁公司等5家租赁企业获得商务部、国家税务总局批准为试点企业资格。目前北京市累计已有22家内资融资租赁试点企业，是全国获批试点企业最多的省区市。

（魏 拓）

【中国融资租赁业发展高峰论坛在京举行】北京市租赁行业协会主办的2012年中国融资租赁业发展高峰论坛于9月22日至23日举行，论坛围绕融资租赁业的法律法规保障、行业政策、税收政策以及企业经营管理等议题进行了交流和探讨。论坛是贯彻落实全国融资租赁工作会议精神的具体举措。最高人民法院、全国人大财经委、商务部、市区有关负责同志，有关行业协会、全国部分内资融资租赁企业、外商租赁企业、金融租赁企业、保险企业等近百人出席。

（张炳词 魏 拓）

【中关村出台促进融资租赁发展新政策】 为进一步促进融资租赁业在中关村的发展，中关村管委会等部门出台了《中关村国家自主创新示范区融资租赁支持资金管理办法》，对企业融资租赁而发生的融资费用给予20%的补贴，为中关村企业提供融资租赁业务，按照其每年新增业务总额的1%给予补贴。

（张炳词、魏 拓）

【开展融资租赁聚集区发展对策研究】 为促进北京市融资租赁市场较快发展，开展了北京市融资租赁聚集区发展对策研究，形成了调研报告，为北京市融资租赁聚集区发展提供了决策参考。

（张炳词、魏 拓）

【举办融资租赁业务8期培训】 2012年，北京市租赁行业协会共举办8期培训班和1次高峰论坛，邀请业内理论专家和实务操作精英就"融资租赁风险控制实务操作"、"融资租赁企业贯彻落实营业税改征增值税及会计处理"等内容进行了培训，内外资融资租赁企业、金融租赁企业等600多人参加了培训，培训效果良好。

（张炳词、魏 拓）

【新增拍卖企业65家】 2012年，批准拍卖企业设立65家，办理拍卖企业变更104家，换发证书171家。

（赵 洁、曾 青）

【拍卖总成交额下降52.5%】 据统计，2012年北京拍卖企业共举办拍卖会2 039场次、成交总额266.3亿元，同比分别下降6.9%、52.5%。

（赵 洁、曾 青）

【开展拍卖企业2012年度核查】 根据《中华人民共和国拍卖法》、商务部《拍卖管理办法》的有关规定，北京市商务委开展2012年北京拍卖企业年度核查，对拍卖企业2011年度经营资质、经营情况、拍卖人员情况及企业变更事项等进行了核查，共有254家拍卖企业通过了核查。

（赵 洁、曾 青）

【举办第六届北京拍卖季】 第六届北京拍卖季活动于2012年10月至12月举办，纳入了第七届中国（北京）国际文化创意产业博览会系列活动。本届拍卖季共有118家企业参与，共举办文物艺术品和资产两大板块的拍卖会498场次，总成交额143.5亿元。拍卖季期间，举办了以"规范、繁荣、发展"为主题的2012北京拍卖季行业发展论坛，并与北京电视台合作制作播放了三集2012北京拍卖季专题宣传片。

（赵 洁）

【建立拍卖监管联席会议制度】 市商务委与市工商局、市文物局建立了拍卖监管联席会议制度，做到各部门定期沟通情况、加强协调配合、联合查处违法、联动监管行业，提高了拍卖行业监管能力。

（赵 洁）

【A级以上资质拍卖企业达59家】 北京市形成一批品牌化拍卖企业。本市具有A级以上资质的拍卖企业59家，3A级资质拍卖企业13家，占全国的12.6%。

（赵 洁）

【引进4家外资拍卖企业】 2012年，北京市引进外资拍卖企业4家，包括艺术品拍卖企业苏富比公司和工业设备拍卖企业利氏兄弟拍卖公司。苏富比（北京）拍卖有限公司、利氏兄弟拍卖（北京）有限公司均设立在北京顺义天竺综合保税区。

（赵 洁）

【嘉德举办首场香港拍卖会】 中国嘉德、

北京保利拍卖公司分别在香港设立了公司(分公司)。2012年10月，中国嘉德香港公司首次香港拍卖会圆满收槌，总成交额4.6亿港币。

(赵　洁)

【建立北京公共资源拍卖平台】建立北京公共资源拍卖平台，35家司法委托拍卖企业入驻平台，实现了现场与网络同步拍卖。2012年，平台共举办拍卖会188场，上拍数量1 012件，总成交额13.2亿元。

(赵　洁)

【发布5项拍卖标准】拍卖行业先后发布5项标准，包括国家标准《拍卖企业的等级评估与等级划分》以及《拍卖术语》、《拍卖师操作规范》、《机动车拍卖规程》、《不动产拍卖规程》4项行业标准。

(赵　洁)

【新增典当企业及分支机构69家】2012年，北京市新增典当企业50家、典当分支机构19家，批复典当企业变更50家、换发典当经营许可证120家。

(赵　洁、安玉新)

【典当注册资本总额同比增长36.6%】北京典当行业的总体运营呈现稳步发展态势，经营能力进一步提高。截至2012年12月31日，北京典当行业注册资本总额为人民币58.1亿元，同比增长36.6%；典当总额189亿元，同比增长26.8%；实现主营业务收入13.5亿元，同比增长30%；从业人数3 172人，同比增长39.9%。

(赵　洁、安玉新)

【开展典当企业2011年度核查】开展北京市典当企业及外省分支机构2011年度核查。199家典当企业和外省分支机构被评为A类企业，17家典当企业被评为B类企业，1家外省分支机构被收回《典当经营许可证》。

(赵　洁、安玉新)

【开展典当行业调查评估】根据《商务部办公厅关于开展对典当行业调查评估的通知》要求，采取区县商务主管部门普查、市商务执法队对全市20%的典当企业抽查、电话征求北京市金融办、中国人民银行北京营业部相关部门意见等多种方式，完成本市典当行业调查评估工作。

(赵　洁、安玉新)

【新增二手车鉴定评估机构2家】批准二手车鉴定评估机构设立2家，变更1家。

(赵　洁、王喜艳)

【汽车品牌经销及二手车企业备案24家】办理汽车品牌经销商备案23家、二手车经营主体备案1家。

(赵　洁、王喜艳)

【二手车交易总量69.5万辆】2012年，全市二手车交易总量69.5万辆，同比增长65.8%。其中北京北辰亚运村汽车交易市场中心、北京顺潮东机动车市场有限公司、北京中联旧机动车经营市场、北京新发地汽车交易市场有限公司、北京旧机动车交易市场有限公司、北京北方汽车交易市场经营管理有限公司等6家北京市备案的旧机动车交易市场二手车交易总量62万辆、交易总额426.8亿元。

(王喜艳)

【淘汰老旧机动车37.7万辆】2012年，积极配合相关部门推进北京市老旧机动车淘汰更新工作，共淘汰老旧机动车37.7万辆。

(王喜艳)

【回收报废汽车5万辆】2012年，北京市8家报废汽车回收拆解企业回收报废汽车总量50 314辆，同比增长12.3%。

（王喜艳）

【确定2家二手车交易升级改造试点】经向社会公开征集项目、专家评审、项目公示等环节，确定北京市旧机动车交易市场和北京北辰亚运村汽车交易市场2家企业为商务部二手车交易市场升级改造示范工程试点企业。

（王喜艳）

【发放国家老旧汽车报废更新补贴】根据《老旧汽车报废更新补贴资金管理暂行办法》和《财政部、商务部2012年第27号公告》规定，组织开展本市老旧汽车报废更新补贴资金发放工作，共审核通过老旧汽车报废补贴637辆，其中农村客运车辆80辆、城市公交车辆500辆、重型载货车辆57辆，共发补贴款1 090.6万元。

（王喜艳）

【组织报废汽车回收拆解企业检查】2012年5月，组织市公安、环保、工商等部门对北京市8家报废汽车解体企业进行联合检查，加强了报废汽车回收拆解行业的监管。

（王喜艳）

五、物流产业

【概况】2012年，物流工作以贯彻落实《北京市“十二五”时期物流业发展规划》和国务院《关于促进物流业健康发展政策措施的意见》为契机，积极践行“便民利民、促进发展，服务全国、辐射世界”的发展宗旨，促进转变发展方式，推进行业结构调整，增强物流业服务国际商贸中心建设的能力和水平。

一、优化物流业发展环境

研究制定《关于落实促进物流业健康发展政策措施的实施意见》，以市政府办公厅名义印发实施，结合我市物流业实际情况，从税收、土地、交通、科技、人才等各方面，提出了保障本市物流业健康持续发展的十条政策措施。做好物流业营业税改征增值税试点相关工作，开展物流业营业税改征增值税试点情况调研，多次召开交通运输业、货代业部分企业座谈会，研究测算营业税改征增值税对全市物流业的影响，并提出应对建议。营改增试点实施后，组织对企业财务人员进行培训，跟踪了解营改增对行业企业的影响。加大物流人才培养和培训力度，举办首届物流高级研修班，提高了本市物流骨干人才队伍的理论和实践水平及对国际化大都市城市物流体系构建与发展的认识，为本市物流业发展注入人才动力。加强物流行业安全工作，举办全市物流企业安全保卫培训会，与市公安局、市国安局、市交通委、市工商局、市邮政管理局等单位联合印发《关于进一步加强全市物流寄递渠道安全管理工作的通告》，有效提升物流企业安全防控能力，有力保障居民生活及“十八大”等重要活动。

二、推动物流服务模式创新

继续推动城市物流末端共同配送示范，截至2012年12月，全市已建设共同配送网点101个，服务超过100万户居民，日均配送量近3万票，并对接了京东、当当、水产网等电子商务企业，快行线等专业配送企业和申通、中通等快递企业数十家，整合其“最后100米”配送业务，提高了末端配送效率，为居民提供了安全、便捷、高效的末端配送服务。推动成立农产品直采直供联盟，通过信息化服务交易平台建设，实现农产品流通供需双方的规模化对接，同时引入了第三方物流和共同配送模式，有效满足了机关企事业单位、餐饮企业等集团客户对高品质、多样化农副产品的供应需求，截至2012年年底联盟已吸纳包括农业生产合作组织、农产品流通服务企业和终端集团客户在内的800多家成员单位，日配送量从成立之初的70余万公斤提高到125万公斤。

三、发挥科技驱动作用提升物流业水平

做好中关村现代服务业综合试点工作，统筹协调、加强部署，多渠道组织商务领域项目申报，促进商务领域重点工作，重点支持电子商务和现代物流领域的技术和商业模式创新、公共信息平台和支撑环境等项目建设。组织完成“北京市食品冷链物流关键技术研发与示范”项目并顺利通过专家组验收，研发了基于物联网技术的食品冷链物流可视化系统，并组织快行线、京客隆、东方友谊等5家代表性企业进行了示范应用。推动新能源汽车在物流配送领域示范应用，确定了70辆纯电动物流车的示范任务，完成了车辆招投标，由北汽福田、北汽新能源进行车辆生产，并在新发地、城市一百、神州泰岳等物流配送企业进行示范运行，截至2012年年底完成了车辆安装并上路运营。

四、加快公共物流集聚区发展

北京市物流基地已由建设期整体迈入稳定成长期，共吸引入驻企业988家，2012年实现营业收入727亿元，同比增长21%，各基地逐步形成了各具特色的功能定位，实现了优势互补、错位发展。国际物流设施建设发展成绩显著，以保税物流为特色的国际物流发展取得进展。全市已形成北有天竺、南有亦庄、东有马坊，空、陆、海直通，综合保税区、保税物流中心（B型）、保税仓库等多元配套的口岸物流格局。天竺综合保税区集保税加工、保税物流、口岸作业等功能于一体，2012年借助天竺综保区平台开展保税业务的国内外知名企业已达400余家，入区企业累计达到160余家，2012年天竺综保区保税功能区实现进出口总值23.8亿美元，同比增长19.4%；亦庄保税物流中心（B型）具备保税仓储、国际物流配送、简单加工和增值服务等多项功能，2012年累计出入中心货物总量达1.4万吨，海关监管货值累计超过7.4亿美元。平谷马坊国际陆港2012年完成外贸集装箱吞吐量33 067标箱（其中出口货物检疫3 050标箱，保税库出库货物1 774标箱），同比增长177%。

五、加快建设并完善公共物流信息平台

“物流北京”平台注册会员3 000多家，汇集北京市库房与设备资源2 000余处，其中库房信息1 200处；自2011年开通在线招投标功能以来，共组织在线招投500余次，招标金额累计超6亿元；为会员企业融资贷款近亿元，节约保费成本百万元。“物流中国”区域物流公共信息平台投入试运行，该平台是在原京联网的基础上升级改造而成，企业会员数量达到1.2万家，日发布区域物流信息量约为2万单左右，线下日交易金额超过6 000万元，在北京及周边地区散货干线物流市场占有率达95%以上，是当前本市最大的区域物流行业公共服务平台。

（卓海静）

【制定出台促进物流业发展文件】为贯彻落实国务院办公厅《关于促进物流业健康发展政策措施的意见》（国办发〔2011〕38号），牵头研究制定《关于落实促进物流业健康发展政策措施的实施意见》并以市政府办公厅名义正式印发实施。该意见是本市继《北京市“十二五”时期物流业发展规划》发布之后，在促进物流业发展方面出台的又一重要政策文件。

（卓海静）

【召开全市物流企业安全保卫培训会议】为进一步规范和加强物流企业安全保卫工作，有效提升物流渠道安全防控能力，召开了全市物流企业安全保卫培训会议。祥龙、长久、嘉里大通、宅急送等70多家物流企业和物流基地的安全主管参加了培训。会上，市公安局、市国家安全局和市交通委分别就物流企业治安保卫、寄递渠道安全管理和道路货物运输等方面的要求进行了讲解。

（卓海静）

【完成食品冷链物流技术研发示范项目】组织实施完成了“北京市食品冷链物流关键

技术研发与示范”项目并顺利通过专家组验收，研发了基于物联网技术的食品冷链物流可视化系统，并组织快行线、京客隆、东方友谊等5家代表性企业进行了示范应用。

（卓海静）

【完成物流蓝皮书（2012）初稿编制】 为加强对新形势下北京市物流业发展的研究，全面梳理北京市物流资源状况和物流业发展情况，准确把握北京市物流业总体发展水平和未来发展趋势，委托有关高校和咨询机构开展对北京市物流业发展的专项调查和研究，并编制《北京物流蓝皮书（2012）》。2012年完成了蓝皮书初稿编制工作。

（卓海静）

【召开中关村现代服务业试点工作部署会】 为更好地利用中关村国家自主创新示范区现代服务业综合试点促进本市商务发展，更广泛地动员各界力量组织好商务领域重点项目申报，召开了各区县商务委、各有关行业协会的工作部署会，要求以先进技术应用和组织运营模式创新为亮点，把握好示范性、带动性原则，挑选并组织具有一定显示度，能够引领行业发展或带动上下游产业链集群发展的项目。

（卓海静）

【6个项目获中关村现代服务业试点资金】 城市物流末端共同配送示范项目、农产品物流包装循环共用示范项目分别获得以股权投资支持的资金1 490万元、1 920万元，全国汽车租赁服务业电子管理系统建设项目、钢铁企业制造执行系统MES软件与服务产业化项目、移动互联网产业链协同创新及产业化服务平台项目、基于车联网技术的95190车辆智能智驾5C服务系统项目分别获得补助资金330万元、950万元、1 000万元、410万元。

（卓海静）

【推动8家单位成立农产品直采直供联盟】 2012年6月，推动北京新发地农产品批发市场、京粮集团、北京物流协会农产品分会、北京报业集团、北京农垦集团、北京市餐饮行业协会、北京金邦安迅网络技术有限公司（大司农）、河北天康农民合作社等8家单位发起成立农产品直采直供联盟。联盟通过信息化服务交易平台建设，实现农产品流通供需双方的规模化对接，同时引入第三方物流和共同配送模式，有效满足了机关企事业单位、餐饮企业等集团客户对高品质、多样化农副产品的供应需求。

（卓海静）

【“物流中国”信息平台投入试运行】 2012年8月由京津港国际物流有限公司投资建设的“物流中国”项目投入试运行。该物流信息平台是在原京联网的基础上升级改造而成，现企业会员数量达到1.2万家，日发布区域物流信息量约为2万单左右，线下日交易金额超过6 000万元人民币，在北京及周边地区散货干线物流市场占有率达95%以上，是北京市最大的区域物流行业公共服务平台，为撮合北京以及周边省市物流交易、整合社会物流资源、规范物流市场发挥积极作用。

（卓海静）

【举办首届物流高级研修班】 为落实《北京市“十二五”时期物流业发展规划》有关要求，加大物流人才培养和培训力度，于2012年8月27日至29日举办“城市物流服务保障体系构建与发展高级研修班”。来自北京市近50家物流企业的近百名中高层管理人员和专业技术人员参加了培训。首届研修班主要围绕现代物流发展理念及趋势、物流园区及物流企业运营管理的战略及方法，电子商务物流、税收改革试点等当前物流业发展的热点前沿问题进行了研修学习。首届研修班被市人力社保局列入2012年市级高级研修班项目。

（卓海静）

【建设完成100个共同配送站点】以进社区、进校园为重点，全市建设完成城市物流末端共同配送网点101个，服务超过100万户居民，日均配送量近3万票。共同配送示范企业“城市一百”对接了京东、当当、水产网等10余家电子商务企业，申通、中通等10余家快递企业以及快行线等专业配送企业，在“最后100米”配送业务中，为居民提供了安全、便捷、高效的末端配送服务。

（卓海静）

【推动新能源汽车开展物流配送示范】确定了70辆纯电动物流车的示范任务，确定了两种车型，分别为北汽福田纯电动厢式运输车40辆和北汽新能源威旺306EV纯电动封闭式货车30辆，由北汽福田、北汽新能源进行车辆生产，完成了车辆验收、运行手续办理等，实现了在新发地、城市一百、神州泰岳、北京烟草等物流配送企业的示范运行。

（卓海静）

【利用媒体全方位宣传北京物流业】利用北京市主流媒体、全国行业媒体全方位宣传本市现代物流业发展取得的成绩、政策措施和成功的做法，成效明显。《北京日报》整版详细报道本市四大物流基地；《现代物流报》分4期连续推出“值得推崇的社区物流共同配送系列报道”，介绍本市城市物流末端共同配送模式。

（卓海静）

【19家北京企业进入中国物流50强】在中国物流与采购联合会评选的“2012年度中国物流50强”中，中国远洋运输（集团）总公司、中国外运长航集团有限公司等19家设在北京的企业榜上有名，前25名中有14家北京市企业。

（卓海静）

【完成国际货代经营资格备案79个】2012年共完成国际货运代理经营资格备案79个，变更112个。其中，新备案的内资总公司61个，内资分公司5个，外商投资总公司5个，外商投资分公司8个；办理变更的内资总公司75个，外商投资总公司18个，内资分公司9个，外商投资分公司10个。另外，办理国际货代经营资格注销6个。

（卓海静）

六、对外贸易

货物贸易

【概况】2012年是外贸调结构、转方式的重要一年。按照中央、国务院和市委、市政府的有关指示精神，围绕外贸稳增长的目标，积极会同相关部门研究制定政策措施，促进贸易便利化，提升外贸发展水平工作取得了一定进展。

一、北京市进出口总体情况及主要特点

2012年，北京市进出口总值突破4 000亿美元，达到4 079.2亿美元，同比增长4.7%，其中出口596.5亿美元，同比增长1.1%；进口3 482.7亿美元，同比增长5.3%。累计进出口额、出口额和进口额分别在全国排名第四、第七和第二。主要特点有：

（一）进出口商品结构持续优化。2012年，北京市工业制成品出口501.7亿美元，同比增长1%，占全市出口总额的84.1%；初级产品进口2 254.5亿美元，同比增长12.2%，高于全市进口增幅6.9个百分点，占全市进口总额的64.7%。

（二）机电和高新技术产品出口增势明显。2012年，北京市机电产品出口373.9亿美元，同比增长6.1%，高于全市出口增幅5个百分点，占全市出口额的62.7%，比2011年年底提高3.2个百分点。高新技术产品出口189.3亿美元，同比增长4.5%，高于全市出口增幅3.4个百分点，占全市出口额的31.7%，比2011年年底水平提高1.9个百分点。

（三）对东盟和拉美等新兴市场出口快速增长。2012年，北京市对东盟出口76.4亿美元，占全市出口总额的12.8%，增长10.5%，对拉丁美洲出口56.9亿美元，占全市出口总额的9.5%，同比增长37.5%；

（四）海关特殊监管区进出口保持快速增长。2012年，北京市海关特殊监管区进出口保持快速增长，累计实现进出口额201.5亿美元，同比增长12.7%，其中出口32.7亿美元，同比增长15.3%，进口168.8亿美元，同比增长12.3%，进出口、出口和进口增幅分别高于同期全市增幅8、14.2和7个百分点。其中保税监管场所进出境货物出口31.9亿美元，进口151.6亿美元，分别增长15.2%和10.6%。

（五）加工贸易出口增速高于一般贸易出口。2012年以来，北京市加工贸易出口增幅始终以高于同期全市出口增幅的水平增长，全年加工贸易出口223.4亿美元，同比增长8.3%，高于全市出口增幅7.2个百分点，出口增长的主要商品是手机及零部件和成品油等。

（六）首都外贸服务全国的枢纽型贸易功能不断增强。全年北京市进口为外埠配置资源2 594.5亿美元，占全市进口总额的74.3%，比2011年年底提高2.1个百分点；带动外埠产品进入国际市场的出口有300.8亿美元，占全市出口总额的50.4%，比2011年年底提高1.1个百分点。

二、主要工作及措施

（一）研究制定稳增长政策措施，促进贸易便利化。北京市商务委员会积极协调相关部门出台促进外贸稳定增长的多项具体政策措施，并通过各种政策培训会和宣讲会进行宣传，帮助企业用足用好各项政策，包括举办了3场“北京市中小企业国际市场开拓资金政策培训会”，累计635家企业参加；联合相关职能单位共同主办了第五届、第六届“进出口政策服务咨询会”，400余家企业参会；联合市国税局举办了“出口退（免）税快捷服务政策宣讲会”，74家A类企业参加；充分发挥“北京市促进外贸发展联席会议机制”的作用，推动北京地区贸易便利化水平进一步提高。

（二）改善外贸环境，促进外贸调结构、转方式。2012年4月，市商务委会同市财政局制订下发了《北京市关于调整外贸结构转变外贸发展方式的意见》，重点从优化商品结构、优化主体结构、优化市场结构、优化贸易结构、优化进口结构和优化贸易环境等六个方面加大引导和支持力度，促进外贸发展方式转变；积极推动北京天竺综合保税区、北京亦庄保税物流中心（B）型和马坊国际陆港等海关特殊监管区充分发挥功能优势；积极协调中国人民银行营业管理部等有关部门推动扩大出口货物贸易人民币结算企业范围，使境内所有具有进出口经营资格的企业均可依法开展出口货物贸易人民币结算业务；推动总部型进出口企业在京发展。

（三）优化出口商品结构，积极扩大进口。市商务委大力培育具有自主品牌和自主知识产权的“双自主”企业扩大出口。加大政策引导和资金支持力度，优先支持“双自主”企业参加“广交会”及境外国际展会；优先安排符合中小企业国际市场开拓资金支持条件的中小型“双自主”企业申报的项目；积极协调财政部门，研究出台政策支持大型“双自主”企业开展的国际市场开拓活动。通过举办“进口商品购物节”，引导进口商品进入国内市场。

（四）积极搭建外贸企业专业服务平台，优化主体结构。充分发挥北京市目前现有的2个国家级和6个市级外贸转型升级示范基地的作用，推动全市外贸主体结构进一步优化。同时大力支持公共检验检测平台、公共技术研发平台、公共展示平台、公共物流平台、国际孵化器平台、公共交易平台、国际营销平台、公共信息平台等外贸公共服务平台的建设工作。

（李　倩）

【进出口贸易额首次突破4 000亿美元】 2012年，北京市进出口总值为4 079.2亿美元，其中出口596.5亿美元；进口3 482.7亿美元。

（李　倩）

【出口带动全国外埠出口超300亿美元】 2012年，北京市进口在全国外埠配置资源2 594.5亿美元，出口带动全国外埠产品出口300.8亿美元，占全市进口额和出口额的比重分别比上年提高2.1和1.1个百分点，对全国的辐射和带动作用逐步增强。

（李　倩）

【“双自主”企业出口额占10%】 2012年，北京市拥有自主品牌或自主知识产权的“双自主”企业共实现出口59.6亿美元，占全市出口总额的10%。

（李　倩）

【进出口分别以初级产品工业制成品为主】 2012年，北京市工业制成品出口501.7

亿美元，占全市出口 84.1%；初级产品进口2 254.5亿美元，占全市进口 64.7%。

（李 倩）

【进出口均以一般贸易为主】 2012 年，北京市一般贸易出口 286.3 亿美元，占全市出口总额的 48%，加工贸易出口占比为 37.5%；一般贸易进口3 111.9亿美元，占全市进口总额的 89.4%，加工贸易进口占比为 4.8%。

（李 倩）

【机电产品出口增速高于全市 5 个百分点】 2012 年，北京市机电产品出口 373.9 亿美元，增长 6.1%，高于全市出口增速 5 个百分点。

（李 倩）

【出口超 10 亿美元的商品有 8 种】 2012 年，北京市出口超 10 亿美元的商品有 8 种，分别是手机、成品油、钢材、船舶、服装及衣着附件、集成电路、肥料和农产品。

（李 倩）

【手机出口占比为 17%】 2012 年，北京市首位出口商品手机出口 101.1 亿美元，占全市出口 17%，同比增长 18.8%。

（李 倩）

【对前五大贸易伙伴进出口占比超 30%】 2012 年，北京市前五大贸易伙伴分别是美国、沙特阿拉伯、安哥拉、德国和澳大利亚，五国的进出口占全市进出口总额的 33.2%。

（李 倩）

【亚洲是北京市第一大出口和进口市场】 2012 年，北京市对亚洲出口 319.7 亿美元，占全市出口总额的 53.6%，从亚洲进口1 566亿美元，占全市进口总额的 45%。

（李 倩）

【国有企业出口占比过半】 2012 年，北京市国有企业出口 320.9 亿美元，占全市出口总额的 53.8%；外资企业出口 213.5 亿美元，占全市出口总额的 35.8%。

（李 倩）

【出口超 10 亿美元的企业有 10 家】 2012 年，北京市出口超 10 亿美元的企业有 10 家，比 2011 年增加 4 家。

（李 倩）

【原油是北京市首位进口商品】 2012 年，北京市原油、汽车和农产品分列进口前三位，其中，原油进口1 586.6亿美元，占全市进口总额的 45.6%。

（李 倩）

【进口额超百亿美元的企业有 4 家】 2012 年，北京市进口额超 100 亿美元的企业有 4 家，比上年增加 1 家。

（李 倩）

【全年审批加工贸易合同 5 471 份】 2012 年，北京市商务委办理进出口企业加工贸易业务5 471份。全年加工贸易出口 223.4 亿美元，增长 8.3%，进口 167.2 亿美元，增长 12.1%。

（李 倩）

【跨境贸易结算额同比增长 82.5%】 2012 年，北京地区跨境贸易人民币结算额超过9 528.91亿元，位居全国前列，较上年增长 82.5%。

（李 倩）

【首批享出口退税快捷服务企业 74 家】 为落实国务院《关于促进外贸稳定增长的若干意见》，加快出口退税进度、优化外贸发展环境，北京市国税局和北京市商务委联合推出出口退（免）税快捷服务政策，第一批享受出口退（免）税快捷服务的企业有

74家。

（李 倩）

【两家产业基地获首批国家级示范基地】 市商务委积极组织北京市优势产业申报国家级外贸转型升级示范基地，目前，“北京经济技术开发区生物医药产业基地”和“北京市朝阳区服装产业基地”已由商务部正式认定为第一批国家级外贸转型升级专业型示范基地。

（李 倩）

【六家产业基地获首批市级示范基地】 2012年3月，北京市正式启动市级外贸转型升级示范基地认定工作。依据《北京市外贸转型升级示范基地评审办法》，经各区县申报、专家组评审以及面向社会公示等程序，平谷区乐器基地、房山区合成橡胶基地、昌平区生物医药基地、海淀区广电设备基地、怀柔区食品饮料基地和东城区进出口总部基地等六个基地，被认定为市级外贸转型升级示范基地。

（李 倩）

【短期出口信用险支持出口规模创新高】 2012年短期出口信用险累计支持出口140亿美元，创历史新高，同比增长35.1%，对一般贸易的覆盖率为48.9%，比上年增加14.2个百分点。企业覆盖面进一步扩大，服务企业数达到826家，比上年增加475家；新增小微企业客户421家，比上年增长927%。

（刘均环）

【合作实现保单项下融资8 076万美元】 2012年中建材国际贸易有限公司等27家公司分别与中信银行股份有限公司等11家银行合作实现保单项下融资额8 076万美元，其中北京市属企业实现保单项下融资额7 331万美元，比上年增长36%。

（刘均环）

【举办第五、六届进出口政策服务咨询会】 各部门继续为进出口企业搭建综合高效服务平台。2012年6月和12月，市商务委、市公安局、市外办、北京海关、北京市国税局、北京出入境检验检疫局、人行营业部、北京外汇管理部等单位，共同主办了第五届、第六届“进出口政策服务咨询会”，共计650多家进出口企业，1 200余人参加了咨询活动，政策宣讲和现场咨询遵循务实高效原则，受到了企业的欢迎，企业反响热烈。

（谢 江）

【首批市级外贸示范基地正式授牌】 8月28日，市商务委召开第一批北京市外贸转型升级示范基地授牌大会。市商务委、北京海关、市国税局、北京出入境检验检疫局、北京外汇管理部等部门领导共同为示范基地授牌，北京市示范基地培育工作取得了阶段性成果。

（谢 江）

【与天竺综保区联合举办产业促进座谈会】 2012年11月28日，市商务委与北京天竺综保区管委会联合举办北京天竺综合保税区产业促进座谈会，会议邀请了我市进出口、仓储物流、商业零售、租赁、拍卖和服务贸易等行业的50多家企业负责人和相关行业协会代表参加。天竺综保区管委会、天竺海关、天竺综保区检验检疫办事处分别就综保区政策、功能、投资环境、海关、检验检疫相关政策、优惠便利措施进行了介绍和讲解。会前参会代表参观了综保区。

（柏际平）

【各类进口关税配额市属企业14家】 2012年北京市羊毛、毛条进口关税配额企业11家；食糖农产品进口关税配额企业3家。

（谢　江）

【原油、燃料油非国营进口企业22家】 2012年北京原油非国营贸易进口企业4家；燃料油非国营贸易进口企业18家。

（谢　江）

【出口配额、许可证管理出口企业20家】 2012年，铁合金出口企业10家；柠檬酸出口企业1家；焦炭出口企业1家；稀土出口企业1家；甘草出口配额招标中标企业3家；锯材出口1家；矾土出口配额招标中标企业1家；磷矿石出口企业1家；水镁石出口配额招标中标企业1家。

（谢　江）

【玉米酒糟实行自动进口许可管理】 根据商务部、海关总署2011年第97号公告，公布《2012年自动进口许可管理货物目录》，自2012年1月1日起对玉米酒糟实施自动进口许可管理。

（谢　江）

【化肥进口关税配额实行先来先领】 根据商务部2011年第63号"公布2012年化肥进口关税配额总量、分配原则及相关程序"公告，2012年化肥进口关税配额实行先来先领的分配方式。凡在中华人民共和国工商行政管理部门登记注册的企业，在其经营范围内均可申请化肥进口关税配额。

（谢　江）

【成品油非国营企业进口实行先来先领】 根据商务部2011年第66号"公布2012年成品油（燃料油）非国营贸易企业进口允许量、申领条件、分配原则和相关程序"公告，2012年燃料油进口允许量实行先来先领的分配方式。符合非国营贸易进口企业条件的企业根据实际进口需求申领燃料油进口允许量，其可申领的起始数量根据以往实际获得的燃料油进口允许量设定。在起始申领数量内企业可分次申领燃料油自动进口许可证。

（谢　江）

【办理各类货物进出口许可证1.7万件】 2012年，市商务委为北京市进出口企业办理各类货物进出口许可证17 235件。其中：外商投资企业自动进口许可证447件；纺织品产地证签发15件；农产品进口关税配额证签发71件；进出口商品配额管理25件；易制毒化学品进出口审批（核）204件；货物自动进口许可管理（非机电类）11 746件；授权范围内出口许可证签发4 727件。

（谢　江）

机电产品进出口

【概况】 2012年，全市机电产品进出口总额累计1 095.6亿美元，比上年同期下降2.1%，位列全国各省市第5名，占全国机电产品进出口总额的5.9%。其中：出口373.9亿美元，比上年同期增长6.1%，占全市外贸出口总额的比重达到62.7%，位列全国各省市第6位；进口721.7亿美元，比上年同期下降5.7%，占全市外贸进口总额的20.7%，位列全国各省市第4位。

一、机电产品出口情况

1. 国有、外资、民营三类企业出口均保持增长

2012年，国有企业出口156.8亿美元，同比增幅为13.6%；民营企业出口29亿美元，同比增长17.2%；外资企业出口188.7

亿美元，同比增长2.8%。

全市实现机电产品出口的企业达4 723家。其中，出口超过亿美元的企业有60家，共实现出口267.7亿美元，比上年同期增长12.7%，占机电出口总额的71.5%；出口超过千万美元的企业有295家，共实现出口337亿美元，同比增长11.8%，占机电出口总额的90%。

2. 一般贸易和加工贸易出口均保持增长

加工贸易出口167.8亿美元，同比增长了8%。一般贸易出口153亿美元，同比增长了11%。

3. 手机、集成电路等主要出口产品形成出口优势

手机及零部件、汽车及零部件、集成电路、医疗器械、通断保护电路装置及零件位列“北京创造”机电产品出口前五位，出口金额分别为112.2亿美元、19.1亿美元、15.9亿美元、10.9亿美元、8.6亿美元，占机电产品出口总额的44.6%。

4. 新兴市场出口大幅增长

对拉丁美洲、东盟10国等新兴市场出口分别增长58.9%、7.2%，增幅分别高于上年32.6和8.7个百分点。对土耳其、委内瑞拉出口分别增长3倍和1.3倍，对美、日等重要市场稳定增长，对欧盟市场略有下降。

二、机电产品进口情况

1. 民营企业进口增长，外资、国有企业进口下降

2012年，全市实现机电进口的企业有7 222家。

外资企业进口465亿美元，同比下降4.7%；国有企业进口193.3亿美元，同比下降6%；民营企业进口63.2亿美元，同比增长7.5%。

2. 加工贸易进口增长，一般贸易进口下降

机电产品进口贸易方式中，一般贸易进口占比达到83.2%。一般贸易进口600.2亿美元，同比下降3.9%。加工贸易进口58.4亿美元，同比增长11.5%。

3. 进口汽车占全国进口汽车总量超过50%，飞机、医疗器械和电话机进口增幅均超过30%

汽车进口金额232亿美元，占机电产品进口总额的32.1%，进口汽车61万辆，占全国进口汽车总数量的54%。飞机、医疗器械、电话机进口金额分别达到40.5亿美元、25.4亿美元、2.3亿美元，同比分别增长49.2%、33.4%、54%。

（雷　堃）

【率先建成首个汽车行业国家级示范区】 2012年12月27日，国家质检总局正式批复北京地区出口汽车产品质量安全示范区（以下简称“示范区”）为“国家级出口工业产品质量安全示范区”，成为全国首个汽车行业国家级出口质量安全示范区。示范区首期包括北汽集团及其旗下北汽福田、北汽有限、北京奔驰、北京现代、北汽股份、北汽新能源、北汽动力总成、北汽国贸等示范区企业，其中，北汽福田经国家质检总局认定为示范企业。

（杜　磊）

【累计组织7次机电产品境外展及交流】 市商务委机电进出口处累计组织7次境外展览展示及对外交流活动，其中6次境外展览展示活动，1次对外交流活动。境外展览展示活动涉及医疗器械、新能源、汽车零部件

等3个行业，累计57家企业参加，1次对外交流活动有17家企业参加，97%北京展团企业为“双自主”企业。据海关统计，“北京展团”57家企业出口同比增长41.7%，高于全市外贸增幅40.6个百分点。特别是在全球风能、太阳能行业大幅下滑的严峻形势下，“北京展团”风能和太阳能企业累计出口3 614万美元，同比增长61.7%。

（杜　磊）

【北京整车进口口岸获国务院批准】2012年11月，国务院批准首都国际机场为空港型整车口岸，整车进口口岸的获批，将进一步促进在北京市举办的国际性汽车展览会的繁荣发展，扩大北京销售全球高端品牌车的辐射力和影响力，有力推动北京汽车产业健康发展。2012年，北京进口整车占全国进口总量的50%以上，占全市机电进口总额的30%，汽车已经成为北京市机电产品进口第一大类产品。

（杜　磊）

【受理审核国际招标项目843包】2012年，共受理审核国际招标项目843包，同比增长4.2%；中标金额15.8亿美元，同比下降36.9%，节汇率为12.3%。处理质疑7个（含上年年底的5个质疑）、投诉1个，质疑、投诉率0.5%，同比继续下降。

（安　琪）

【轨道交通项目国际招标均进入有形市场】2012年，继续贯彻落实市政府轨道交通建设廉政监督审计委员会的工作要求，开展以下市轨道交通重点项目工作：地铁7号线工程自动售检票系统（AFC）设备、电动客车电气牵引系统、信号系统；昌平线二段工程自动售检票系统、4号线工程增购13列电动客车电气牵引系统；昌平线与8号线联络线工程电动客车电气牵引系统机电产品国际招标项目全部进入有形市场开展招标评标活动，中标金额共计1.34亿美元。

（安　琪）

【6 542万元资金支持拉动进口5.6亿美元】2012年，鼓励先进技术设备、关键零部件折子工程项目，全市共59家企业获得6 542万元的资金支持，拉动进口5.6亿美元。

（安　琪）

贸易促进

【概况】围绕打造北京国际商贸中心城市发展战略的构想，以提升北京国际化都市的商务发展为目标，以科学发展为主题，调整结构为主线，充分利用内外贸两种资源，拓展国内外两个市场，创新贸易促进活动的内容和形式，为实现外贸发展“稳增长，调结构，促平衡”的任务发挥贸易促进活动的作用。市商务委全年完成组织境外展览5场，境内展览8场，境内外参展企业达672家次；企业“对接”洽谈活动2场；举办各类外贸企业培训班40期，受众企业2 640家次、企业受益3 507人次；办理外国人来华邀请通知表34 969份；审批来华展99个；办理非经组织代表处相关业务84件；新办理进出口企业备案登记4 277家。

（王　孜）

【发布关于促进我市商业会展发展的政策】经过大量的实际调研与撰写工作，2012年5月份与市财政局联合发布关于促进我市商业会展发展的通知（京商务贸发字〔2012〕55号），根据通知精神，市商务委将与市财政局对引进国际大型展会、培育具有核心竞争力的首都品牌展会、建设北京市会展公共信息服务平台、优化北京市会展环境等方面进行引导支持，力争进一步发挥首都优势，加快会展业发展的品牌化、国际化步伐，把北京建设成为国际会展聚集之都。

（王 孜）

【打造第三届“进口商品购物节”】一是筹备继续在北京新光天地商场组织第三届“加拿大进口商品购物节暨魁北克省特色产品展”；二是向13个外国驻华使馆发送了关于邀请共同举办“进口商品购物节”的函，为下一步新的“进口商品购物节”活动做准备。

（王 孜）

【外贸培训受众企业达2 640家次】针对外贸企业的实际需要，与进出口协会组织开展了多种培训，受众企业2 640家次、企业受益3 507人次。政府提供的培训平台，为外贸企业适应新的经济形势，提高外贸队伍人员的业务能力提供了支持和帮助，受到企业的欢迎。

（王 孜）

【完成2012年中小商贸企业补助相关工作】根据商务部文件通知，下发了北京市商务委员会关于申报2012年中小商贸企业参展补助资金有关工作的通知，收集申报项目累计63项，并集中人力完成了项目审核、资金分配等工作。

（王 孜）

【举办北京—伊朗商贸合作对接洽谈会】2012年2月，“北京—伊朗商贸合作洽谈会”在京举办。北京的30余家进出口企业与来访的伊朗手工艺术品和食品商贸代表团的23家企业，就宝石、首饰、手工地毯、穆斯林风格的家居装饰品，以及葡萄干、椰枣、果酱、开心果等产品的合作进行了对接洽谈。伊朗企业代表对北京市场表现了浓厚的兴趣，北京企业也对与伊朗企业的合作充满信心，会场气氛友好热烈。

（王 孜）

【举办“2012侨商北京洽谈会”】2012年5月，“2012侨商北京洽谈会”在“水立方”举办。来自全球39个国家和地区的近800位海外侨商和嘉宾参会，73家北京高科技企业和10家海外侨商企业参展。爱国者数码、中诚通国际投资、北方微电子、北京柯林龙安、北汽福田等企业与海外侨商企业，在前期洽谈的基础上，现场签约1.4亿美元。2012侨洽会上，共有57家北京企业与侨商达成180个合作意向，展会现场交易额约1万美元；意向成交额约967万美元，其中进口展区意向成交额约600万美元，出口展区意向成交额约367万美元。

（王 孜）

【参加第111届中国进出口商品交易会】2012年4月，第111届广交会大会总出口成交360.3亿美元，环比和同比分别下降4.8%和2.3%。从广交会历届发布的数据看，这是除2008年金融危机之外，广交会历史上罕见的成交额明显下降的情况。北京交易团共有303家企业参展，展位1 281个。其中品牌企业23家，品牌展位116个，累计成交1.4亿美元，比上届下降18.4%。但品牌展区企业成交累计成交1 872.1万美元，占总成交额的13%，比上届增长27.6%。

（王 孜）

【参加第二十三届哈洽会】2012年6月，北京市商务委组织北京6家企业参加第二十三届中国哈尔滨国际经济贸易洽谈会（简称“哈洽会”），并为企业统一制作了宣传标识。本届哈洽会共有近 20 个国家和地区举办 45 场商务对接、洽谈、推介活动。北京市参展企业共收到名片 168 张，合作意向 11 个。

（王　孜）

【参加第二届中国一亚欧博览会】第二届中国一亚欧博览会于 2012 年 9 月 2 日至 7 日在新疆乌鲁木齐市举办。市商务委在展会上搭建的北京形象展区采用了球形 LED 屏等最新技术，成为展会上一道亮丽的风景线。第二届中国一亚欧博览会北京参展企业共 13 家，成交近1 000万美元。

（王　孜）

【参加第 112 届中国进出口商品交易会】2012 年 10 月，第 112 届广交会北京交易团 348 家企业参展，其中品牌企业 30 家，比上届增加 7 家；首次参展企业 51 家，占全部企业的 14.7%，新参展企业数为历届广交会之最。共有展位1 290个，其中一般性展位 1 127 个，品牌展位 141 个，比上届增加 25 个。北京交易团累计成交16 422万美元，比上届增长 12.4 %（大会总成交比上届下降 9.3%）。品牌展区累计成交2 650万美元，比上届增长 35.3%。“双自主”企业 269 家，占全部企业的 77.3%，累计成交 14 137 万美元，占全部成交的 86.1 %。

（王　孜）

【组织市政府代表团参加吉林、宁夏、南宁展】邀请相关市领导组成北京市政府代表团参加了吉林一东北亚博览会、宁夏投资贸易洽谈会、中国一东盟博览会等展会。

（王　孜）

【参加“坦桑尼亚国际贸易博览会”】2011 年 6 月，市商务委首次组织北京企业参加“坦桑尼亚达累斯萨拉姆国际贸易博览会（DITF)”。该展会是开拓非洲市场的重要的贸易平台。2012 年，该展会总面积为 3.5 万平米，展商 2 000 余家，吸引了来自近 20 个不同国家的企业参展。北京 11 家外贸企业在“北京创造，世界共享”的统一标识下首次亮相展会，主要展出首饰、工艺品、小型医疗器械等商品。展会期间北京企业共收到名片 370 张，意向成交 160.2 万美元，现场售出展样品 9 万余美元。

（王　孜）

【参加巴西、荷兰、美国、东京热点展会】组织了 50 多家次企业参加了巴西圣保罗中国商品展、荷兰广播电视设备展、美国广播电视设备展、东京游戏展等国际热点展会，帮助我市企业开拓国际市场。

（王　孜）

服务贸易

【概况】根据商务部统计，2012 年北京市服务贸易总额为1 000.2亿美元，同比增长 11.7%，占全国服务贸易总额的 20.3%。其中服务出口 445.1 亿美元，同比增长 7.3%，占全国服务出口的 19.9%；服务进口 555.1 亿美元，同比增长 15.6%，占全国服务进口的 20.5%。在服务出口中，通讯服务、电影音像、保险服务、专有权利使用费和特许费、建筑服务、计算机和信息服务、金融服务、广告宣传、咨询出口额占全国出口总额的比重均在 25%以上，分别为 82.2%、65.7%、59.5%、54.4%、51.7%、34.1%、33.6%、27.1%和 26.6%。服务外包继续保持高速增长的势头，2012 年本市共签订离岸服务外包出口合同5 887份，离岸服务外包执行总额 35.6 亿美元，同比增长 45.4%。其中，软件和信息技术服务外包执行额25.2亿美元，占离岸服务外包执行总额的70.9%；业务流程外包执行额6.9亿美元，占离岸服务外包执行总额的19.3%；生物医药外包执行额3.5亿美元，占执行总额的9.8%；执行额居前五位的发包国和地区是美国、日本、爱尔兰、芬兰和荷兰。

（苏本生）

【出台市外包发展配套资金补充政策】为适应北京市服务外包业务发展的需要，在认真研究近年北京市服务外包产业发展状况的基础上，结合实际，出台《北京市商务委员会 北京市财政局关于〈北京市服务外包发展配套资金管理办法（暂行）实施细则〉的补充通知》，扩大了政策的支持范围，得到了企业的好评。

（张华雨）

【推动中以技术创新合作转移中心建设】推动中关村软件园公司与以色列施拉特科技有限公司共同建设“中以国际技术创新合作转移中心”，于2012年8月1日正式签约。该中心的建设和运营将成为推动国家间战略性新兴产业合作、交流与发展的重要平台和促进中关村国家自主创新示范区吸纳和整合全球高端创新资源的重要环节。

（郑 勇）

【成功举办首届京交会】2012年5月28日至6月1日，由商务部和北京市人民政府共同主办的首届中国（北京）国际服务贸易交易会（以下简称京交会）成功举办。首届京交会以“服务贸易：新视野、新机遇、新发展”为主题，坚持“国家级、国际性、综合型服务贸易交易平台”的定位，围绕服务贸易12大领域开展了开幕式暨高峰论坛、高层论坛、综合展示、推介洽谈、主题日活动、权威发布等六大板块130多场活动，共有中外参展企业1 721家，全球83个国家和地区的注册客商超过2.4万人，到会专业观众累计超过10万人次，总成交额超过600亿美元，其中国际服务贸易交易112亿美元。

（于新成）

【35家企业获选国家文化出口重点企业】会同市委宣传部、市文化局、市广电局、市新闻出版局共同组织我市企业申报2011—2012年度国家文化出口重点企业和重点项目。北京市35家企业、10个项目符合要求并已入选商务部等五部委评选的“2011—2012年度国家文化出口重点企业和重点项目”。

（张艳芳）

【千人以上服务外包企业达27家】北京市服务外包业务额超过千万美元的企业达63家，人员规模过千人企业共27家。中国国际投资促进会发布的2012年中国服务外包领军企业及成长型企业名单中，北京5家企业入选2012年中国服务外包十大领军企业；20家企业入选百家2012年中国服务外包成长型企业，其中7家企业为新入选企业。

（刘树民）

【促北京服务外包走向国际舞台】组织协会、企业参加全球服务外包界最具影响力的国际、国内盛会，如京交会、NASSCOM印度（国际）软件及服务业领袖大会、第十届中国国际软件和信息服务交易会、美国高德纳服务外包和战略伙伴关系峰会、第四届中国服务外包交易博览会等境内外推介活动，使骨干企业了解产业发展最新趋势，拓宽合作渠道，为企业寻找新商机和国际买家创造条件。

（张艳芳）

【博彦科技成功在深交所上市】 博彦科技股份有限公司成功登陆深圳证券交易所中小企业板，成为北京市第一家在国内上市的以服务外包为主营业务的大型服务外包企业。

（刘树民）

【3起并购凸显外包融合渐趋频繁】 2012年，北京市软通动力信息技术有限公司完成对南京江琛科技有限公司和加拿大Abovenet国际有限公司的并购；文思信息技术有限公司与海辉软件（国际）集团公司对等合并为文思海辉技术有限公司，成为北京，也是全国首家超2万人的服务外包企业；博彦科技股份有限公司收购美国大展集团旗下6家全资子公司，业务更加全面。这些并购表明北京市服务外包进入了“内生增长”和“外部并购”同步、加速发展的新时代。

（张华雨）

世贸事务

【概况】 2012年，在国际经济发展不确定性增加、国内经济正值转型关键期的背景下，全球贸易保护主义再度升温，反倾销、反补贴、技术性贸易措施等贸易保护措施层出不穷。北京市遭遇国外贸易摩擦案件38起，涉案金额达1.6亿美元，案件数量同比增长40%。其中巴西、印度、墨西哥、土耳其等发展中国家对北京的贸易摩擦加剧，涉案产品持续向高科技、高附加值产品扩展。

一、指导企业积极应对贸易摩擦成效显著

按照国家“四体联动”工作机制要求，积极为辖区内的涉案企业提供服务，及时发布案件信息，动员并指导企业参与案件应诉。2012年5月1日，美国商务部发布公告，对原产于中国的高压钢瓶作出终裁，分别裁定强制应诉企业北京天海工业有限公司6.6%的反倾销税率和15.8%的补贴税率。上述税率是近年来中国企业在应对美对我国钢铁产品反倾销反补贴调查案中获得的较低税率。

二、支持和鼓励企业应对美国337调查

近年来涉美337调查等知识产权海外纠纷增长势头较快，企业应对压力增大。为此，市商务委积极支持企业商标国际注册及海外维权工作，配合商务部搭建知识产权海外维权法律援助服务平台，加大海外维权相关法律制度的宣传培训，提高企业品牌保护意识。2012年9月28日，美国国际贸易委员会初裁裁定，神州生物产品未对原告专利造成侵权。这是北京市继2011年敦煌网成功与美国起诉方达成和解后，再次在应对美国337调查中取得胜诉。

三、全市产业损害预警体系建设迈上新台阶

一方面，扎实推进北京市产业安全数据库扩容工作。在巩固现有监测企业样本的基础上，加强与有关部门的协调和沟通，把稳定和扩大监测企业规模、增强监测企业代表性作为工作重点，全市新增骨干企业100多家，总数突破200家，全国综合排名提高至前6位，为商务部门联系北京市重点产业、行业和企业，开展贸易救济与维护产业安全奠定了基础。另一方面，不断完善产业损害预警机制。市、区商务部门会同有关单位加强与监测企业的联系和沟通，不断完善“四位一体”工作体系，深入企业开展宣传培训，转变和提升服务水平，初步形成一支了解产业、熟悉企业、精通业务的人才队伍。

（白岩京、梅　焱）

【企业遭反倾销、反补贴调查上涨40%】 2012年，北京市企业遭遇国外反倾销、反补贴调查38起，同比上涨40%，且涉案产品持续向高科技、高附加值产品扩展。

（梅 焱）

【77%的反倾销调查由发展中国家发起】 印度、巴西、泰国、墨西哥、土耳其等发展中国家是对北京实施反倾销调查的主要发起者，共启动17起，占反倾销调查总数的77%。

（梅 焱）

【积极配合应对光伏产品“双反”调查】 2012年9月10日，市商务委派员参加了商务部组织召开的欧盟对北京光伏产品贸易摩擦应对工作会。2011年北京市对欧盟出口光伏电池的企业共18家，出口总额5 000多万美元，其中2家企业出口超过千万美元。

（梅 焱）

【首次成功应对美国337知识产权调查】 神舟生物科技有限责任公司在应对美国337知识产权调查中获胜，对北京市企业“走出去”过程中如何提高法律意识具有示范意义。

（梅 焱）

【召开贸易救济与产业安全政策宣贯会】 为贯彻落实商务部文件精神，加强产业安全数据库建设，进一步完善北京市产业损害预警工作体系，2012年10月24日，市商务委召开了全市贸易救济与维护产业安全政策宣讲培训会。商务部产业损害调查局副局长吴岩出席会议。各区县商务委主管领导及相关科室负责人、北京商业信息咨询中心项目负责人、有关行业协会领导参加了此次会议。

（梅 焱）

【产业安全数据库综合排名位居全国前列】 在市、区商务部门、有关行业协会和企业的大力支持下，2012年产业安全数据库新增样本企业113家，重点监测企业总数突破200家，全国综合排名进入前十位。

（梅 焱）

【开展“WTO与贸易救济规则”宣传活动】 为进一步提高北京市企业对贸易救济措施的认识，增强主动运用国际规则的能力，提高维权意识，2012年11月初至12月初，市商务委会同北京市国际服务贸易事务中心、北京商业信息咨询中心，以海淀、顺义、房山、怀柔四个重点区县为支点，为全市500余家进出口企业送法律、送服务。

（梅 焱）

【产业损害预警工作获商务部表彰】 商务部产业损害调查局对全国2012年度积极开展本地区产业损害预警工作，有效维护产业损害预警体系，充分发挥产业损害预警机制作用的地方商务主管部门、重点行业协会及优秀工作者进行了表彰。市商务委荣获“2012年度全国产业损害预警工作先进集体”称号。

（梅 焱）

口岸通关

【概况】 2012年，北京市人民政府口岸办在市委、市政府的坚强领导下，按照市商务委党组的总体部署，深入贯彻落实科学发展观，围绕建设中国特色世界城市、打造国际商贸中心的工作大局，不断建机制、推政策、重服务、强管理，进一步提高口岸通关效率，提升口岸服务水平，在保障口岸平稳发展的同时，实现了口岸设施更加健全，口岸功能逐步完善，口岸效益进一步提高。口岸已成为经贸往来的重要平台。2012年，北京口岸进出境人员2 046.4万人次，同比增长9.2%；海关监管进出口货物154.3万吨，同比下降1.9%；海关征收关税及代征税493.6亿元人民币，同比增长10.0%。口岸也是重大活动的必要保障。多年来不断探索行之有效的大型活动保障机制，2012年重点完成首届京交会、十八大、刚果（布）受伤人员及遇难者回国等抵离接待服务工作。全年共保障各类大型活动抵离服务20项、近9 000人次。口岸已成为开放型经济发展的强力支撑和地方经济发展的重要引擎。口岸体系建设以及由此延伸出的产业链辐射效应，不仅直接促进了投资贸易环境的优化，促进了开放型经济的发展，而且直接拉动地区生产总值和就业增长，成为提升城市基础设施建设水平、促进产业转型升级、转变发展方式的重要杠杆。

（综合业务处）

【首都机场旅客吞吐量连续三年世界第二】2012年，首都国际机场进出境旅客突破2 000万，旅客吞吐量突破8 000万，连续三年保持世界第二。首都国际机场旅客满意度继续保持全球排名第三。

（航空港处）

【“十一五”以来首次召开领导小组会】“十一五”时期以来，首次召开口岸工作领导小组会议，调整补充了领导小组成员单位，副市长程红任领导小组组长，完善了口岸重大事项集体研究、集体决策的统筹协调工作机制，系统梳理、总结近五年口岸建设发展情况，部署口岸重点工作。

（综合业务处）

【净空保护协调机制初步建立】明确了首都国际机场净空保护工作联席会议工作制度及成员单位工作职责，顺利召开了第一次联席会议，研究协调了净空区域存在的具体问题，北京民用机场净空保护管理工作逐步规范化、常态化。

（综合业务处）

【成功搭建口岸精神文明工作平台】在中央文明办、首都文明委指导下，启动“同创共建精神文明，合力展示国门形象”活动，联合48家首都机场地区驻场单位缔结了《首都机场地区同创共建精神文明公约》，进一步强化了精神文明工作统筹力度，提升了协调平台层级，有效推进首都机场文明口岸建设。

（航空港处）

【机场地区食品安全监管工作成功破题】机场地区食品安全监管组织机构和责任体系进一步完善，明确了各监管单位之间的工作职责和监管界限，建立了符合地区食品安全工作特点的督察、检查机制。

（航空港处）

【265起违法出入境，948起海关结案】口岸各相关单位密切合作，多措并举，通过科技强警、深入开展处突演练、反复排查漏洞隐患，不断严密口岸管控。2012年，首都国际机场口岸共查获违法出入境人员265起357人次；首都国际机场海关立案1 077起，结案948起，总计罚没入库3 500.7万元。

（航空港处）

【72小时过境免签政策成功落地】经国务院批准，北京市自2013年1月1日起在北京口岸对美国等45个国家持有第三国签证和机票的外国人实行72小时过境免签政策。为做好72小时过境免签政策实施的准备工作，为外籍人员短期入境提供便利，市

政府口岸办牵头成立了进出境服务工作协调小组，健全联席会议机制，制订配套工作方案，进一步明确工作任务，确保免签政策的顺利实施。

（航空港处）

【西站铁路口岸开放进入实施阶段】针对焦点、难点，创新工作思路、改进工作方法、加大协调力度，妥善解决非现场办公用房面积分配和现场办公用房改造等问题，制定了《北京西站铁路口岸正式开放实施方案》并得到市政府批准。

（北京西站铁路口岸处）

【朝阳口岸外移马驹桥项目正式启动】积极推进朝阳口岸外移通州马驹桥，就口岸定位、功能规划、政府投资等问题，多次协调各相关单位达成共识。协调解决耕地占补指标问题，并成功将通州口岸建设纳入市政府绿色审批通道。

（陆港管理处）

【丰台口岸铁路专用线完成维修完善】经多方协调，丰台口岸铁路专用线维修完善工作已完成，待铁路部门批准货物运输业务后即正式开通。

（陆港管理处、北京西站铁路口岸处）

【天竺综保区快件中心启动运营】在实现首都机场“区港联动”的基础上，海关、检疫、天竺综保区、首都机场与航港公司等共同推动新快件中心启动运行，成为北京口岸集约化管理的又一典范，带动航空快件通关效率、口岸物流服务水平和年快件处理能力实现三大提升。

（综合业务处）

七、利用外资

【概况】2012 年，在世界经济复苏缓慢、全球投资流动性减弱、全国利用外资连续数月下降的背景下，本市利用外资规模稳步攀升、产业结构优化、质量水平提升。全年吸收合同外资 113.5 亿美元，同比增长 0.5%；实际利用外商直接投资 80.4 亿美元，增长 14.0%，继上一年突破 70 亿美元基础上超过 80 亿美元，再上历史新台阶。2011 年、2012 年这两年合计实际利用外资 151.0 亿美元，完成“十二五”目标 300 亿美元的 50.3%。主要特点如下：

一是服务业成为外商投资重点领域。服务业实际利用外资 69.1 亿美元，增长 10.7%，占全市 85.9%。以商务服务、信息服务、科技服务、物流服务、金融服务等为代表的生产性服务业，成为全市外商投资的重点，实际外资达 51.8 亿美元，增长 33.6%，占全市 64.4%，提高 9.4 个百分点，其中物流服务业和科技服务业分别入资 11.5 亿美元、7.0 亿美元，增速高达 605.6%和 58.1%。

二是大项目仍是拉动外资增长的主要力量。促成乐语世纪科技、三星置业、福田戴姆勒、ABB、乐友超市等 117 个千万美元以上大项目实际入资 61.3 亿美元，增长 19.7%，占全市的 76.2%。推动 168 个千万美元以上大项目落地，合同外资 96.4 亿美元，增长 3.2%，占全市的 84.9%。

三是世界 500 强企业在京投资踊跃。摩根大通、亚马逊等 34 家世界 500 强企业投资的 44 个项目实际入资 26.2 亿美元，占全市的 32.6%，280 家世界 500 强企业累计在京投资了 652 个项目。

四是总部企业和研发机构进一步聚集。新批 10 家具有地区总部功能的投资性公司，累计达 208 家；新认定 15 家跨国公司地区总部，累计达 127 家，其中 84 家为世界 500 强在京地区总部。新增 41 家跨国公司总部企业和研发机构，累计达 663 家。

五是来自亚洲国家和地区的投资占主导地位。来自亚洲国家和地区实际外资 60.6 亿美元，增长 38.1%，占全市的 75.4%。其中，来自中国香港的实际外资 44.0 亿美元，增长 36.3%，占全市的 54.8%。

六是城市功能拓展区为吸收外资主要区域。城市功能拓展区实际利用外资 49.5 亿美元，增长 17.5%，占全市的 61.5%。其中，朝阳区 32.0 亿美元，增长 20.9%，占全市的 39.8%；海淀区 15.0 亿美元，增长 5.6%，占全市的 18.7%。

（韦 肖）

【日本经团联在北京设立海外唯一代表处】经团联是日本最大的综合性经济团体，始建于 1946 年，共有1 603家会员单位，包括1 281家日本代表性企业、127 个日本全国性行业团体和 47 个地方经济团体等，现任会长为住友化学株式会社社长米仓弘昌。在市商务委的积极推动下，2012 年 3 月，日本经团联在北京市设立了海外唯一的代表处；2012 年 5 月，郭金龙市长会见了米仓弘昌，并聘请他为北京市市长国际企业家顾问。

（王立峰）

【积极推进外资企业厂务公开民主管理】市商务委十分重视本市外商投资企业党工团组织建设，委领导和相关处室多次深入外商投资企业，就党工团组织对企业文化建设、密切员工关系、推动企业发展的重要意义和作用进行宣传调研。在大力支持本市外商投资企业业务发展的同时，还积极推进世界500强企业厂务公开民主管理试点工作，对一批知名外商投资企业加强厂务公开、开展工资集体协商等给予督促和指导，努力搭建劳资沟通平台，将工资集体协商与创建和谐劳动关系单位活动紧密结合。

（田　鹏）

【启动北京经济技术开发区对口援疆工作】根据商务部有关要求，2012年主动沟通市支援合作办和北京经济技术开发区，协调商务部将对口支援园区调整为新疆和田北京工业园（和田市河东工业新区），组织北京对口支援新疆和田指挥部有关领导和同志赴北京经济技术开发区进行对接，启动了北京市经济技术开发区对口支援新疆和田北京工业园工作。

（王立峰）

【完成8个国家地区的京交会海外推介】2012年，按照京交会组委会统一部署，在市领导和委领导带领下，圆满完成了新加坡、香港、澳门、澳大利亚、新西兰、德国、韩国、日本等8个国家和地区的京交会宣传推广任务。其中，郭金龙市长率团参加了新加坡、香港、澳门京交会推介会并亲自在新加坡推介会上进行推介。经过努力，推介组邀请到当地一批政要参加京交会，并与部分国家和地区的商会签署了首届京交会合作备忘录。

（王立峰）

【北京代表团参加第十六届投洽会】2012年9月8日至9月11日，市商务委和市投资促进局组织北京代表团赴厦门参加第十六届中国国际投资贸易洽谈会。北京代表团由来自17个部门、区县和开发区的70余人组成，设立了108平方米主展区，同时举办了北京投资环境暨“京交会”说明会，发布了211个招商项目。投洽会期间，北京展区围绕“北京服务”、“北京创造”品牌，宣传展示首都生产性服务业、文化创意产业、高端现代制造业、战略性新兴产业，宣传推介“京交会”。

（庄　平）

【“绿创展”推介会在京举办】2012年8月7日，市商务委和商务部外资司共同举办了“2012中国国际绿色创新技术产品展览会”（简称“绿创展”）推介会，全国政协外事委员会副主任、中国对外贸易中心理事长、商务部原副部长马秀红参会并致辞。普利司通（中国）投资有限公司等8家参加“绿创展”的跨国公司代表与中国对外贸易广州展览总公司签订了参展协议。各区县商务委和60余家中外企业代表参会。“绿创展”是由商务部等9部委、北京市等7省市以及联合国开发计划署等多个国际组织支持举办的大型国际专业展，以“绿色创新、低碳发展”为主题，集中展示国内外绿色低碳先进技术、产品、服务。

（庄　平）

【城市功能拓展区吸收外资比重超过60%】2012年，四大功能区中，城市功能拓展区实际外资49.5亿美元，占61.5%；

城市发展新区实际外资 15.2 亿美元，占 18.9%；首都功能核心区实际外资 12.4 亿美元，占 15.5%；生态涵养发展区外资比重较小，实际外资占 4.2%。

（马俊杰）

【完成 2012 年外商投资企业联合年检】 根据商务部、财政部、税务总局、工商总局、统计局、外汇局联合发布的《关于开展 2012 年外商投资企业联合年检工作的通知》精神，2012 年 3 月 1 日至 7 月 15 日，北京市开展了外商投资企业网上联合年检工作。根据实际情况，2012 年北京市对网上联合年检工作方案进行调整与充实，设立了区县年检平台，方便各区县商务部门直接登录联合年检系统进行数据的查询及汇总。2012 年参检企业达13 925家，参检率为 93.2%。

（马俊杰）

【参检企业累计实际外资超 730 亿美元】 2012 年北京市外商投资企业联合年检数据显示，参检 13 925 家企业累计投资总额 1 692.2亿美元，累计实际外资 734.2 亿美元。外商在本市投资主要体现以下四个特点：独资是外商投资的主要方式，占实际外资 71.6%；外资集中投向租赁和商务服务业、制造业，两者占实际外资 47.1%；位居前十的国家和地区投资占实际外资 89.7%；入资千万美元（含）以上的企业实际外资额达到了 602.7 亿美元，占全部实际外资的 82.1%。

（马俊杰）

【2012 年参检外商投资企业贡献突出】 2012 年北京市外商投资企业联合年检数据显示，13 925家参检企业共实现营业收入 22 926.9亿元，利润总额2 116.5亿元及净利润1 710.7亿元，同比分别增长 11.6%、2.1%及 0.9%；上缴税金2 286.2亿元，同比增长 10.1%；从业人数 122.7 万人，同比增长 8.1%。

（马俊杰）

【累计利用外资超 700 亿美元】 截至 2012 年年底，北京市累计批准外商投资企业35 929家，累计实际利用外商直接投资 712.6 亿美元。

（焦　刚）

【153 个国家和地区来京投资】 截至 2012 年年底，共有 153 个国家和地区来北京市投资。目前在北京实际投资前十位的国家和地区分别是香港、英属维尔京群岛、日本、开曼群岛、美国、德国、韩国、新加坡、荷兰和法国。

（高　茜）

【实际利用外资服务业占比超八成】 2012 年，服务业吸收合同外资 103.4 亿美元，增长 2.6%，占全部的 91.1%；实际利用外资 69.1 亿美元，增长 10.7%，占全部的 85.9%，继续成为外商在京投资的重点领域。

（高　茜）

【顺利启用全口径外资管理信息系统】 按照商务部要求，为进一步加强外商投资企业管理，提高外资审批、统计工作效率，全市商务部门于 2012 年 6 月 1 日正式启用商务部全面更新升级的全口径外资管理信息系统。为了顺利完成新旧系统数据转换、更好地熟悉新系统操作，确保本市外资统计分析工作顺利进行，设立了网络指导答疑平台，对运行中存在的问题及时给予解决。2012 年年底召开了全市商务部门的外资管理信息系统培训会，就各区县、经济技术开发区新系统使用中的问题进行了统一的讲解和指导，确保了新系统的顺利运行。

（高　茜）

【第十六届京港洽谈会成功举办】第十六届北京·香港经济合作研讨洽谈会于2012年11月5日至6日在香港成功举办。本届京港会以“优势互补、互利双赢、共同发展”为主题，共举办各种研讨、洽谈和交流活动30场，其中包括4场重要活动及“京港服务贸易合作暨第二届京交会香港推介会”等24场专题活动、2场辅助活动，近万人次参会，超过3 000人次观展，是历届京港会在香港举办活动场次最多、参会人数最多、观展人数最多的一次。

（庄　平）

【组团参加“2012科隆中国年”活动】为庆祝中德建交40周年，北京市与德国科隆市缔结友好城市关系25周年，根据市外办要求，9月13日至22日，市商务委组织有关单位，参加了9月14日在德国科隆举办的“2012科隆中国年”第二届中国商务与投资论坛，推介了中国（北京）国际服务贸易交易会；同时，为加强北京市总部经济建设，在德国和瑞士先后拜访了宝马、ABB、劳力士等公司集团总部，拜会了瑞中商务合作中心高管，推介了北京跨国公司地区总部政策。

（王立峰）

八、对外经济合作

【概况】 2012年，北京市境外直接投资额11.9亿美元，同比增加59.2%；对外承包工程全年新签合同额40.4亿美元，新签合同额首次突破40亿美元，同比增长54.0%，完成营业额29.0亿美元，同比增长16.3%；新签劳务人员合同工资总额（新签合同额）2 410万美元，同比增长24.2%；劳务人员实际收入总额（完成营业额）5 737万美元，同比增长50.8%。

一、发挥政策杠杆作用引导企业转变发展方式

2012年，北京市按照“吸收外资和对外投资并重，努力拓宽国际经济合作途径，不断提高对外开放水平”的战略要求，根据市委、市政府相关工作指示精神，外经工作继续在加快转变发展方式上下工夫，将调结构稳增长和加快经济发展方式转变有机统一起来，强化政府引导和政策支持。三月份，印发了《“走出去”支持政策汇编》，在北京市对外经济技术合作专项资金的支持方向上进行了调整，重点支持了四达时代、北京建工等在文化走出去、中国标准走出去、联合走出去方面有所突破的企业，对我市企业在调整结构、转变发展方式上起到了推动作用。呈现出以下特点：

一是文化企业走出去呈现积极态势。北京市以高新技术为平台开展对外承包工程的文化企业四达时代，积极拓展非洲广播电视的投资与运营市场，已陆续在16个非洲国家设立全资或合资公司，在尼日利亚、坦桑尼亚等9个国家的52个城市开始正式运营，非洲数字电视用户已超过210万。实现了中国移动多媒体广播标准（CMMB）“走出去”，在取得经济效益的同时，也为中国和非洲、非洲和世界之间的文化交流做出了贡献。中阿经典国际文化传媒（北京）有限公司投资1 000万美元，在中东设立中国元素阿拉伯语电视台（CATV）。俏佳人传媒股份有限公司出资510万美元，并购在美国纽约州的侨声广播电台公司的全部股权。

二是承包工程企业调整结构转变发展方式有新突破。承包工程龙头企业北京建工集团根据世界经济的新特点和国际市场的整体发展趋势，开始进行业务转型。从逐步控制传统市场、传统业务，着力向高端市场和中高端业务转移，在传统的房建项目的基础上，加大向矿产资源开发、新型能源、光纤通讯等领域的市场开发力度，先后与华为、汉能等签署战略合作协议，共同开展国际业务合作。

三是高科技企业呈现聚集发展态势。截至2012年，北京市中关村企业在境外设立企业、机构共280余家；其中，2012年共设立63家，趣游（北京）科技有限公司等10余家企业在境外经营内容涵盖科技、软件、材料、医药等行业。近年来，中关村企业呈现在美国聚集发展的特点。我市在美国境外投资企业已达150多家，其中华锐风电科技（集团）股份有限公司、同方股份有限公司等中关村企业占比超过1/3。

四是汽车行业加快走出去步伐扩大海外布局。北汽福田全资子公司福田国贸，为满足海外市场需求、优化出口结构、促进福田汽车全球化发展战略的顺利实施，在伊朗、约旦、阿尔及利亚、埃及、等9个国家设立代表处。

二、积极发挥区县作用，进一步做好境外投资工作

2012年一季度市商务委召开了16区县外经工作座谈会。会上通报了“十一五”时期和2011年北京市境外投资工作情况，介绍了“十二五”时期外经工作发展规划，并就境外投资工作中出现的新情况、新问题，建立和完善服务工作机制，积极引导辖区内有条件的企业开展对外经济合作等问题进行了座谈和沟通，并下发了《关于进一步做好二〇一二年境外投资工作的通知》，明确了指导思想、工作措施、工作要求，在组织落实、人员落实，建立市区两级工作网络等方面提出了具体要求。

三、整合内外资源联手助推我市高科技企业“走出去”

市商务委与中关村管委会有关部门进行了沟通，就联合推动中关村一园十六区内的企业实施“走出去”战略，加快国际化发展步伐，建立三级支持对外经济合作政策体系，开展“十、百、千”亿级企业进行综合性政策培训等方面问题达成共识，在支持企业“走出去”过程中全力做到资源共享、优势互补，努力提高中国特色世界城市和国际商贸中心在国际上的影响力。2012年10月份与海淀园管委会、中关村创新研修学院举办了“中关村海淀园首批国际化人才实训班”。

四、全力做好第一届京交会保障工作

在首届京交会前，利用北京市境外文化传媒企业的资源宣传京交会。四达时代在几内亚、尼日利亚等非洲8个国家的5个电视频道，12个时间段，俏佳人传媒利用收购美国的ICN电视联播网，在洛杉矶44.8英文台、旧金山26.4英文台、纽约24.3英文台，西京公司在覆盖欧盟45个国家和地区的普罗派乐卫视，先后播出京交会宣传片。

（王　虹）

【境外直接投资同比增长近60%】2012年1—12月，北京市境外直接投资额11.9亿美元，同比增长59.2%。全年共核准境外企业（机构）277家，其中：境外企业228家；境外机构49家。从地区分布看，亚洲、欧洲和北美洲仍是我市对外投资集中的地区，其中，北京市在香港的直接投资额占全市总额的44.5%；从行业分布看，租赁和商务服务业，批发和零售业，信息传输、计算机服务和软件业，房地产业及交通运输、仓储和邮政业成为我市对外投资集中的行业，分别占北京市境外直接投资额的31.7%、17.2%、14.8%、8.8%、8.6%。

（谢智虹）

【中国企业在德国投资第一家酒店项目】中国北京华荣建业房地产开发有限公司投资7 806.6万美元，设立华荣集团（德国）有限公司，从事房地产开发。该公司在德国法兰克福兴建的华荣阳光酒店是中国企业在德国投资的第一家酒店项目，项目竣工后将成为法兰克福乃至德国第一家五星级中式酒店，成为中德经济合作领域的又一范例。

（谢智虹）

【北京市3家企业台湾试水】随着两岸关系的不断改善以及开放领域的逐渐扩大，两岸之间的交流日渐深化，经贸往来也越来越频繁。2012年，北京市共有3家企业涉足台湾，其中北京汇冠新技术有限公司在台设立了台湾汇冠触控科技有限公司，其经营业务主要是在台从事触摸屏的生产及销售。此外，北京优朋普乐科技有限公司和北京世博达科技发展有限公司在台设立了自己的办事机构。从目前的发展情况看，北京市申请赴台设立企业或办事机构的企业会越来越多。

（闫玉民）

【汉能控股集团进行 2 项海外扩张】经市商务委核准，汉能控股集团有限公司于 2011 年 2 月在新加坡成立汉能控股（新加坡）有限公司，该境外公司主要从事海外太阳能领域的投资。2012 年 9 月，汉能控股集团有限公司又为该境外公司增加投资 8 247万美元，用于收购德国铜铟镓硒薄膜组件生产商 Solibro 公司 100％股权。该项收购的意义在于不仅拥有了规模生产太阳能电池组件的生产商，还同时拥有了一批高新技术专利。此外，汉能控股集团有限公司于 2012 年 11 月在香港设立了汉能控股（香港）有限公司，该公司投资总额 600 万美元，亦主要从事海外太阳能领域的投资，目前尚无具体的投资目标。

（闫玉民）

【北京市煤炭企业收购非洲煤业】为响应国家“走出去”号召，经市商务委核准，北京昊华能源股份有限公司（下称昊华能源）于 2011 年 4 月在香港设立昊华能源国际（香港）有限公司（下称昊华国际），初始注册资本金及投资总额均为 200 万美元。经营范围为能源投资、贸易，与能源业务有关的进出口业务。2012 年 8 月，昊华能源获得澳大利亚非洲煤业股份有限公司（以下简称非洲煤业）增发扩股信息。2012 年 12 月，昊华国际与非洲煤业签署了收购增发股权认购协议。双方约定，在通过必要的政府监管审批后，以昊华国际为主体，出资 1 亿美元，按每股 0.25 英镑价格收购非洲煤业股份。昊华能源将以自有资金换汇向昊华国际增资2 000万美元用于收购非洲煤业股权，同时昊华国际将向国家开发银行香港分行贷款8 000万美元。如收购成功，昊华国际将持有该公司 23.6％的股份，成为非洲煤业第一大股东。目前，澳大利亚外商投资委员会和证券交易委员会已批准此次交易，并允许昊华国际在未来将控股额度提升至 100％。为进一步深化双方合作，提高非洲煤业的技术管理水平及盈利能力，昊华国际与非洲煤业还在习近平主席访南期间，参加了中南政府及企业间重要协议签约仪式，在双方领导人的共同见证下签署了合作协议，明确和细化未来双方在财务、投资、产品销售、董事会席位等方面合作。

（闫玉民）

【北京民企与中非发展基金签署合作协议】2012 年，北京市民营企业四达时代集团与国家开发银行旗下的“中非发展基金”正式签署“对非战略合作协议”。中非发展基金将投资 1.5 亿美元帮助四达时代在未来 3～5 年内在非洲发展1 000万数字电视用户、1 600万移动多媒体用户，将中国主流媒体覆盖到非洲 70％以上人口，使其成为非洲地区最具实力和影响力的传媒集团。

（郝晓星）

【开展境外安全工作培训】为应对西亚、北非、中东地区局势持续动荡对我国对外投资合作构成的极大安全威胁，指导“走出去”企业加强境外安全风险防控，北京市组织境外投资、对外承包工程、对外劳务合作、援外企业进行了加强境外安全风险管理及《境外中资企业机构和人员安全管理指南》培训。通报了商务部、市政府相关工作要求，发放了《境外安全管理规定摘编》，此次培训对帮助北京市境外投资合作企业及时了解掌握国际安全形势、分析局势走向和制定应对策略，起到了积极作用。

（郝晓星）

【有效应对刚果（布）突发事件】2012年3月4日刚果（布）爆炸事件发生后，受损失企业包括我市建工集团。市商务委迅速启动应急机制，24小时与建工集团保持联络，建立日报制度，及时报告最新情况，帮助企业协调解决善后工作中的问题和困难。3月6日市商务委参加“中国政府联合工作组”飞赴刚果（布）现场。3月10日晚，建工集团在爆炸事件中受伤的31名人员，乘包机抵达北京首都国际机场并及时送至指定医院，圆满完成了在刚果（布）的善后处置工作。北京市副市长程红代表市长郭金龙、常务副市长吉林到机场迎接，对工作组的工作表示肯定。

（郝晓星）

【通过开展推介等推进区域商务合作】在落实区域商务合作机制基础上，巩固、扩大了与北京周边区域的合作成果，深化了与新疆和田，内蒙古赤峰、乌兰察布的工作对接。主办了“饮长江水·吃湖北粮·品荆楚味——2012湖北农产品进京赶集”、承德市名优新特农产品春节进京展销周、广西贺州富川县脐橙展销、新疆阿勒泰市特色农产品展销等10余场推介活动。接待各省市来访、调研、考察40余次，圆满完成了市领导出席2012中国·廊坊国际经济贸易洽谈会、中国·天津第十九届投资贸易洽谈会暨第九届PECC国际贸易投资博览会的协调、联络和保障任务。8月份，由市商务委领导带队对西藏拉萨，内蒙古赤峰、乌兰察布，湖北巴东等对口支援地区进行了工作对接。

（郝晓星）

【贯彻落实《对外劳务合作管理条例》】2012年6月4日，国务院颁布了《对外劳务合作管理条例》（中华人民共和国国务院第620号令）。2012年8月7日，市商务委组织召开了北京市宣传贯彻《对外劳务合作管理条例》大会。市政府外办、市工商局、市公安局、市人力社保局有关领导分别代表本部门参会并做了发言，各区县商务委有关领导及我市中央在京、地方对外劳务合作企业负责同志共计130余人参加了会议，市商务委许康副主任出席会议并做重要讲话。《对外劳务合作管理条例》的出台具有“里程碑”意义，将对推动我国对外劳务合作“走出去”，营造良好的市场经营环境和秩序，促进对外劳务合作的健康发展发挥重要作用，企业开展对外劳务合作业务将进入有法可依的良性发展轨。根据国务院《对外劳务合作管理条例》和商务部的工作要求，市商务委起草了《北京市对外劳务合作经营资格暂行管理办法》，现已开始正式实施。

（崔春玲）

【开展2012年外派劳务项目审查工作】2012年，按照国家行政许可的各项要求，审核和新批1家对外劳务合作企业；在规定的时间内，对78家有外派劳务经营资格的企业进行了年审；审核对外劳务合作项目79件；开具劳务人员出境证明68件；按照商务部的规定，全年共审核备案登记输澳劳务项目1 203个。清退和返还87家企业劳务备用金本金1 380万元，利息249 692.3元。

（崔春玲）

【2012年援外工作发展快速】根据商务部充分发挥地方援外工作积极性和加强属地化管理的精神，按照商务部的文件要求，审核上报援外成套和施工监理企业12家；审核上报援外物资项目实施企业2家；为企业参加援外投标出具意见函17件；向援外司推荐我市5家企业25个项目拟承担2013年度援外培训项目。市属3家援外培训企业全年组织援外培训班21期，培训来自非洲等70多个国家的652名学员，同比增长35.3%。

（崔春玲）

【援外民企被评为感动非洲十大中国企业】2012年，由外交部、中国友协、非洲国家驻华使团指导，中非友协、中国国际广播电台主办的“中非友好贡献奖”的评选活动中，北京市援外民营企业华立科泰医药有限公司荣获“感动非洲十大中国企业”之一，这是上榜的唯一一家援外医药类公司。

（崔春玲）

【北京建工等企业在京交会上成功签约】北京城建集团展示了工程承包高端化、地产开发高效化、设计咨询规模化及资本运作成熟化的工作成就，吸引了各国政要和各界关注的目光。李克强听取了城建集团的汇报，并鼓励企业利用京交会契机大力发展海外业务，拓展海外市场。北京建工集团与阿根廷南方风力发电公司签署了项目总造价约39亿美元的巴塔哥尼亚加斯特雷1 350兆瓦风力发电项目的商务合同，是北京建筑企业迄今为止获得的海外最大EPC项目，还签署了总投资约5.4亿元人民币的泰国曼谷微笑广场项目。同仁堂集团参加了综合展示、标准展示、中医检验活动，李克强、刘淇、陈竺、郭金龙等领导莅临展区，对同仁堂海外发展成果给予了充分肯定。同仁堂集团分别与马来西亚海鸥企业有限公司、亚太卫视发展有限公司签署了海外合作发展意向书。此外，北京海山国际投资管理有限公司还与安哥拉C集团签订了中安国际物流商贸园区项目（3.5亿美元）。

（王　虹）

九、商务服务

【概况】2012年商务服务业围绕“筑基础、促产业、扩影响，服务京交会”工作总体思路，主要在推动商务服务业发展、推动工作体系建设、加强行业运行监测、落实会展业政策、培育发展商务楼宇、配合现代服务业税制改革、指导区县工作等方面加大工作力度。

一、加快工作推动体系建设，形成发展合力

为加快推动商务服务业发展，着力加强了工作推动体系建设工作，与市统计局、工商局、财政局、发改委、社会办等各相关部门和会展、会计师、律师、税务师等行业协会就相关行业的推动工作建立联系机制；区县商务委明确了商务服务业主管领导和业务科室，形成市区推动发展的合力；推动商务服务业行业协会建设，形成产业内各种力量的互动和交流。

二、加快商务示范楼宇培育，推动行业聚集发展

按照“特色化、品牌化、集群化”原则，进一步推动全市商务楼宇完善功能，提升品质，加速企业聚集。遵循公开、择优、后补助的项目安排原则，培育改造了20座商务楼宇，建筑面积200.3万平方米，驻楼企业1 810家，商务服务业企业所占比例达到55%。经第三方评审，对其中11座商务楼宇给予了资金支持，支持资金1 271万元。开展了商务楼宇的认定命名工作，出台了商务楼宇标准，按照广泛征集、企业自主申报、区县初审、市级严格评审等，命名国际贸易中心等16座楼宇为首批商务服务业示范楼宇。这16座楼宇，共有入驻企业总数2 295家，其中商务服务业占全部入驻企业总数的68%；营业总收入4 278.8亿元，纳税222亿元，平均每座楼宇纳税超过13亿元；直接吸纳就业10.7万人，具有较强示范效应。2012年8月8日举办命名仪式后，产生了广泛的社会影响。

三、推动行业运行平台建设，加强行业运行监测分析

加快了商务服务业运营监测和公共服务平台建设，项目已经得到市经信委、市发改委的批准，完成了数据渠道资源的调研，理清了信息数据结构。计划采取先易后难的路径，逐步完善运营监测系统，能够结合统计、区县等数据，按月度进行分析。

四、积极配合行业税收“营改增”工作，推动行业实现平稳发展

按照全市统一部署，市商务委牵头研究分析了营业税改征增值税对全市物流业、商务服务业、融资租赁业的影响并提出相应的对策建议。形成《关于营业税改征增值税对全市物流业、商务服务业、融资租赁业的影响及应对建议的报告》，对营业税改征增值税对全市物流业、商务服务业、融资租赁业的影响进行了比较全面的分析，提出了具有较强针对性的意见和建议。该报告得到了市领导的高度肯定，程红副市长批示“该分析报告很好”。

五、加强机制和政策推动，促进会展业发展

加强会展业协调机制建设。2012年，按照程红副市长的批示精神，市商务委对市会展工作协调领导小组方案进行了调整和补充，并征得了程红副市长同意。一是明确了协调领导小组的组织领导架构。二是进一步明确了各成员单位的职责，并新增加市国土资源局、市规划委、市统计局等为成员单位，同时考虑到近期有关委办局人事变动比较大的情况，经征求市相关部门、区县及企业的意见，我们重新确认了领导小组成员单位及办公室的人员名单。目前，正报市编办审核中。

加快落实北京市会展业政策。4月份，市商务委、市财政局印发了《关于促进我市商业会展业发展的通知》（京商务贸发字〔2012〕55号），这是我市首次发布的专门支持会展业发展的政策性文件。该通知从引进国际大型展会、培育品牌展会、加强公共服务平台建设及宣传推介、优化会展环境等四方面对商业会展业给予财政补贴和支持，将有利于不断提升全市会展业专业化、国际化程度，培育具有核心竞争力的首都品牌展会。

（范　启）

【开展商务服务业示范楼宇认定命名工作】2012年8月8日上午，市商务委举行全市首批商务服务业示范楼宇和电子商务特色楼宇命名仪式，副市长程红、市商务委主任卢彦出席仪式并作重要讲话。东方广场东方经贸城、国贸写字楼等16座楼宇被命名为北京市首批商务服务业示范楼宇，雍和大厦、中国瑞达大厦等4座楼宇被命名为北京市电子商务特色楼宇。这20座楼宇，入驻企业总数2 712家，其中，商务服务业、电子商务企业占全部入驻企业总数的64%；营业总收入4 417.5亿元，纳税224亿元，平均每座楼宇纳税超过11亿元；直接吸纳就业12.7万人，经济效益和社会效益明显，具有较强的示范效应，是我市楼宇经济的代表。

（李　春）

【已搭动态监测体系总体框架】商务服务业信息监测与服务平台建设通过建立市（市商务委）—区（区县商务委）—商务楼宇动态监测体系，实现面向全市商务服务行业多元化、有行业特色、内容鲜活的数据监测、分级管理和动态分析，为相关政府部门、行业协会、企业提供全方位服务。项目已经得到市经信委、市发改委的批准，完成了数据渠道资源的调研，理清了信息数据结构；目前已经搭建起监测的总体框架，计划采取先易后难的路径，逐步完善运营监测系统，能够结合统计、区县等数据，按月度进行分析。

（胡　滨）

【筹备组建商务服务业联合会】充分发挥社团组织的桥梁和纽带作用，联合本市区域内各类商务服务业社团组织、企业（集团）及专家、学者，运用信息、咨询、交流、调研、协调、行约等多种形式，为政府、行业、企业提供服务。维护市场秩序，保护会员合法权益，推动商务服务业健康、繁荣发展。目前已有7个行业协会、118家企业申请作为发起人。

（胡　滨）

十、总部经济

【概况】总部经济具有知识含量高、产业关联强、带动作用大等特点。发展总部经济，对于贯彻落实科学发展观，充分发挥首都资源优势，更好地服务全国、辐射世界，打造世界高端企业总部聚集之都和高端人才聚集之都均具有重要意义。总部企业是总部经济发展的微观主体，引导和支持总部企业在京发展，有利于首都服务业产业调整和优化升级，不断增强“北京服务”的影响力和辐射力；有利于占据产业链和价值链高端，提升北京在全球产业分工格局中的地位，使首都服务业在更高层次、更高水平上融入国内和国际产业和经济发展。

据统计，全市一级总部企业数量达到1 305家（一、二级总部企业数量7 769家），占全市法人单位数的0.3%。其中，央企总部223家，民企总部157家，外资总部283家，金融总部98家。2012年，全市总部企业国地税收入5 136亿元，占全市同一指标的55.7%，其中市区两级地方留存1 278亿元，占全市同一指标的38.6%。

2009年《北京市人民政府关于鼓励跨国公司在京设立地区总部的若干规定》及其实施办法实施以来，取得了显著成效。截至2012年年底，我市共认定跨国公司地区总部127家（政策实施后新认定91家），其中世界500强企业84家，占在京投资世界500强企业的30.2%（共有278家世界500强企业在京投资）。已认定的总部企业中，投资性公司103家，占总数的81%，管理性公司24家，占19%。

（蔡小军）

【成立总部经济发展促进工作机构】2012年11月，市商务委总部经济发展处获得市编办批准，主要负责研究提出北京市吸引境外跨国公司地区总部和国内企业地区总部的政策措施并组织落实；负责境外跨国公司在京设立地区总部的认定工作；协调促进跨国公司和国内企业在京地区总部功能完善；负责外国非企业经济组织在京常驻代表机构和商会的有关管理工作。

（蔡　跃）

【平稳有序地承接好了相关业务】平稳有序地从兄弟处室承接了跨国公司在京设立地区总部认定、奖励，外国非企业经济组织在京相关机构服务管理等工作职责。2012年，共认定跨国公司地区总部15家，共办理外国和台港澳非企业经济组织、外国商会行政审批事项103件。

（王亚娟）

【做好新政策的起草、调研工作】按照市政府促进总部经济发展专题会议的要求，积极开展了鼓励总部企业在京发展新政策措施的起草、调研工作。收集借鉴了上海等9个国内兄弟城市有关鼓励总部经济的发展政策；召开了包括央企、市属国企、民营总部企业和外资跨国公司、区县商务部门、相关功能区在内的座谈会。

（殷惠龙）

十一、商务领域行业协会

截至2012年年底，由市商务委作为业务主管单位的社团组织55家。按照市社团登记管理部门的分类统计，学术性社团4家（北京国际经济贸易学会、北京市对外经济贸易会计学会、北京商业经济学会、北京市商业文化研究会），联合性社团7家（北京外商投资企业商工联合会、北京市商务企业法律顾问协会、北京国际志愿人员协会、北京外企海外联谊会、北京服务贸易协会、北京市商业联合会、北京老字号协会），专业性社团9家（北京国际商会、北京市国际技术贸易协会、北京国际投资促进会、北京服务外包企业协会、北京中外企业人力资源协会、北京市商业企业管理协会、北京市供销合作经济组织协会、北京中国饮食文化研究会、北京中华茶艺协会），行业性社团35家（除上述3类以外的社团组织）。市商务委按期完成了社团组织的年度检查工作，并指导5家社团组织完成了换届工作，新成立北京孕婴童用品行业协会。

（谢凤珍）

附：北京市商务领域社团名录

北京市商务领域社团名录

序号	单位名称	会长	秘书长	联系人	联系电话	传真	单位地址	邮编
1	北京国际商会	熊九玲	张　钢	张芳芳	88070379/0303	68061030	西城区南礼士路头条 3 号	100045
2	北京国际会议展览业协会	储祥银	储祥银	王　芳	88070431/0324/0343	68061030	西城区南礼士路头条 3 号	100045
3	北京国际经济贸易学会	姚　望	李　霞	杨玉清	88070329	68014008	西城区南礼士路头条 3 号	100045
4	北京市进出口企业协会	陈　伟	叶长友	金　禧	84289882/9006/9001	84289902	朝阳区和平里小黄庄北街 2 号 C 座	100013
5	北京市国际技术贸易协会	陈　伟	王跃平	刘　松	85163103	65252214	东城区朝内大街 190 号	100010
6	北京市国际货运代理行业协会	李建华	李　荣	李小蕾	64621398/99	64615507	朝阳区亮马桥路 44 号海昌大厦 209 室	100016
7	北京市对外经济贸易会计学会	徐小溪	赵京娥	赵京娥	65280245	65280245	丰台区芳群园四区 21 号楼 450 室	100078
8	北京市商务企业法律顾问协会	钟　青	董淑荣	王　硕	58260973	58260973	朝阳公园西里南区 6 号楼副楼 403/502 室	100125
9	北京品牌协会	王介甫	夏　明	夏　明	58260938	58260938	朝阳公园西里南区 6 号楼副楼 503 室	100125
10	北京中外企业人力资源协会	王晓平	滕　霄	封树贞	67771008	67771004	朝阳区西大望路 15 号外企大厦 B 座 703 室	100022
11	北京国际志愿人员协会	王　粤	刘　军	闫　颖	84000561/0562	64097913	东城安定门东大街 28 号庸和大厦 C 座 11 层	100007
12	北京外商投资企业协会	孙长泰	李　莉	狄　伟	65543163/5363	65544915－0	朝阳门北大街 8 号富华大厦 F 座 408 室	100027
13	北京国际投资促进会	孙长泰	李保卫	张　桐	65546203	65543161	朝阳门北大街 8 号富华大厦 F 座 406 室	100027
14	北京外企海外联谊会	霍晨光	肖林光	束　燕	67772614	67772655	朝阳区西大望路 15 号外企大厦 B 座 11 层	100022
15	北京服务贸易协会	熊九玲	倪跃刚	顾伟民	88070305/20	68065905/12380	西城南礼士路头条 3 号南楼 325 室	100045
16	北京服务外包企业协会	曲玲年	李　进	李海珍	82826849/ 82825690－1018	82825690－1073	海淀区东北旺西路 8 号中关村软件园 1 号楼信息中心 C 座一层	100094
17	北京国际经济技术合作协会	纪为民	廖志宁	白　洁	84549851	51316242	东城区东直门外大街 48 号东方银座 A 座 17C	100027
18	北京外商投资企业商工联合会	姜仲群	刘贻长	刘贻长	65056010	65056110	建外大街 1 号国贸西楼 516 室	100004
19	北京市商业联合会	李顺利	丁淑芬	田旭升	63435421/22/29	63435416	西城区莲花池东路丙 1 号	100045
20	北京物流协会	王国丰	林友来	黄少阳	63435426/9	63435428	西城区莲花池东路丙 1 号	100045

（续）

序号	单位名称	会长	秘书长	联系人	联系电话	传真	单位地址	邮编
21	北京市商业企业管理协会	孟卫东	施燕青	吴晓霖	64010352	64010352	东城区魏家胡同 20 号	100007
22	北京百货商业协会	孟卫东	施燕青	吴晓霖	64070692	64010352	同上	100007
23	北京市印章行业协会	张宝平	王　立	肖　悦	63030462/7984	63035640	宣武区珠市口西大街 258 号	100051
24	北京市茶业协会	白文祥	付光丽	刘秀荣	68337903	68337903	西城区北礼士路甲 98 号阜成大厦 A 座 4 层 421 号	100037
25	北京冷饮食品协会	濮万瑾	李桂花	李桂花	63435423/520	63435520	西城区莲花池东路丙 1 号	100045
26	北京市供销合作经济组织协会	符敬群	王燕龙	赵月蓉	63521364	63520898	朝阳区小营北路 11 号和泰大厦 7 层 710 室	100101
27	北京蜂产品协会	杨寒冰	赵增莲	钟一鸣	67869258	67869021	北京经济技术开发区同济中路 7 号兴盛工业园 3 栋	100176
28	北京商业经济学会	臧洪阁	赖　阳	魏　刚	65130390 65231127	65128343	东城区礼士胡同 41 号	100010
29	北京市商业服装行业协会	陈普照	朱名华	朱名华	65136644 63032991	65123749	宣武区前门大街掌扇胡同甲 2 号	100051
30	北京肉类食品协会	袁卫东	刘金英	刘金英	63266413/26	63324813/ 26	宣武区广安门外广华轩 6 号楼	100055
31	北京市化工商业协会	邓五一	刘志刚	王海红	87612660 67603818	87612660	丰台区永外宋家庄顺八条 1 号	100078
32	北京市眼镜行业协会	孟卫东	刘多宁	刘多宁	67059782	67059782	东城区天坛路 57 号院内东楼 4 层 401	100062
33	北京市调味品协会	杜吉信	陈尤太	陈尤太	63520634 63986443—606	63986443—676	宣武区枣林前街 19 号	100053
34	北京焙烤食品糖制品协会	高　波	张　漪	刘俊欣	63265499	63265499	宣武区广安门外广华轩 6 号楼	100052
35	北京市豆制品协会	张振山	卢桂芳	卢桂芳	63521149	63521149	丰台区桥南马场 138 号	100071
36	北京农业生产资料协会	吴　山	陈永峰	高　放	83828781	83828781	丰台区西四环南路 30 号院 8－1 供销农资大厦 12 层	100161
37	北京文化用品行业协会	张　军	周文安	田秀丽	67226062	87297093	崇文区永外东革新里 42 号	100077
38	北京市石油流通行业协会	赵振生	王顺增	赵秋萍	85835928	85836509	朝阳区十里堡 1 号恒泰大厦七层 7002－7006 室	100054

（续）

序号	单位名称	会长	秘书长	联系人	联系电话	传真	单位地址	邮编
39	北京拍卖行业协会	温桂华	张　瑾	许惠田	68334469	68337868	西城区北礼士路甲 98 号阜成大厦 B 座 305 室	100083
40	北京家政服务协会	李大经	朱　萍	朱　萍	63432818/5414	63432818	西城区莲花池东路丙 1 号	100006
41	北京市摄影行业协会	孙秀珍	孙广义	高凤玲	66039982	66039982	西城区大酱坊胡同甲 26 号	100032
42	北京市洗染行业协会	汪学仁	高云丽	高云丽	63972756	63972756	丰台区莲花池西里 20 号宝辰洗衣厂四楼	100073
43	北京市餐饮行业协会	汤庆顺	胡　颖	王瑞华	66035722	66039210	西城区大酱坊胡同甲 26 号	100032
44	北京美发美容行业协会	卢连德	李瑞明	张佳祺	63188435	63188437	宣武区珠市口西大街 120 号太丰惠中大厦 1137 室	100050
45	北京市租赁行业协会	张巨光	史国立	高　明	87289242 67150700	67150700	东城区法华南里 26 号 404 室	100061
46	北京西餐业协会	魏　青	许　萌	许　萌	64810867	64810615	海淀区羊坊店路 18 号光耀东方广场 s 座 505 室（西客站北广场东北角）	100038
47	北京典当行业协会	杨　永	郝凤琴	郝凤琴	84544366	84544368	东城区永内东街中里 13 号	100050
48	北京电子商务协会	丁同欣	林　亚	朱红霞	63435415	51814650	西城区莲花池东路丙 1 号 312 室	100045
49	北京市连锁经营协会	卫停战	李秀珍	李卫红	62262236 62218069	62262236	海淀区北三环西路明光北里 2 号	100088
50	北京老字号协会	姜俊贤	张　健	李　菲	62002277 62370448	62002277	西城区西绒线胡同 51 号北门四川饭店内	100029
51	北京中国饮食文化研究会	李士靖	赵振华	孙淑萍	65193131	65193259	北京市正义路 2 号市政府 2 号楼	100744
52	北京中华茶艺协会	郝　莹	李延海	郝　莹	66056287	66056287	西城区八宝胡同 5 号	100033
53	北京市商业文化研究会	张连登	胡庆平	胡庆平	89532213	89532213	东城区东四南大街礼士胡同 41 号	100010
54	北京市旅店行业协会	丁同欣	张　宏	张惠云	63156367	63156367	宣武区棕树斜街 42 号	100051
55	北京孕婴童用品行业协会	邓正学	孟宪忠	孔金焕	84602486	84440576	朝阳区曙光西里甲 6 号院 8 号楼时间国际 708 室	100028

第四部分

海关、检验检疫

北京海关

基本职能

北京海关是海关总署直属的正局级海关。依据中华人民共和国海关法和其他有关法律、法规，负责监管北京关区进出境运输工具、货物、行李物品、邮递物品和其他物品，征收关税和其他税费，查缉走私，编制海关统计和办理其他海关业务。

内设机构

缉私局、办公室、法规处、关税处、监管通关处（行邮监管处）、加工贸易监管处、综合统计处、稽查处、风险管理处（企业管理处）、技术处、财务处、关务保障处、人事处、教育处、督察内审处

内部工作机构

机关党委（思想政治工作办公室）、监察室、政治部办公室、离退休干部办公室

隶属海关

首都机场海关、中关村海关、北京经济技术开发区海关、天竺海关、北京西站海关（筹）

派驻机构

审单处、现场业务一处、现场业务二处、驻朝阳办事处、驻平谷办事处、驻邮局办事处（海关总署北京印刷品音像制品监控办公室）、驻顺义办事处

海关总署外脑机构

海关总署北京加工贸易单耗管理办公室、进出口商品归类办公室

事业单位

机关服务中心、中国电子口岸数据中心北京分中心

临时机构

基建办公室

群众组织

机关工会

人员编制

北京海关现有人员1 735名（其中从事海关业务人员1 503名，从事缉私业务人员232 名）。

业务工作

【概况】2012 年，在海关总署和北京市委、市政府的正确领导下，北京海关忠实履职、开拓创新，以建设“首善之关”为目标，积极服务科技创新、文化创新“双轮驱动”发展战略，紧密围绕北京建设中国特色世界城市、打造国际商贸中心的工作大局，不断提升监管服务的科技化、规范化、精细化水平，推动首都开放型经济朝着优化结构、拓展深度、提高效益方向持续转变，各

项工作成效显著，再上新台阶，为首都经济社会平稳健康发展做出了应有贡献。

【税收突破 600 亿元创新高】深入挖潜，量质并举，深入开展综合治税，确保应收尽收。全年共实现税收入库 601.5 亿元，突破 600 亿元大关，同比增长 12.6%，创下历史新高。其中，关税入库 103 亿元，同比增长 13.9%；进口环节税入库 498.5 亿元，同比增长 12.3%，为国家财政做出了积极贡献。

（杨　帆）

【“四位一体”监控模式更趋健全】着力优化监管工作机制，完善运输工具、舱单、监管场所、查验“四位一体”的监控模式，实际监管力度和监管信息化应用水平显著提升。全年共监管进出口商品总值 809.7 亿美元，审核报关单 158.1 万份；验放进出境人员1 995万人次，同比增长 6.9%，积极配合落实北京口岸对部分国家过境旅客实施 72 小时免签证政策。充分履行政治保卫职能，“清水行动”成果显著，全年共查获违禁印刷品、音像制品 71.5 万件，占全国海关查获总量的 40%，得到中央有关部门的充分肯定。

（杨　帆）

【查办缉私案件 1 327 起】全力以赴开展“国门之盾”专项行动，首创并运用“三网联动”实战分析法，取得突出成效。全年共查办案件1 327起，涉嫌案值 61 亿元，涉嫌偷逃税额 4.8 亿元，其中刑事案件 46 起，抓获犯罪嫌疑人 78 人；立案侦查走私毒品案件 11 起，收缴各类毒品 72.9 千克，占北京市查获总量的一半以上。牵头组织召开了北京地区首次海关、检察、审判机关打私工作联席会议和 2012 年北京市反走私综合治理成员单位联席会议，进一步密切了部门间执法协作，增强了首都地区打击走私的整体合力。

（杨　帆）

【3 篇统计分析文章获中央领导批示】进一步增强统计分析能力，为各级政府和社会各界提供高质量的统计信息服务。全年共撰写上报统计分析文章 210 余篇，被《总署要情》及以上载体采用 62 篇次。其中 3 篇文章获得中央领导批示。共向北京市报送针对地方经贸发展状况的《统计专报》49 篇，其中多篇文章得到北京市领导的重视和批示。

（杨　帆）

【吸引重点项目入驻天竺综保区】围绕药品、电子、航材等园区重点产业，为企业量身定制个性化监管方案；协助做好招商引资工作，重点吸引与北京经济发展相适应且具有辐射带动作用的龙头企业入驻，推动歌华“文化保税区”、“苹果”手机项目顺利入区，使综保区内产业结构得到进一步优化。全年共新增入区企业 26 家，区内企业已达 94 家，天竺综保区监管进出口货物价值 217 亿美元，同比增长 69.9%。

（杨　帆）

【马坊物流中心监管集装箱突破 3 万】进一步加强与天津海关的联系配合，加强京津海运货物特别通道建设；结合马坊物流中心的业务特点，积极整合窗口服务，开辟快速单据流转通道，积极推行“一站式”查验，为企业特别是对冷藏食品类货物及大型框架集装箱的通关提供极大便利，提升口岸吸引力。平谷（马坊）国际物流中心全年监管进出境货物量突破 3 万标箱，货值 11.1 亿美元，同比增长 97.7%。

（杨　帆）

【亦庄保税物流中心（B型）取得开门红】自亦庄保税物流中心（B型）于2011年12月正式封关运作以来，北京海关积极响应企业实际需求，通过实行“分批送货，集中报关”通关模式、“7×24小时”预约验放、“加急通关”等方式，大幅提升通关效率，全年共监管进出口货物1.4万吨，货值7.4亿美元。亦庄保税物流中心（B型）已成为继天竺综保区后，北京国际保税物流的又一聚集地和重要平台。

（杨　帆）

【探索电影产业开拓国际市场的新途径】与中国电影集团公司等重点企业签订联系配合办法，全年共监管进境影片466部，出境影片200部，同比分别增长17%和13%。同时，积极支持中国电影股份有限公司开展全国首例境外电影底片洗印加工贸易业务，全面跟踪生产过程，有针对性地提出了“空白胶片一一对应，影音素材料件退运”的监管模式，使首本电影素材加工贸易手册顺利核销，成功迈出了中国影视后期制作开拓国际市场的一大步。

（杨　帆）

【促进会展产业在海关特殊监管区域落地】全力做好首届“京交会”等重点会展活动的通关服务工作，提供高效便捷的通关服务，全年共办理各类展览会备案622个，同比增长19.8%。同时，为规范海关特殊监管区域内艺术品展示交流的企业运作，研究制定了《北京海关关于海关特殊监管区域艺术品拍卖的管理办法（试行）》，开发了海关监管辅助系统的相关管理功能模块，为年拍卖额达300亿美元的利氏兄弟拍卖行量身定制了适合其业务模式的通关监管流程，有效带动上下游关联产业的入区发展，形成明显的产业聚集效应。

（杨　帆）

【强化知识产权海关保护工作】一方面，积极倾听自主知识产权企业的诉求，为企业及社会公众办理、查询知识产权海关备案提供指导与支持；及时解决北京邮票厂、中国科学器材进出口公司出口活动中的知识产权疑难问题，主动提供知识产权保护相关法律建议。另一方面，持续加大打击进出口侵犯知识产权行为力度，全年共查获侵权案件47起，查获侵权商品1 079批次、案值171.6万元，涉及50多个国家和地区，保护知识产权权利项171项。

（杨　帆）

【出台20项促外贸、稳增长的具体措施】出台了促进首都外贸稳定增长、支持企业健康发展的20条具体措施，建立了重点企业联络员制度，举办了实施企业联络员制度暨通关作业无纸化推广会，帮助企业用好用足国家优惠政策，全年审批减免税款合计141.7亿元，同比增长69.4%；深入推进企业分类管理，新增AA类企业19家、A类企业106家；12360服务热线开通7×24小时对外服务，提供各类咨询答复2.1万条，问题解决率为99.8%，热线回访答复满意度为100%。

（杨　帆）

2012 年北京海关主要业务情况一览表

序　号	项　目	数　额	比 2011 年同期增减
1	进出口货物总值（亿美元）	809.7	－0.8%
2	进出口货运量（万吨）	565.9	－21.8%
3	出入境人员（万人次）	1 995	6.9%
4	监管印刷品、音像制品（万件）	8 949.7	7.1%
	监管进出口快件（万件）	1 520.2	11.5%
5	侦办刑事案件（起）	46	－6.1%
	案值（亿元）	37.5	18.6 倍
6	查获行政案件（起）	1 281	－6%
	案值（亿元）	23.4	2.3 倍
7	上缴罚没收入（万元）	5 508.1	12.6%
8	税款入库总金额（亿元）	601.5	12.6%
	其中：关税税款（亿元）	103	13.9%
	代征税款（亿元）	498.5	12.3%
9	审批减免税总货值（亿美元）	129.4	47%
	审批减免税总金额（亿元）	141.7	69.4%
10	备案加工贸易电子手册总金额（不含 E 账册，亿美元）	73.5	－17%

（杨　帆）

2012 年北京地区进出口总值一览表

项　目	价值（亿美元）	比 2011 年增减
进出口总值	4 079	4.7%
出口总值	596	1.1%
进口总值	3 483	5.3%
出口差额（＋出大于进；－进大于出）	－2 887	6.3%

（杨　帆）

名　录

单位名称：北京海关

法人代表：甘荣坤

通讯地址：北京市朝阳区光华路甲 10 号

邮政编码：100026

电　　话：85736789

传　　真：85736080

网　　址：www.bjcustoms.gov.cn

（杨　帆）

北京出入境检验检疫局

基本职能

中华人民共和国北京出入境检验检疫局（以下简称“北京检验检疫局”）是国家质量监督检验检疫总局设在北京并授权依法管理北京地区出入境检验检疫工作的行政执法机关和涉外经济监督部门。

机构设置

截至2012年12月31日，北京检验检疫局下设办公室、法制处、通关处、卫生处、动植处、食品处、检验处、认监处、风险处、科技处、信息处、稽查处、人事处、计财处、老干部处、政工处、监审室17个处室；另设有首都机场检验检疫局、丰台检验检疫局、北京经济技术开发区检验检疫局、顺义检验检疫局、通州检验检疫局、海淀检验检疫局、北京西站检验检疫局、北京朝阳口岸办事处、国际展览办事处、北京平谷办事处、北京天竺综保区办事处11个分支机构以及检验检疫技术中心、国际旅行卫生保健中心、机关服务中心、动物隔离场4个技术检测和服务单位。

业务工作

【概况】2012年，北京检验检疫局共检验检疫出入境货物233 707批次，同比增加3.7%；货值187.4亿美元，同比增加0.4%。其中检验检疫出口货物124 264批次，同比增加5.5%；货值119.5亿美元，同比增加15.9%。检验检疫进口货物109 443批次，同比增加1.7%；货值67.9亿美元，同比减少18.7%。查出不合格进出口货物1 928批，同比减少13.4%；货值5 531万美元，同比减少2.2%。其中不合格进口货物1 867批，同比减少13.6%；货值5 408万美元，同比增加2.8%。不合格出口货物61批，同比减少7.6%；货值123万美元，同比减少68.8%。检验检疫进出口工业品181 931批，同比增加3.4%，货值1 617 038万美元，同比减少2.1%；检验检疫进出口食品/化妆品24 566批，同比增加9.3%；货值137 268万美元，同比增加19.5%；检验检疫进出境动物及其产品13 154批，同比减少5.6%；货值47 441万美元，同比增加33.7%。检验检疫进出境植物及其产品10 818批，同比减少2.6%；货值36 659万美元，同比增加18.0%。

共查验出入境人员2 027.4万人次，同比增加8.4%。完成出入境人员监测体检79 767人次，同比增加12.4%。完成预防接种154 518人次，同比增加0.5%。在口岸媒介生物监测中捕获鼠类32只，蚊、蝇、蜚蠊等其他医学媒介生物11 118只。从进口的2批种牛中检出二类进境动物传染病4种共21头。截获植物有害生物146种、1 265批次，同比分别增长9.8%和123.5%。其中，截获检疫性有害生物17种201批次，同比分别增长30.8%和168%。查验出入境航空器108 971架次，其中出境航空器54 081架次、入境航空器54 890架次。查验出入境国际列车 366 车次，其中出境 183 车次、入境 183 车次。受理报检入境集装箱货物93 027标箱，同比增加 1.7%；查验入境集装箱43 072标箱，同比减少 43.1%。签发各种原产地证书49 703份，同比减少 13.6%；签证金额 30.9 亿美元，同比减少 24.4%，累计为北京地区出口企业减免进口国关税7 957万美元。免征检验检疫费4 670.6万元，涉及120 677批出入境货物及运输工具，惠及8 373家企业。

（唐茜茜）

【落实“两个专项行动”各项工作】质量安全风险排查整治和道德领域突出问题专项教育治理行动（简称“两个专项行动”）是国家质检总局 2012 年统一部署的重点工作。北京检验检疫局通过开展分支机构自查、各责任部门检查和稽查处稽查相结合的“三级联查”，对 856 家（次）企业进行了宣传、排查和帮扶，特别是针对高风险等级产品进行了重点排查整治。在完成 37 项排查整治“规定动作”基础上，还开展了 4 项“自选动作”，已全部落实整治措施，并发现查处进口成套设备虚假申报、伪造新西兰官方卫生证书等重案、要案。

（唐茜茜）

【电子监管业务系统初步建立】全面启动进出境电子监管系统推广工作，制定了进出口电子监管作业指导书，组织业务专家对进出口货物电子监管系统、CIQ2000 检验检疫综合业务系统和集中审单管理系统进行测试联调，初步建立起统一检验依据、动态调整检测项目、职责明确的进出口电子监管业务系统，实现了进出口电子监管全覆盖。

（唐茜茜）

【企业信用管理体系形成】形成了以企业信用管理系统为基础、高低信用企业配套管理政策为支撑的企业信用管理体系。依据违法违规行为的具体情节，北京检验检疫局在通关查验比例、优惠便利资质、实验室检验检测、对外信息通报等环节对 15 家低信用企业进行了严格监管。对有效期满的“中国质量诚信企业”进行年度审核，截至 2012 年年底，北京地区共有 AA 级企业 5 家、中国质量诚信企业 27 家。

（唐茜茜）

【进境邮寄物检验检疫工作实现新突破】2012 年 3 月 26 日，北京检验检疫局正式进驻北京邮政速递物流有限公司望京国际邮件处理中心开展工作，改变北京地区进境邮寄物查验只能依靠海关截转的状况，开启了北京地区进境邮寄物检验检疫工作新篇章。全年累计截获水果、种子等禁止邮寄进境物 138 批次，印制各类宣传资料 4 万余份，在进境邮寄物中首次截获濒危捕鸟蛛科活体蜘蛛，并且妥善处置进境邮寄物中发现不明化学液体突发事件。

（唐茜茜）

【出入境人员携带物监管力度加强】与北京出入境边防检查总站合作，对 129 名重点旅客实施严密监管，截获禁止携带进境物 195.4 千克、象牙制品 1 件、伴侣动物 13 只。加大打击非法携带动物皮张力度，发挥检疫犬的查验作用，截获动物皮张 39 批次，共计 989.5 千克。妥善处置“国航 CA981 航班安全威胁事件”、在旅客托运行李中发现放射性超标物等 2 起核生化突发事件，得到国家质检总局通报表扬。

（唐茜茜）

【深化出口食品监管模式改革】北京检

验检疫局积极探索出口食品企业分类管理，对卡夫食品（北京）有限公司、玛氏食品（中国）有限公司分别实施“过程控制、企业自检、追溯放行”和“风险评估、自控自查、监督抽检”的新监管模式，在抽检方式、抽检频率和检测项目上根据风险大小实施动态管理，对乐天（中国）食品有限公司准备实施的“单厂、单产品、单国家”新模式进行风险评估。全面完成“出口食品企业备案采信第三方认证监管模式”试点工作，1家认证机构认证的10家出口食品生产企业在延续备案审查中获得采信。建立和实施出口食品生产企业备案配套管理制度，探索建立出口食品农产品质量示范安全基地。完善出口食品种、养殖基地管理，对北京地区出口蔬菜备案种植基地，出口肉禽和蛋禽、出口猪肉和牛肉备案养殖场及其加工企业，出口蜂产品备案养蜂基地进行了情况摸底，依据调研情况制定了《出口动物源性食品生产企业备案养殖场检验检疫监管手册》。

（唐茜茜）

【推进进口食品、化妆品收货人备案制度】要求所有北京地区进口食品、化妆品的收货人必须取得检验检疫备案资格。同时进一步完善备案流程，认真审核申请企业材料的真实性和合法性，实时掌握进口货物的存放场所，及时更新企业生产经营资料，监督企业建立进口查验记录和销售流向记录，建立完整的进口食品追溯链条。

（唐茜茜）

【加强出口汽车安全示范区建设】2012年5月16日，北京检验检疫局同北京市商务委员会、北京汽车集团有限公司共同签署了出口汽车产品质量安全示范区建设工作备忘录，确定了以北京汽车集团有限公司及其下属部分重点企业为目标的示范区建设思路，明确了各方的工作内容及工作机制，确保示范区建设工作按计划稳步推进。与此同时，对重点出口汽车企业实行“一对一”帮扶，帮助企业完成设备引进工作，使北汽控股公司成为国内首家拥有全套轿车产品开发流程、设计规范、质量标准、测试方法等知识产权及汽车核心配套部件生产的整车企业。

（唐茜茜）

【完善采购出口商品检验监督管理】开展业务监管模式风险评估，从适用范围、执行依据、工作程序、实施效果等方面进行政策适宜性、执法科学性、监管有效性的风险分析，明确现有检验检疫业务监管模式的保留、修订、废止意见，实现对检验检疫业务监管模式的规范管理。

（唐茜茜）

【试点开展部分产品进口分类管理】结合北京地区对外贸易具有总部经济、进大于出的特点，对进口医疗器械、进口服装、进口轮胎、进口汽车散件等部分产品试点开展进口分类管理。制定《北京地区进出口危险化学品及其包装检验监管工作规范（试行）》。

（唐茜茜）

【动植物疫病疫情防控监测取得新成效】进一步完善进境水果、粮谷、动物遗传物质、木质包装等重点产品的监管方式。在北京首都机场、顺义、大兴、丰台、通州等14个区县开展有害生物监测，全年共诱捕到桔小实蝇成虫20次共300头。集中对北京筹备粮库周边地区开展了3次外来杂草调查，发现长喙婆罗门参、长芒苋等4种外来杂草，在大兴区自然水域内发现了外来杂草水盾草，完成3 701头澳大利亚进境种牛的检疫工作。从菲律宾进口香蕉中截获检疫性有害生物新菠萝灰粉蚧 10 批次，销毁带疫产品 285.2 吨，被国家质检总局授予“进口水果检验检疫监管工作先进集体”称号。

（唐茜茜）

【加强口岸卫生检疫监管工作】制定《北京检验检疫局卫生检疫集中审单工作方案》，对来自传染病流行区的集装箱和货物实施针对性查验和卫生处理，查验不合格率同比增加 150%。完成《国境口岸重大呼吸道传染病检验检疫防控体系的建立与应用》课题研究，开发完善传染病风险预警管理机制，并在部分分支机构进行试运行，实现个案信息报告、月报统计、风险分析、风险预警和检疫监管模型模拟测算。全年，在口岸检疫查验中共检出传染病 34 例，检出率同比提高 110%。

（唐茜茜）

【加大重点企业、重要行业扶持力度】全力支持中关村国家自主创新示范区建设，组织辖区内 197 家生物医药企业开展特殊物品相关法律法规培训，积极推进“一库两简三优化”的“中关村模式”。在局门户网站创建“WTO 信息专栏”，深入北京地区部分行业龙头企业进行实地调研，为企业提供技术性贸易措施信息支持。大力扶持双自主企业发展，从 42 家双自主企业中选择金风科技等 10 家规模和社会影响较大的企业作为重点扶持企业，制定更加合理有效的帮扶措施，为企业发展提供更多支持。推动境内首次试点开展的旧工程机械拍卖项目落户天竺综保区，认真梳理该业务涉及的检验检疫工作难点，提出了切实可行的建议，为我国旧工程机械的国内交易和出口开辟了一个崭新的平台。

（唐茜茜）

【做好重点展会检验检疫服务保障工作】为保证第一届“中国（北京）国际服务贸易交易会”、第十二届“北京国际汽车展”等展会的顺利进行，北京检验检疫局提前制定工作预案，设立绿色通道，实行 24 小时预约服务。在北京国际汽车展上还首次使用“人—机—犬”综合查验模式，对参展物品实施了严格查验，共查获不合格货物 22 批次。

（唐茜茜）

【不断推进通关便利化】2012 年，北京检验检疫局基本完成口岸建设档案和口岸建设依据文件档案的整理工作，在总结分析已有资料和口岸建设经验的基础上，研究起草了口岸查验设施建设规范，并根据北京口岸建设具体情况细化了国家质检总局口岸检验检疫查验基础建设标准。起草了《北京地区重点工程、重大项目便捷通关管理规范》，先后以两家航材进口企业的“无纸申报”和康宁显示科技（中国）有限公司空运进口成套设备为试点，对通关便利措施标准化管理进行了研究，其中“无纸申报系统”进一步优化了单证流转模式，实现了真正意义上的电子报检、电子转单、电子归档，减轻了窗口人员的工作压力，加快了企业通关速度。此外，北京检验检疫局还大力加强窗口建设，提高服务水平，提出“三个声、四个零、五个办、六不让”的窗口建设服务标准，实现“窗口工作标准化，窗口服务人性化，服务设施智能化，服务形象时代化”的目标。

（唐茜茜）

【全面深化依法行政】2012 年，北京检验检疫局开展“质检法治文化建设年”活动，参与国家质检总局“质检法治文化建设”研究课题和“法律六进”质检普法系列图书策划工作。在机关文化园地网站开辟“法治文化”专栏，在《京检信息》设置“质检法治文化专刊”。举办了法治文化主题演讲比赛，并获得质检系统演讲比赛二等奖。加大普法宣传力度，举办各类、各层次法律知识培训和岗位练兵活动，定期开展法制研究小组活动，开展“12·4”法制宣传，购置发放各类普法书籍。开展业务规范性文件清理工作，对104件文件形成明确清理意见，并完成规范性文件管理办法的修订工作。此外北京检验检疫局还进一步规范行政处罚工作，全年办结行政处罚案件154起，罚没198.50万元；办理行政复议案件2起，成功应对北京检验检疫局第一起行政诉讼案件。

（唐茜茜）

【完善人事管理】年内，北京检验检疫局研究出台《北京出入境检验检疫局处级领导后备干部管理办法（试行）》、《事业单位公开招聘人员实施办法》、《北京出入境检验检疫局奖励实施办法（试行）》等一系列管理文件。在事业单位实行全员竞聘，组织53名混岗事业编制人员归编。进一步规范公务员招录工作，公平公正组织面试，24小时公布成绩。全年共组织培训练兵活动25期，完成65项教育培训计划。全面推行准军事化管理，研究制定《准军事化管理工作实施方案》和《准军事化管理日常行为规范（试行）》，分4期组织424人开展军训。

（唐茜茜）

【加强实验室管理】开发质检系统第一个基于网站式的能力验证计划平台，获得了动物检疫、植物检疫、卫生检疫、机电检测和纺织品检测等5个专业领域的测量审核指定机构资格，获准为检验检疫系统559家实验室在禽类、水生动物、植物及其产品、血液、电器产品、纺织品等9个产品大类共计47个检测项目上提供测量审核技术服务。在全国范围组织13项能力验证计划，并作为中国第一家实验室成功组织了纺织品检测领域的国际能力验证计划，走在了系统前列。积极组织开展区域性中心实验室的达标验收工作，完善实验室“一点两环、三维管理”的立体式监督管理模式，开展盲样检测4次、能力验证20次，向中国合格评定国家认可委员会（CNAS）申请扩增24个产品类别，97个检测项目，118个检测方法，完成20个SOP的编制工作。不断完善科技人才培养机制，打造科技创新团队，形成植物检疫和纺织检验两个专业创新团队。获准承担2013年国家质检总局科研课题19项，参与1项，获得检验检疫行业标准制修订立项18项。

（唐茜茜）

【创建“云中心”机房】进一步明确以云计算为基础，以决策支持和移动执法为目标的信息化发展方向，全面建成一个功能齐全、设施一流的“云中心”机房，为未来应用虚拟化技术搭建起良好平台。积极推进制度电子文库、会议签到系统和应急管理平台建设，扩大行政移动办公终端系统使用范围，提高全局信息化水平。

（唐茜茜）

【切实提高统计分析能力】申报《检验检疫业务统计指标评价体系研究》等2项科研课题，从检验检疫专业角度和筛选方法上对统计指标进行认真梳理，逐步构建起完整的指标体系框架。制定质量安全分析模板以及卫生检疫、动植物检疫、食品化妆品、工业产品、认证监管等5个专项分析模板，定期进行综合业务统计预测，编制完成12篇统计分析报告。

（唐茜茜）

2012 年北京地区部分出入境法检商品质量情况一览表

项目		检验批次	批次合格率（%）	合格率比上年增减（%）
总计	出境	124 229	99.95	0.01
	入境	109 437	98.29	0.03
出境	动物及产品	2 155	99.91	0.04
	植物及产品	2 810	99.75	0.12
	食品及化妆品	7 490	99.85	0.00
	纺织品	14 631	99.93	—0.06
	轻工品	6 170	99.98	0.00
	矿产品	599	100.00	0.00
	金属及制品	329	96.05	1.37
	化工品	3 234	99.97	0.16
	机电产品	86 108	99.98	0.00
	特殊物品	1 616	100.00	0.00
	其他货物	12	100.00	0.00
入境	动物及产品	10 998	98.32	1.31
	植物及产品	8 008	96.22	0.01
	食品及化妆品	17 076	98.89	0.15
	纺织品	5 334	86.00	2.16
	轻工品	4 323	98.31	—0.51
	矿产品	120	100.00	0.00
	金属及制品	2 507	100.00	0.07
	化工品	6 298	99.62	0.26
	机电产品	55 680	99.69	—0.04
	特殊物品	4 660	95.94	6.06
	其他货物	87	98.85	7.17

名　录

单位名称：北京出入境检验检疫局

局　　长：齐京安

通讯地址：北京市朝阳区甜水园街 6 号

邮政编码：100026

电　　话：58619900

传　　真：58619014

网　　址：www.bjciq.gov.cn

（唐茜茜）

第五部分

开发区、区县商务

北京经济技术开发区

概　　况

2012年，北京经济技术开发区认真贯彻落实市商务委的各项决策和部署，与大兴区商务委资源互补，一体发展，有力地推动了各项工作的落实和经济指标的快速提升，为推动商务工作的又好又快发展奠定了坚实的基础。

（平　原）

商业流通

【新区社零额同比增长12.6%】消费规模在较高的基数上实现持续增长。北京经济技术开发区限额以上批发零售法人企业主要集中于电子产品、矿产品及化工产品批发。零售业主要集中于汽车及零配件类专门零售。新区社会消费品零售额同比增长12.6%。全区批发零售业在开发区GDP中所占比重为23.7%，仅次于工业。

（平　原）

【借京交会平台展形象、促交流】为参与中国（北京）国际服务贸易交易会（以下简称京交会），新区成立联合工作组，由开发区商务局与大兴区商务委员会共同负责京交会整体活动的统筹与对接协调工作。借助新区电子商务龙头企业聚集度强、物流服务支撑性强、技术支撑体系强等优势，通过京交会国际化、高端化平台，充分展示新区电子商务良好的发展基础、优越的发展环境、优质的发展潜能，实现新区品牌推广、国际化招商引资、国家级电子商务示范基地申报的一体化进程，为进一步促进新区经济发展总量、发展速度和发展质量的跨越提升打好基础。在电子商务大会板块综合展示了“国家级电子商务示范基地”的整体形象、电子商务整体发展成就与新区电子商务发展环境等内容；作为新区参与“北京日”活动的重要内容，开发区领导以“电子商务促进产业融合”为主题接受了京华时报等媒体专访，增强了新区形象力，并通过循环播放宣传片展示了新区以电子商务为代表的服务贸易发展成果；积极甄选并组织开发区内软件、信息、物流、技术贸易、设计服务、金融、电子商务服务等领域企业参加国别日等重要对接活动，为新区企业寻找并拓宽了交易机会、合作机会与交流机会。

（平　原）

【成为首批国家级电子商务示范基地】京交会接受“国际级电子商务示范基地”授牌。北京市大兴区暨北京经济技术开发区在京交会上获得商务部授予的“国家级电子商务示范基地”资格，成为首批国家级电子商务示范基地之一。

（平　原）

【在京交会上签约144亿元】为展示新区电子商务企业发展活力，搭建项目签约平台，新区组织区内企业在京交会上进行现场签约。新区瑞云云计算研发运营中心、酒仙网供应商采购项目、九州通医药外贸公共交易平台项目和永辉超级电商旗舰店4个项目在“北京日”签约仪式上签约，签约总额达144亿元。四大项目均为涉及战略性新兴产业的服务贸易类项目，彰显了北京·亦庄作为首都发展实体经济主体平台的影响力。

（平　原）

【5项举措提升商业便民服务功能】 2012年，北京经济技术开发区管委会将便民商业服务体系列入《开发区为民为企办实事工程》，加快推进与开发区功能定位相适应的便民商业服务体系建设，解决便民早餐店、便民连锁菜店（便利店）等基本问题，使便民商业形成布局合理、功能齐全、便捷安全的服务体系。深化“菜篮子”工程建设，扩大蔬菜零售网络规模；创新工作模式，加大财政资金投入，考虑现有社区资源，因地制宜，积极探索移动式菜车、配送柜、便民菜店等多种方式，多渠道推进规范化便民菜店、便民菜车建设，布点分类解决，政策差异化，快速扩大网络规模，以载体控制业态，实现可持续发展；推进“安心早餐”工程建设，培育发展早餐连锁经营企业，鼓励早餐企业连锁经营；引入正规的流通早餐企业；并采取疏堵结合的方式，治理目前非正规早餐聚集区的同时，引导非正规早餐经营者正规经营，形成正规化、社会化的早餐服务体系，提升早餐服务网络的连锁率。

（平　原）

【安全生产坚持“三个不放松”】 领导高度重视，建立商务系统安全工作专项整治小组，并按照餐饮、商超细分为两组，检查任务落实到人。“三个不放松”力争区内商务系统安全无死角。一是抓检查不放松，2012年1—11月份，共出动检查人员60余人次，检查规模以上商业、餐饮经营单位53家次，排查整治安全隐患3项，其中消除突出隐患1项，商场、超市9家，发现安全隐患1项，并监督企业立即整改；二是抓整改不放松，对其中需限期整改的2项隐患，做到了件件落实整改，件件落实复查，期限内整改的问题全部得到整改；三是抓宣传不放松，发放《开发区关于做好2012年度商务行业安全生产及预防煤气中毒工作的通知》的文件210余份，力争做到商务行业宣传全覆盖。发放安全自查通知150份。

（平　原）

【“四项机制”助力安全工作长效建设】 为深入推进安全生产“护航”联合行动专项整治工作，建立“四项机制”助力商务行业安全工作长效建设。一是责任落实机制，各级领导明确分工，落实责任，工作人员分片负责，包干到人，确保行业监管责任落实；实行分管单位落实制度，层层负责，确保单位主体责任落实。二是整改落实机制，对内要求工作人员以身作则，签订《承诺书》，带头落实开发区管委会领导要求；对外执法不徇私情，违规违法企业坚决处罚，不予提供资金支持，不准参加各项先进评比。三是疏堵结合机制，对无证无照的违法企业及违法建设坚决责令企业自行停业和自行拆除；积极推进便民服务设施和再生资源回收市场的规范建设，挤压非法经营空间，鼓励合法经营行为。四是责任追究制，对内制定工作人员安全生产专项整治期间徇私违法行为的责任追究办法，提高工作人员遵纪守法自觉性；对外加强对违法非法企业法人及主要责任人责任落实情况的督察督办，采取约谈、警告等方式，确保企业主体责任落实。

（平　原）

【开展商业安全生产护航行动】 紧密结

合开发区安委会《安全生产“护航”联合行动第二战役方案》中的餐饮行业燃气公服用户专项检查方案，按照市、区两级工作部署及护航行动方案的具体要求，制定了《关于开展餐饮行业燃气公服用户专项检查的方案安全生产护航行动工作方案》，明确了四项重点检查任务，狠抓落实，多部门协同作战，确保燃气护航行动取得实效。此次行动成立安全生产“护航”联合行动燃气使用安全专项检查领导小组，检查对象包含所有使用煤气罐企业、部分使用天然气企业，检查工作从8月6日起至9月6日止，为期一个月。平均每周检查约20家餐饮企业，共计90家。以营业面积500平方米以下的餐饮企业为重点，对存在燃气使用安全隐患的餐饮企业，依据相关法规规定，责令整改；一时难以整改的，坚决停产停业，挂账限期治理，消除安全隐患，为加装液化石油气安全辅助设施创造条件，为党的十八大、市第十一次党代会的胜利召开创造良好的安全生产环境。

（平　原）

对外经贸

【进出口总额219.5亿美元】2012年，北京经济技术开发区进出口总额219.5亿美元。其中，进口总额111.9亿美元，出口总额107.6亿美元。建区以来，北京经济技术开发区进出口总额累计已达1 901.4亿美元，其中，进口总额累计已达971.7亿美元，出口总额累计已达929.6亿美元。

（平　原）

【投资总额27.1亿美元】2012年全年北京经济技术开发区新批外商投资企业42家，投资总额27.1亿美元（新设企业投资5.5亿美元，现有增资21.6亿美元）。合同外资金额7.9亿美元，实际利用外资6.7亿美元。引进世界500强企业3家。新设立1 000万美元以上外资企业5家，增资1 000万美元以上外资企业22家。

（平　原）

【累计利用外资额突破200亿美元】截至2012年12月底，北京经济技术开发区累计批准外商投资企业656家，累计批准外商企业投资总额200.5亿美元，合同外资金额83.6亿美元。

（平　原）

【进口机电产品总金额37.9亿美元】2012年，北京经济技术开发区已批进口机电产品初审（转报）519张单证，总金额约37.9亿美元；外商投资企业进口设备81批次，总金额约8 235万美元；加工贸易审批498份手册，进口总额达13.7亿美元，出口总额达20.2亿美元，同时进一步完善了审批环节，规范了审批程序，并制定审批制度，确保流程规范。

（平　原）

【成为生物医药产业示范基地】北京经济技术开发区被商务部认定为国家级外贸转型升级生物医药产业示范基地，并由此使区内生物医药服务类企业获得了申请国家外贸公共服务平台建设资金的资格。历经两个多月的复审与专家论证，北京义翘神州生物技术有限公司的单克隆抗体等大分子药物的结构特征和质量控制分析技术专业化公共服务平台最终通过财政部、商务部2012年外贸公共服务平台建设资金申报工作的评审，获得了财政部、商务部2012年外贸公共服务平台建设资金支持共计297余万元。

（平　原）

名　　录

单位名称：北京经济技术开发区商务局
局　　长：李　旭
通讯地址：北京经济技术开发区荣华中路15号
邮政编码：100176
电　　话：67857527
传　　真：67881476
网　　址：www.bda.gov.cn

（平　原）

北京天竺综合保税区

概　　况

2012年，天竺综保区实现进出口总值695.5亿美元，占北京市各口岸进出口总值的85%；完成各项税收402亿元；实际利用外资1 090万美元；固定资产投资8.7亿元；企业营业收入178.2亿元。保税功能区增长迅速，全年实现进出口总值23.8亿美元，同比增长19.4%，增速在全国各综合保税区中名列前茅。

运营情况

【国家对外文化贸易基地揭牌】2012年3月11日，国家对外文化贸易基地揭牌暨北京国际文化贸易服务中心奠基仪式在北京天竺综合保税区举行。由天竺综保区管委会与北京歌华文化发展集团合作建设的国家对外文化贸易基地包括国际文化商品展示交易中心、国际文化贸易企业集聚中心和国际文化仓储物流中心，建筑面积约为51万平方米，总投资将超过50亿元人民币，并计划于2015年全部建设完成并投入运营。

（生静宇、侯翊超）

【京交会航空金融板块成功举办】2012年5月28日—6月1日，天竺综保区成功承办了首届京交会航空金融板块系列活动，与北京市商务委等有关单位共同主办航空金融板块项目签约仪式。京交会期间，共计约5万人参观了综保区展台。

（生静宇、侯翊超）

【获批汽车整车进口口岸】2012年11月6日，天竺综保区获得国务院批复，正式批准北京首都国际机场为汽车整车进口口岸，这是我国第一个依托空港型综合保税区设立的整车进口口岸。建设整车进口口岸，对于完善首都城市功能、促进北京汽车产业转型升级、提升首都外向型经济发展水平，加快建设有中国特色世界城市和国际商贸中心具有重要意义。

（生静宇、侯翊超）

【国际快件中心启动运营】2012年12月24日，天竺综保区国际快件中心正式启动运营，包括UPS、FEDEX在内的14家大型快件企业集中签约进场，实现全部业务切换。快件中心总建筑面积5.4万平方米，使用先进的自动分拣线，与首都机场货运区无缝对接，采取“门到门，口对口”的分拨模式，相比之前分拨环节减少、距离缩短、流程优化，极大地促进了国际快件监管中心货邮量的大幅增加。

（生静宇、侯翊超）

【19个重点建设项目加快推进】天竺综保区重点建设项目共19个，总投资34.7亿元，总建筑面积53万平方米。其中2011年复工项目5个，包括泰达立行、丰树物流保税仓库、标准化保税监管库、SMC二期综合楼项目、思捷爱普；2012年新开工项目6个，包括邮政速递EMS邮件处理中心、国际医药保税采购分拨中心、宏远航城国际广场、航港非保税物流库、东航北京基地网内

项目、北京国际文化商贸服务中心；2012年推进前期项目8个，包括歌华展览展示交易中心、东航北京基地、北京中机创杰环境科技基地项目、蓝汛科技、主卡口停车场综合服务楼、金融大厦、安华保险、SMC扩建项目。

（生静宇、侯翊超）

招商引资

【51家企业入驻天竺综保区】天竺综保区新引进入区企业51家，注册资本约10.1亿元，投资总额约70亿元，其中注册资本1 000万以上项目23个，引进知名、特色品牌项目有汉宇航空、北医医药、苏富比拍卖、利氏兄弟拍卖、中海油新能源、蓝汛科技（云计算）等。

（生静宇、侯翊超）

【6场招商推介会成功举办】天竺综保区联合北京市投资促进局、顺义区商务委员会、歌华集团及天竺海关、天竺检验检疫办事处、市药监综保处等相关部门，针对潜在客户举办了航材服务、医药产业、驻京中外知名企业、文化贸易、外资企业等6场招商推介会。

（生静宇、侯翊超）

名　录

单位名称：北京天竺综合保税区管理委员会
主　　任：王　刚
通讯地址：北京市顺义区南法信镇金航中路一号院
邮政编码：101300
电　　话：69478686
传　　真：69478566
网　　址：www.bjftz.gov.cn

（生静宇、侯翊超）

东城区

概 况

2012年，东城区商务委以打造“国际商贸中心示范区”和“国际知名商业中心”为目标，努力构建“高端商业发达，特色商业彰显，社区商业便利，外经外贸繁荣，商务服务拓展，市场环境优化”的商业发展格局，圆满完成了各项目标任务，为区域经济发展做出了贡献。

第三产业增加值占GDP比重超过95%，位居全市首位，其中商业服务业、商务服务业两大重点产业实现增加值449.6亿元，占GDP的31.1%，是拉动经济增长的重要动力。全年实现社会消费品零售额794.6亿元，同比增长15%，高于全市增幅3.4个百分点，是城六区唯一完成年度增长指标的城区。新设外商投资企业100家，其中合资16家，独资83家，合作1家；实现合同外资13.5亿美元，同比上升46.1%；实现实际利用外资6.4亿美元，同比上升15.2%，位居全市第四位。实现进出口额167.9亿美元，同比增长8.1%。东城区被授予“东城区进出口总部基地”称号，成为北京市唯一一家进出口总部型示范基地。新增中升（中国）企业管理有限公司1家跨国公司地区总部，跨国公司地区总部累计达到15家，位居全市第二位。

（贺蔚蔚）

商业流通

【荣获市级促消费贡献突出单位】在2013年2月北京市商务工作会议上，东城区商务委员会荣获市商务委颁发的“2012年北京市促消费贡献突出单位”奖项。

（贺蔚蔚）

【五大节庆活动繁荣区域经济】2012年5月11日至7月9日，举办第二届“美食东城”美食文化节，40余家餐饮企业实现销售额9 000余万元，同比增长15%。6月21日至6月30日，举办第三届“崇外商圈”购物季，整个商圈实现销售额9 955万元。9月4日至10月31日举办“2012·东城金秋购物季”，实现销售额115 454万元，王府井、前门、东直门等商圈的重点企业营业收入均实现10%以上增长。11月22日至11月30日，举办第四届“崇外商圈”购物季，整个商圈实现销售额3.64亿元，同比增长80%，客流量同比增长15%。12月21日至31日，举办“星光璀璨东城夜，开心购物迎新年——东城区2012·岁末购物周”，实现销售额43 354.2万元，同比增长18.2%。

（贺蔚蔚）

【第二届美食文化节选出十个“十大”】第二届“美食东城”美食文化节评选了东城区最具人气的十大餐饮名店、最具影响力的十大餐饮品牌、十大餐饮执业人、十大名厨、十大餐饮服务明星、十大餐饮技术能手、十大创新菜、最受消费者喜爱的十大名菜品、十大名小吃、十大传统名菜。

（贺蔚蔚）

【17家天镇蔬菜直营店全部建成】有效投入区级财政资金1 000万元，新建7家天镇蔬菜直营店，分别是天镇蔬菜和平里店、东花市店、春秀路店、北新桥店、前门店、东厂胡同店、安定门店。至此，天镇蔬菜直营店17家门店全部开业，东城区蔬菜流通新模式网点布局基本形成。17家天镇蔬菜直营店总营业面积近6 000平方米，其中蔬菜经营面积超过3 000平方米，日销售蔬菜量近60吨，占全区日蔬菜零售总量的13%左右，成为东城区蔬菜零售网络的重要组成部分，延伸了东城区的蔬菜零售网络主渠道。

（贺蔚蔚）

【四项举措推进“菜篮子”工程网点建设】完成17家天镇蔬菜直营店建设任务；新建规范化社区菜市场3家，二次升级改造菜市场1家，全区规范化社区菜市场达到31家；促进崇远万家邻里中心与新发地、百荣、河北卢龙、绿富隆等产地合作，新建崇远万家直营菜店11家，基本完成网点布局；提出电子商务与菜篮子工程有机融合的“181”菜篮子便民服务平台，在雍和大厦和雍和家园小区试点使用。

（贺蔚蔚）

【组织开展家政服务培训1 193人】组织开展家政服务培训1 193人，其中800人服务于东城区居民，优先满足东城区居民对家政服务人员的需求，完成2012年度东城区家政培训基地培训家政服务人员700人的为民办实事工程。

（贺蔚蔚）

【再生资源回收网点覆盖率达63%】新建再生资源回收网点37处，规范化再生资源回收网点总计117处，网点覆盖率达63%，完成2012年度东城区再生资源回收网点覆盖率实现60%的为民办实事工程。

（贺蔚蔚）

【首家社区商业综合服务平台试运营】2012年9月28日，东城区首家“7+1”社区商业综合服务平台投入试运营。该平台位于东直门街道春秀路17号楼北，是以连锁便民菜店、连锁早餐、连锁超市便利店、再生资源回收、家政、洗衣、自助缴费终端为主要服务内容，并加载“181”便民菜篮子电子平台的社区商业综合服务平台。平台涵盖了天镇蔬菜直营店、便宜坊烤鸭集团连锁早餐、7-11便利店、天龙天天洁绿猫回收屋、富平家政、象王洗衣、数字王府井全民付自助缴费终端和“181”菜篮子便民服务平台等社区商业主体提供商，总营业面积600平方米，为周边东直门外社区、十字坡社区和胡家园社区近5 000户居民提供便捷、优质、标准化、一站式的8种社区商业便民服务。

（贺蔚蔚）

【6条特色商业街得到培育提升】南新仓“北延南扩”工程通过策划方案。五道营休闲胡同整体规划完成，一期改造实施完毕，街区整体面貌发生较大变化。鲜鱼口、五道营等特色商业街区获得市级支持资金965万元，鲜鱼口美食街荣获市级特色商业街称号。成功举办“第四届北京红桥国际珍珠文化节”、“第七届南锣鼓巷胡同节”、“第二届五道营创意文化节”、“北京南新仓·东四街道第六届文化节”、前门历史文化节中华老字号发展前门论坛、台湾夜市等活动，提升了特色街的消费吸引力，增强了街区集群效应。

（贺蔚蔚）

【鲜鱼口美食街获市级特色商业街称号】 2012年12月26日，东城区的鲜鱼口老字号美食街，作为2012年全市仅有的两条新增市级特色商业街之一，与朝阳区的酷车小镇共同加入了市级特色商业街的行列，并获程红副市长亲自授牌。

（贺蔚蔚）

【2座楼宇被认定为主题楼宇】 2012年8月8日，东城区东方经贸城和雍和大厦2座楼宇分别被认定为北京市第一批商务服务业示范楼宇和电子商务特色楼宇。

（贺蔚蔚）

【完成“品牌发展与时尚文化”高端论坛】 2012年9月17日，由第三届北京王府井国际品牌节组委会主办，东城区商务委员会、王府井地区建设管理办公室、时尚传媒集团承办的“品牌发展与时尚文化”高端论坛在丽晶酒店举行。本次论坛以“品牌发展与时尚文化”为主题，从创意、文化、消费、品牌等角度，充分探讨品牌文化的形成与发展，为中国品牌与世界品牌打造交流与对话的平台。完成“电商模式对传统零售商业模式的冲击与启示”圆桌访谈节目，探讨品牌如何保持并传承固有文化内涵，分享在新的商业模式下推广品牌文化的成功经验，借此推动东城区的品牌建设。

（贺蔚蔚）

【成功参与首届京交会】 以“服务贸易：新视野、新机遇、新发展”为主题的中国（北京）国际服务贸易交易会（简称京交会），于2012年5月28日至6月1日在北京国家会议中心举办。东城区以北京馆、分销服务、中医药服务、中关村数字文化服务、品牌服务、电子商务服务等专题交易展示洽谈板块为平台，组织60多家企业分别参加商业服务、通讯服务、建筑及相关工程服务、分销服务、金融服务、健康与社会服务、电子商务、旅游与旅行相关服务、娱乐文化和体育服务、运输服务等10个板块的展示和推介活动，实现了东城区文化创意产业和以分销服务业为重点的商业服务业的一次集中和完美亮相。

（贺蔚蔚）

【召开分销服务企业走出去推介会】 2012年5月30日，由东城区人民政府与世界贸易网点联盟共同主办的“中国分销服务业走出去推介会”在国家会议中心举行。中国淡水珍珠第一分销服务商——红桥市场、中国工艺美术第一店——工美大厦、中国最大文化用品市场——永外城文化用品市场、中国知名商品批发交易及品牌推广中心——百荣世贸商城、中国知名花茶分销商——北京吴裕泰茶业股份有限公司、中国重点医药分销企业——国药控股北京华鸿有限公司和北京医药股份有限公司、国家版权贸易基地——国际版权交易中心、中国著名商业街——王府井大街和前门大街等集体加入世界贸易网点联盟，与世界贸易网点联盟签订了战略合作框架协议。

（贺蔚蔚）

【首届京交会7个项目成功签约】 在首届京交会上，东城区共实现7个项目成功签约，总签约金额约50亿美元。分别是，北京市东城区人民政府与中国港中旅集团公司签订关于组建“北京天坛演艺区投资控股有限公司”的合作意向书；北京工美集团有限责任公司与巴西亚洲商务中心就承接“2014年巴西男足世界杯”、“2016年里约第三十一届夏季奥林匹克运动会”吉祥物中国生产销售代理权一事签定合作意向书；国药控股北京华鸿有限公司与民航总医院、北京市普仁医院签署医药物流流通 SPD 项目的三方框架协议项目；北京东方文化经济发展集团有限公司、中关村发展有限公司、中信信托有限公司、上海六会渠股权管理公司签署关于成立北京东方戏剧产业投资基金管理有限公司的合作意向书；北京东方文化经济发展集团有限公司和北京道普文华资产管理有限公司签署关于成立北京东方国际戏剧文化艺术中心的合作意向书；中国北京同仁堂（集团）有限责任公司与马来西亚海鸥集团、亚太传媒国际（香港）有限公司分别签署合作协议；国内数字出版领军企业中文在线与英国出版科技集团共同签署了"海外数字图书馆"项目合作协议。

（贺蔚蔚）

对外经贸

【荣获全国贸促工作先进单位】2012 年 1 月，中国国际贸易促进委员会评比表彰工作委员会评定中国国际贸易促进委员会东城区支会为 2010—2012 年度全国贸促工作先进单位。

（贺蔚蔚）

【5 项举措强化外资投促工作】2012 年，正式启用全口径外资管理信息系统；启动合同、章程格式化审批试点工作；每季度召开外资工作七部门联席会议，部门联动服务企业；加强外资大项目跟踪，开展 FOREVER 21、桔子水晶、K11、爱马仕、多玩国、三菱商事等项目的信息收集、跟踪洽谈和落地服务；全力推进王府井国际品牌中心项目。

（贺蔚蔚）

【11 个境外项目投资超6 000万美元】支持有条件的企业"走出去"，审核境外投资项目 11 个，对外投资6 509万美元。

（贺蔚蔚）

【审核中小企业国际市场开拓项目 83 个】支持中小企业开拓国际市场，完成 2011 年下半年东城区中小企业国际市场开拓资金的初审工作，共审核 42 家公司 83 个项目，总金额 166.9 万元。

（贺蔚蔚）

【审核外包人才培训金 288 万元】扶持服务外包企业发展，联合区财政局完成 2012 年服务外包企业人才培训资金的初审工作，共审核 3 家企业 641 人，总金额 288.5 万元。

（贺蔚蔚）

【审核外包发展配套金 700 余万元】完成 2012 年度北京市服务外包发展配套资金的初审工作，共审核 5 家企业 9 个项目，总金额 706.2 万元。

（贺蔚蔚）

名　录

单位名称：北京市东城区商务委员会
党组书记：杨春发
主　　任：孟志军
地　　址：北京市东城区永内东街中里13 号
邮　　编：100050
电　　话：67116188
传　　真：67142224
网　　址：shwj. bjdch. gov. cn

（贺蔚蔚）

西城区

概　况

2012年，西城区实现社会消费品零售额764.3亿元，同比增长11%。新增18家社区便民菜店，10家早餐规范店。新增外商投资企业39家，吸收合同外资5.6亿美元，实际利用外商直接投资6.1亿美元；共受理对外贸易自营进出口备案登记322件，同比增长57%。实现进出口总额1 149.4亿美元，在北京市继续保持第二位。为2家企业办理8件加工贸易业务，实现进出口料件总值125万美元。

（柴晓虹、王雪婷）

商业流通

【制定出台民生消费老字号保护等文件】 在全市率先出台《西城区"菜篮子"工程蔬菜零售网点建设规划》，切实提高辖区"菜篮子"供应水平；编制《西城区购物中心统计调查报表制度》，深入进行走访服务与统计挖潜工作，推进全区促消费工作的落实；制定《西城区支持老字号发展专项资金管理办法》推动区域老字号保护和发展。

（柴晓虹、王雪婷）

【开展社区生活性服务业发展调研】 2012年11月，启动与居民生活密切相关的菜篮子、早餐、便利店、再生资源、美发美容、洗染和家政七个行业生活性服务业发展情况调研。成立了全区调研工作领导小组，领导小组办公室设在区商务委。区商务委制定了工作方案，成立本部门的社区生活性服务业调研和试点工作领导小组，和北京财贸职业学院组成调研课题组对西城区典型街道社区和重点企业进行实地调研，牵头组织召开专题座谈会，听取区相关委办局、街道社区、重点企业意见和建议，探讨如何更好地服务百姓生活需求，提高城市管理质量和服务民生水平，于2012年12月底完成调研报告初稿。

（柴晓虹、王雪婷）

【10余项主题促消费活动繁荣市场】 2012年，成立"西城区商务委促消费联席会议制度及重点商业企业联络领导小组"，每周对辖区重点商业企业、市场、超市及连锁餐饮企业进行走访调研，帮助企业解决困难，充分调动商业企业积极性，深挖增长潜力，确保区域社会消费品零售额平稳增长。先后筹办了"2012北京西单国际时尚节"、"2012北京马连道国际茶文化节"、"2012北京西城电子商务节"等10余项主题促消费活动。通过重大活动推动辖区消费增长，增强区域经济实力。"2012北京西单国际时尚节"活动期间，大悦城、中友百货等19家参与时尚节的零售企业实现零售额24.8亿元，同比增长9.8%，占西单被监测的26家单位当月零售额25.5亿元的97.2%；"2012北京马连道国际茶文化节"达成合作意向754个，总成交额4.6亿元，马连道区域消费超过2亿元，客流量超

10万人次，本届马连道国际茶文化节总成交额6.6亿元，创历届之最；“2012北京西城电子商务节”共有12个项目成功签约，“金象大药房网上商城”、“内联升尚履商城”、“西单图书大厦网络书店”、“西单商场igo5网”、“中友买乐网”、“百盛网”销售额上升了15%以上，亿元商场零售额15.6亿元，同比上升了11%。

（邵自军、李小丽）

【创新性利用煤炭网点经营便民菜店】 创新“政企合作模式”，分别与河北省农业厅、中国农业发展集团、北京二商集团、北京金泰集团签订了西城区“菜篮子”工程建设战略合作协议。创新性利用原有煤炭网点经营便民菜店，引进蔬菜车进社区，推进基地对接和公司化经营，新模式保供稳价示范效果显著。

（鲁旭辉）

【为菜篮子工程提供数据及资金支持】 启动建设“西城区蔬菜配送和市场供应监测系统”，对重点社区菜市场和蔬菜供应企业蔬菜供应情况进行监测，为实施有效调控措施提供数据支持。积极争取市、区财政资金支持，全年累计投入“菜篮子”工程建设资金690万元，带动蔬菜零售主体企业增加资金投入约700万元。

（鲁旭辉）

【完成新增早餐规范店10家折子工程】 截至2012年年底，西城区共有市级早餐示范店172家，区级早餐规范店100家，规范早餐车59辆。形成以聚德华天、翔达公司、和合谷、嘉禾一品等大型连锁企业为主，社会早点规范企业及早餐车为补充的格局。

（赵杰平）

【完成40余个专项资金申报工作】 2012年，完成多个专项资金的申报和兑现工作。其中，北京市商业流通发展专项资金项目43个，包括老字号项目16个；做好北京市鼓励批发、零售企业资金兑现工作，共为辖区24家批发企业兑现鼓励资金1 700万元，为11家零售企业兑现鼓励资金1 000万元。为企业发展电子商务，扩大连锁经营等方面起到积极引导和促进作用。

（马　岩）

【家电以旧换新补贴累计560余万元】 2012年，继续做好“家电以旧换新”材料审核工作，2009年9月至2012年4月，累计审核家电以旧换新材料12 829份，审核节能补贴材料3 033份，审核补贴金额总计563.2万元，圆满完成西城区家电以旧换新及节能补贴审核工作。

（赵杰平）

【典当行业资产总额同比增长27.8%】 2012年，西城区典当企业累计达45家，其中本部32家，分支机构13家。截至2012年年底，32家典当企业本部注册资金累计7.7亿元。西城区典当行业资产总额达10.2亿元，同比增长27.8%。32家典当企业本部典当总额20.8亿元，其中动产业务5.4亿元、不动产业务14.1亿元、财产权利业务1.3亿元，三大业务结构保持稳定。

（马　岩）

【提升改造5个再生资源回收网点】 2012年，按照《北京市2012年为群众拟办重要实事》确定的工作任务，根据市商务委统一部署，完成了5个再生资源回收网点提升改造工作。制定了《西城区再生资源回收行业管理办法》，办法规定了从事再生资源行业的经营条件、范围、规范及管理规定和管理机制等内容。选择 50 多个网点开展 12 次“再生资源回收日”活动。

（鲁旭辉）

【老字号保护工作获奖】2012 年，协调中国式生活方式馆建设；推动大栅栏中华老字号聚集建设，引入老字号企业，实现正兴德大栅栏街店、张一元“清味儿”老茶庄、天蕙斋鼻烟铺三家老字号入驻；积极促进全国老字号交流合作，在中国商业联合会中华老字号工作委员会第五次工作会上，西城区商务委被授予全国唯一一个“支持中华老字号发展卓越贡献单位”奖。

（杨缜钊）

【第三届职业技能大赛取佳绩】2012 年，组织 35 家辖区重点企业参加北京市第三届职业技能大赛，3 名选手挺进市级决赛前十名。张一元公司张洁在商品营业员决赛中取得第一名，被市大赛组委会授予“北京市技术能手”荣誉称号。西城区商联会被北京市商业服务业技能大赛组委会和西城赛区组委会分别授予“优秀组织奖”。

（赵杰平）

【开展 529 次综合执法检查】2012 年，加大对区域重点街区、重点部位、重点企业的商务执法检查力度和密度，进行安全生产隐患大排查，开展商务行业综合执法检查 529 次，依法进行安全生产和食盐行政处罚 4 起，检查生产经营单位1 348家次，出动执法检查人员3 407人次，达到了对全区 538 家规模以上企业的全覆盖。

（廖海林）

【开展 246 次食盐专项检查】检查企业 528 家次，出动执法检查人员 554 人次。在市商务委专项食盐市场集中整治行动中，抽查西城区 10 家菜市场的 280 多个档口和 46家餐饮企业，未发现违法经营食盐情况。

（廖海林）

【开展 147 次酒类流通溯源检查】检查售酒企业 558 家次，酒类流通备案登记累计6 740家。加强安全宣传教育培训，编制并印发了 2013 年安全生产宣教台历和手册共计8 000本。强化了宣传安全生产及相关政策法规力度，推进商业零售及餐饮规模以上单位的安全生产标准化建设。

（廖海林）

【开展安全生产联组建设】2012 年，对区域规模以上商业零售企业、餐饮企业安全生产规范和服务进行指导，制作下发了《安全生产联组经费使用规范办法》、联组活动记录本，规范了各联组开展安全生产互查、演练观摩、业务学习、经验交流等活动形式和内容。聘任 24 名来自不同行业、不同领域的人员担任商务行业安全生产社会监督员。进一步完善激励共建平安机制，提升联组长工作能力和执行力。

（廖海林）

对外经贸

【实际利用外资同比增长 7.9%】2012 年，西城区新批外商投资企业 39 家，同比下降 36.1%；吸收合同外资 5.6 亿美元，同比下降 9.9%；实际利用外商直接投资 6.1 亿美元，同比增长 7.9%。新批及增资合同外资 500 万美元以上的大项目 16 个，其中入资额达千万美元以上的企业 7 家，实际入资额 5.3 亿美元，占实际利用总额的 87.1%。

（李小丽、张贯中）

【外资来源地香港位列第一】 吸收合同外资及实际利用外资按国别和地区位列第一的均是香港，合同外资为3.1亿美元，比重为55.3％，实际利用外资为5.0亿美元，比重为83％；按行业位列第一的是金融业，合同外资额为2.8亿美元，比重为49.9％，同比增长442.7％。2012年，英蓝国际金融中心、凯晨世贸中心、西环广场、凯旋大厦四家楼宇获北京市首批“商务服务业示范楼宇”命名。在“光耀香江”香港回归15周年大型评选活动中，西城区荣获“香港内地投资热点奖”。

（李小丽、张贯中）

【进出口总额全市排名第二】 2012年，西城区进出口总额为1 149.4亿美元，同比增长16.8％；占全市进出口总额的28.1％，在16个区县中位居第二。其中进口额为1 044.2亿美元，同比增长17.3 ％，占全市进口总额的29.9％；出口额为105.1亿美元，同比增长12.0％，占全市出口总额的17.6％。国有企业是西城区出口的主要力量。

（李小丽、章建平）

【境外投资总额同比增长90%】 2012年，办理企业境外投资初审22家，同比增长70％；总投资额9 486万美元，同比增长90％。主要投向印度尼西亚、新加坡、加拿大、香港等国家和地区。主要投资行业为市场开发、投资管理、项目投资以及货物进出口等数十个行业。

（李小丽、史　倩）

【办理46件商务邀请】 2012年，为来自俄罗斯、英国、德国、印度、新加坡、孟加拉、哈萨克斯坦等10多个国家的外商，办理来华商务邀请46件70人次。加强了西城区与国际间的经贸往来、商务访问、学术交流。

（李小丽、史　倩）

【引进农银国际地区总部】 2012年，引进辖区第一家跨国公司地区总部——农银国际（中国）投资有限公司，投资总额、注册资本均为5亿元人民币。

（李小丽）

【首届京交会签约211亿元】 参与首届京交会各项活动，“北京会馆文化保护发展基金”、“金融文化产业基金”和“泰国曼谷微笑广场”3个项目成功签约，签约金额211亿元。

（李小丽）

【京港洽谈会签约2个项目】 参与京港洽谈会等投资促进活动，京港洽谈会共推出17个项目，北京市西城区政府与港交所合作备忘录、大中华债券投资集合资金信托计划2个项目成功签约。

（李小丽）

【举办3场商务交流活动】 2012年1月6日，“2012北京市西城区国际企业新春联谊会”在人民剧场举办。市、区相关领导及外国驻华使领馆、驻京代表机构、行业协会、驻区外经贸企业代表300余人出席。2012年3月22日，举办了“驻京中外知名企业投资西城行”活动。110余家驻京跨国公司、大型民企、股权投资机构、招商中介机构、外省市企业商会，共计120余名高层管理人员应邀参加。加强了投资者对辖区进一步的了解和认识，扩大了投资机会和合作项目。2012年10月17日，美国休斯顿商务代表团到西城区考察，深化双方合作和促进共同发展。

（李小丽）

【贸促会西城支会成立】 2012年12月20日，中国国际贸易促进委员会西城区支会（中国国际商会西城区商会）成立，同时第一届会员代表大会在港中旅维景国际大酒店胜利召开。新的贸促会西城支会在原贸促会宣武支会、原贸促会西城支会基础上整合而成，今后将更好地发挥其在政府、企业之间的桥梁和纽带作用，帮助企业更好地“走出去”，为西城区外经贸发展做出贡献。

（郭艳芳）

名　录

单位名称：北京市西城区商务委员会

党组书记：王　毅

主　　任：郭　新

地　　址：北京市西城区北滨河路9号

邮　　编：100055

电　　话：68012353

传　　真：68012342

网　　址：sww.bjxw.gov.cn

（柴晓虹）

朝阳区

概　况

朝阳区商务委紧紧围绕建设国际商务中心这一发展战略，以提升国际商务功能为主线，以汇聚高端商务资源、提升商务环境承载为重点，不断加大统筹和改善民生力度，着力推动文明城区创建，较好地完成了全年各项重点指标和任务。全年实现社会消费品零售额1 830亿元，同比增长10.9%，占全市的23.8%。进出口总额1 724.6亿美元，同比增长5.3%，占全市总量的42.2%；离岸服务外包合同执行金额达14.4亿美元，同比增长105.4%。受理境外投资项目56个，投资金额3.7亿美元，千万美元以上项目7个。新设外资企业682家，吸收合同外资53.34亿美元，同比增长11.9%；实际利用外资32亿美元，同比增长20.9%，占全市总量的39.8%。投资总额千万美元以上项目105个，新设亚正大侨商房地产开发有限公司等世界500强企业投资项目20个，合同利用外资额达18.6亿美元，累计已有110家世界500强企业投资了201个项目，大项目聚集效应明显。新增亚马逊（中国）投资有限公司等跨国公司地区总部11家，累计达到90家，其中37家为世界500强在京地区总部。

（范永军）

商务发展

【商务部调研朝阳再生资源回收体系】 2012年2月23日，商务部副部长姜增伟带队到北京青龙河经济技术开发有限公司调研再生资源回收体系建设工作。该公司是一家综合型环保企业，属本区再生资源回收体系建设试点企业。

（范永军）

【服装产业示范基地展示卓有成效】 2012年3月26日至29日，朝阳区组织参加中国最大、最著名的国际服装服饰展示平台——中国国际服装服饰展览会，展示“十二五”期间朝阳区重点建设的国家级外贸转型升级服装产业示范基地。

（范永军）

【京交会总签约额超过450亿】 2012年6月1日，以“CBD——联结世界的贸易分销中心”为主题的京交会分销服务版块圆满落幕。共有来自世界12个国家和地区的120家分销企业参展，签约活动总数31场，总签约额达457.8亿元。此次会议在促成无形服务转化成有形成果方面进行了有益探索，促进区域协调发展，体现地域特色，实现产业联动。

（范永军）

【蔬菜零售终端实现全覆盖】 2012年，朝阳区共支持蔬菜流通企业新建、改造各类蔬菜零售终端40家，发展直营、直供蔬菜零售终端10家，实现了区域内社区蔬菜零售终端全覆盖。

（范永军）

【加快推进外贸转型升级示范基地】 加

快推进金融对外贸转型升级示范基地实体经济的支持力度。与6家金融机构签订战略合作协议；与中国出口信用保险公司签订合作协议；召开国家外汇管理局领导与雅宝路地区外贸企业专题座谈会；配合国家外汇管理局领导调研，设立朝阳区首个跨境第三方支付企业试点。

（范永军）

【首届经贸合作洽谈会成功举行】2012年7月9日，以“促进沟通，增强合作”为主题的“朝阳区首届经贸合作洽谈会暨东非五国经贸合作洽谈会”在北京昆泰嘉华酒店举行。朝阳区政府授权区商务委首次与卢旺达、坦桑尼亚以及乌干达5个东非国家分别签订了合作协议。汇集中粮集团、中石油、中石化、城建集团等朝阳区域内近100家企业。

（范永军）

【“网交会”将落户朝阳】2012年8月2日至4日，第三届中国网络商品交易会在中国国际贸易中心隆重举行。天猫、京东、当当、亚马逊、凡客、阿里巴巴、环球资源网等知名电商总部或区域总部陆续落户朝阳区，网交会也将落户朝阳区。

（范永军）

【开展“中非发展基金”活动】2012年8月10日，朝阳区商务委和国家开发银行北京分行共同举办2012北京CBD·国家开发银行“中非发展基金”非洲驻华大使讲习会。外方共有来自埃及、马拉维、乌干达等11个非洲国家的大使或代表参会；中方共有北京市朝阳区商务委、国家开发银行国际合作业务局、北京分行，中非发展基金等单位的相关领导人员参会。讲习会介绍了国家开发银行对非洲的金融政策，及“中非发展基金”相关情况。

（范永军）

【CBD国际经贸洽谈会成果丰硕】2012年9月18日，2012北京CBD国际经贸洽谈会隆重举行。朝阳区分别与16个中东欧国家签署战略协议，中国企业与外方签约集中在医疗卫生、基础设施建设等领域，签约总金额达6.5亿美元。

（范永军）

【32项国际高端会展活动入驻朝阳区】截至2012年年底，朝阳引进中国（北京）国际服务贸易交易会、北京国际视听集成设备与技术展览会、国际医疗仪器设备展览会、中国会展业发展大会、中国文化贸易发展高层论坛、中国国际经济合作“走出去”发展战略研讨会等32个国际高端会展活动入驻朝阳区。

（范永军）

【赴伦敦开展经贸对接活动】2012年10月28日，组织近30家区内优秀企业赴英国伦敦举办“时尚中国秀”经贸对接活动。英国上议院勋爵Lord Clement Jones出席了“时尚中国秀”活动并现场致辞，现场1 500名中英政府官员、商界精英与时尚人士参加。10月29日，朝阳区在伦敦举办中英经贸金融洽谈会，分别在国际商务、文化创意、电子商务、服装产业、国际金融等方面积极开拓英国市场。伦敦金融城市长办公室、英国投资贸易局、英国商贸协会(CBBC)、英国金融协会携五十余家英国企业参加到此次经贸对接活动中。

（范永军）

【首次承办商务部大型会议】2012年11月22日至24日，商务委代表朝阳区首次直接承办商务部在京召开的全国性大会——国际营销网络建设工作会议。商务部副部长钟山到会发表重要讲话，全国参会代表人数超过400人，朝阳区工作获得商务部领导好评。

（范永军）

【酷车小镇获市级特色商业街称号】 2012年12月26日，全市特色商业系列宣传推广活动中，酷车小镇正式获得北京市市级特色商业街称号。至此，朝阳区拥有市级特色街共11条，占北京市的42.3%。朝阳坚持差异发展，拥有秀水街市场、潘家园旧货市场、蓝色港湾、世贸天阶、北京古玩城等各方面特色街作为消费集聚区，积极推动了朝阳商业区发展。

（范永军）

【支持国际服务贸易交易网建设】 2012年12月，支持北京大宗商品交易所建设中国国际服务贸易交易网，推进服务贸易国际网络平台建设。已有效促成北京大宗商品交易所与联合国贸易网络北京中心关于该平台商机数据共享的互助与合作，着力打造国家级、国际化、综合型服务贸易平台。

（范永军）

名　录

单位名称：北京市朝阳区商务委员会
主　　任：朱　晟
通讯地址：北京市朝阳区日坛北街33号
邮政编码：100020
电　　话：65099185
传　　真：65094325
网　　址：swj. bjchy. gov. cn

（范永军）

海淀区

概 况

2012年8月3日，海淀区创建全国文明城区市场环境建设指挥部办公室设在海淀区商务委。下属事业单位2个：北京市海淀区商务综合执法监督检查所、中国国际贸易促进会海淀支会（中国国际商会海淀分会）。

2012年，海淀区社会消费品零售额全年实现1 504.8亿元，同比增长8.8%。2012年，新批外商投资企业249家。全区进出口总额412.4亿美元，同比减少15.5%，占北京市的10.1%。其中进口额320.2亿美元，同比增长15.5%，占北京市的9.2%；出口额92.2亿美元，同比减少15.3%，占北京市的15.5%。吸引合同外资13.8亿美元，实际利用外资15.1亿美元，同比增长5.1%，有834家企业取得外贸经营权，全区有外贸经营权的企业累计达到8 294家。

（丛 颖）

商业流通

【建设4个重点项目】积极协调五棵松卓展购物中心玉渊潭南路改造相关问题的解决；为卓展购物中心、凯德晶品购物中心等大型商业设施进行业务指导，协助推进开业前各项筹备工作；帮助协调解决大钟寺中坤广场、蓝景丽家二期等项目推进过程中遇到的问题；全力促进9项社会固定资产投资主协调项目的开工建设。裕惠大厦、中关村大厦被评为第一批北京市商务服务业主题示范楼宇；清华科技园被评为北京市电子商务主题示范楼宇。

（丛 颖）

【开展“菜篮子”4项工程建设】新建16家便民菜店（16个商业网点恢复售菜用途），完成4家社区菜市场升级改造，新增3个农超对接网点，开通流动售菜车42辆；对全区1 000平方米以上的超市及辖区内的社区菜市场、便民菜店、小型生鲜超市等的果菜面积进行了统计摸底，截至2012年年底，海淀区蔬菜零售网点共计约430个，1 000平方米以上超市果菜销售面积接近20 000平方米。

（丛 颖）

【支持建设23个菜篮子便民项目】2012年度共支持菜篮子便民商业项目23个，涉及10个街镇，其中社区菜市场3个，便民菜店5个，生鲜超市10个，早餐5个，共拨付支持资金496.5万元。

（丛 颖）

【建成社区回收站点32个】在北部地区新建回迁房、经适房小区内设立回收站点10个。依托协会两次共组织600多人次从业人员培训，强化了安全意识，提高了行业规范水平。

（丛 颖）

【召开环保园与社区商业企业对接会】包含社区超市（便利店）、便民餐饮、社区菜市场（便民菜店）、西饼店、药店等业态在内的10余家优质连锁企业参会，其中超市发连锁公司与环保园公租房项目正式签约，面积为500余平方米；继续引导优质品牌连锁企业在北部地区设立商业网点，目前超市发已在北部开设5个超市，总经营面积1万余平方米。

（丛 颖）

【组织开展了35项促消费活动】圆满完成了2012年“探路者”第八届海淀品牌消费节，消费节期间，组织开展了“中关村国家自主创新示范区核心区商业发展专题研讨会”、海外精品生活展、“海淀普洱品牌商业文化节”等十个版块的主题活动；圆满完成了第十届中关村国际美食节，与新浪微博合作，开展了“微博美食大馈赠”活动，覆盖778万人次；圆满完成了第四届海淀汽车置换节，包括宝马、路虎、沃尔沃、奥迪、奔驰等18家4S店50多个车型参加了展示；举办了2013年全国年货购物节暨第三届北京海淀岁末购物节活动以及“岁末嘉年华、圣诞狂欢惠——电子市场促销”等系列主题促销活动。完成了山东大集、青海大集等6期大集的服务保障工作；支持开展第八届西餐文化节、百威啤酒节等促销活动，推动了海淀区消费品市场繁荣发展。

（丛 颖）

【引入三大世界奢侈品牌】卓展购物中心引入法国高级男装奢侈品牌ZILLI、REIMA、PATAGONIA，当代商城引入意大利知名的奢侈品牌VERSACE，翠微引入了享誉欧洲的珠宝品牌CARTIER。

（丛 颖）

【电子市场业态开展升级改造】会同西区办、工商等部门推动e世界、鼎好拿出部分区域试点统一收银。海龙大厦完成业态提升和统一收银。指导电子商会起草《中关村从业人员关系规范》，加强对电子卖场从业人员研究。

（丛 颖）

【提高生活必需品应急保障能力】妥善应对“7·21”特大自然灾害，迅速启动生活必需品每日监测，清查企业库存，增加了电机等13种防汛物资采购渠道，绘制了海淀区大型超市分布图。加强对粮食供应的日常监测和统计分析，完成了年度粮食、食用油供需平衡调查、加工业年报、从业人员情况、粮食月报等统计工作，开展粮食质量安全监督检查、军粮质量专项检查等4项检查。

（丛 颖）

【创建全国文明城区】在商务系统内积极倡导诚信行为。举行了商务系统创建工作启动仪式。组织开展了“海淀区文明餐桌”行动，大力普及“合理饮食、文明用餐、剩菜打包、杜绝浪费”的理念。会同相关部门开展“诚信做食品示范店”和“诚信经营示范街、示范店”评选工作，推选出首都诚信经营示范街2家、首都诚信经营示范店3家。在系统完成商业设施无障碍设施改造的同时，加大了对餐饮企业的无障碍设施改造，在商业服务业系统全面实现无障碍消费，创造一流的无障碍消费购物环境，真正实现以人为本的服务理念。

（丛 颖）

【全年出动商务综合执法1 604人次】检查各类企业802家次，发送酒类流通备案告知单1 000余份。发现和整改、纠正隐患问题408个，实施行政处罚13 5140.1元，没收盐产品20.1吨。其中联合公安连夜打掉一制售假盐窝点，没收盐产品18.9吨，处罚65 140.1元，在全市尚属首例。结合实际有针对性地重点宣传了《餐饮经营单位安全生产规定》、《商业零售经营单位安全生产规定》等相关法规，累计发放3 000余份宣传材料，及时通过短信平台向企业发送工作提示和相关安全知识，累计发送各类短信16 500余条。行政执法案卷在市区评比中被评为优秀。

（丛　颖）

【开展机关党员干部队伍建设】大力弘扬“爱国、创新、包容、厚德”的北京精神，深入开展学习雷锋活动，在机关党组织和党员干部中广泛宣传、深入实践，展示了机关党员干部的文明风范。认真贯彻落实中央《建立健全惩治和预防腐败体系2008－2012年工作规划》，扎实开展示范教育、警示教育、岗位廉政教育和党纪政纪条规教育，严格执行党风廉政建设责任制，进一步提高了机关党风廉政建设水平。

（丛　颖）

【举办品牌消费节与汽车置换节】2012“探路者”第八届海淀品牌消费节、2012海淀汽车置换节分别于9月9日、9月22日隆重开幕，10月12日圆满落幕。2012“探路者”第八届海淀品牌消费节、2012海淀汽车置换节由海淀区人民政府主办，海淀区商务委员会、海淀区商业联合会承办，通过主题促销、高端论坛、汽车置换、便民服务等活动，提升海淀消费环境，打造消费热点，拉动区域零售额提升。

在两节系列活动的带动下，海淀区消费品市场和汽车市场保持了繁荣稳定的发展态势。根据北京商业信息中心海淀分中心的数据监测，9月9日至10月11日海淀品牌消费节期间，海淀区受监测商业企业共实现销售额20.9亿元，同比增长8.8%。其中，百货类销售14.6亿元，同比增长7.8%；超市类销售6.3亿元，同比增长11.2%。9月22日至10月12日海淀汽车置换节期间，37家4S店销售汽车3 574辆，销售金额达9.6亿元，平均每天销售4 590.0万元，同比增长16.0%；3家汽车用品市场销售2.4亿元，同比增长7.2%。双节连环促消费，达到了提升海淀区社会消费品零售总额，改善海淀区商务环境的目的。

（丛　颖）

对外经贸

【办理咨询审批32 607人次】继续推进“一站式”企业服务，全年共接待咨询、业务办理32 607人次，其中电话咨询28 031人次；为1 115家外商投资企业办理各类变更事项1 425项；审核加工贸易合同116个，合同变更116个；初审新设境外企业78家，变更65家；为834家企业办理对外贸易经营者备案登记手续；为702家酒类经营者办理备案登记；为44人次办理外商来华邀请函；为1家直销服务网点出具核查函；为80家成品油零售企业办理年审。全年实现窗口服务“零”投诉。

（丛　颖）

【登记服务外包企业136家】服务外包产业发展在全国的领先地位得到巩固，共有146家企业进行离岸服务外包业务登记，协议金额15.0亿美元，执行金额13.8亿美元，同比增长27.3%，占北京市的38.9%。

全年共支持50家企业、2家培训机构获得商务部国际服务外包业务发展资金，资金合计5 668.8万元；98家企业获得商务部技术、软件及信息服务出口贴息资金，资金合计3 474.2万元；50个项目获得北京市服务外包扶持资金，资金2 953万元。

本年，海淀区3家企业入选“2012年中国服务外包十大领军企业”，14家企业被评为“2012年中国服务外包100强成长型企业”，6人入选“2012年中国服务外包年度杰出贡献人物”。

（丛　颖）

【海淀地区总部总数达到7家】做好跨国公司在京地区总部认定工作。引导赛门铁克软件（北京）有限公司申请认定跨国公司地区总部，使海淀区跨国公司地区总部数量增至8家。

（丛　颖）

名　录

单位名称：北京市海淀区商务委员会
主　　任：甄　蕾
地　　址：海淀区四季青路6号招商大厦
邮　　编：100195
电　　话：88496768
网　　址：hdsww. bjhd. gov. cn

（丛　颖）

丰台区

概　　况

丰台区商务委坚持以科学发展观为统领，贯彻落实市、区工作部署和总体要求，全面推动各项工作开展，经济运行平稳，发展成效明显。2012年全区实现社会消费品零售额826.8亿元，总量继续位居全市和城六区第三；同比增长12%，排名城六区第三。引进千万企业536家，亿元企业53家。新引进企业中，金融业、商务服务业分别占37%、35%，生产性服务业比重超过七成。建立统筹领导体制，推动重点区域建设，对南中轴高端商务中心区和大红门时尚创新产业集聚区发展建设进行研究。

（于晓峰）

商业流通

【资金支持7个商业流通项目】推进奖励资金下划区县项目的申报管理，上报7个支持项目，包含社区商业建设、再生资源回收站点建设、农产品批发市场建设、蔬菜流通新模式、商业设施停车引导系统升级改造等五个方面，涉及资金1 839万元。实际到位资金585万元，区支持资金200万元。

（于晓峰）

【推进高端商业设施建设】新开工建设项目达52万平方米，其他在建项目41万平方米，已完工并开业项目14万平方米，共计107万平方米。通过加强与各街乡镇联系，对重点项目进行跟踪服务等，积极引导高端商业入驻丰台，在建项目如宝苑国际等近20万平方米；已开业项目如银泰百货、永辉超市等达25万平方米；拟开业项目如华冠天地等达10万平方米。

（于晓峰）

【完成22家便民菜店建设和开业】与国资委协调商业网点建设，解决即将到期商户的租金及违约金问题，便民菜店建设稳步推进。加强与康安农业的联系，及时跟进项目建设进度。

（于晓峰）

【再生资源回收站点建设圆满完成】完成新建100个规范化再生资源回收站点任务，是2012年丰台区承担的市政府折子工程，也是为民办实事重要项目。截至年底完成了102个站点的建设任务，并通过了市区两级验收。

（于晓峰）

【完成“7·21”特大自然灾害善后供餐】7月24日至10月24日，协调区食品办、卫生局、质检局及相关餐饮单位为长辛店受灾群众安全供餐94天，合计送餐84 723份，总计117.7万元，完成了为长辛店地区受灾群众的供餐工作。

（于晓峰）

【北京国际铁人三项赛市场开发】2012年9月16日，丰台区商务委与IMG公司共同进行首届2012北京国际铁人三项赛事的市场开发。确定首创为首席赞助商，北京汽车为联合赞助商，官方赞助商为Under Armour 与旭阳化工。另外，确定了五家企业作为赛事供应商，累计赞助金额达 415 万元。

（于晓峰）

【开展安全生产执法检查 270 余家】采取日常检查和重点检查相结合、单独检查和联合检查相结合等多种形式，共出动安全生产执法检查人员 660 余人次，检查两类经营单位 274 家，其中商业零售 94 家，餐饮 180 家，实现检查总量覆盖率 100%。出具责令改正通知书 35 份，发现并消除各类问题隐患 500 余起。

（于晓峰）

【组织五项安全宣传教育活动】2012 年，丰台区商务委以展板展示、现场咨询、发放宣传材料为主要内容，精心组织了以下五项安全生产宣传教育以及应急演练活动。一是 4 月底，在北京亿客隆购物中心——万丰路美食街隆重举行了北京市商业零售、餐饮经营单位"两个规定"施行五周年宣传日暨"安全生产、文明创建"活动启动仪式，全面部署了商务行业安全生产隐患大排查行动。二是组织全区大型商场、超市和餐饮企业 280 家负责人，开展了"两个规定"安全生产培训。三是组织大型商业零售经营单位在北京翠微大厦股份有限公司大成路百货店进行了应急消防疏散演练活动，增强了丰台区大型商业零售经营单位抵御和应对紧急突发事件的能力。四是在 11 月份，积极配合消防等部门，开展 119 消防宣传周活动。五是在 6 月份全国第十一个安全生产月，丰台区商务委在全区商务行业开展了安全生产宣传教育系列活动，再次掀起宣传教育活动高潮，进一步增强了企业安全生产意识。

（于晓峰）

【探索安全生产工作联席会议机制】为了加强与部门综合专项监管、街乡镇属地监管的密切协作，丰台区商务委针对全区商业零售企业和餐饮业分布散远，跨度大，行业监管力量相对薄弱的特点，在太平桥、卢沟桥乡地区组建行业联组互查小组作为试点。分片组建联组互查小组，每片选出一个单位为组长单位，组长单位定期组织本小组成员单位负责人开展安全隐患互查检查活动，做到隐患自查、隐患自改，切实将安全生产主体责任落实到企业。丰台区商务委定期召开组长会议，传达安全工作会议精神，部署下一步工作重点，开展督查检查。

（于晓峰）

【开展社区维修服务】完成对 20 个参加社区维修服务会员单位的认证挂牌工作；完成参加社区维修服务的 150 名家电、制冷、锁具修理工的登记备案、技术和职业道德培训、胸牌工装发放、服务规范、价格手册发放；完成社区维修服务信息中心筹建和网络建设、专线服务电话开通等"五统一"工作；上门维修服务2 823次，修理物品2 796件；全行业上门维修50 000多件，比上年同期增加了 6%，且投诉率仅为万分之一。

（于晓峰）

对外经贸

【实际利用外资创历史新高】2012 年丰台区共新批外资企业 20 家，企业增资 16 家，共吸引投资总额 1.1 亿美元，同比下降 54.8%；注册资本7 582.3万美元，同比下降 61.3%；合同外资3 522.5万美元，同比下降 82.1%；实际利用外资达 1.6 亿美元，创历史最高水平。

（于晓峰）

【新批项目平均规模170万美元】 丰台区新批20个外资项目中，投资超过千万美元的项目仅一个，平均投资总额仅为170.9万美元，合同外资为94.8万美元，投资规模偏低。

（于晓峰）

【对外贸易增长16.7%】 2012年丰台区对外贸易海关进出口总额达136.1亿美元，同比增长16.7%，在全市十六区县排第七位，其中，进口总额为117.7亿美元，同比增长20.2%，出口总额为18.4亿美元，同比下降5.0%。

（于晓峰）

【百余家中小企业获外贸经营权】 2012年丰台区共有183家企业申请对外贸易经营权，有147家对外贸易经营者备案登记表变更，其中注册资金超过千万元人民币的仅27家，占新备案总量的14.7%，大部分为中小企业。

（于晓峰）

【境外投资总额增长14.9%】 2012年丰台区共有11家企业15个项目在境外投资或增资，投资总额为1亿美元，注册资本为8 893万美元，较去年同期分别增长14.9%，217.6%，经营范围涉及能源开发、地质勘查、广播电视经营、通信网络服务等内容，中小企业积极开拓国际市场、开展境外投资明显上升。

（于晓峰）

【职教中心被认定为对外劳务考试中心】 经北京市商务委推荐并会同丰台区商务委及中国对外承包工程商会进行多次考察，丰台区职业教育中心学校因具备承担厨师赴德前卫生知识（欧标）培训和烹饪技能考核的教学、考试资质及组织实施能力等各方面的要求，被认定为全国对德厨师劳务合作三大培训考试中心之一，承担北方地区赴德厨师的培训考核任务，为北京市对外劳务合作业务的规范发展打开了新的局面。

（于晓峰）

【举办海关及出口信用保险政策宣讲会】 2012年10月12日，召开“丰台区2012年海关及出口信用保险政策宣讲会”，特邀中关村海关、中国出口信用保险公司为丰台区中小微企业宣讲相关政策，区内40余家外贸企业相关负责人参会。与会领导针对企业巡查工作注意事项、减免税相关政策、中小微企业保费补贴政策做了详细说明，进一步推动了丰台区外贸工作持续稳定发展。

（于晓峰）

【初审国际市场开拓资金250余万元】 市商务委继去年下放中小企业国际市场开拓资金审核工作后，今年继续下放了中小企业资质认定及变更的审核工作。在此工作基础上，丰台区商务委继续履行该专项资金的拨付初审工作，共审核47家企业报送的中小企业资料，审批项目125个，合计待审批资金250余万元。

（于晓峰）

【旭阳化工继续获批总部奖金】 为丰台区唯一一家跨国公司地区总部——旭阳化工有限公司继续申请奖励资金150万元。旭阳化工有限公司于2010年被认定为跨国公司在京地区总部基地后，截至2012年共申请350万元。

（于晓峰）

【申报外包补贴资金220余万元】 积极落实北京市服务外包企业鼓励支持政策，与区财政局联合会审、完成了网上审批，共为区内两家服务外包企业申报补贴资金220余万元，涉及人数320余人，极大地促进了丰台区服务外包产业的发展。

（于晓峰）

【举办驻京知名企业投资丰台行活动】 500余家驻京跨国公司、央企、大型民企、股权投资机构等各类企业参会。此外组织参加了第十五届科博会、第十六届京港洽谈会、第十六届厦门投洽会、首届京交会、第四届投资北京洽谈会等活动，全方位展示推介丽泽金融商务区、科技园区等重点功能区和重点项目，取得了较好效果。

（于晓峰）

【新引进亿元企业53家】 全年新引进千万企业541家，超额完成区政府下达的500家招商任务指标；亿元企业53家，超额完成区政府折子工程确定的40家任务目标。蒙西华中铁路股份有限公司、中华联合保险控股股份有限公司、上药北方投资有限公司等一批优势规模企业成功落户。

（于晓峰）

名　录

单位名称：北京市丰台区商务委员会

主　　任：刘怀生

地　　址：北京市丰台区东安街三条6号

邮　　编：100071

电　　话：63838670

传　　真：63838670

网　　址：www.ftboc.gov.cn

（于晓峰）

石景山区

概　况

北京市石景山区商务委员会（简称区商务委）是负责本区内外贸易和对外经济合作的区政府工作部门。

2012年实现全区社会消费品零售额184.5亿元，同比增长13.9%。获得“北京市促消费突出贡献单位”荣誉称号。推出“魅力京西·2012主题消费年”活动，重点打造“2012京西消费节”、“第三届台湾美食文化节”，促进盛景国际广场开业运营；推动星座、华联升级改造，引导万达、当代进一步优化品牌结构，实现大型商业品牌升级，商业消费环境全面提升。稳定供应惠及民生工程落实到位，提出菜市场、便民菜店、生鲜超市、车载市场三年发展规划，稳步推进“农超对接”、“基地直营直供”等新模式。制定《2012年石景山区推进社区商业便民服务体系建设工作方案》，帮扶物美、首饮等品牌企业进社区，提高社区商业连锁化率。商务服务业发展基础夯实，于全市率先出台《石景山区促进商务服务业发展的意见》，研究建立商务楼宇“一站三平台”服务体系。电子商务企业集聚效应初显，研究编制《石景山区电子商务发展规划纲要》和《石景山区创建电子商务集聚区工作方案》。

外经贸发展环境优化。获得“北京市利用外资先进单位”荣誉称号。获得由市商务委颁发的“宣传出口信用保险先进单位”荣誉称号。全年完成实际利用外资7 809万美元，同比增长15.4%；新批外商投资企业49家，投资总额1.3亿美元；注册资本9 646.8万美元；合同外资总额7 737.3万美元；平均投资规模265.3万美元。开业外商投资企业新增投资总额6 800.2万美元，其中外方增资3 901.2万美元。投资总额1 000万美元以上的大项目2个，合计投资总额2 927.5万美元，注册资本2 117.5万美元，合同外资总额1 644.3万美元，分别占全部新批项目的22.5%、21.9%和21.3%。对外投资新设立企业6家，变更6家，对外增资4 730万美元。对外贸易经营者备案173件。完成进出口总额6.3亿美元，其中出口额3.4亿美元。全年缩短承诺审批率71%。

（郝　响、张　焰、刘玉杰、崔晶雪）

【盛景国际广场开业迎客】盛景国际广场总占地面积近1.8万平方米，总建筑面积7.7万平方米，于10月26日正式开业迎客，是长安街西延长线上又一个集商业、休闲、办公为一体的综合体建筑。商业部分引进了苏宁电器、物美大卖场、江苏银行、儿童娱乐、餐饮、专卖店等多种业态及知名企业，成为消费者休闲娱乐购物的新选择。写字楼重点引进电子商务等现代服务业企业入驻，形成主题特色楼宇，进一步拓展了电子商务集聚的发展空间。

（董　华、徐　沫）

【创建“数字商务”电子信息管理系统】开创“数字商务”理念，创建了电子信息管理系统，采用信息化管理手段，引用地理信息技术，全面、准确、形象地展示石景山区商业、商务服务业现状，科学分析业态布局的合理性及需求差距，并叠加未来土地规划情况，实现对商业、商务服务业未来规划布局的指导，为领导决策提供依据。

（董　华、徐　沫）

【积极参与首届京交会】设立专门展示区域推介石景山区电子商务和商务服务业政策环境和发展空间。在6月1日“北京日”活动中，石景山区作为全市唯一的国家服务业综合改革试点区进行了专题推介，并组织驻区企业库巴科技（北京）有限公司、北京丽贝亚建筑装饰工程有限公司分别于韩国乐金集团、日本三井集团签订亿元以上服务合同。

（董　华、徐　沫）

【举办第七届中小企业电子商务大会】2012年4月20日至21日，由国家发改委高技术产业司、工信部信息化推进司和商务部电子商务和信息化司指导，北京市商务委员会、石景山区人民政府支持，亿邦动力网主办的中小企业电子商务领域顶级盛会“第七届中小企业电子商务大会”在万达铂尔曼大饭店隆重召开。行业专家、企业家代表1 800余人参加大会，以“新模式、新思路、新希望”为主题，深入讨论了城市与电子商务发展、中国B2B行业网站发展出路等热点话题。

（董　华、徐　沫）

【打造电子商务集聚发展环境】研究编制《石景山区电子商务发展规划纲要》和《石景山区创建电子商务集聚区工作方案》，宏观指导电子商务发展。同时，组织实施“石景山区电子商务研究实训基地”的创建工作。2012年9月底举办了北方工业大学、北京工业职业技术学院两个基地的授牌仪式，充分发挥政、校、企三方的资源优势，共同推进石景山区电子商务发展。截至目前，全区共有电子商务类企业200余家，呈现产业链式发展态势；初步形成瑞达大厦、盛景国际广场两座区域电子商务特色楼宇，其中瑞达大厦被授予北京市首批电子商务特色楼宇称号。

（董　华、徐　沫）

【打造北京台湾街品牌】举办“2012北京台湾观光文化节”、“2012北京台湾美食文化节”和台湾新春庙会活动，促使商街知名度和影响力进一步提高；为北京台湾街争取政策扶持，获得北京市商务委特色街改造项目后续600万元资金支持，努力做好扶商、安商、养商工作。

（刘　颖）

【举办京西消费节】2012年9月8日至10月8日，由北京市商务委员会和石景山区人民政府联合主办了“2012京西消费节”，活动突出本届“指点时尚·惠生活”活动主题，以电子时尚消费为主线，以“指点时尚之美食‘惠’”、“指点时尚之休闲‘惠’”、“指点时尚之乐购‘惠’”、“指点时尚之网购‘惠’”和“指点时尚之节庆‘惠’”五大主题活动为主要内容，涵盖京西商家活动超过300项，全面带动京西消费市场，打造石景山区吃、喝、玩、乐、购一站式的休闲消费体验。据不完全统计，直接拉动企业销售额增长近20%。

（刘　颖）

【出台未来三年蔬菜零售网络建设方案】拟投入资金1 500万元，推进以社区菜市场、生鲜超市、便民菜店为主体，车载车售为补充的蔬菜零售网络“3+1”模式。通过租赁、收购新建小区配套、挖掘社区地上地下空间资源等方式新增菜市场10家；升级改造现有菜市场11家；鼓励和引导一般规模以上超市增加蔬菜营业面积和供应品种，实现搭载蔬菜销售的覆盖率达到90%；通过回租回购老商业网点、品牌便利店搭载菜店、整合社会菜店等形式发展便民菜店50家；填补阶段性网点不足，动态设置车载车售直销点10个。同时，发展“农超对接”、“直营直供”等蔬菜流通新模式，引进优势蔬菜生产或流通企业参与各类蔬菜零售网点经营。

（刘　珊、刘　颖）

【北京台湾美食文化节】2012年9月8日，第三届“北京台湾美食文化节”在北京台湾街开幕。本届“北京台湾美食文化节”为期半个月，以“味觉印象·咫尺台湾”为主题，以休闲消费为主线，以台湾特色美食为核心，主打“商业”、“文化”、“旅游”三个主题活动，通过台湾文化展示墙、主题音乐演出、露天电影、文化大讲堂及街区商户联合促销和慈善售卖等活动，让消费者品味宝岛美食的同时，感受台湾风情文化。活动期间，北京台湾街百大馆、邓丽君主题音乐餐厅等11家主力店累计实现营业额327.7万元，同比增长14.6%，环比增长10.0%，累计接待顾客3.5万人，同比增长8.0%，环比增长20.6%。

（刘　珊、邓　磊）

【社区商业便民服务覆盖11个社区】积极推动一刻钟社区服务圈社区商业便民服务体系建设，完成11个社区的商业便民服务全覆盖工作，除五里坨街道西街社区和苹果园街道边府社区2个拆迁社区外，完成2012年全覆盖任务。高井路社区便民综合服务点便民项目等八个街道及鲁谷社区、工商分局的12个社区商业便民服务项目获得区政府便民工程资金200万元。

（刘　珊、邓　磊）

【应对“7·21”特大洪涝灾害】成立“防汛应急指挥工作领导小组”，启动物资保障应急工作机制，加强24小时应急值守，圆满完成“7·21”特大自然灾害物资保障任务。一是召开重点连锁企业和菜市场保供稳价工作会，要求各商业企业充分发挥各自优势，积极组织货源，丰富市场，增加蔬菜和生活必需品供应，努力做到供应不断档、不脱销，不哄抬物价，其中物美、永辉两家连锁超市生活7月22日至8月20日，共调运蔬菜近6 500吨，散装米2 000余吨，面510吨，鸡蛋500吨。接收市商务委、二商集团、物美集团等单位各类物资捐助价值总计140余万元，并及时将救灾物资分发到9个街道办事处、天泰养老院、水孩儿等重点受灾领域和防汛一线干部职工手中。二是向3家重点应急储备连锁超市和20余家社区菜市场下发《致石景山区商业企业的一封公开信》，呼吁广大商业企业紧急行动起来，响应石景山区委区政府号召，积极开展各项救灾工作。三是带领永辉超市和华农农资两家公司向房山区青龙湖镇捐赠3 000箱矿泉水、500箱方便面救灾物资，支援房山区救灾工作。四是加强市场监测，启动重点监测企业蔬菜价格日报送制度，要求各重点监测企业及时、准确上报监测数据，便于及时了解市场信息，关注市场变化。

（邓　磊、刘　颖）

【粮食供需平衡调查】2012年4月，完成2011年度石景山区粮食供需平衡调查，共调查城镇居民64户、粮食经营及转化企业29家、餐饮企业及单位食堂30家，形成了《2011年度石景山区粮油供需平衡调查报告》，基本掌握了全区2011年粮油产品供给量、需求量、库存量等基础性数据，为进一步提升物资保障水平及应急响应能力提供了依据。

（刘 珊、邓 磊）

【15家典当企业全部通过年审】2012年4月，完成2012年度北京市典当企业核查工作，全区15家典当企业全部通过审核，其中14家被评为A类企业（最高级），1家被评为B级。全年全区15家典当企业共开展业务1 488笔，典当总额累计70 743.7万元，同比增长13.2%，业务范围涵盖动产质押、房地产抵押、财产权利质押等。

（刘 珊、邓 磊）

【12家加油站全部通过年检】2012年8月，完成上年度成品油站点经营资质检查，共有12家加油站提交的年检材料通过审查并换发新证，4家加油站因为申请变更事项等原因推迟年检。

（刘 珊、邓 磊）

【承办商业科技周活动】2012年5月19日，石景山区商务委与区商业联合会联合承办的“第十七届北京商业科技周启动仪式”在石景山万达广场举行。本届科技周以“树立绿色消费理念，倡导科技生活方式”为主题，商业系统各单位开展了系列宣传和促消费活动，将商业科普宣传、节能产品展示和促消费有机结合，突出新科技在消费品领域的应用，让消费者深切体会到科技带来的好处，取得了良好的效果。

（刘 珊、邓 磊）

【32个国家和地区来石景山区投资】2012年，石景山区累计外资主要来源于32个国家和地区。其中企业数量最多的为中国香港，共设立“三资”企业163家，外资额为3.7亿美元；其次为美国，共设立“三资”企业22家，外资额为1 383.2万美元；英国（含维尔京群岛和开曼群岛）首次超过日本，位居第三，共设立“三资”企业20家，外资额为8 964.3万美元；三个国家和地区的投资企业数分别占全区外资企业总数的52.6%、6.8%和6.5%。

（刘玉杰、崔晶雪）

【举办外经贸企业政策培训会】2012年7月份举办京西外经贸企业政策培训会，整合优势资源，有针对性地就外经贸企业的融资、国际结算、海关、政策等方面进行了讲解，近80家企业100余人参加了会议，发放政策汇编等宣传资料300余册。10月份举办小微外贸企业政策培训会，通过政策引导，帮助中小企业挖掘潜力，稳定中小企业外贸出口。另外，全年共2次组织区内外贸企业参加由市商务委与市外办、海关、出入境检验检疫、国税、外汇管理等部门联合举办的“进出口政策服务咨询会”，现场设立咨询台解答企业问题，并通过五场专题讲解宣讲最新政策。

（刘玉杰、崔晶雪）

【外贸扶持资金审核呈多样化】2012年，石景山区共有33家中小企业报送“走出去”扶持资金资料，共申报待审批项目84个，合计实际拨付金额147.1万元。申报项目中：境外展览会项目30个、境外市场考察项目21个、管理体系认证项目8个、产品认证项目8个、国际市场宣传推介项目9个、电子商务项目4个、广告商标注册项目4个。其中，拥有自主知识产权和自主创新产品1家。办理“中小开”企业资质审核

11家。

（刘玉杰、崔晶雪）

【调研北重阿尔斯通等外资企业】深入企业调研，及时了解企业动态，推进企业全面、健康发展。重点外资外贸企业北重阿尔斯通（北京）电气装备有限公司出口业务受阻，面临3万元以上罚款和降级处罚，经过与中关村海关和市商务委多次沟通，终于邀请到中关村海关关长一行来企业现场调研取得良好效果。对2011年年底新批企业北京首钢朗泽新能源科技有限公司进行重点服务，3天内将股权变更审批办理完毕，缩短审批时限6个工作日。对该公司曹妃甸示范项目启动仪式进行追踪服务，得到企业的认可，最终获得企业在招商引资部门确认书上的签字。

（刘玉杰、崔晶雪）

【京交会促进动漫游戏产业发展】石景山区共有8家企业参加了“动漫游戏企业洽商会项目配对”活动，其中2家企业还进行了项目推介。为期4天的动漫游戏专业板块活动中，达成签约意向10.5亿元人民币，占全市动漫游戏专业板块签约意向总额的23％。驻区企业库巴科技（北京）有限公司、北京丽贝亚建筑装饰工程有限公司分别与韩国乐金集团、日本三井集团签订了服务合同。

（刘玉杰、崔晶雪）

名　录

单位名称：北京市石景山区商务委员会
主　　任：宋世媛
地　　址：北京市石景山区石景山路18号
邮　　编：100043
电　　话：68607227
传　　真：88683281
网　　址：sjsswj.bjsjs.gov.cn

（张　焰）

门头沟区

概况

2012年，门头沟区商务系统以产业结构调整为主线、以保障和改善民生为根本，促进市场繁荣、提高招商引资实效、保持外贸平稳增长、加强市场应急体系建设、加大商务执法力度、构建服务型机关，商务各项工作有序推进。商业设施内外环境全面改善，服务水平、便利程度不断提高，逐步缩小与全市差距。消费品市场持续繁荣。实现社会消费品零售额43.7亿元，同比增长15.1%，超额完成了市政府下达的指标，连续四年增幅在15%以上，受到市商务委表彰及专项资金奖励。按照“月月有活动，节日有促销，百姓得实惠”的目标，以春节、端午节、教师节、国庆节、重阳节等节日为抓手，开展了全年主题促销活动。积极构建商旅结合消费新模式，挖掘和宣传区域特色饮食文化及农副产品，先后组织了食在门头沟，消夏名品进社区，农餐、农超对接会，年货大集、送货下乡等10余场促销活动。“家电下乡”和以旧换新等惠民政策积极推进，全年累计售出家电下乡产品16 842台/件，实现销售额0.4亿元，累计售出家电以旧换新产品47 482台/件，实现销售额1.6亿元，有效提升居民生活品质。不断优化贸易投资环境。全年实际利用外资4 500万美元，同比增长6.7%。外贸进出口总额达4.7亿美元，同比增长49.3%，其中出口2.6亿美元，同比增长96.9%；进口2.1亿美元，同比增长14.5%，出口及进出口增速均为全市第一。广泛开展项目对接、国际洽谈交流活动，与日本永旺、法国迪卡侬等国际知名品牌零售商进行洽谈，引进呷哺呷哺等知名连锁餐饮企业入区经营，带动餐饮业健康协调发展。做好市、区扶持项目申报和验收工作，2012年共批准中小企业国际市场开拓资金项目32个，获得市级扶持资金100余万元。按照《门头沟区商业流通发展专项资金管理办法》，重点支持传统老企业的硬件设施升级改造，农村流通网络建设，便民商业基础设施建设等项目，经过严格审核，完成了40个项目470.5万元扶植资金的申报和审核工作。

（黄　岳）

商业流通

【出台“促消费、保增长”鼓励资金管理办法】根据《北京市商务委员会关于加强2012年“促消费、保增长”鼓励资金管理的通知》（京商务运行字〔2012〕18号）的文件精神，特制定门头沟区2012年“促消费、保增长”鼓励资金管理办法。该办法的出台，确保了356万元专项资金的规范、安全和高效使用。

（黄　岳）

【北京“7·21”暴雨应急物资保障供应】圆满完成山火等突发事件及“7·21”暴雨应急物资供应任务，累计调运各类食品、粮油和抢险物资共计 150 余吨。

（黄　岳）

【建立门头沟区生活必需品市场供应应急预案】在远郊区县中，第一个制定了《门头沟区生活必需品市场供应应急预案》，经门头沟区政府审议通过，建立了 500 万元的应急物资储备资金，形成了市、区、企业三级应急供应体系。斋堂粮食应急加工项目竣工，累计投入资金 311.5 万元，原粮日加工能力为 80 吨，可以有效解决突发情况下深山区粮食应急供应问题。

（黄　岳）

【开展隐患排查和专项安全治理行动】根据市商务委、区政府对“两会”、“十八大”期间的部署，开展有针对性的安全专项整治行动隐患排查行动，加大安全生产宣传和执法力度，提高企业自主、自警、自改的安全责任意识，提高企业应对突发事件的防御能力，加强与市、区相关部门的执法共建活动，形成有效监管合力。共出动执法人员 400 余人次，检查经营单位 360 家次。整改安全隐患 30 余处，保障了行业的安全。

（黄　岳）

【强化酒类、食盐监督检查】加强对酒类流通、食盐市场监督检查力度，深入贯彻落实食品安全责任制。共开展食品安全执法累计检查 500 余人次，共检查各类食品经营户1 500余家，保障了行业食品安全。据统计，全区碘盐覆盖率为 97.2%；碘盐合格率为 97.9%；合格碘盐食用率为 95.1%。

（黄　岳）

【完成再生资源回收站点建设任务】完成 10 个再生资源回收站点建设任务，提高了资源利用率。新建的 10 个站点分别位于育园、冯村嘉园、永新等社区，其中 5 个建在市级垃圾分类试点小区。

（黄　岳）

【首家再生资源分拣中心建成】为完善门头沟区收购、分拣、再利用的“一站式”再生资源回收体系，建设整洁、环保、和谐的区域环境，门头沟区建成首家再生资源分拣中心。该中心位于大台地区，占地面积 5 000多平方米，内设纸板、塑料、金属、电子垃圾、杂品 5 个加工车间，安装了地磅、天吊、纸板打包机等设备。目前中心已正式运行，日加工处理能力 30 吨左右。

（黄　岳）

【推进便民利民工程】创建“六型社区”共开设社区便利菜店 5 家，分别位于城子蓝龙社区、倚山家园、信园社区；开设便利超市 2 家，分别位于紫金社区、石门营六区。社区菜店及便利店均已投入使用。组织便民流动超市每周六、日开展便民服务工作，服务地区主要为东辛房、圈门、大峪、石门营等地区，全年共开展流动售货服务 102 次。至今共有 5 家社区便利菜点，2 家便利超市，覆盖率是 70%以上。

（黄　岳）

【推进无障碍设施改造】推动大中型商业和餐饮企业实施无障碍设施改造，全年完成 1 家餐饮企业无障碍改造。

（黄　岳）

【开展新型农村社区商业试点】引导连锁超市和再生资源回收站点进驻社区，增加服务功能。其中鑫维康在冯村信园社区新开设便利店 1 家，龙欣顺达在信园新建回收站点 1 个。

（黄　岳）

【促进商务行业人才就业】根据门头沟区促进社会就业的任务要求，开发就业岗位

66个，全部签订劳动合同。其中开发商务行业就业岗位60个。

（黄　岳）

【强化市、区两级商业流通项目申报】 申报市级商业流通发展项目15个，获得支持的项目4个，共计94.4万元。其中瓷茗缘特色商品创意项目36万元，鑫维康便民超市及联合采购项目28.4万元，西石古岩农副产品市场20万元，再生资源回收站点项目10万元。申报区级商业流通发展项目55个，获得支持项目40个，支持金额为470.5万元。

（黄　岳）

【信息监测报送实现百分百】 新增重点流通样本企业5家，开展培训2次。全年月报报送率百分百。全年工作会已召开并评选出6名优秀信息员。

（黄　岳）

【主题促销活动】 组织徒步大会特色商品展卖（斋堂）、特色山品进山区（大台）等多主题促销活动8次，印制宣传海报1万余张。

（黄　岳）

【文明有礼门头沟人活动】 开展以“展商务行业风采，做文明有礼门头沟人”为主题的“一二三四”系列活动，即“一种精神双创三赛四争先”。50余家商业服务业企业参与此次活动；组织开展第三届食在门头沟活动——2012食在门头沟之“潭戒素食主题技能大赛”、“餐饮行业服务技能大赛”两项活动；开展“再生资源回收日”走社区、进机关、下农村活动10次，发放宣传材料5 000份，发放积分卡800张。促进循环经济发展；推出早餐车30辆，加盟董记煎饼，丰富、提高早餐质量和品种，方便城镇社区居民生活。

（黄　岳）

【家电下乡】 开展家电下乡和以旧换新，累计售出家电下乡产品16 842台/件，实现销售额0.4亿元。累计售出家电以旧换新产品47 482台/件，实现销售额1.6亿元，有效提升居民生活品质。

（黄　岳）

【单用途商业预付卡备案】 完成单用途商业预付卡备案的前期工作，全区规模以上（年销售额500万以上）发卡企业共4家。

（黄　岳）

对外经贸

【区域联动服务外贸企业】 跨区中关村海关、石景山区商务委员会、中国银行共同举办了京西外经贸企业融资政策推介会，共召集100余人参会，发放政策、业务宣传材料200余份，实现了外经贸服务跨区、资源共享的局面。

（黄　岳）

【加强对外宣传】 广泛开展项目对接、国际洽谈交流活动，宣传门头沟区良好投资环境，先后参加京交会、“九八投洽会”、京港洽谈会、京澳洽谈会，与日本永旺、法国迪卡侬等国际知名品牌零售商进行洽谈，做好服务与沟通工作。在京交会上重点推介了“中芬”、“中瑞”生态谷产业园、“北京和平文化村等项目，其中“门头沟购物中心”、“聚裕产业城”等重大项目实现现场意向性签约，协议金额近50亿美元，营造良好投资氛围。

（黄　岳）

【帮扶企业发展】 做好市、区扶持项目申报和验收工作。全年共批准中小企业国际市场开拓资金项目32个，获得市级扶持资金100余万元。

（黄　岳）

名　　录

单位名称：北京市门头沟区商务委员会
主　　任：王立宇
地　　址：北京市门头沟区新桥大街36号
邮　　编：102300
电　　话：69842571
网　　址：shwj.bjmtg.gov.cn

（黄　岳）

房山区

概　　况

2012年紧紧围绕“首都国际商贸中心”和“一区一城”新房山建设，房山区商务部门求实创新，奋发进取，克服了“7·21”特大自然灾害影响，较为圆满地完成了各项工作任务。全年实现社会消费品零售额182.5亿元，同比增长16.5%；利用外资创历史新高，实际利用外资7 998万美元，同比增长29.1%；外贸出口总额预计完成6.9亿美元，同比增长2.1%。全区批发零售业、服务业（不含金融、保险、交通运输、仓储、邮政、电信等行业）、限额以上三资企业税收合计完成18亿元，同比下降6.1%，占区域税收总额的10.3%。就业拉动势头良好。全年为社会新增就业岗位4 000余个。奥特莱斯华北旗舰中心、广阳CD新都会、中粮万科Funmix购物中心等CSD市级商贸服务产业试验区建设步伐明显加快。战略新兴服务产业发展势头良好。北京石油交易所运营实现企业数量、交易品种、服务功能、交易额、税收五项新突破，极大地拉动了全区商业市场繁荣稳定。

（张国庆）

商业流通

【CSD商贸服务产业试验区建设加快】 奥特莱斯华北旗舰中心初步具备使用条件，规划吸纳国内外品牌企业341家，签约入驻意向企业156家，其余店铺正与美国西蒙公司合作开展招商。

（张国庆）

【农商行与华冠公司战略合作协议签约】 2012年8月16日，北京农商银行房山支行与北京华冠商业经营股份有限公司举行战略合作协议签约仪式。双方分享各自业务领域的经验、信息和资源，建立长期、稳定的合作关系。根据协议，北京农商银行将为华冠公司提供银行、个人、网上以及国际结算业务等全方位优质金融服务和上门收款、自助机具安装、国际贸易结算等综合性金融服务，并根据华冠实际需要，设计个性化服务方案，进行相应金融创新，同时意向性承诺向华冠公司提供20亿元信贷支持；华冠公司将以农商银行作为主要银行卡收单业务行，并将承诺与农商行合作开发“凤凰一华冠”联名卡业务。

（张国庆）

【华冠天地百货长阳店开始试营业】 2012年9月29日，华冠长阳店试营业，该店位于长阳加州水郡小区，建筑面积2万平方米，经营面积1.6万平方米，营业后极大提升了新城地区商业发展水平。

（张国庆）

【石油交易所交易规模突破千亿元】 全市铁矿石、石油、木材、农副产品、粮油等8家大宗商品市场即期现货交易额为1 236.8亿元，交易量3 314.2万吨。2012年，北京石油交易所实现交易额1 005.9亿元，同比增长65.2%，占全市交易总额的

81.3%。其中：成品油交易额428.2亿元、化工产品类交易额294.6亿元、燃料油交易额263.4亿元、润滑油交易额8.7亿元、硫磺交易额11亿元。

（张国庆）

【三大项目加快促进电子商务发展】唯品会（中国）有限公司北京分公司及华北物流中心落户房山，企业位于良乡长虹西路33号首发集团货运枢纽内，内设2.5万平方米华北物流中心，已安排就业438人；预计全年完成销售额10亿元，纳税2 500万元。长阳电商谷项目筹备启动，盘活碧溪温泉酒店用房，先期建设长阳电商谷起步园，吸引中小电商入驻。引导、支持北油所、银汉华星重汽销售集团公司、功德福餐饮连锁公司、京之源农产品销售公司等企业应用现代电子商务技术，规范运营流程，提升经营效率。

（张国庆）

【首发物流商贸交易中心投入使用】2012年9月26日，首发物流商贸交易中心投入使用。首发物流商贸交易中心属于首发集团首发物流公司，营业面积近2 000平方米，已引进20多个厂家、数百种产品。中心依托公司固有的物流配送、仓储资源和信息平台优势，采取直接向厂家采购、向客户销售的直销模式，汇集各地“名、特、优、新”真品，为客户提供质优价廉的产品服务。

（张国庆）

【“中国燃料油现货交易平台”启动】2012年11月29日，房山区北京石油交易所“中国燃料油现货交易平台”正式启动。“中国燃料油现货交易平台”的运营采用了四种交易方式，包括现货挂牌交易、现货竞价交易、现货协议交易、现货即期交易四种，涵盖了产品进口、批发、贸易、生产、使用等产业链各个环节。其中，现货即期交易借鉴上海黄金交易所模式进行了创新，实现了当天交易、当天交收。这些模式得到了国家行业协会、央企燃料油经营单位（中国石油国际事业有限公司、中国船舶燃料油有限公司、中化石油有限公司等）、大型民企、外企以及现有会员的认可和支持。

（张国庆）

【“2012房山购物季”正式启动】2012年12月21日，由房山区商务委主办的“2012房山购物季”在华冠购物中心正式启动。本届购物季主题为“守诚信、促消费、倡低碳、惠民生”，来自房山区的华冠公司、盛通建材城、功德福、中大瑞祥、澎湃汽车城等数十个商家将联手为消费者推出丰富多彩的促销活动和服务措施，以提振消费信心、扩大消费需求、促进市场繁荣。购物季促销费活动从即日起一直持续到2013年春节，重点围绕品牌消费、信用消费、网络消费、绿色消费、餐饮消费五大内容，开展品牌体验展、文化体验展、百货放心购、绿色消费行、餐饮美食汇等一系列群众喜闻乐见、实实在在的多元化特色主题活动。

（张国庆）

【家电下乡产品销售额增长30.4%】2012年，房山区共销售冰箱、洗衣机、空调、彩电、手机、计算机、热水器、微波炉、电磁炉等家电下乡产品67 235件，销售金额1.8亿元，分别同比增长23.2%、30.4%。

（张国庆）

对外经贸

【组织企业参加首届京交会】组织CSD

市级商贸服务产业试验区、北京文化硅谷、北京石油交易所3个项目参加首届中国（北京）国际服务贸易交易会。其中，北京石油交易所与中国中化股份有限公司签署战略合作协议。

（张国庆）

【合成橡胶基地成外贸转型升级示范基地】2012年8月28日，房山区合成橡胶基地等六个基地，被北京市首批认定为市级外贸转型升级示范基地。北京市房山区合成橡胶基地主体为北京石化新材料科技产业基地。

（张国庆）

名　录

单位名称：北京市房山区商务委员会
党组书记：赵东升
主　　任：朱仕生
地　　址：北京市房山区长阳镇昊天北大街38号
邮　　编：102445
电　　话：81312935　81312937
传　　真：81312958
网　　址：shangwu. bjfsh. gov. cn

（张国庆）

通州区

概　况

通州区商务委紧紧围绕国际新城建设和“首都城市副中心”建设奋斗目标，以“促增长、惠民生、保稳定”为抓手，积极探索商务发展新模式，明确目标，措施到位，攻艰克难保增长、全心全意惠民生、凝聚合力保稳定，为经济工作发展做出新贡献。2012年全区社会消费品零售额完成240亿元，同比增长15.1%，超额完成15%的目标任务，继续保持稳步增长良好态势。

全年新批外商投资企业39家，增减资企业34家。投资总额合计63 885.1万美元，同比增长165.1%；注册资金合计39 856.7万美元，同比增长153.4%；合同利用外资30 330.9万美元，同比增长109.5%。其中，新批企业中投资总额超过1 000（含）万美元的企业有5家，约占全年投资总额的60%；投资总额在500万～1 000万美元的企业有4家，约占全年投资总额的25%。实际利用外资11 147.9万美元，同比增长23.6%。乐友（中国）超市连锁有限公司、宾堡（北京）食品有限公司、智展汽车配件（北京）有限公司、北京北建通成国际物流有限公司、西港低温系统（中国）有限公司、北京通美晶体技术有限公司等企业入资额超过500万美元。

受金融危机、欧债危机的影响，国外市场需求大幅下滑，人力、原材料以及劳动力成本上涨，汇率波动等因素影响，进出口各项数据指标呈降幅态。通州区进出口总额20.7亿美元，同比下降14.3%；其中出口创汇12.0亿美元，同比下降14.9%，进口付汇8.6亿美元，同比下降13.5%。

（畅绍丽）

商业流通

【成功筹办商务年会】2012年8月30日举办“2012·通州国际商务年会——知名品牌企业通州行”活动。国内外上百家知名商业企业参加，活动以“首都城市副中心，通州商务新发展”为主题，突出展现作为未来首都城市副中心的通州商业发展前景。活动会上，铭万公司与区商务园，乐天玛特、博纳影业与华业地产等企业举行了签约仪式。

（畅绍丽）

【7家电商企业落户商务园示范区】借势“2012中国（北京）电子商务大会”等各类会议、论坛，为电子商务企业搭建平台，加大电子商务投资促进力度，促进铭万公司、北京东方适中旗电子商务有限公司、北京贡天下网络科技有限公司、北京悦购伟业电子商务有限公司、北京杰森客贸易有限公司、银泰网、新地物流等7家电子商务企业成功落地。通州商务园示范区成为电子商务主要承载集聚区，也是北京市唯一一家国家级电子商务专业聚集园区。

（畅绍丽）

【西海子市场搬迁完毕】通过采取宣传发动、先建后拆、完善标准、妥善安置四项措施，西海子市场平稳顺利搬迁，实现了“零上访”。该市场搬迁面积约4 505平方米，共计约540个柜台，390余商户。西海子市场的顺利搬迁对周边通惠河水环境起到保护作用，也较好地满足了广大市民买菜需求，同时为今后的相关工作提供成功案例。

（畅绍丽）

【帮助福兰德开展“农超对接”】通州区商务委以福兰德连锁超市为运营主体，极力为企业与区内大型农产品基地搭建合作平台，并从市商务委争取补贴资金及相关优惠政策。通过开展鲜活农产品“农超对接”直接流通方式，减少农产品流通环节，降低流通成本。

（畅绍丽）

【帮助农产品种植基地开展“农餐对接”】2012年，在通州区商务委和通州区农委的联袂推动下，本地农产品种植基地与餐饮企业的对接合作顺利完成。通过农产品直接进餐厅的“农餐对接”直接流通方式，减少了农产品流通环节，平抑终端价格，保障餐饮企业进货渠道，降低进货成本，确保食品安全的可追溯性和安全性。

（畅绍丽）

【3个社区开展车载蔬菜市场试点】通州区商务委与相关乡镇、街道办事处多次沟通协调，积极引进具有丰富车载蔬菜市场经营经验的企业，试点车载蔬菜进社区新模式。已在艺苑社区、复兴南里、翠屏南里等社区开展试点工作，社区居民反映很好。

（畅绍丽）

【新建30个规范化回收站点】新建30个规范化的再生资源回收站点。一方面，根据现有回收站点的实际情况，确定了回收主体企业和各回收站点的建设地点。另一方面，积极开展“再生资源回收日”进社区、进机关、进企业宣传活动。

（畅绍丽）

【家电下乡销售额超8 000万元】累计销售家电下乡产品33 675台，销售金额达8 315.46万元。联合有关部门加强对各销售网点的检查，打击不法销售行为，规范家电下乡产品销售市场；加强销售情况的日常监测和信息上报；与财政等部门一起，提高补贴率，维护百姓利益。

（畅绍丽）

【取缔生猪注水和私屠滥宰窝点32个】没收屠宰工具130件，捣毁锅台32座，没收生猪及产品90头。联合检查市场6次、检查农贸市场14家、检查猪肉摊位126户次、查扣未经检验检疫的生猪产品2 653公斤。加强对定点生猪屠宰企业的监管力度，严格落实生猪进厂管理制度和生猪静养管理，要求企业做到宰前停食静养12小时以上，进一步规范了生猪定点屠宰企业生猪进厂验收、检验等环节。

（畅绍丽）

【处理盐业违法案件38起】2012年全年出动盐政执法人员120余人次，检查企业754户次，处理盐业违法案件38起，查没私盐4 518公斤，罚款5 930元。

（畅绍丽）

【检查酒类经营者800余户】全面启动酒类备案登记管理工作和酒类流通随附单制度，确保酒类销售安全。2012年全年共开展酒类专项检查4次，办理酒类经营者备案登记237户，发放“不向未成年人售酒”标识255余块，一般行政处罚1起。

（畅绍丽）

【开展11项专项整治活动】2012年全

年，共出动安全生产执法人员700余人次，检查经营单位540户次，开展安全生产专项整治行动11次，查处隐患问题504项，一般行政处罚1起。注重与区安监、消防、质检等职能部门密切配合，联合执法检查15次，检查企业100家次，共检查出安全隐患问题156项。召开大型安全生产会议5场，下发红头文件26份；开展大型宣传活动6次，累计发放宣传材料30 000余份，发放宣传教育光盘200张；对规模以上商业零售及餐饮企业培训13场，培训人员2 500余人次；开设安全管理资格取证培训班2期，共培训安全负责人、安全主管282人；组织企业开展大型消防应急演练6场、集中观摩演练活动2次。

（畅绍丽）

【做好“7·21”救灾善后工作】2012年7月21日，通州区商务委在接到区委区政府通知后，在2个小时内，将灾区急需的10 000根蜡烛，100个手电筒送达灾民手中。7月24日，紧急召集区粮贸公司的领导和主管人员，启动储备粮三级应急预案，部署灾民粮食应急保障工作，把品质最好、存储状态最好的50吨面粉和大米按时送达张家湾镇灾区。

（畅绍丽）

【圆满完成商业规划修编】经过多轮修订，《通州区十二五时期商业发展规划》正式确定。规划明确了通州区商业发展的发展定位、规划理念、发展目标、发展思路和重点布局。其中重点布局可概括为“五个重点区域、四个体系和三个基地”。

（畅绍丽）

【13家典当企业接受核查】向发现问题的9家企业送达了《整改通知书》，责令企业进行对照整改并说明问题原因。加强对典当企业的日常监管，建立起通州区典当企业季度例会制度。

（畅绍丽）

【与粮贸公司签订储备粮承储合同】通州区商务委与区粮贸公司签订《通州区储备粮承储合同》和《通州区储备成品粮承储合同》，保证了粮食质量和数量上的安全。全年不间断加强储备粮监督检查，建立健全检查记录手续，确保储备粮储得实、管得好、调得动、用得上。

（畅绍丽）

【审核91家成品油经营企业资质】完成成品油经营资质年审，给今后加油站的规划、审批提供技术支持。对全区现有加油站进行了普查，主要是对目前加油站现状进行梳理，从加油站的空间位置、隶属关系、产权形式等多方面分析现状加油站的分布情况，对现状加油站的空间分布、覆盖范围进行分析，并依此对现状加油站供需关系进行评估。

（畅绍丽）

【区商联会获“枢纽型”社会组织授权】通州区商联会获得了区政府授权，成为通州区第三批“枢纽型”社会组织。成功举办“2012北京通州运河婚庆文化节”，筹备建立“通州区美食协会”，聘请了18位国家级和北京市的美食行业大师和专家为顾问。在规范行业行为、维护行业权益、促进行业发展等方面起到积极作用。

（畅绍丽）

对外经贸

【港资企业占比最大】新批33家外商投资企业分别来自中国香港10家、中国台湾

5家、加拿大4家、韩国3家、新加坡3家、日本2家、德国2家、法国1家、爱尔兰1家、意大利1家、瑞士1家。

（畅绍丽）

【商业领域利用外资占比最大】2012年，通州区新批33家外商投资企业。其中，批发零售业17家，租赁和商务服务业6家，科学研究、技术服务和地质勘查6家，制造业2家，交通运输、仓储和邮政业与信息传输1家，计算机服务和软件业1家。

（畅绍丽）

【全力服务通州首批绿卡企业】通过政策指导、加快审批、企业走访等形式，为绿卡企业解决实际问题共计60余次。包括为李宁（中国）体育用品有限公司协调外贸公共服务平台资金、甘李药业有限公司股权转让业务指导、境外投资的快速审批，北京可隆汽车部件有限公司加工贸易合同及其变更事项审核、佩特来电器再投资设立新外资公司、宾堡面包公司增资等的快速审批。

（畅绍丽）

【2家企业获外包人才培训资金支持】通州区通过商务部“服务外包及软件出口信息管理系统”备案的、从事服务外包业务的企业4家。北京加隆工程机械有限公司和北京诚栋国际营地集成房屋有限公司获得162.39万元服务外包人才培训资金支持。

（畅绍丽）

【72家企业获国际市场开拓资金支持】72家企业获得近600万元“中小企业国际市场开拓资金”政策支持。累计获得支持项目217个，支持范围涉及企业境外参展、国际市场宣传推介、境外广告和商标注册等，为区内中小企业更好地开拓国际市场、扩大出口提供了有力的支持。

（畅绍丽）

【参与首届京交会】在首届京交会中，通州区参展内容立足通州区现代化国际新城建设，重点宣传“一核五区”规划建设对发展服务贸易产业带来的重大历史机遇。在京交会的北京展览馆、电子商务板块、医疗康体板块、分销板块等争取宣传和展示机会，取得明显效果。

（畅绍丽）

名　　录

单位名称：北京市通州区商务委员会
主　　任：陈国增
地　　址：通州区新华北路161号
邮　　编：101149
电　　话：69543319
传　　真：69532753
网　　址：www. bjtzh. gov. cn

（畅绍丽）

顺义区

概　　况

2012年顺义区商务系统广大干部职工紧紧围绕“打造临空经济区，建设世界空港城”这一战略部署，在推进顺义商务城市化进程上做文章、下工夫，将“调结构、扩消费、促引资、保出口”作为工作主线狠抓落实，实现商务经济各项指标平稳运行，为“十二五”商务工作大发展打下了良好基础。全年实现社会消费品零售额254亿元，同比增长17%；实现进出口总额170亿美元，同比增长10%；实际利用外资4.2亿美元，同比增长5%；吸引合同外资4.6亿美元，同比增长3.1%。2012年新国展共举办展会29个，展出面积196万平方米，接待各类人员280万人次。

（李　鑫）

商业流通

【新国展共举办展会29场】2012年，新国展共举办展会29场，展出面积196万平方米，接待各类人员280万人次。从多方位的角度提高新国展的软实力，成立顺义区新国展会展活动服务保障工作领导小组，建立“1+N”管理运行模式，明确“特大型展会”、“大型展会”、“一般展会”的服务保障标准，同时圆满完成了汽车展驻场服务保障工作；在新国展场外设立“一店三亭”固定餐饮售卖点，优化场外用餐环境；召开2012会展经济研讨会，会上提出，新国展二期建成之后，将把在老国展举办的全部展览业务转移到新国展，届时每年将有各类展会上百场，特别是随着展馆规模的扩大，新国展将催生更多的世界商展百大项目，对于提升顺义区会展版块在全国乃至世界的影响力起到至关重要的作用。会后，人民网、千龙网、《京郊日报》、《中外会展》等十余家新闻媒体和专业刊物对此次会议进行报道，报道刊出后，共接到10余家会展企业咨询入驻区内等相关事宜。

（李　鑫）

【物流企业超过300家】顺义区现有物流企业300家，主要包括：冷链物流、快件物流和汽车物流。跟进北京市商务委关于壮大冷链物流企业发展策略，加强区内项目跟踪和服务力度，多次邀请市商务委、市财政相关人员到顺义实地勘察，全区共有5家企业获得了全市商务系统物流扶持资金，占总资金的50%。

（李　鑫）

【开通顺义区家政服务网】在全市郊区、县率先开通顺义区家政服务网络平台的基础上，帮助北京市真理想社区成为全市首批员工制家政服务试点企业。全年完成了200名40～50岁人员家政服务就业岗前培训，并已全部上岗就业。在完成全区110家餐饮流动大棚经营单位调查摸底工作基础上，在木林镇和杨镇开展了食品安全常识、操作技能等知识培训，共计培训100余人。

（李　鑫）

【促销费活动力度不断加大】积极组织第三届顺义绿色健康美食节、第二届顺鑫甘百消夏美食文化广场、“走进春天”户外用品特卖会等活动，同时抓住“元旦”、“春节”、“五一”等节日契机，组织各大商场推出主题突出、手段丰富的促销活动。据统计，“五一”、“十一”等节日期间，全区商业零售额增幅均超过10%。

（李 鑫）

【完成22处社区回收站点建设】按照市商务委部署，顺义区商务委积极协调有关部门，制定了《关于再生资源回收站点设置的工作意见》，明确提出了选址要求及建设标准，同时完成了22处再生资源回收站点建设。

（李 鑫）

【清理整顿大型零售企业违规收费】2012年2月份，配合市商务委做了“大型零售额企业违规收费”的摸底、统计工作。5月份，根据市商务委会议精神，召开清理整顿大型零售企业向供应商违规收费工作座谈会；6月初召开清理整顿大型零售企业向供应商违规收费工作部署会，制订了“清理整顿大型零售企业向供应商违规收费”方案和“清理整顿大型零售企业向供应商违规收费”联合检查方案。组织清理整顿联合检查小组成员单位对美廉美超市顺义店、京客隆超市中山店、物美超市胜利小区店、苏宁电器顺义店、大中电器顺义店、国美电器顺义店等6个连锁店和国泰大厦、鑫海韵通、隆华购物中心、新世界百货、顺鑫甘家口百货等区内5家重点零售企业进行联合检查。

（李 鑫）

【做好防汛物资的储备、检查工作】针对今年天气的异常变化，尽早布置防汛物资储备工作，对往年的防汛物资储备品种及储备单位进行调整，组织各个物资储备单位负责人到物资储备现场查看，提出不足，加以弥补，不定期抽查值班情况，每周不少于3次。随时关注天气情况，一旦天气有变，提前通知防汛物资储备单位要随时待命，做好防汛准备工作。

（李 鑫）

对外经贸

【外资活动力度不断增大】举办第二十一届燕京杯高尔夫球联谊赛，国展产业园、物流基地及两个服务外包企业亮相京交会北京馆；组织各类政策宣讲培训会，如出口企业政策培训会、中小企业开拓国际市场资金培训会等；发挥服务大厅的窗口作用，认真接待企业咨询，不断完善审批服务质量；加大地区总部政策宣传及兑现力度。完成地区总部企业调查摸底工作。对现有的4家企业逐一走访，组织企业申报奖励。对符合条件的企业进行政策宣讲；建立大项目追踪机制。成功促成燕京啤酒增资2.4亿元成立投资性公司、海航湾流、途家网络技术等8个大项目落地。

（李 鑫）

名 录

单位名称：北京市顺义区商务委员会

主 任：王福印

通讯地址：顺义区站前街顺鑫国际商务中心10层

邮 编：101300

电 话：69443513

传 真：69443513

（李 鑫）

大兴区

概　　况

2012年，大兴区商务工作在扩大消费、提高利用外资质量、促进外贸出口、完善便民商业体系、培育新型商业业态和促进现代物流发展等方面取得了突出成绩，社会消费品零售额、实际利用外资、外贸出口三项重要经济指标实现较好增长。大兴区全年社会消费品零售额累计实现200.1亿元，同比增长15.5%，高于全市平均增幅4.5个百分点。大兴区高端商业聚集效应愈发明显，业态发展水平逐步提高，商业规模迅速提升。全年新开业商业面积15.3万平米，绿地缤纷城、乐家商业中心、新型汽车广场等品质型项目相继投入运营，标志着新城商业环境进一步改善，区域消费结构进一步优化。新型业态逐步丰富，以央广诚品购物、京东好药师大药房为代表的一批电子商务企业入驻，使大兴区的新型商业业态聚集优势逐步显现，为拉动新区消费培育了新的增长点。

在区内龙头企业的带动下，利用外资结构不断优化、质量不断提升、规模不断增长。全年累计利用外资1.5亿美元，同比增长15.4%，超额完成10%的年度指标，连续4年实现1亿美元以上。新批外资投资企业13家，批准合同外资19 816万美元，同比增长14.6%。通过加强引导，投向第三产业投资额为6 963万美元，占实际利用外资总额的46.4%，外资结构、质量和规模进一步提升。在全国出口形势不利的情况下，大兴区出口规模持续扩大，全年出口总额达到5.8亿美元，同比增长10%。主要出口商品已涵盖东南亚、拉美、非洲等新兴市场，呈现出多元化发展的格局。

（李　刚）

商业流通

【“消费季”系列活动促消费】举办家电下乡幸福计划，大兴区原产地品牌商品直供直销对接和时尚购物与魅力美食行，形成多点活动一线贯彻、多项资源一平台整合、系列措施一起显成效的良好格局，促进了大兴消费市场的繁荣，助力完成年度社消额增长任务。活动期间推出了《大兴区惠民家电下乡幸福计划书》和《大兴区百店万品特惠计划书》等惠民手册。

（王永学）

【办理酒类备案登记】为规范酒类市场的管理，大兴区从2006年4月份开始进行酒类备案登记，截至2012年12月底共办理酒类备案登记6 254个。

（刘　丹）

【新增典当企业及分支机构】2012年大兴区新增典当企业5家，分支机构1家，共6家，完成年审21家。

（李　刚）

【核查2家网点直销企业】年内完成对区内2家网点直销企业的地址核查。

（王永学）

【出台便民商业服务文件】2012年，大兴区政府将发展提升10家便民早餐店列入为民办实事项目，大兴区商务委出台《大兴区推进便民商业服务体系建设工作意见》（京兴政发〔2012〕23号），积极推进为民办实事项目取得良好效果。

（刘　丹）

【社会消费品零售额增幅全市第三】 2012年大兴区累计实现社会消费品零售额200.1亿元，同比增长15.5%，高于全市4.5个百分点，增幅位列全市第三，超额完成年度任务指标。其中，规模以上商业企业累计实现零售额158亿元，同比增长15.4%，占全区零售额比重的78.6%，同比增长3.6%。绝对额与贡献率排名前四类的商品分别为生活必需品类、中西药品类、石油及制品类和汽车类。零售额形成结构更趋合理，增长基础更为稳固。

（李　刚）

【完成2012年政府办实事项目】 大兴区商务委承办的2012年政府办实事项目，即在大兴区发展提升6个农村商贸服务中心，3个农村社区商业服务中心，升级改造60家农村连锁便利店，发展提升31家便民早餐店、41家社区连锁便民菜店，升级改造2家规范化社区菜市场，新建40个再生资源回收站点的项目已全部圆满完成。

（王永学）

【4项决策推进家电下乡】 4项决策推进家电下乡：一是整合政策与市场资源。联合苏宁电器等17家市、区知名品牌企业，在大兴区14个镇回迁房、经济适用房、两限房等重点区域进行家电下乡产品推介服务活动。二是优化销售网点布局。加强家电下乡网点备案审核工作，建立规范销售网点65家，完全实现"一镇一点"的格局，网点产品销售率从2010年的39%上升到53%。三是加强产品推介服务。发放2012年家电下乡《幸福计划书》、宣传材料5 000份，详细推介家电下乡政策与参与企业惠利方案，服务百姓生活。四是营造媒体宣传。通过电视、网络、报纸等区内主流媒体平台，营造惠民家电下乡的良好氛围，促进工作开展。截至2012年12月，大兴区共售出家电下乡产品21.8万台，销售金额累计3.8亿元。

（刘　丹）

【回收行业大规模联检】 按照《大兴区加快再生资源回收体系建设的实施意见》（京兴政发〔2011〕23号），加大回收行业整治力度，年内共组织大规模联合检查8次，专项检查46次，累计减少有照站点27个，有照经营场所已从年初的113家降低到79家，取缔无照摊点310处，清退证照不符、合照、租照企业90余家，清理废旧物品330吨，腾退土地240余亩，拆除违法建设2 300平方米，消除安全隐患265处，减少从业人员900人左右。

（李　刚）

【商业执法累计出动700余人次】 2012年，大兴区生猪屠宰、盐政、促销、酒类等执法累计出动752人次。查处盐政违法案件159件，涉及私盐加工窝点2处，其中立案查处1件，没收违法盐产品23 700公斤，罚款人民币36 384元；取缔私屠滥宰黑窝点3处，没收违法屠宰生猪及其产品9头。

（王永学）

【开展"平安冬季、和谐商务"行动】 为落实大兴区安全生产"护航"行动要求，进一步督促指导商务行业经营单位严格落实《北京市商业零售经营单位安全生产规定》和《北京市餐饮经营单位安全生产规定》等安全管理法规，及时排查、消除安全生产隐患和问题，全力预防和减少生产安全事故，从入冬开始，大兴区商务委在商务行业深入开展了“平安冬季、和谐商务”行动，并取得阶段成果。

（刘 丹）

【人事统计工作获奖】为掌握粮食行业发展状况，大兴区商务委（粮食局）于2011年对粮食行业的从业人员进行了详细的调查统计，内容全面，数据准确，全面反映区粮食行业的发展状况，被北京市粮食局评为“北京市粮食行业人事统计优秀单位”。

（李 刚）

【被评为“北京市粮食行业先进集体”】2012年4月13日，北京市粮食局和北京市人力社保局召开会议，表彰大兴区商务委（粮食局）为2011年度“北京市粮食行业先进集体”并颁发奖牌。

（王永学）

【“枢纽型”社会组织品牌促销项目】2012年，根据新区服务型政府建设整体安排，大兴区商联会作为有资质的社会组织，积极参与了市区两级“政府购买社会组织服务”项目的申报工作，确定了“枢纽型”社会组织品牌促销项目和商品零售业食品安全教育培训及推广两个项目并编写了项目报告书。最终，“枢纽型”社会组织品牌促销项目在大兴区申报的300多个项目中脱颖而出，成为大兴区获批的17个项目之一。

（刘 丹）

【承办第三届职业技能大赛】在北京市第三届职业技能大赛系列活动中，大兴区商务委、大兴区商联会按照北京市商务委、北京市商联会及大兴区人保局的统一安排，承办“商品营业员”和“收银员”两个工种的比赛工作。

（李 刚）

【物流收入同比增长过半】2012年，大兴区商业物流全年收入522 818.8万元，同比增长51.2%；利润5 420.9万元，同比下降35.5%；上缴税金8 104.2万元，同比增长36.3%；吞入量4 391 836.5吨，同比增长19.6%。

（王永学）

【完成及推进两项基础设施建设】一项是污水干线建设项目：全长2 784米，项目通过与两个村委会、两个劳教所的协调，于2012年3月份复工建设，2012年6月工程主体完工，2012年12月完成审计和固定资产投资。另一项是海南西路道路工程：全长1 700米，工程为道路及地下管线工程，总投资预计8 000万元。道路两侧地块已全部进行开发（金隅项目、金泰项目、益海项目及中铁项目），市政设施跟进极为迫切，道路修建将解决园区的区域出行，保证益海项目正常运行。

（刘 丹）

【打造京南物流基地】京南物流基地管委会积极引导企业加快进行改造升级，逐步吸引以电子商务为主的企业入驻，并结合园区原有电子商务企业（如凡客、好乐买、神州数码等），形成电子商务的聚集，打造京南物流基地以电子商务为主导产业的新型物流基地。

（李 刚）

【提升园区管理水平】加强园区企业建设项目的监管，对园区项目进行前置审批。通过项目在办理规划意见、立项等手续时，对百利威项目、古船项目等的投资内容、功能定位等进行审核；开展安全检查、环境检查，保证项目的安全生产和项目的环境卫生，使项目安全文明施工；传达政府部门的相关文件，保证上级部门精神及时传达。

（王永学）

对外经贸

【实际利用外资同比增长 15.4%】 2012 年，大兴区实际利用外商直接投资15 108万美元，同比增长 15.4%，完成年计划14 500万美元的 104.2%；批准合同外资21 513万美元，同比增长 20.9%。

（刘　丹）

【批准合同外资同比增长 20.9%】 2012 年，大兴区商务委批准合同外资21 513万美元，同比增长 20.9%；新批外资企业 13 家，同比下降 27.8%。新设立企业涉及汽车配件、肠衣生产、基础化学原料制造等。

（李　刚）

【外贸经营者备案登记 234 项】 2012 年，大兴区共办理对外贸易经营者备案登记 234 项，同比 2011 年 127 项增长 84.3%；对外贸易经营者备案变更登记 172 项，同比 2011 年 78 项增长 120.5%。

（王永学）

【进出口总额同比增长 6.2%】 2012 年，大兴区外贸进出口总额达 11.1 亿美元，同比增加 6.2%；其中，出口总额 6.2 亿美元，同比增长 16.1%，进口总额 4.9 亿美元，同比下降 4.1%。出口总额在城市发展新区中排名第四。

（刘　丹）

【新增 2 家离岸外包企业】 2012 年新增 2 家离岸外包企业，外包业务内容分别为计算机软件开发和石榴籽保健品研发。

（李　刚）

【服务外包企业争取 13 个政策支持项目】 2012 年，大兴区商务委为服务外包企业争取政策支持项目共 13 个，获得市级政策支持资金 170 万元人民币，区级配套支持资金总额 467.42 万元人民币。

（王永学）

【离岸外包合同 58 个】 2012 年，大兴离岸外包合同共 58 个，协议金额1 348.9万美元，执行金额 577.7 万美元。

（刘　丹）

名　录

单位名称：北京市大兴区商务委员会
主　　任：张丽英
地　　址：北京市大兴区永华南里14 号
电　　话：81298206
传　　真：81298204
邮　　编：102600
网　　址：www.dxsw.cn

（李　刚）

昌平区

概　　况

2012年是党的十八大召开之年，也是贯彻落实市、区党代会精神的基础之年、关键之年。昌平区商务委员会围绕年初制定的目标任务，以加快转变商务发展方式为主线，以“惠民生、促转型、保增长”为核心，推进商贸流通体系建设，大力发展外向型经济，商务领域各项事业得到全面发展，为经济社会发展提供了助力和支撑。

社会消费品零售额实现280.4亿元，同比增长12.2%，总量位居全市第六、城市发展新区第一；实际利用外资实现9 291万美元，同比增长2.2%，总量在城市发展新区中排名第三；进出口总额实现27.4亿美元，同比增长19.1%，总量在城市发展新区中排第三；服务外包收入实现35.0亿元，同比增长4.3%。

（赖金坚）

商业流通

【开设50家社区蔬菜网点连锁直营店】根据市商务委“关于加强本市蔬菜零售网络建设的指导意见”的要求，认真落实区管零售的属地责任，大力推进社区蔬菜连锁直营店建设。按照“统一采购、统一配送、统一管理、统一标准、统一标识”的要求，开设50家社区蔬菜网点连锁直营店，以及1个配送中心。连锁直营店的开业，让昌平社区居民进一步感受到了“一刻钟服务圈”带来的方便与快捷。

（赖金坚）

【新建3个社区菜市场】按照北京市《社区菜市场设置与管理规范》，在北七家镇、小汤山镇、城南街道办事处新建3个社区菜市场。

（赖金坚）

【新建2个农集贸市场】在延寿镇和崔村镇新建2个规范化的农集贸市场，为促进搞活农产品流通，完善农民生产生活资料供应提供了保障服务。

（赖金坚）

【妥善应对雾雪灾害等突发事件】在“十八大”召开期间，全面做好市场供应保障和大型商业设施安全监管工作，不断完善生活必需品市场供应应急预案，妥善、快速、有效地应对京藏高速大雾堵车、“11·3”雪灾等各种突发事件。

（赖金坚）

【组织开展再生资源回收行业综合整治】认真落实昌平区委、区政府“三项治理”专项行动要求，牵头组织开展再生资源回收行业综合整治工作，累计清理20个再生资源回收市场，2 070个再生资源回收站点，相关从业人员25 647人。同时完成了15个社区回收站建设。

（赖金坚）

【制定实施促消费工作方案】制定了《昌平区2012年“促消费”工作实施方案》，

组织新世纪商城、沃尔玛超市等20家重点商业企业召开了座谈会；开展了元旦、春节、中秋、国庆等节日促销活动；对北亚车市、阳光商厦等重点企业开展了综合执法检查；组织举办了北京市第三届职业技能（营业员、收银员）初赛、复赛；开展了会展业摸底调查。

（赖金坚）

【加快推进3个重点商业项目建设】金隅万科广场项目施工秩序平稳有序，累计完成工程形象进度48%；宜家家居项目初步确定了新的选址方案；中关村国际商城项目结合TBD建设进行了功能定位的优化调整，正在积极与相关部门沟通。

（赖金坚）

【提升餐饮等生活服务行业管理水平】对44家餐饮企业作为“北京市第一批早餐经营示范点”进行了授牌；注重发挥行业协会作用，举办了3 500人参加的商品营业员、美容美发职业技能大赛。

（赖金坚）

【新增2家典当企业】完成了10家典当行的年度核查的初审工作，新增典当企业2家。昌平区现存典当企业12家，典当分支机构4家。

（赖金坚）

【对71家成品油零售企业资质年检】按照《商务部成品油市场管理办法》，对全区成品油零售企业经营资质进行了年度检查，71家成品油零售企业完成了经营资质年检。

（赖金坚）

【新增酒类流通备案商户570家】新增酒类流通备案商户570家，销售酒类流通随附单1 066本，发放“不向未成年人售酒”标识牌450个、《酒类流通随附单管理台帐》373本。

（赖金坚）

【出动安全执法325次】累计出动人员968人次，325次检查商业和餐饮行业，下发执法文书141份，发现的72项安全隐患已全部督促企业整改完毕；开展食盐专项执法检查177次，生猪私屠滥宰专项执法136次。

（赖金坚）

【被评为北京市粮食行业先进单位】在粮食行业开展“打非治违”专项行动；监督做好2011年退耕还林补助粮发放；妥善做好军粮供应；主动做好区级储备粮监管。先后被评为北京市粮食行业先进单位和昌平区爱国拥军模范单位。

（赖金坚）

【做好草莓大会和魔术大会保障工作】承担第七届世界草莓大会的部分外围保障工作，组织北京金盛泉餐饮有限责任公司和昌平新世纪商城分别负责为大会提供餐饮配送和现场售卖服务。在首届魔术大会期间完成了昌平区三个商场的魔术道具的销售和宣传工作。

（赖金坚）

外经外贸

【新批三资企业21家】新批设立外商投资企业21家，合同外资3.1亿美元。

（赖金坚）

【17家三资企业增资】17家企业增加合同外资7 989万美元，扩大生产经营规模。

（赖金坚）

【4家企业在境外设立公司】境外投资取得新进展，4家区内企业分别在新西兰、

美国等设立了7家公司，投资总额8 570.1万美元。

（赖金坚）

【组织参加京港洽谈会】京港洽谈会上收获颇丰，签约昆仑能源地区总部等3个合作项目，总投资额28.5亿元人民币，签署战略合作框架协议3个、服务协议2个。

（赖金坚）

【促进对外贸易稳步发展】对外贸易经营者备案301个；组织参加首届中国（北京）国际服务贸易交易会，签约金额5 000万美元。

（赖金坚）

【审批加工贸易合同363个】审批加工贸易合同363个，实地验厂30次，审批金额23 734.4万美元。

（赖金坚）

【服务外包收入增长4.3%】服务外包收入达到35.0亿元，同比增长4.3%。

（赖金坚）

【办理外商来访邀请函38件】办理外商来访邀请函38件，涉及14个国家，61名国外技术专家和经贸人员。

（赖金坚）

【帮助5家企业申报外包发展资金】帮助北京诺和诺德医药科技有限公司、康龙化成（北京）生物技术有限公司、保诺科技（北京）有限公司、中美冠科生物技术（北京）有限公司、北京中软资源信息科技服务有限公司等5家服务外包企业646人申报外包发展资金。

（赖金坚）

其　他

【召开政风行风评议员座谈会】召开2012年度外聘政风行风评议员座谈会。外聘评议员围绕商务委2012年政风行风情况及如何抓好2013年政风行风工作提出了意见。

（赖金坚）

名　录

单位名称：北京市昌平区商务委员会
主　　任：云富勇
地　　址：北京市昌平区南环路55号
电　　话：69746220
邮　　编：102200

（赖金坚）

平谷区

概　　述

2012年实现社会消费品零售额66.9亿元，同比增长15.2%，完成了全年任务指标。增速在五个生态涵养发展区排名第一。增长主要原因是平谷区大力实施“京津商谷”发展战略，新引进了一批商务企业如凡客尚品、鑫海韵通等，拉动消费增长；改造商业设施，有形市场交易形势较好，拉动增长；中石化、龙禹石油制品销售企业增长较快；汽车销售企业与去年同期相比有较大增长。

2012年，全区合同利用外资8 275万美元，比2011年增加9 361万美元；实际利用外资7 080万美元，同比增长16%。

（匡　霞）

商业流通

【对重点商业设施进行升级改造】鑫海韵通公司完成了亚洲星商场改造，经营面积达1万平方米，已于2012年4月底开业；京客隆超市完成搬迁，经营规模扩大，销售额明显增加；原天客隆超市升级改造已经完成，于国庆节前正式开业；华业商业楼改造工程即将完成；大中电器平谷二店将进驻；其他商业设施改造在近几年也要分批完成，从而进一步提高了平谷区商业经营水平和档次。

（匡　霞）

【积极引进国际国内知名品牌】国泰购物中心2012年引进了中国知名品牌中国黄金和周大福入驻，进一步提升了商品档次。呷哺呷哺、川骄火锅、金杏烤鸭等一批市内连锁餐饮企业进驻平谷，丰富了餐饮市场。

（匡　霞）

【发展电子商务新型业态】引进了凡客尚品、维亿阳光等一批电子商务企业和总部企业，新引进的电子商务企业呈现良好发展趋势，丰富了平谷区商业业态，商业总体规模进一步扩大。

（匡　霞）

【努力打造高端商务区】“万德福商业广场”已经完成招拍挂手续，正在做规划设计，建设期2年半。万德福广场项目主体建筑面积32万平方米，其中商业设施13万平方米。工程即将开槽建设，完工后，计划引进华联集团等国内外大型商业企业进驻，汇集品牌百货公司、大型综合超市、国内外知名品牌专卖店和高档酒店等多种业态。“御马坊”度假城东地块一期展示中心项目已于2012年3月开始动工，总建筑面积2.2万平方米。目前项目已经封顶，主要满足项目展示、接待及会议功能。围绕万德福和御马坊这两大项目，积极推进建设进度，努力打造高端商业商务区，编制项目招商宣传册，与市内外知名商业企业对接，做好招商准备。计划项目土地、规划手续完成后，全面开展项目推介招商活动。

（匡　霞）

【加大政策资金扶持力度】包装了马坊物流基地基础设施建设、千喜鹤冷链物流建设、马坊蔬菜配送中心建设等项目，同时充分利用市商务委促消费、保增长相关政策及措施，加大节能环保和家电下乡促销力度。制定实施《平谷区2012年促消费保增长工作奖励办法》，进一步鼓励和调动商业企业促消费积极性。

（匡　霞）

【马坊物流基地启动建设五大项目】马坊国际陆港2012年进出口集装箱吞吐量完成33 067万标箱，超额完成全年2.5万标箱任务指标。启动马坊物流园区物流总部大厦、电子商务聚集区、御马坊东区项目、平谷国际陆港冷库项目，搭建“物流中国”公共物流信息平台等五大项目建设工作，进一步完善服务功能。物流总部大厦9 800平方米已经开工建设；电子商务聚集区9 000平方米的仓储项目主体结构已经封顶；御马坊东区2万平方米的展示中心已经开工；平谷国际陆港冷库9 800平方米已经完成基础设施建设；“物流中国”公共物流信息平台已经搭建。

（匡　霞）

【5个社区开展“一刻钟服务”试点】建设太和园、新星、金乡东、金谷园、建西5个社区作为社区商业便民全覆盖重点试点，推进便利店、菜店、早餐店、废旧物资回收站点、洗衣店、美容美发店、代收代缴网点等七种商业业态进社区，打造便民商业一刻钟服务圈。

（匡　霞）

【新建5个回收站点】为完成市政府办实事工程，在对已有的11个站点规范管理的基础上，2012年选定了5个社区建设回收站点，目前已经完成了夏各庄新村、定福庄小区等5个回收站点任务建设。北京绿色城废旧物资回收中心升级改造工程地面硬化和防火墙已全部完成，污水处理和电力改造完成85%。

（匡　霞）

【大力发展农超对接零售终端新模式】制定了《平谷区农产品流通体系建设专项资金使用管理办法》，大力发展农超对接零售终端新模式。推出农业生产基地与大型连锁商业对接产销直供、区外建点直销、网络销售等现代营销方式，支持销售合作组织与区外的商场超市建立稳定的配送关系，建立高效畅通的农产品流通体系，支持引导平谷区农产品流通体系建设。8、9月份在家乐福北京18家连锁店开展平谷大桃专场推介促销活动，拓宽了平谷大桃的销售渠道，农民收入有了较大增长。

（匡　霞）

【加强粮食管理工作】社会粮食供需平衡调查、食用油调查工作圆满完成；对78个城乡粮情固定调查户进行系统检查和指导，确保台帐真实反映平谷区农村居民粮食流通、库存情况；退耕还林补助粮发放完毕，2012年度退耕还林面积共计9万亩，共发放补助粮（面粉）3 790吨，涉及了15个乡镇、490个行政村；加强对已获得粮食收购资格的20家企业的监督检查和后续监管工作；及时发放粮贸公司困难职工补贴，共发放资金126万元；加强区级储备原粮轮储、监管工作，已经轮换5 000吨，保障了平谷区粮食安全；做好粮食系统军粮质量专项检查工作。

（匡　霞）

对外经贸

【乐器基地获批外贸转型升级示范基地】平谷区乐器基地特色产品小提琴总销量占世

界市场的 30%。华北最大的乐器生产企业北京华东乐器有限公司坐落在基地内，基地内公共服务体系完善，产业优势明显，拥有自己的品牌及自主营销网络，出口带动效应显著，发展前景良好。平谷区乐器基地被评定为北京市第一批外贸转型升级示范基地，将能更好地享受国家和北京市政策，加大对企业出口的支持力度。

（匡 霞）

【京交会签约 4 亿美元】完成首届京交会项目推介。首届京交会于 2012 年 5 月底举行，平谷区主要推出了通航产业基地、中国乐谷、马坊物流基地三大项目，展示平谷区的优势资源，吸引合作伙伴。此次京交会，平谷区共签约 5 个项目，签约金额达 4.16 亿美元，并加强了对签约项目的跟踪服务。

（匡 霞）

【帮助 14 家企业争取资金 110 万元】已完成 2012 年中央及北京市中小项目申报、拨付工作，共为全区 14 家企业 49 个项目争取金额 110 万元。同时对辖区内出口企业开展了“双自主”产品出口调查，已确认的“双自主”企业共 11 家，引导和鼓励辖区企业走品牌发展之路。

（匡 霞）

名 录

单位名称：北京市平谷区商务委员会
主 任：王建忠
地 址：北京市平谷区府前街七号
邮 编：101200
电 话：69962955
传 真：69962955

（匡 霞）

怀柔区

概　　况

怀柔区商务委坚持以建设繁荣和谐新怀柔为主线，紧紧围绕“三个转变”，加快商贸流通服务业发展，推动商务经济转型，扩大消费取得新成效、对外贸易增幅显著、市场调控和监管进一步加强，全区市场繁荣稳定。完成社会消费品零售额 89.8 亿元，同比增长 13.5%，在五个生态涵养区中，总量居于第二位。完成实际利用外资 2.06 亿美元，同比增长 230%，增速全市第一，创下历史最高水平。外贸进出口总额 7.44 亿美元，同比增长 8.1%，进口出口保持双增长，各项商务工作都取得了新进展。

（张　蕊）

商业流通

【搭建购物节等促消费平台】整合区内商业资源，为企业搭建联合促销平台。开展了“消夏购物节”、“金秋购物季”、“家具建材销售节”等多项大型特色促消费活动，涉及范围包括零售百货、超市、家电专卖店、家居建材市场、汽车 4S 店等多种商业业态，拉动效应明显，进一步活跃了怀柔区商品市场。在多个镇乡开展“惠民下乡”促销活动。采取企业下乡促销与农贸大集相结合的方式，深挖消费潜力需求。大力开展农超对接、农餐对接活动，协调企业建立“农超对接”的销售终端和储备库。引导商业服务业企业将产品引入大型商场、超市，同时吸引知名餐饮、商超品牌进驻怀柔，实现区域资源“请进来，走出去”，形成一条促消费、扩内需的新路。

（张　蕊）

【家电下乡销售额超过4 000万元】2012 年共计销售家电下乡产品 1.8 万台，销售金额达4 232万元。已补贴产品共计 1.5 万台，兑付补贴金额 400 万元，惠及农户达 1.3 万余户。高效节能家电产品促销试点工作全部完成。共销售节能家电 1.9 万台，销售金额 535 万元。

（张　蕊）

【诚信兴商打响知名度】组织区内商业企业开展了“诚信兴商宣传月”、“诚实守信商业人”主题演讲竞赛、“怀柔特色美食”评选、老字号推广等多项活动，为企业营造良好的经营氛围。组织区内商业服务业从业人员 460 人参加了北京市第三届职业技能大赛，全面提升了职工素质水平。

（张　蕊）

【制定商业便民服务实施方案】围绕惠民、便民原则，进一步推进城乡一体化建设，居民生活便利度得到了显著提高。结合“六型社区”建设，编制了《怀柔区社区商业便民服务实施方案》，完成了四个社区的商业网点布局建设。同时大力健全商业设施，完成 2 家农村交易市场建设，升级改造 1 家农副产品批发市场，新开品牌连锁 3 家，完成商场超市无障碍、停车设施改造 5 家，新建再生资源站点 7 家。支持早餐企业提档升级，2012年共新建3家早餐示范店，完成5家早餐网点的装修改造，实现了城区早餐示范网点的全覆盖。

（张　蕊）

【3家农合组织实现农超对接】继续开展农超对接，目前已有3家农合组织生产的蔬菜通过农超对接进入大星发超市。深入推进天毅裕隆农副产品市场改造工作。同时引导大型连锁企业来怀实地考察怀柔区农产品种植情况，为下一步对接做好准备工作。

（张　蕊）

【15家商业企业完成无障碍设施改造】累计支持15家大中型商场超市和餐饮经营单位完成无障碍设施改造，共改造出入口坡道、低位服务台、无障碍卫生间等设施70余个。完成商业单位停车场改造总面积26 000平方米，改造停车位428个，无障碍车位12个，方便消费者。

（张　蕊）

【开创“三位一体”再生资源收购新模式】新建回收亭7个，对城区全部22家回收亭外观进行了升级改造。确立了再生资源建设“三定、四规范、七统一”的队伍管理方式，开创了“社区定点收购、电话预约收购、网上预约收购”三位一体的新型收购模式。为22名社区回收人员颁发了《社区回收资格证》，并统一配备了电瓶环保回收车22辆，树立了规范化回收队伍形象。

（张　蕊）

【强化生猪屠宰等行业监管水平】严把肉品质量安全管理关，严厉打击私屠乱宰行为。开展了生猪定点屠宰资格审核清理工作，保证“放心肉”的供应。以规范酒类流通随附单的使用为抓手，开展酒类流通标准化推广工作。全年共办理酒类流通备案登记280户，出售随附单2.56万份，新增标准化机打随附单使用企业3家。开展食盐市场秩序整顿规范工作，扩大健康食盐配送范围，圆满完成了“千百十”工程。完成粮油平衡调查、粮油市场监测、退耕还林粮食发放工作，进一步规范了粮食市场秩序。开展加油站、典当企业年审工作，规范成品油、典当、直销等特殊服务行业发展。加强促销活动日常审批及宣传，提高了企业依规开展促销活动的意识。同时认真开展清理整顿零售商违规收费联合检查工作，维护了行业正常经营秩序。

（张　蕊）

【开展安全生产联组建设】认真落实安全生产责任制，实行目标管理。开展安全生产联组建设工作，成立了由商业街范围内9家大型商场组成的安全生产联合小组。组织商务企业开展应急演练活动。开展“打非治违”专项行动、“护航”行动，做好“两节”、“两会”节假日期间安全生产巡查工作，确保了全区商务行业安全生产稳定。

（张　蕊）

【坚持监测61家重点流通企业】充分利用61家重点流通监测样本企业，对零售百货、超市、家居建材市场、汽车4S店等商业业态进行整体分析，全面掌握商品市场运行态势。在重点节日期间，坚持进行重点企业日销售监测，及时关注生活必需品价格变动走势。同时为企业提供市场信息，指导企业科学经营，随时调整储备货品，引导市场健康平稳发展。

（张　蕊）

【4项举措加速会展产业发展】作为建设“文化科技高端产业新区”的一个重要组成部分，怀柔区会展产业正在起步阶段。一

是重新组建区商务会展促进中心，保证了各项工作的有序推进。二是联合权威咨询公司进行了会展产业专题调研，并与区内各相关部门进行了多次座谈研讨，已完成了规划设计稿。三是摸清区域内会展产业现有资源和发展基础，建立了会展产业信息库，并设计制作了怀柔会展官方网站。四是与北控建立联系机制，积极开展行业外联工作，为引进会议项目做好准备。五是借助“京交会”、“厦洽会”等优质宣传展示平台，全方位宣传推介“国际会都”品牌，提升项目的知名度和影响力。

（张　蕊）

对外经贸

【食品饮料基地获批外贸转型升级示范基地】积极培育外贸转型升级示范基地。着力促进外贸结构调整和转型升级，成功申报了怀柔区食品饮料基地，是北京市第一批获批的外贸转型升级示范基地。发挥基地政策优势，加快推进企业培育品牌、技术、质量、服务，逐步实现怀柔外贸发展从规模速度向质量效益转变，从加工制造向创新驱动转变。

（张　蕊）

【中小企业支持资金突破240万元】加大中小企业扶持力度，43家企业148个项目获得中小企业国际市场开拓资金政策支持，支持资金共计242.7万元，是政策实施以来获批企业项目最多，资金拨付总额最大的一年。首推外贸出口信用保险新政策，重点向政策扶持力度大的双自主企业和小微企业宣传推广，全区出口300万美元以下小微企业信保参保率全市第一，让更多的企业享受到政策实惠。

（张　蕊）

【多部门协作促进外经贸发展】发挥商务、海关、商检、贸促会、金融等多部门协作机制，采取联合验厂、政策培训、业务交流、定期走访等多种合作形式，为企业在便捷通关、参展交流、业务办理、融资发展等方面提供信息和部门支持。发挥区招商联席会议小组成员职责，积极搭建招商引资平台，与三星物产、乐天、特易购、中免集团等国内外有实力的大企业对接，大力宣传投资环境，建立招商项目库，做好项目洽谈、跟踪、落地全程服务，形成招商、安商、稳商、促商发展的良好环境。借助首届京交会平台，宣传怀柔区服务贸易产业发展环境，支持区内重点企业参加招商推介，助力“北京服务”品牌塑造。落实总部经济政策，帮助玛氏申请跨国公司地区总部，促进总部企业在怀发展。

（张　蕊）

【全方位服务外资和进出口企业】加强企业政策信息服务，通过举办政策培训班、组织企业参加市相关部门举办的交流培训等形式，不断提高企业人员业务水平。压缩审批时限，规范办事流程，帮助汇源涛涛、爱看、安德建奇、希比希等老企业增资扩股，引进新的生产技术和生产能力，企业发展后劲进一步增强。完成亚马逊、福田戴姆勒等若干符合怀柔产业发展方向的外资项目落户，外资结构更加合理。建立部门联动机制，协调区内有关部门，帮助企业解决投资发展中存在问题和困难。深化企业联络机制，建立外经贸交流群、外经贸重点企业数据库，加强与企业的沟通联系。开展定向走访和问卷调查，深入了解企业生产经营情况，发现问题及时解决。

（张　蕊）

名　　录

单位名称：北京市怀柔区商务委员会
主　　任：焦文东
地　　址：北京市怀柔区迎宾中路21号
邮　　编：101400
电　　话：69645258
传　　真：69647234
网　　址：www.bjhrbc.gov.cn

（张　蕊）

密云县

概　　况

2012年，密云县累计实现社会消费品零售额105.6亿元，同比增长12.2%；实现外贸出口总值3.9亿美元，同比增长43.3%。密云县商务工作得到了上级单位的肯定与表彰，获得“全国粮食流通监督检查示范单位”、“北京市粮食工作先进集体”、“2012年北京市促消费贡献突出单位”、“2012年密云县安全生产工作优秀单位”等称号。

（陆　广、胡婷婷）

商业流通

【完成5家便民菜店建设】由大星发商贸有限公司先期启动便民菜店建设试点，菜店分布于行宫、果园、百合园、世纪家园、沿湖等5个社区。

（陆　广、胡婷婷）

【新建10个再生资源规范化回收站】2012年，召开再生资源主体企业和协办单位会议，主体承办企业北京山林丰再生资源管理公司新建10个规范化回收站。新建的回收站分布于檀州家园、十六局、太扬家园等10个社区。继续加大回收市场整治力度，开展联合执法行动，检查经营户65家次，共清理废品15吨，查处违法经营户6家，罚款3 600元。

（陆　广、胡婷婷）

【“一刻钟社区服务圈”新增7个社区】密云县新增7个社区达到“一刻钟社区服务圈”（鼓楼街道5个、果园街道2个）商业服务功能全覆盖标准。新增服务项目主要是便民餐饮、菜店、超市、洗衣、再生资源回收站点和社区缴费代收代缴等服务功能。

（陆　广、胡婷婷）

【2家单位实施无障碍设施改造】继大型商场实施无障碍设施改造之后，密云县北京创新大酒店等2家重点餐饮单位实施了无障碍设施改造工作，改造内容包括无障碍坡道、卫生间、电梯等。

（陆　广、胡婷婷）

【旅游沿线60家连锁超市二次升级改造】对旅游沿线60家连锁超市进行了二次升级改造，并在此基础上加强管理，实现进货信息化联网，提高了商品配送率。

（陆　广、胡婷婷）

【3家农村集贸市场升级改造】2012年，完成了冯家峪农副产品市场中心、不老屯不老云燕农副产品市场中心、大城子程各庄吉祥集贸市场中心等3家市场的升级改造工作，使全县农村集贸市场达到36家。

（陆　广、胡婷婷）

【“农餐对接”新增2家试点单位】北京洪福环宇及金地来大酒店2家餐饮公司成为北京市第二批开展“农餐对接”工作的试点单位，两家公司分别与密云农业生产基地签订了农产品购销协议，两家共使用蔬菜、杂粮等原材料近万吨，与农产品生产基地实现了互惠互利，为广大消费者提供了安全卫生、物美价廉的食品。

（陆　广、胡婷婷）

【规范消夏露天餐饮经营行为】对消夏露天餐饮企业采取备案承诺制，2012 年备案合格单位 51 家。

（陆　广、胡婷婷）

【完成退耕还林补助粮供应7 300余吨】2012 年，圆满完成社会粮食流通统计、政策性粮食供应和粮食应急管理等工作。对居民及粮食经营单位共 196 户进行跟踪调查，掌握社会粮食供需平衡情况。完成 2011 年度退耕还林补助粮供应7 300余吨，涉及 16 个乡镇，245 个行政村，6.9 万余户。

（陆　广、胡婷婷）

【市场信息监测网络覆盖 58 家企业】及时掌握蔬菜、粮、油、肉、蛋、奶等生活必需品的价格波动，为领导决策提供依据。进一步扩大重点流通样本监测企业数量和监测范围，监测企业已达 58 家，涉及商场、超市、专卖店、专业市场、批发市场、宾馆饭店、洗浴、美容美发、汽车销售、汽车修理等业态。

（陆　广、胡婷婷）

【举办 3 期商务安全培训、开展 8 次专项整治】认真落实安全生产责任制，实行目标管理，与 55 家重点企业签订《2012 年度安全工作目标管理责任书》；完善商务行业动态安全监管网络；加强安全宣传教育培训，举办“商务行业安全知识培训班”共 3 期，培训人数达 180 人次，全行业各级培训人数达到3 200余人次，发放各类宣传材料 2 万余份；开展商务行业“隐患排查治理”、“安全生产月”、“打非治违”、“十八大安保”等专项整治活动 8 次。

（陆　广、胡婷婷）

【完成 90%以上酒类经营户备案】2012 年，密云县新备案登记酒类经营户 180 家，总数突破4 100家，完成应备案户数的 90%以上，备案率在北京市区县名列前茅。检查酒类登记备案1 686户次。

（陆　广、胡婷婷）

【规模以上重点单位实现安全检查全覆盖】认真开展行业安全执法检查工作，对规模以上重点单位实现安全检查全覆盖。2012 年，共出动执法人员2 421人次，出动车辆 773 车次，检查生猪定点屠宰企业 50 个次，检查集期市场 12 个次，检查商场超市1 466个次，餐饮业 577 个次，检查生猪产品经营户 281 户次，食盐经营户 1 608户次，粮食经营户 33 户次；检查商业零售业、餐饮业安全生产 497 户次，处罚违法经营 3 户，其中立案 3 起，没收盐产品 978 公斤。

（陆　广、胡婷婷）

外经外贸

【外贸出口总值增速全市第二】2012 年密云县实现外贸出口总值 3.9 亿美元，同比增长 43.3 %，总量在五个生态涵养发展区中排名第一，增速在全市排名第二。

（陆　广、胡婷婷）

【实际利用外资 587 万美元】2012 年密云县审批加工贸易企业生产能力证明 27 家，密云县新批外商投资企业 10 家，投资总额 555 万美元，实际利用外资金额 587 万美元。

（陆　广、胡婷婷）

名　　录

单位名称：北京市密云县商务委员会
主　　任：彭兴宝
通讯地址：北京市密云县檀西路21号
邮政编码：101500
电　　话：89089310
传　　真：89089320
网　　址：www.bjmycom.gov.cn

（陆　广、胡婷婷）

延庆县

概　　况

2012年是实施“十二五”规划承上启下的关键一年。在延庆县委、县政府的正确领导和市商务委的具体指导下，商务系统广大干部职工紧紧围绕全县工作大局，以建设“特色商务、生态商务、和谐商务”为目标，以“惠民生、保增长、促发展”为重点，锐意进取，扎实工作，圆满完成了各项工作任务，全县内外贸呈现出良好的发展态势。延庆县社会消费品零售额完成83亿元，同比增长12%；商业税收完成4.1亿元，同比增长44.7%，完成全年计划3亿元的135.8%。外贸进出口总额完成25 407.2万美元。实际利用外资526万美元，合同外资20 834万美元。

（段文江）

商业流通

【搭建4项促销活动平台】联合县广电中心拍摄10期商业直通车节目，对商业促销、特色服务、企业文化等方面进行了宣传造势，为促进社会消费品零售额的增长取得了良好效果。组织县内16家重点商业企业开展了“2012商业消夏节暨争当服务明星活动”，实现销售额1.8亿元，同比增长10.7%；“2012延庆购物季”活动期间，11家参与企业共计实现销售额1.3亿元，同比增长7.6%；首届“绿富隆杯”有机果品展销月活动期间，共销售有机果品240万公斤，合计300万元。

（段文江）

【节能、下乡家电销售超1.8万件】通过“高效节能家电产品补贴”政策，截至2012年2月底试点结束，共销售高效节能产品3 341件，补贴资金96万元；自2012年6月正式启动节能家电补贴政策后，大中、国美、苏宁三家主要家电销售企业共计销售节能家电6 384件。2012年全年销售家电下乡产品8 404件，销售额1 934.6万元。为开拓农村市场，组织沃尔玛等企业开展送货下乡工作，受到当地群众的欢迎。

（段文江）

【推进万吨蔬菜进京城】绿富隆公司与绿菜园蔬菜生产合作社在京城采取多种流通模式共设立销售网点76个，其中农超对接、农餐对接、农校对接、农企对接等形式的35个，与社区对接实施智能配送的24个，社区蔬菜直营店7个，周末蔬菜市场10个，实现在京销售各种蔬菜15 269吨，比2011年净增2 950吨，销售额达3 714万元，销售效果显著。

（段文江）

【改造提升五个社区商业】完成了颖泽洲、舜泽园、永安、高塔、永宁五社区“一刻钟便民服务圈”建设工作。五个社区便民商业服务网点增加到374个、面积达13 570平方米，更好地满足了居民日常消费需求。

（段文江）

【再生资源回收站点实现了全覆盖】制订了加快推进再生资源回收体系建设实施意见及《再生资源回收网络建设规划》。26个社区和15个乡镇回收站点实现了全覆盖。

（段文江）

【完成“11·3”雪灾应急保障】发挥应急保障机制作用，圆满完成“11·3”雪灾期间的生活必需品供应保障工作。紧急启动应急供应预案，组织机关、企业干部员工连夜突击制作应急盒饭3 030份，配送早点350份，供应包装食品4 000份，对滞留旅客及滞留车辆的司乘人员进行食品供应。启动灾情统计和上报工作，经统计，商业设施与商品因雪灾经济损失达1 813.96万元，重建与修缮需资金2 404.7万元。做好滞销蔬菜的销售工作，积极寻找了近30家销售渠道，销售大白菜、彩椒等各种蔬菜357吨，帮助延庆县菜农增加收入53.9万元。

（段文江）

【推广延庆十大特色餐饮】评选了延庆县十大特色餐饮，录制、播放延庆十大特色餐饮宣传片，结合消夏避暑季、端午文化节、长城之声森林音乐节等活动，大力推动特色餐饮的展示、宣传工作；评选十大特色品牌店十家。

（段文江）

【餐饮文化在市级活动中3次获奖】在2012（首届）北京餐饮文化节活动中，凯思大酒店被评选为“特色婚宴接待单位”，井庄镇柳沟村三色豆腐宴被评选为“北京市十大特色火锅宴”，6位同志被评为“感动服务之星”。并组织了延庆餐饮文化论坛活动，展示了延庆县传统饮食文化精华，推动餐饮业的经济发展。

（段文江）

【轮换储备粮3 000吨】组织乡镇及有关粮食企业的统计人员，开展社会粮油供需平衡调查工作；做好粮食收购工作，共计收购玉米11.7万吨，收购秩序良好。完成县级储备粮轮换，共计轮换小麦3 023.2吨。

（段文江）

【开展2012年清仓查库工作】通过检查，粮食企业账面清晰，粮食数量真实准确，质量良好。

（段文江）

【开展安全生产规定实施五周年宣传活动】组织召开商务系统及规模以上商业零售、餐饮经营单位安全生产工作会议，落实安全生产企业主体责任和行业监管责任。加大对商务行业相关法律法规的教育、宣传力度，结合“两个规定”即《北京市商业零售经营单位安全生产规定》和《北京市餐饮经营单位安全生产规定》实施五周年、“安全生产月”等活动开展多种形式学习宣传，增强商务系统干部职工法律意识和责任意识。

（段文江）

【检查商务行业经营单位1 276家次】落实零售、餐饮经营单位安全生产和促销活动管理规定，加大安全生产、食品安全、食盐购销、酒类流通管理、粮食管理及生猪定点屠宰管理等工作的执法检查力度。全年共出动执法检查人员4 367人次，检查经营单位1 276家次，下发限期整改通知书42份。没收不合格碘盐12.9吨，并处罚金16 162.0元；捣毁私屠滥宰黑窝点1个，没收生猪产品307.5公斤，并处罚金5 000元。

（段文江）

【落实“世葡会”相关工作】制定《延庆县商务委员会关于“世葡会”产业发展组筹备工作实施方案》和《关于延庆县设立葡萄酒保税仓库的作用分析》，规定葡萄酒保税库报批程序；明确2014年葡萄及葡萄酒博览会主办单位、承办单位和协办单位；制定了《旅游接待能力提升工程实施方案》，对县城规模以上的商业企业采取分类指导发展，普遍提升品质的办法，全面实施好商业销售开发。

（段文江）

【“锦绣延庆”参与首届京交会】参与了区县领导访谈、“锦绣延庆”的整体宣传视频、以“人文延庆、生态延庆、休闲延庆”为主题的灯箱静态展示、葡萄酒庄产业带项目系列展示活动。并组织有关单位参加了5月29日的展览专场活动，为日后参展工作积累了经验。

（段文江）

【协调促进中心商业区发展】重点加强对经营秩序和环境卫生的管理，提升整体形象；推进金锣湾B座88家商户回迁工作。针对回迁商户返租问题进行研讨，决定由管委会与回迁商户签订返租协议后整体对外招租；财务监管人员进驻金锣湾，对宝业恒基公司财务运行情况进行监管，确保公司正常运转。

（段文江）

【对近900名商业职工开展培训】分别对绿富隆公司、绿菜园蔬菜生产合作社、环球新意百货、中踏广场和人民商场899名员工进行了培训，有效地促进了商业员工素质和服务水平的提升。

（段文江）

【华都阳光生猪屠宰项目全部达标】对华都阳光食品公司进行资格审核清理工作，经审核，项目全部达标。全年屠宰生猪78 154头，销售总额15 862.4万元，未发生不合格猪肉出厂问题。

（段文江）

【配送各类盐产品近5 000吨】食盐市场供应充足，盐业批发企业共计配送各类盐产品4 957吨，销售额596万元。

（段文江）

【销售成品油6.8万吨】指导各加油站做好柴汽油储备和销售工作，保障市场供应。全县经营性加油站共销售柴汽油68 666.4吨，合计66 864.6万元。

（段文江）

【酒类流通备案登记突破1 700家】全年共办理酒类流通备案登记56户。截至2012年年底，全县共办理酒类流通备案登记1 702家。

（段文江）

【6家典当企业通过年审】完成了1家新设立典当企业手续办理、6家典当企业检查及年审和管理系统升级培训工作。

（段文江）

对外经贸

【三大举措营造外贸发展大环境】组织县内进出口企业参加第五届进出口政策服务咨询会，举办延庆地区外贸企业出口信用保险政策说明会，完成了出口基地摸底调查工作及京港洽谈会项目征集工作。全年办理新设审批1件，审批变更业务11件，为21家外贸企业进行了进出口经营权备案登记。

（段文江）

名　录

单位名称：北京市延庆县商务委员会
主　　任：刘瑞成
通讯地址：北京市延庆县新城街2号
邮政编码：102100
电　　话：69101551
传　　真：69144243
网　　址：www.bjyq.gov.cn/zwxx/jgzn/zfbm/swjj/

（段文江）

第六部分

统　计　资　料

一、商业流通

1-1　社会消费品零售额

指标名称	2012年（万元）	2011年（万元）	同比增长（%）
社会消费品零售总额	77 028 167	69 003 245	11.6
按商品用途分			
吃类商品	16 790 936	15 614 101	7.5
穿类商品	7 180 448	6 652 026	7.9
用类商品	46 783 623	40 800 795	14.7
烧类商品	6 273 160	5 936 323	5.7
按地区分			
城镇	75 804 064	67 895 667	11.6
乡村	1 224 103	1 107 578	10.5
按消费形态分			
餐饮收入	8 243 779	7 652 572	7.7
商品零售	68 784 388	61 350 673	12.1

数据来源：北京市经济发展月报

（郭亚天）

1-2　社会消费品零售总额（按功能区分组）

	社会消费品零售额（万元）		
	2012年	2011年	同比增长（%）
全　市	77 028 167	69 003 246	11.6
首都功能核心区	15 589 796	13 801 824	13.0
东城区	7 946 396	6 912 796	15.0
西城区	7 643 400	6 889 028	11.0
城市功能拓展区	43 456 402	39 355 904	10.4
朝阳区	18 295 384	16 519 071	10.8
丰台区	8 268 046	7 385 339	12.0
石景山区	1 845 419	1 620 548	13.9
海淀区	15 047 553	13 830 946	8.8
城市发展新区	14 091 481	12 410 608	13.5
房山区	1 825 262	1 567 316	16.5
通州区	2 392 765	2 079 515	15.1

（续）

	社会消费品零售额（万元）		
	2012年	2011年	同比增长（%）
顺义区	2 541 378	2 172 906	17.0
昌平区	2 804 443	2 499 754	12.2
大兴区及北京经济技术开发区	4 527 633	4 091 117	10.7
大兴区	2 009 018	1 732 638	16.0
北京经济技术开发区	2 518 615	2 358 479	6.8
生态涵养发展区	3 890 488	3 434 910	13.3
门头沟区	437 062	379 877	15.1
怀柔区	898 438	791 918	13.5
平谷区	669 407	581 228	15.2
密云县	1 055 614	941 233	12.2
延庆县	829 967	740 654	12.1

数据来源：北京统计信息网

（郭亚天）

1-3 社会消费品零售额进度表

2012年	消费品零售额（亿元）	同比增长（%）
1月	—	—
1—2月	1 235.4	15.8
1—3月	1 836.1	14.3
1—4月	2 406.1	13.1
1—5月	3 020.3	13.1
1—6月	3 651.7	13.0
1—7月	4 262.5	12.4
1—8月	4 891.2	11.8
1—9月	5 592.1	11.7
1—10月	6 259.7	11.6
1—11月	6 944.5	11.6
1—12月	7 702.8	11.6

数据来源：北京统计信息网

（郭亚天）

1-4 各零售业态零售额

	2012年（亿元）	增速（%）	贡献率（%）
网上商店	513.1	81.4	28.7
专卖店	1 472.9	12.8	20.8
专业店	1 296.4	7.1	10.7
大型超市	409.2	11.3	5.2
百货店	724.7	5.1	4.4
超市	239.7	7.5	2.1
电话购物	75.8	14.8	1.2
加油站	481.2	2.0	1.2
厂家直销中心	105.2	8.2	1.0
便利店	41.3	8.9	0.4
仓储会员店	43.8	5.6	0.3
折扣店	20.6	5.9	0.1
电视购物	3.1	38.5	0.1
购物中心	84.4	0.8	0.1
自动售货亭	0.2	−28.3	0.0
邮购	3.5	−3.2	0.0
食杂店	3.6	−4.5	0.0
家居建材商店	74.3	−4.4	−0.4

数据来源：北京统计局

（郭亚天）

1-5 限额以上批发零售贸易业企业分类零售额

编号	类值	1—12月（万元）		
		2012年	2011年	2012年比2011年（%）
	类值合计	62 929 369	55 995 187	112.4
1	粮油、食品、饮料、烟酒类	6 258 867	5 780 283	108.3
	（1）粮油、食品类	4 736 994	4 375 854	108.3
	（2）饮料类	544 384	511 860	106.4
	（3）烟酒类	977 488	892 569	109.5
2	服装鞋帽、针、纺织类	6 817 897	6 353 498	107.3
	（1）服装类	5 273 693	4 851 388	108.7
	（2）鞋帽类	1 153 831	1 094 889	105.4
	（3）针、纺织品类	390 374	407 221	95.9
3	化妆品类	1 417 336	1 299 148	109.1

（续）

编号	类值	1—12月（万元）		
		2012年	2011年	2012年比2011年（%）
4	金银珠宝类	3 277 883	3 182 793	103.0
	其中：黄金及饰品、铂金饰品类	2 055 579	2 030 556	101.2
5	日用品类	2 764 350	2 438 408	113.4
6	五金、电料类	131 201	133 904	98.0
7	体育、娱乐用品类	891 980	756 530	117.9
8	书报杂志类	1 248 856	990 771	126.0
9	电子出版物及音像制	194 104	196 145	99.0
10	家用电器和音像器材	2 658 202	2 405 370	110.5
11	中西药品类	6 213 034	5 152 580	120.6
	其中：西药类	4 237 868	3 512 492	120.7
	中草药及中成药类	1 136 682	982 832	115.7
12	文化办公用品类	3 858 913	3 332 506	115.8
13	家具类	833 889	796 447	104.7
14	通讯器材类	2 927 748	1 854 099	157.9
15	煤炭及制品类	20 408	26 832	76.1
16	木材及制品类	0	0	
17	石油及制品类	5 993 322	5 703 855	105.1
18	化工材料及制品类	0	0	
	其中：化肥类	0	0	
19	金属材料类	0	0	
20	建筑及装潢材料类	296 384	349 879	84.7
21	机电产品及设备类	665 024	730 215	91.1
	其中：农机类	0	0	
22	汽车类	15 314 287	13 630 373	112.4
	其中：汽车配件类	574 409	501 981	114.4
23	种子饲料类	0	0	
24	棉麻类	1 855	158	1 175.0
25	其他类	1 143 827	881 394	129.8

数据来源：北京统计局

（郭亚天）

1-6　批发和零售业商品购进、销售、库存总额

批发和零售业商品购销存情况	2012年（万元）	2011年（万元）	同比增长（%）
一、商品购进总额	475 080 097	440 795 597	7.8
1. 市内购进	99 116 620	91 820 879	7.9
2. 市外购进	300 967 996	268 673 610	12.0
3. 进口	74 995 481	80 301 108	−6.6
二、商品销售总额	507 774 756	460 654 495	10.2
1. 批发额	441 300 446	401 149 466	10.0
（1）市内批发	95 715 256	88 643 011	8.0
（2）市外批发	328 692 412	296 784 796	10.8
（3）出口	16 892 778	15 721 659	7.4
2. 零售额	66 474 310	59 505 029	11.7
三、期末库存额	44 859 255	38 934 809	15.2

数据来源：北京市经济发展月报

（郭亚天）

1-7　重点商品品牌市场占有率

1-7-1　2012年服装品牌占有率前10名

女装					
序号	品牌名称	比重（%）	序号	品牌名称	比重（%）
1	玫而美	2.15	6	朗姿	1.56
2	ONLY	1.97	7	白领	1.49
3	VERO MODA	1.91	8	卡利亚里	1.09
4	宝姿	1.81	9	靓诺	1.02
5	康纳利	1.99	10	赛斯特	1.00
男衬衫					
1	皮尔卡丹	5.35	6	绅士	1.84
2	萨巴蒂尼	5.13	7	奥德臣	1.82
3	雅戈尔	4.20	8	JEEP	1.79
4	辛柏林	2.64	9	HUGO. BOSS	1.77
5	玛丝菲尔	1.65	10	沙驰	1.71

（续）

序号	品牌名称	比重（%）	序号	品牌名称	比重（%）
男西服					
1	萨巴帝尼	7.87	6	康纳利	2.51
2	观奇洋服	7.02	7	皮尔卡丹	2.49
3	威克多	4.64	8	五木	2.46
4	派克兰帝	4.18	9	雅戈尔	2.28
5	胜龙	2.63	10	奥德臣	2.08
童装					
1	水孩儿	6.64	6	丽婴房	3.12
2	阿迪达斯	6.60	7	小猪班纳	2.34
3	耐克	5.89	8	ARMANI JUNIOR	2.24
4	依文	3.18	9	好孩子	2.23
5	安奈儿	3.23	10	Paw in Paw	1.82

序号	品牌名称	比重（%）	序号	品牌名称	比重（%）
针织内衣					
1	爱慕	6.80	6	世王	2.68
2	舒雅	6.42	7	三枪	2.57
3	小护士	4.86	8	浩沙	1.79
4	铜牛	4.57	9	宜而爽	1.70
5	纤丝鸟	4.35	10	华歌尔	1.67
女士内衣					
1	爱慕	15.42	6	曼妮芬	4.07
2	华歌尔	9.88	7	兰卡文	3.54
3	黛安芬	7.33	8	古今	3.13
4	安莉芳	6.88	9	舒雅	2.62
5	欧迪芬	5.76	10	爱美丽	2.16
羊毛衫					
1	鄂尔多斯	7.47	6	于雁	2.33
2	珍贝	3.97	7	歌伊莱	1.99
3	海尔曼斯	3.44	8	克利雅	1.83
4	人头鸟	3.08	9	帕罗	1.79
5	瑞群	2.95	10	雅佰仕	1.76

（续）

羊绒衫					
1	鄂尔多斯	14.51	6	皮皮狗	4.64
2	珍贝	13.40	7	鹿王	4.57
3	帕罗	8.09	8	皮尔卡丹	4.09
4	米皇	6.60	9	兆君	3.45
5	雪莲	5.37	10	梦特娇	3.25

（王彬彬）

1-7-2 2012年化妆品品牌占有率前10名

美容护肤					
序号	品牌名称	比重（%）	序号	品牌名称	比重（%）
1	欧珀莱	10.06	6	娇兰	4.39
2	雅诗兰黛	10.00	7	玉兰油	4.01
3	兰蔻	9.85	8	CHANEL	3.75
4	欧莱雅	7.44	9	资生堂	3.40
5	Dior	5.87	10	希思黎	3.09
香水					
1	CHANEL	30.82	6	BURBERRY	3.04
2	CD	22.57	7	纪梵希	2.50
3	兰蔻	6.95	8	CK	2.41
4	娇兰	4.52	9	雅诗兰黛	2.15
5	阿玛尼	3.47	10	GUCCI	1.96

（王彬彬）

1-7-3 2012年鞋类品牌占有率前10名

女鞋					
序号	品牌名称	比重（%）	序号	品牌名称	比重（%）
1	百丽	6.19	6	TATA	3.17
2	ECCO	5.19	7	圣琪儿	3.03
3	接吻猫	3.81	8	24HRS	3.03
4	嘉宝	3.81	9	帕翠亚	2.96
5	天美意	3.36	10	STACCATO	2.62
男鞋					
1	ECCO	11.78	6	梅尔代格	3.01
2	克蕾斯丹妮	4.11	7	24HRS	2.93
3	金利来	4.08	8	凯萨大帝	2.57
4	皮尔卡丹	3.28	9	骆驼	2.46
5	沙驰	3.14	10	花花公子	2.34

（王彬彬）

1-7-4 2011年金银珠宝饰品品牌占有率前10名

序号	品牌名称	比重（%）	序号	品牌名称	比重（%）
黄金					
1	菜百	50.60	6	工美	1.47
2	国华	10.92	7	翠绿	1.37
3	中国黄金	10.59	8	老凤祥	1.19
4	周大福	6.87	9	明牌	0.95
5	周生生	1.64	10	同晖	0.91
铂金					
1	菜百	60.71	6	瑞恩	1.00
2	国华	16.81	7	六福	0.92
3	周大福	7.44	8	谢瑞麟	0.88
4	明牌	3.28	9	金至尊	0.70
5	周生生	2.94	10	天美钻	0.55

翡翠

序号	品牌名称	比重（%）	序号	品牌名称	比重（%）
1	菜百	74.88	6	千叶	0.95
2	国华	7.71	7	豪雅	0.95
3	和玉缘	2.94	8	和合	0.73
4	恒昌	2.53	9	雪行	0.70
5	紫云	1.78	10	鑫大元	0.56

镶嵌

序号	品牌名称	比重（%）	序号	品牌名称	比重（%）
1	菜百	35.56	6	谢瑞麟	3.21
2	周大福	21.28	7	周生生	1.85
3	国华	6.21	8	百利金	1.63
4	瑞恩	5.42	9	戴梦得	1.57
5	周大生	4.36	10	ENZO	1.31

（王彬彬）

二、对外贸易

2-1 海关进出口商品类别及构成

2-1-1 海关出口商品类别及构成

金额单位：万美元

类 别	2012 年		2011 年		增/减（%）
	金额	比重（%）	金额	比重（%）	
总　　值	**5 965 038**	**100.0**	**5 902 502**	**100.0**	—
初级产品	948 000	15.9	931 357	15.8	0.1
工业制成品	5 017 039	84.1	4 971 145	84.2	−0.1
机电产品	3 739 120	62.7	3 523 418	59.7	3.0
高新技术产品	1 893 246	31.7	1 811 652	30.7	1.0

数据来源：摘自北京海关统计月报

（李　倩）

2-1-2 北京地区海关进口商品类别及构成

金额单位：万美元

类 别	2012 年		2011 年		增/减（%）
	金额	比重（%）	金额	比重（%）	
总　　值	**34 826 588**	**100.0**	**33 046 978**	**100.0**	—
初级产品	22 544 582	64.7	20 360 317	61.6	3.1
工业制成品	12 282 006	35.3	12 686 661	38.4	−3.1
机电产品	7 217 114	20.7	7 663 764	23.2	−2.5
高新技术产品	2 977 190	8.5	3 145 656	9.5	−1.0

数据来源：摘自北京海关统计月报

（李　倩）

2-2 海关进出口商品分类金额

2-2-1 海关出口商品分类金额

金额单位：万美元

商品名称	2012 年	2011 年	同比（±%）
总　　值	**5 965 038**	**5 902 502**	**1.1**
第 1 章　活动物	2 371	2 482	−4.5
第 2 章　肉及食用杂碎	126	63	101.7
第 3 章　鱼及其他水生无脊椎动物	1 062	3 155	−66.3
第 4 章　乳；蛋；蜂蜜；其他食用动物产品	941	798	17.8

（续）

商品名称	2012年	2011年	同比（±%）
第5章　其他动物产品	5 608	4 624	21.3
第6章　活植物；茎、根；插花、簇叶	394	509	−22.5
第7章　食用蔬菜、根及块茎	11 256	6 315	78.2
第8章　食用水果及坚果；甜瓜等水果的果皮	1 267	997	27.1
第9章　咖啡、茶、马黛茶及调味香料	2 259	2 542	−11.1
第10章　谷物	20 395	26 997	−24.5
第11章　制粉工业产品；麦芽；淀粉等；面筋	333	568	−41.3
第12章　油籽；子仁；工业或药用植物；饲料	18 227	13 122	38.9
第13章　虫胶；树胶、树脂及其他植物液、汁	6 734	5 885	14.4
第14章　编结用植物材料；其他植物产品	18	48	−62.4
第15章　动、植物油、脂、蜡；精制食用油脂	484	1 239	−60.9
第16章　肉、鱼及其他水生无脊椎动物的制品	12 864	11 995	7.2
第17章　糖及糖食	900	818	10.0
第18章　可可及可可制品	4 924	4 116	19.6
第19章　谷物粉、淀粉等或乳的制品；糕饼	4 693	5 081	−7.6
第20章　蔬菜、水果等或植物其他部分的制品	31 016	32 906	−5.7
第21章　杂项食品	3 088	2 991	3.2
第22章　饮料、酒及醋	1 072	852	25.7
第23章　食品工业的残渣及废料；配制的饲料	1 273	939	35.6
第24章　烟草、烟草及烟草代用品的制品	188	166	13.3
第25章　盐；硫磺；土及石料；石灰及水泥等	26 064	31 612	−17.6
第26章　矿砂、矿渣及矿灰	628	608	3.2
第27章　矿物燃料、矿物油及其产品；沥青等	784 900	756 811	3.7
第28章　无机化学品；贵金属等的化合物	63 898	119 542	−46.5
第29章　有机化学品	101 197	92 537	9.4
第30章　药品	16 995	16 186	4.7
第31章　肥料	152 025	120 892	25.8
第32章　鞣料；着色料；涂料；油灰；墨水等	6 601	6 601	0.0
第33章　精油及香膏；芳香料制品化妆盥洗品	4 019	2 787	44.2
第34章　洗涤剂、润滑剂、人造蜡、塑型膏等	6 248	6 837	−8.6
第35章　蛋白类物质；改性淀粉；胶；酶	2 188	2 062	6.2

（续）

商品名称	2012年	2011年	同比（±%）
第36章 炸药；烟火；引火品；易燃材料制品	5 810	4 850	19.8
第37章 照相及电影用品	1 549	902	71.8
第38章 杂项化学产品	59 898	68 093	−12.0
第39章 塑料及其制品	55 114	58 172	−5.3
第40章 橡胶及其制品	36 524	39 230	−6.9
第41章 生皮（毛皮除外）及皮革	6	9	−31.4
第42章 皮革制品；旅行箱包；动物肠线制品	6 807	7 540	−9.7
第43章 毛皮、人造毛皮及其制品	3 827	4 237	−9.7
第44章 木及木制品；木炭	12 542	12 113	3.5
第45章 软木及软木制品	4	9	−59.6
第46章 编结材料制品；篮筐及柳条编结品	3 526	3 409	3.4
第47章 木浆等纤维状纤维素浆；废纸及纸板	851	1 380	−38.3
第48章 纸及纸板；纸浆、纸或纸板制品	4 235	11 071	−61.7
第49章 印刷品；手稿、打字稿及设计图纸	9 044	8 562	5.6
第50章 蚕丝	2 194	3 041	−27.8
第51章 羊毛等动物毛；马毛纱线及其机织物	5 840	8 086	−27.8
第52章 棉花	3 802	5 378	−29.3
第53章 其他植物纤维；纸纱线及其机织物	280	480	−41.7
第54章 化学纤维长丝	5 016	5 410	−7.3
第55章 化学纤维短纤	8 454	8 357	1.2
第56章 絮胎、毡呢及无纺织物；线绳制品等	6 488	6 263	3.6
第57章 地毯及纺织材料的其他铺地制品	9 546	10 413	−8.3
第58章 特种机织物；簇绒织物；刺绣品等	1 446	1 463	−1.2
第59章 浸渍、涂布、包覆或层压的纺织物；工业用纺织制品	4 636	3 435	35.0
第60章 针织物及钩编织物	594	701	−14.8
第61章 针织或钩编的服装及衣着附件	63 884	68 375	−6.6
第62章 非针织或非钩编的服装及衣着附件	106 753	112 653	−5.2
第63章 其他纺织制品；成套物品；旧纺织品	15 061	16 000	−5.9
第64章 鞋靴、护腿和类似品及其零件	20 444	20 566	−0.6
第65章 帽类及其零件	5 279	5 570	−5.2
第66章 伞、手杖、鞭子、马鞭及其零件	135	66	103.7
第67章 加工羽毛及制品；人造花；人发制品	353	449	−21.3

（续）

商品名称	2012 年	2011 年	同比（±%）
第 68 章　矿物材料的制品	13 089	14 037	－6.8
第 69 章　陶瓷产品	28 870	30 597	－5.6
第 70 章　玻璃及其制品	25 384	23 949	6.0
第 71 章　珠宝、贵金属及制品；仿首饰；硬币	21 297	38 898	－45.3
第 72 章　钢铁	197 377	253 837	－22.2
第 73 章　钢铁制品	259 796	254 863	2.0
第 74 章　铜及其制品	4 593	5 016	－8.4
第 75 章　镍及其制品	2 213	1 889	17.1
第 76 章　铝及其制品	27 802	29 084	－4.4
第 78 章　铅及其制品	154	1 021	－84.9
第 79 章　锌及其制品	346	330	5.1
第 80 章　锡及其制品	15	17	－15.1
第 81 章　其他贱金属、金属陶瓷及其制品	9 527	11 408	－16.5
第 82 章　贱金属器具、利口器、餐具及零件	13 605	14 358	－5.2
第 83 章　贱金属杂项制品	8 617	8 512	1.2
第 84 章　核反应堆、锅炉、机械器具及零件	796 951	741 217	7.5
第 85 章　电机、电气、音像设备及其零附件	1 811 200	1 790 417	1.2
第 86 章　铁道车辆；轨道装置；信号设备	149 156	85 928	73.6
第 87 章　车辆及其零附件，但铁道车辆除外	213 696	186 023	14.9
第 88 章　航空器、航天器及其零件	60 344	45 691	31.4
第 89 章　船舶及浮动结构体	235 830	256 276	－8.0
第 90 章　光学、照相、医疗等设备及零附件	248 556	198 727	26.9
第 91 章　钟表及其零件	936	1 467	－36.2
第 92 章　乐器及其零件、附件	5 509	5 546	－0.7
第 93 章　武器、弹药及其零件、附件	650	589	10.3
第 94 章　家具；寝具等；灯具；活动房	48 399	46 954	3.1
第 95 章　玩具、游戏或运动用品及其零附件	10 579	12 083	－12.4
第 96 章　杂项制品	12 819	7 006	83.0
第 97 章　艺术品、收藏品及古物	931	279	234.0
第 98 章　特殊交易品及未分类商品	595	54 522	－98.9

数据来源：摘自北京海关统计月报

（李　倩）

2-2-2 海关进口商品分类金额

金额单位：万美元

商品名称	2012 年	2011 年	同比（±%）
总 值	**34 826 588**	**33 046 978**	**5.3**
第 1 章 活动物	26 756	19 910	34.4
第 2 章 肉及食用杂碎	62 060	60 158	3.2
第 3 章 鱼及其他水生无脊椎动物	33 865	27 500	23.1
第 4 章 乳；蛋；蜂蜜；其他食用动物产品	25 325	17 735	42.8
第 5 章 其他动物产品	2 761	2 592	6.5
第 6 章 活植物；茎、根；插花、簇叶	2 197	2 823	−22.0
第 7 章 食用蔬菜、根及块茎	19 271	5 230	268.5
第 8 章 食用水果及坚果；甜瓜等水果的果皮	10 730	9 627	11.5
第 9 章 咖啡、茶、马黛茶及调味香料	2 168	1 395	55.5
第 10 章 谷物	250 539	86 521	189.6
第 11 章 制粉工业产品；麦芽；淀粉等；面筋	1 722	1 852	−7.0
第 12 章 油籽；子仁；工业或药用植物；饲料	413 133	311 261	36.2
第 13 章 虫胶；树胶、树脂及其他植物液、汁	2 863	2 226	28.6
第 14 章 编结用植物材料；其他植物产品	3 151	2 212	42.4
第 15 章 动、植物油、脂、蜡；精制食用油脂	173 786	85 799	102.6
第 16 章 肉、鱼及其他水生无脊椎动物的制品	171	158	8.4
第 17 章 糖及糖食	143 929	166 934	−13.8
第 18 章 可可及可可制品	11 657	11 167	4.4
第 19 章 谷物粉、淀粉等或乳的制品；糕饼	6 333	4 098	54.6
第 20 章 蔬菜、水果等或植物其他部分的制品	5 843	3 842	52.1
第 21 章 杂项食品	10 604	5 582	90.0
第 22 章 饮料、酒及醋	21 308	17 859	19.2
第 23 章 食品工业的残渣及废料；配制的饲料	41 931	56 777	−26.3
第 24 章 烟草、烟草及烟草代用品的制品	126 548	110 701	14.3
第 25 章 盐；硫磺；土及石料；石灰及水泥等	48 457	24 895	94.6
第 26 章 矿砂、矿渣及矿灰	1 599 110	1 838 281	−12.8
第 27 章 矿物燃料、矿物油及其产品；沥青等	18 792 877	17 001 953	10.4
第 28 章 无机化学品；贵金属等的化合物	284 272	284 165	1.1
第 29 章 有机化学品	159 105	170 399	−6.6
第 30 章 药品	250 962	183 466	36.8
第 31 章 肥料	266 853	245 756	8.6
第 32 章 鞣料；着色料；涂料；油灰；墨水等	13 654	12 476	8.9

（续）

商品名称	2012 年	2011 年	同比（±%）
第 33 章　精油及香膏；芳香料制品化妆盥洗品	12 226	8 367	46.1
第 34 章　洗涤剂、润滑剂、人造蜡、塑型膏等	12 680	12 667	0.2
第 35 章　蛋白类物质；改性淀粉；胶；酶	10 421	8 581	21.4
第 36 章　炸药；烟火；引火品；易燃材料制品	1 576	1 736	−9.2
第 37 章　照相及电影用品	7 607	7 433	13.0
第 38 章　杂项化学产品	131 690	107 825	19.2
第 39 章　塑料及其制品	160 639	162 090	−0.9
第 40 章　橡胶及其制品	68 941	60 764	13.5
第 41 章　生皮（毛皮除外）及皮革	4 184	2 341	78.7
第 42 章　皮革制品；旅行箱包；动物肠线制品	11 007	8 318	32.3
第 43 章　毛皮、人造毛皮及其制品	2 063	2 868	−28.1
第 44 章　木及木制品；木炭	92 813	115 552	−19.8
第 45 章　软木及软木制品	818	855	−4.3
第 46 章　编结材料制品；篮筐及柳条编结品	7	5	30.2
第 47 章　木浆等纤维状纤维素浆；废纸及纸板	49 162	58 736	−16.3
第 48 章　纸及纸板；纸浆、纸或纸板制品	34 365	38 472	−10.7
第 49 章　印刷品；手稿、打字稿及设计图纸	41 110	34 490	19.2
第 50 章　蚕丝	500	436	15.0
第 51 章　羊毛等动物毛；马毛纱线及其机织物	33 589	43 571	−22.9
第 52 章　棉花	458 673	187 370	144.8
第 53 章　其他植物纤维；纸纱线及其机织物	7 536	9 434	−20.1
第 54 章　化学纤维长丝	6 434	5 823	10.5
第 55 章　化学纤维短纤	83 165	82 656	0.6
第 56 章　絮胎、毡呢及无纺织物；线绳制品等	6 453	5 219	23.6
第 57 章　地毯及纺织材料的其他铺地制品	1 480	1 019	45.2
第 58 章　特种机织物；簇绒织物；刺绣品等	1 836	1 583	16.0
第 59 章　特种机织物；簇绒织物；刺绣品等	3 638	2 524	44.0
第 60 章　针织物及钩编织物	1 845	1 970	−6.4
第 61 章　针织或钩编的服装及衣着附件	10 309	8 540	20.7
第 62 章　非针织或非钩编的服装及衣着附件	19 331	13 397	44.3
第 63 章　其他纺织制品；成套物品；旧纺织品	1 666	1 526	9.2
第 64 章　鞋靴、护腿和类似品及其零件	12 292	9 791	25.5
第 65 章　帽类及其零件	344	345	−0.2

（续）

商品名称	2012年	2011年	同比（±%）
第66章 伞、手杖、鞭子、马鞭及其零件	82	40	106.4
第67章 加工羽毛及制品；人造花；人发制品	339	57	499.8
第68章 矿物材料的制品	4 181	4 492	−7.0
第69章 陶瓷产品	6 098	7 750	−21.3
第70章 玻璃及其制品	57 122	34 626	66.2
第71章 珠宝、贵金属及制品；仿首饰；硬币	219 242	222 120	−1.3
第72章 钢铁	105 712	132 509	−20.2
第73章 钢铁制品	94 078	101 687	−7.5
第74章 铜及其制品	203 563	186 111	9.6
第75章 镍及其制品	19 830	31 985	−38.0
第76章 铝及其制品	23 982	27 317	−12.0
第78章 铅及其制品	629	536	17.4
第79章 锌及其制品	7 874	10 461	−24.8
第80章 锡及其制品	3 785	3 409	11.0
第81章 其他贱金属、金属陶瓷及其制品	10 018	13 508	−24.0
第82章 贱金属器具、利口器、餐具及零件	27 723	22 060	25.7
第83章 贱金属杂项制品	20 195	18 732	7.7
第84章 核反应堆、锅炉、机械器具及零件	1 364 537	1 733 469	−21.4
第85章 电机、电气、音像设备及其零附件	1 786 730	2 010 906	−11.1
第86章 铁道车辆；轨道装置；信号设备	21 032	45 145	−53.2
第87章 车辆及其零附件，但铁道车辆除外	2 595 350	2 551 183	1.4
第88章 航空器、航天器及其零件	434 290	310 080	40.0
第89章 船舶及浮动结构体	41 674	57 461	−27.5
第90章 光学、照相、医疗等设备及零附件	816 328	795 344	2.5
第91章 钟表及其零件	17 333	19 098	−9.2
第92章 乐器及其零件、附件	1 474	1 304	13.1
第93章 武器、弹药及其零件、附件	879	782	12.3
第94章 家具；寝具等；灯具；活动房	26 224	29 655	−11.6
第95章 玩具、游戏或运动用品及其零附件	6 005	4 663	28.8
第96章 杂项制品	3 263	3 033	8.5
第97章 艺术品、收藏品及古物	2 461	1 943	26.8
第98章 特殊交易品及未分类商品	2 800 214	2 883 857	−2.9

数据来源：摘自北京海关统计月报

（李 倩）

2-3 按洲别（地区）分海关进出口贸易额

2-3-1 北京地区出口到各洲情况一览表

金额单位：万美元

	出口	同比±%	占总出口比重（%）
亚洲	3 196 799	0.3	53.6
东盟	763 614	10.5	12.8
中东	484 459	3.7	8.1
欧洲	1 068 093	−6.9	17.9
欧盟（27国）	785 646	−16.3	13.2
非洲	477 627	0.6	8.0
北美洲	547 445	0.1	9.2
拉丁美洲	569 167	37.5	9.5
大洋洲	105 908	−17.5	1.8

数据来源：摘自北京海关统计月报

（李　倩）

2-3-2 北京地区从各洲进口情况一览表

金额单位：万美元

	进口	同比±%	占总进口比重（%）
亚洲	15 659 523	1.6	45.0
东盟	1 109 859	−7.9	3.2
中东	8 774 833	4.5	25.2
欧洲	5 406 408	−8.5	15.5
欧盟（27国）	3 367 468	−1.3	9.7
非洲	5 628 272	10.1	16.2
北美洲	3 327 321	27.0	9.6
拉丁美洲	2 970 762	9.8	8.5
大洋洲	1 834 198	41.6	5.3

数据来源：摘自北京海关统计月报

（李　倩）

2-4 按国别（地区）分海关进出口贸易额

金额单位：万美元

国别（地区）	进出口	出口	进口
合　计	**40 791 626**	**5 965 038**	**34 826 588**
美国	3 413 176	499 249	2 913 927
沙特阿拉伯	3 148 069	66 476	3 081 593

（续）

国别（地区）	进出口	出口	进口
安哥拉	2 944 270	52 372	2 891 897
德国	2 163 523	153 637	2 009 886
澳大利亚	1 857 072	76 289	1 780 782
日本	1 856 217	474 017	1 382 200
韩国	1 635 941	200 316	1 435 624
阿曼	1 240 308	3 623	1 236 684
伊拉克	1 224 011	28 822	1 195 189
委内瑞拉	1 196 702	112 841	1 083 861
俄罗斯联邦	1 193 059	155 965	1 037 094
巴西	1 074 979	80 406	994 573
伊朗	976 094	114 109	861 986
中国香港	954 506	478 404	476 102
土库曼斯坦	894 794	30 076	864 718
瑞士	867 729	13 289	854 440
哈萨克斯坦	805 913	111 889	694 024
南非	805 504	46 016	759 488
科威特	764 222	6 410	757 812
阿联酋	640 906	93 895	547 012
卡塔尔	543 807	10 195	533 612
印度	487 365	253 419	233 946
印度尼西亚	469 389	157 064	312 325
加拿大	461 443	48 178	413 265
英国	433 411	89 252	344 159
利比亚	427 535	1 428	426 107
刚果（布）	377 724	8 511	369 213
法国	374 132	88 876	285 256
中华人民共和国	359 340	0	359 340
中国台湾省	339 559	116 657	222 902
也门	333 389	1 795	331 595
新加坡	310 767	119 930	190 837
马来西亚	300 158	70 561	229 598
泰国	261 113	88 500	172 613
越南	258 060	182 527	75 533
阿根廷	254 012	36 566	217 446
墨西哥	244 947	93 565	151 381

（续）

国别（地区）	进出口	出口	进口
哥伦比亚	225 804	19 116	206 688
意大利	223 614	57 148	166 466
阿尔及利亚	215 200	14 070	201 130
巴基斯坦	165 074	77 675	87 399
赤道几内亚	162 105	14 812	147 293
土耳其	145 509	89 246	56 263
苏丹	139 502	19 899	119 603
刚果（金）	130 742	14 099	116 643
荷兰	129 194	55 508	73 686
赞比亚	123 695	28 987	94 708
乌克兰	121 113	55 166	65 947
秘鲁	119 951	17 293	102 658
比利时	111 752	33 168	78 584
瑞典	109 797	33 745	76 052
菲律宾	109 632	34 984	74 648
埃及	109 357	21 804	87 553
西班牙	105 253	59 736	45 517
奥地利	101 723	9 668	92 054
以色列	88 340	26 827	61 513
朝鲜	85 439	76 951	8 488
匈牙利	82 931	64 445	18 485
厄瓜多尔	81 908	20 214	61 694
尼日利亚	79 312	28 201	51 111
喀麦隆	75 427	10 708	64 719
白俄罗斯	75 068	33 246	41 822
蒙古	73 200	22 561	50 639
古巴	70 574	33 828	36 746
智利	67 048	30 656	36 392
波兰	62 142	30 204	31 938
缅甸	59 282	53 006	6 276
芬兰	56 079	21 439	34 640
乌兹别克斯坦	54 754	21 612	33 142
巴拿马	53 967	53 514	454
毛里塔尼亚	53 613	4 636	48 977
南苏丹共和国	51 623	1 677	49 946

（续）

国别（地区）	进出口	出口	进口
津巴布韦	49 535	1 061	48 475
埃塞俄比亚	47 061	37 890	9 171
新西兰	45 598	5 921	39 677
挪威	41 557	6 237	35 320
乌拉圭	41 511	4 092	37 419
加纳	39 982	16 402	23 580
丹麦	39 507	15 015	24 492
孟加拉国	36 088	28 961	7 127
柬埔寨	35 796	34 408	1 388
澳门	35 002	34 792	211
老挝	34 655	21 501	13 155
文莱	34 620	1 134	33 487
斯里兰卡	33 528	31 360	2 169
捷克	31 652	12 310	19 342
巴布亚新几内亚	26 548	14 131	12 416
约旦	26 415	6 498	19 918
爱尔兰	26 066	5 930	20 137
哥斯达黎加	21 549	3 503	18 046
乍得	20 680	8 162	12 518
利比里亚	19 032	17 546	1 486
肯尼亚	19 027	18 848	179
马里	18 976	4 594	14 382
纳米比亚	18 591	7 041	11 550
突尼斯	17 621	12 557	5 064
加蓬	17 213	4 475	12 738
罗马尼亚	17 080	5 712	11 368
保加利亚	16 756	4 207	12 550
巴哈马	16 089	16 089	0
坦桑尼亚	16 022	12 581	3 442
摩洛哥	15 634	7 161	8 473
希腊	15 125	13 300	1 826
安提瓜和巴布达	14 637	14 637	0
塞拉利昂	12 919	8 532	4 386
葡萄牙	12 277	6 093	6 184
尼日尔	12 106	9 087	3 019

（续）

国别（地区）	进出口	出口	进口
斯洛伐克	11 575	7 205	4 370
布基纳法索	11 505	529	10 976
莫桑比克	11 118	6 537	4 581
贝宁	9 966	1 027	8 939
特立尼达和多巴哥	8 796	465	8 331
开曼群岛	8 408	8 408	0
科特迪瓦	8 341	3 103	5 239
马绍尔群岛	8 200	8 200	0
叙利亚	7 137	6 556	580
危地马拉	6 774	2 079	4 695
塔吉克斯坦	6 703	2 803	3 900
多民族玻利维亚国	6 359	1 906	4 453
阿塞拜疆	5 911	5 311	599
黑山	5 728	5 655	73
马达加斯加	5 533	2 971	2 562
马耳他	5 380	3 832	1 548
塞浦路斯	5 285	2 543	2 743
卢森堡	5 055	3 707	1 347
克罗地亚	4 884	3 257	1 627
英属维尔京群岛	4 693	4 693	0
乌干达	4 510	4 082	429
爱沙尼亚	4 120	2 529	1 591
洪都拉斯	4 067	1 823	2 244
塞内加尔	4 032	3 181	851
马拉维	3 982	1 306	2 676
多哥	3 947	1 356	2 591
斯洛文尼亚	3 877	2 303	1 574
巴拉圭	3 832	3 394	438
阿尔巴尼亚	3 819	180	3 640
立陶宛	3 502	2 770	732
吉布提	3 493	3 493	0
巴林	3 488	2 806	682
博茨瓦纳	3 420	3 416	4
多米尼加共和国	3 156	2 600	556
尼泊尔联邦民主共和国	3 055	2 670	385

（续）

国别（地区）	进出口	出口	进口
几内亚	2 923	2 919	5
黎巴嫩	2 913	2 814	99
毛里求斯	2 901	2 854	47
布隆迪	2 725	2 725	0
波多黎各	2 721	249	2 472
中非	2 532	542	1 990
阿富汗	2 486	2 442	44
塞尔维亚	2 355	2 108	247
拉脱维亚	2 306	1 364	941
格鲁吉亚	2 053	1 897	155
牙买加	1 812	1 801	10
马尔代夫	1 597	1 597	0
卢旺达	1 593	1 593	0
圭亚那	1 567	1 516	50
吉尔吉斯斯坦	1 517	1 516	1
所罗门群岛	1 343	71	1 273
萨尔瓦多	924	917	6
苏里南	888	830	58
莱索托	847	847	0
东帝汶	827	806	21
厄立特里亚	823	743	80
前南马其顿	789	741	49
亚美尼亚	713	693	20
尼加拉瓜	711	629	82
伯利兹	636	632	4
摩尔多瓦	617	389	229
汤加	574	574	0
几内亚比绍	500	500	0
斐济	404	358	46
索马里	384	123	261
波黑	360	348	12
冰岛	318	146	172
库腊索岛	294	294	0
留尼汪	289	289	0

（续）

国别（地区）	进出口	出口	进口
列支敦士登	271	137	134
圣文森特和格林纳丁斯	263	263	0
直布罗陀	209	209	0
冈比亚	209	28	180
海地	180	180	0
瓦努阿图	136	136	0
格陵兰	130	1	129
塞舌尔	116	116	0
国别（地区）不详	104	0	104
佛得角	94	94	0
萨摩亚	88	88	0
科摩罗	72	72	0
法罗群岛	61	2	59
法属波利尼西亚	57	57	0
阿鲁巴	42	42	0
巴勒斯坦	39	39	0
巴巴多斯	35	33	2
摩纳哥	33	0	33
多米尼克	31	31	0
新喀里多尼亚	29	29	0
圣马力诺	24	14	10
斯威士兰	24	21	3
库克群岛	21	21	0
百慕大	17	17	0
瓜德罗普	14	14	0
格林纳达	13	13	0
基里巴斯	13	13	0
荷属安的列斯群岛	11	11	0
圣卢西亚	10	10	0
不丹	9	9	0
图瓦卢	9	9	0
社会群岛	7	7	0
马提尼克	6	6	0
非洲其他国家（地区）	6	0	6

（续）

国别（地区）	进出口	出口	进口
法属圭亚那	6	6	0
瑙鲁	5	1	4
马约特	5	5	0
圣多美和普林西比	2	0	2
帕劳	1	1	0
梵蒂冈城国	1	0	1
密克罗尼西亚联邦	1	1	0
拉丁美洲其他国家（地区）	1	1	0
圣其茨和尼维斯	1	0	1

数据来源：摘自北京海关统计月报

（李　倩）

2012年北京地区前十位贸易伙伴

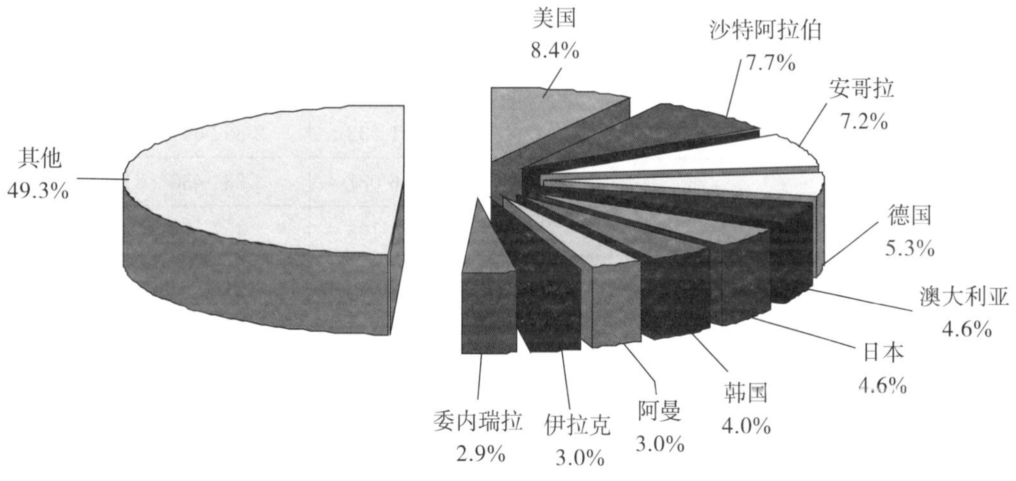

2012年北京地区前十位出口市场

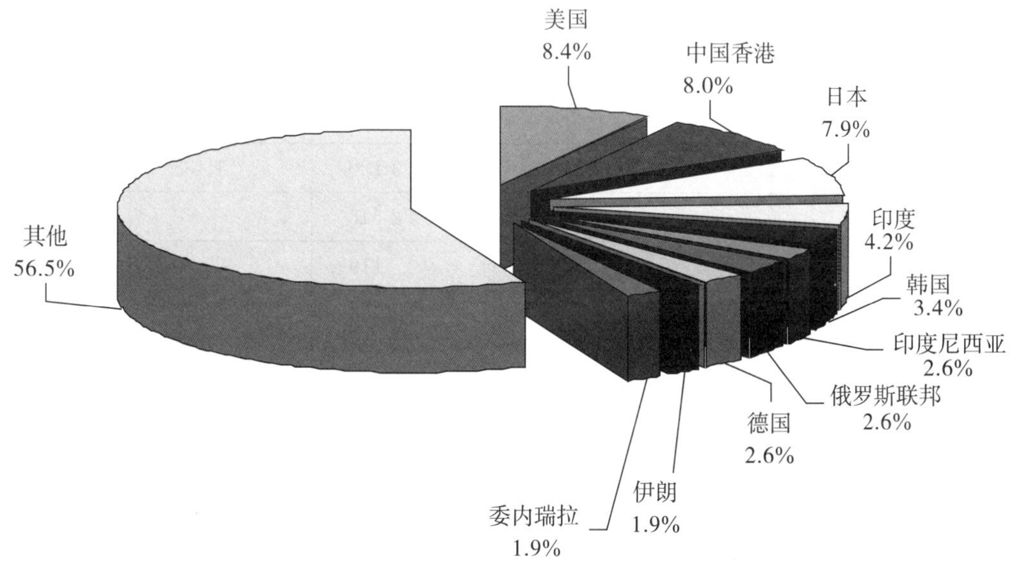

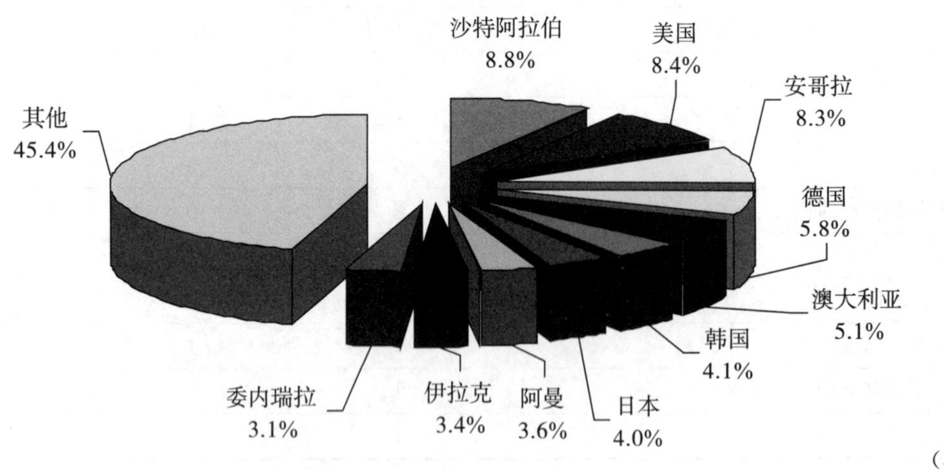

（李　倩）

2-5 海关进出口贸易额（分贸易方式）

金额单位：万美元

贸易方式	进出口	出口	进口
合　计	**40 791 626**	**5 965 038**	**34 826 588**
一般贸易	33 981 732	2 862 644	31 119 088
加工贸易	3 906 087	2 234 438	1 671 648
来料加工	1 467 108	457 172	1 009 936
进料加工	2 438 979	1 777 266	661 712
海关特殊监管区域	2 015 311	326 873	1 688 438
保税监管场所进出境货物	1 834 201	318 505	1 515 695
海关特殊监管区域物流货物	177 423	8 368	169 055
对外承包工程出口货物	504 005	504 005	0
租赁贸易	244 286	265	244 021
外商投资企业作为投资进口的设备、物品	41 793	0	41 793
国家间、国际组织无偿援助和赠送的物资	34 055	32 672	1 383
其他境外捐赠物资	29 599	132	29 467
出料加工贸易	3 120	1 488	1 633
免税外汇商品	2 546	0	2 546
加工贸易进口设备	119	0	119
寄售、代销贸易	52	0	52
边境小额贸易	3	3	0
其他贸易	28 920	2 519	26 401

数据来源：摘自北京海关统计月报

（李　倩）

2-6　2012年北京市各区县进出口

单位：亿美元

	进出口额	同比（%）	出口额	同比（%）	进口额	同比（%）
总　计	**4 089.32**	**4.95**	**596.46**	**1.10**	**3 492.87**	**5.64**
朝阳区	1 724.56	5.24	127.02	3.85	1 597.54	5.35
西城区	1 149.35	16.80	105.11	11.98	1 044.24	17.31
海淀区	412.42	−15.43	92.23	−15.33	320.19	−15.46
大兴区	230.51	−13.68	113.72	−2.84	116.79	−22.14
其中：北京经济技术开发区	219.49	−14.47	107.60	−3.71	111.89	−22.77
东城区	167.91	8.13	34.58	3.88	133.33	9.29
顺义区	173.32	12.42	57.92	21.65	115.40	8.30
其中：北京天竺综合保税区	23.92	19.91	3.67	2.74	20.25	23.66
丰台区	136.07	16.07	18.39	−4.98	117.67	20.23
昌平区	27.42	19.10	14.21	16.50	13.21	22.03
通州区	20.66	−14.28	12.03	−14.86	8.62	−13.45
密云县	9.51	23.75	3.87	43.26	5.64	13.18
平谷区	8.37	−2.19	1.76	−10.44	6.61	0.26
怀柔区	7.44	8.10	3.36	13.66	4.08	3.90
房山区	6.97	2.61	3.05	−17.07	3.91	25.96
石景山区	6.27	−17.63	3.41	−35.34	2.87	22.05
门头沟区	4.74	49.32	2.64	96.92	2.10	14.54
延庆县	2.54	−22.24	2.27	−24.97	0.27	12.38
其他	1.28	4.73	0.88	184.85	0.39	−56.93

注：以上数据为北京海关调整后的数据

（郭亚天）

2-7　2012年北京市进出口进度表

金额单位：亿美元

时间	当月进出口		累计进出口	
	金额	同比（%）	金额	同比（%）
2012.01	317.5	−1.7	317.5	−1.7
2012.02	338.0	31.4	655.4	13.0
2012.03	367.0	10.4	1 024.4	12.3
2012.04	345.5	7.4	1 369.2	10.9
2012.05	379.0	17.4	1 750.0	12.4
2012.06	331.7	10.2	2 087.8	12.3
2012.07	322.4	3.7	2 410.0	11.2
2012.08	302.9	−11.6	2 712.9	8.0
2012.09	328.3	−4.3	3 041.6	6.6
2012.10	317.7	−1.0	3 359.6	5.8
2012.11	352.6	−1.3	3 712.7	5.1
2012.12	384.9	6	4 079.2	4.7

（郭亚天）

2-8 全国各省市进出口贸易总额

（按经营单位所在地分）

金额单位：亿美元

地区	进出口额	出口额	进口额	同比（%）		
				进出口	出口	进口
总　值	**38 667.6**	**20 489.3**	**18 178.3**	**6.2**	**7.9**	**4.3**
广　东	9 838.2	5 741.4	4 096.8	7.7	7.9	7.4
江　苏	5 480.9	3 285.4	2 195.6	1.6	5.1	−3.3
上　海	4 365.4	2 067.4	2 298.0	−0.2	−1.4	0.8
北　京	4 079.2	596.5	3 482.7	4.7	1.1	5.4
浙　江	3 122.3	2 245.7	876.7	0.9	3.8	−5.8
山　东	2 455.4	1 287.3	1 168.1	4.1	2.4	6.0
福　建	1 559.3	978.4	580.9	8.6	5.4	14.6
天　津	1 156.2	483.1	673.1	11.8	8.6	14.3
辽　宁	1 039.9	579.5	460.4	8.3	13.5	2.3
四　川	591.3	384.6	206.6	23.9	32.5	10.5
重　庆	532.0	385.7	146.3	82.2	94.5	56.1
河　南	517.5	296.8	220.7	58.6	54.3	64.9
河　北	505.5	296.0	209.4	−5.7	3.6	−16.3
安　徽	393.3	267.5	125.7	25.6	56.6	−11.6
黑龙江	378.2	144.4	233.9	−1.8	−18.3	12.2
江　西	334.1	251.1	83.0	6.2	14.8	−13.5
湖　北	319.6	194.0	125.6	−4.8	−0.7	−10.6
广　西	294.7	154.7	140.1	26.2	24.2	28.5
新　疆	251.7	193.5	58.2	10.3	15.0	−2.8
吉　林	245.7	59.8	185.9	11.4	19.7	8.9
湖　南	219.4	126.0	93.4	15.8	27.2	3.3
云　南	210.0	100.2	109.9	31.0	5.8	67.6
山　西	150.4	70.2	80.3	2.0	29.3	−13.9
陕　西	148.0	86.5	61.5	1.0	23.0	−19.3
海　南	143.3	31.4	111.9	12.3	23.7	9.5
内蒙古	112.6	39.7	72.9	−5.6	−15.3	0.6
甘　肃	89.0	35.7	53.3	2.0	65.5	−18.9
贵　州	66.3	49.5	16.8	35.7	65.9	−11.7
西　藏	34.2	33.6	0.7	152.1	183.6	−60.7
宁　夏	22.2	16.4	5.8	−3.0	2.6	−16.1
青　海	11.6	7.3	4.3	25.6	10.3	64.2

数据来源：商务部

（李　倩）

2-9 历年进出口总额一览表

（1993—2012年）

单位：万美元

年度	进出口总额	出口额	进口额
1993	2 826 683	672 105	2 154 578
1994	2 927 427	834 206	2 093 221
1995	3 703 513	1 024 977	2 678 536
“九五”时期	17 417 315	5 010 231	12 407 084
1996	2 931 833	811 975	2 119 858
1997	3 038 852	961 103	2 077 749
1998	3 050 609	1 051 293	1 999 316
1999	3 433 844	989 059	2 444 785
2000	4 962 177	1 196 801	3 765 376
“十五”时期	39 273 900	9 269 879	30 004 021
2001	5 154 131	1 178 687	3 975 444
2002	5 250 870	1 261 464	3 989 406
2003	6 846 262	1 685 173	5 161 089
2004	9 465 509	2 057 493	7 408 016
2005	12 557 128	3 087 062	9 470 066
“十一五”时期	113 900 296	24 818 619	89 081 677
2006	15 817 225	3 797 921	12 019 304
2007	19 294 630	4 892 328	14 402 302
2008	27 171 187	5 745 424	21 425 763
2009	21 476 276	4 836 261	16 640 014
2010	30 140 978	5 546 685	24 594 293
“十二五”时期			
2011	38 949 480	5 902 502	33 046 978
2012	40 791 626	5 965 038	34 826 588

（李 倩）

2-10 1995—2012年北京进出口额在全国各地区的排名

年 份	进 口	出 口
1995	2	3
1996	2	7
1997	2	7
1998	2	5
1999	2	7
2000	2	7

（续）

年　　份	进口	出口
2001	2	7
2002	3	7
2003	4	7
2004	4	8
2005	4	7
2006	3	7
2007	3	7
2008	2	6
2009	2	7
2010	2	7
2011	2	7
2012	2	7

（李　倩）

三、服务外包与技术贸易

3-1 2012年北京地区服务贸易进出口情况统计表

单位：亿美元

	出口	进口	进出口额	顺（逆）差
总计	**445.11**	**555.09**	**1 000.20**	**−109.98**
运输服务	57.22	165.99	223.21	−108.76
旅游	51.49	103.99	155.48	−52.50
通信服务	13.56	12.59	26.15	0.97
建筑服务	64.80	20.43	85.23	44.36
保险服务	19.71	112.43	132.14	−92.72
金融服务	4.63	17.53	22.16	−12.90
计算机和信息服务	49.08	11.11	60.19	37.97
专有权利使用费和特许费	5.73	22.66	28.40	−16.93
咨询	88.71	27.65	116.36	61.06
广告、宣传	12.73	6.88	19.61	5.86
电影、音像	0.76	4.15	4.91	−3.38
其他商业服务	76.68	49.68	126.36	26.99

（于新成）

3-2 北京地区历年服务贸易进出口情况统计表

单位：亿美元

年度	出口	进口	进出口额	顺（逆）差
2003	82.45	79.78	162.24	2.67
2004	121.12	114.58	235.70	6.54
2005	165.81	134.92	300.74	30.89
2006	198.54	194.68	393.23	3.86
2007	252.81	250.25	503.06	2.55
2008	341.69	350.23	691.92	−8.53
2009	331.60	332.50	644.10	−20.90
2010	388.22	401.10	798.32	−21.88
2011	414.99	480.38	895.37	−65.39
2012	445.11	555.09	1 000.20	−109.98

（于新成）

3-3 北京市2012年服务外包（离岸）外包类别情况

外包类别	2011年执行金额（万美元）	2012年执行金额（万美元）	同比增幅（%）
服务外包（离岸）合计	244 880.90	355 953.30	45.4
其中：			
信息技术外包	179 821.97	252 396.19	40.4
业务流程外包	29 693.28	68 537.38	130.8
知识流程外包	35 365.65	35 019.74	−1.0
其他服务产品			

（刘树民）

3-4 北京市历年服务外包（离岸）情况

年 度	合同数（份）	执行金额（万美元）	同比增幅（%）
总 计	**22 861**	**390 811.0**	
2006	4 240	35 583.2	—
2007	4 742	42 454.2	19.3
2008	3 050	54 176.8	27.6
2009	5 264	104 841.0	93.5
2010	5 565	153 755.9	46.7
2011	5 884	244 880.9	59.3
2012	5 887	355 953.3	45.4

（刘树民）

3-5 2012年技术进出口合同登记情况

3-5-1 技术出口合同认定登记情况

一、按合同类型分

合同类型	合同数	合同金额（万美元）	技术费（万美元）
合 计	**1 276**	**664 990.27**	**641 390.46**
技术开发	800	358 051.20	356 815.51
技术转让	60	12 782.21	11 605.06
技术咨询	25	990.05	990.05
技术服务	391	293 166.82	271 979.84

（巨振乐）

二、按企业类型分

卖方机构	合同数	合同金额（万美元）	技术费（万美元）
合　计	**1 276**	**664 990.27**	**641 390.46**
机关法人	8	223.08	223.08
事业法人	37	1 028.90	1 028.90
社团法人	2	12.15	12.15
企业法人	1 228	662 055.64	638 455.82
自然人	0	0.00	0.00
其他组织	1	1 670.51	1 670.51

（巨振乐）

三、按技术领域分

技术领域	合同数	合同金额（万美元）	技术费（万美元）
合　计	**1 276**	**664 990.27**	**641 390.46**
电子信息技术	899	346 362.99	345 174.90
航空航天技术	10	61 000.97	61 000.97
先进制造技术	16	5 689.50	5 689.50
生物、医药和医疗器械	119	18 393.70	18 346.10
新材料及其应用	52	19 111.00	17 965.67
新能源与高效节能	77	14 782.33	14 750.51
环境保护与资源综合利用	50	191 761.19	170 587.11
核应用技术	4	627.63	614.74
农业技术	3	464.24	464.24
现代交通	23	5 331.39	5 331.39
城市建设与社会发展	23	1 465.32	1 465.32

（巨振乐）

四、按国别（地区）分

名　　称	合同数	合同金额（万美元）	技术费（万美元）
合　计	**1 276**	**664 990.27**	**641 390.46**
阿尔及利亚（DZ）	6	10 499.64	10 206.20
阿拉伯联合酋长国（AE）	3	13 336.59	12 815.05
埃塞俄比亚（ET）	2	512.30	512.30
爱尔兰（IE）	3	9 621.82	9 621.82
安哥拉（AO）	11	58 141.18	55 914.51
奥地利（AT）	1	0.47	0.47
澳大利亚（AU）	31	3 838.33	3 838.33

（续）

名　称	合同数	合同金额（万美元）	技术费（万美元）
巴基斯坦（PK）	4	28 305.62	27 687.55
巴西（BR）	1	4.73	4.73
百慕大（BM）	1	4 386.32	4 386.32
比利时（BE）	5	28.72	27.66
玻利维亚（BO）	1	29 612.15	29 612.15
赤道几内亚（GQ）	9	2 537.27	2 537.27
丹麦（DK）	5	1 302.35	1 302.35
德意志联邦共和国（DE）	22	13 644.49	13 644.49
多哥（TG）	2	488.43	488.43
俄罗斯（RU）	3	289.84	289.84
厄瓜多尔（EC）	1	330.76	330.76
法国（FR）	39	12 730.60	12 730.60
菲律宾（PH）	2	7.20	7.20
芬兰（FI）	3	52 501.79	52 501.79
刚果（CG）	3	305.31	305.31
格陵兰（GL）	1	7.81	7.81
古巴（CU）	1	365.92	334.10
国（地）别不详的	2	156.11	156.11
哈萨克斯坦（KZ）	7	658.14	658.14
韩国（KR）	62	11 446.51	10 285.07
荷兰（NL）	5	340.33	340.33
吉尔吉斯（KG）	1	2.86	2.86
加拿大（CA）	21	2 391.31	2 391.31
加纳（GH）	1	23.81	10.91
柬埔寨（KH）	1	95.25	95.25
津巴布韦（ZW）	3	955.68	955.68
卡塔尔（QA）	1	2 322.31	2 229.42
开曼群岛（KY）	4	2 560.75	2 560.75
老挝（LA）	1	10.34	10.34
黎巴嫩（LB）	1	6 078.75	5 835.60
马来西亚（MY）	6	1 422.52	277.19
美国（US）	291	149 608.36	149 596.28
蒙古（MN）	4	634.08	634.08
纳米比亚（NA）	2	320.57	320.57

（续）

名　　称	合同数	合同金额（万美元）	技术费（万美元）
南非（ZA）	3	71.01	71.01
尼日尔（NE）	3	525.02	525.02
挪威（NO）	5	22.09	22.09
欧洲	1	143.19	143.19
葡萄牙（PT）	1	4.15	3.11
日本（JP）	240	12 417.68	12 392.37
瑞典（SE）	34	50 642.56	50 626.56
瑞士（CH）	26	16 769.07	16 769.02
萨摩亚（WS）	1	60.46	60.46
塞拉利昂（SL）	1	579.63	579.63
沙特阿拉伯（SA）	3	1 943.41	1 876.31
斯里兰卡（LK）	2	30 002.08	28 802.00
斯洛伐克共和国（SK）	1	0.36	0.36
苏丹（SD）	2	353.48	353.48
土库曼斯坦（TM）	4	89.09	89.09
乌兹别克斯坦（UZ）	1	9.72	9.72
新加坡（SG）	42	61 391.09	59 833.61
新西兰（NZ）	5	428.69	428.69
亚洲其他	2	427.74	427.74
伊拉克（IQ）	1	209.91	209.91
伊朗（IR）	7	3 417.89	3 417.89
以色列（IL）	1	0.44	0.33
意大利（IT）	2	54.40	54.40
印度（IN）	6	76.92	76.77
英国（GB）	36	5 904.64	5 904.54
英属维尔京群岛（VG）	1	20.65	20.65
越南（VN）	2	11 689.27	10 482.36
赞比亚（ZM）	7	17 020.17	3 859.14
乍得（TD）	4	451.04	451.04
澳门特别行政区	16	131.38	131.38
台湾省	31	1 069.71	1 069.71
香港特别行政区	212	27 236.01	27 231.97

技术出口数据来源：北京市技术市场管理办公室

注：1 美元=6.285 5 元

（巨振乐）

3-5-2 技术引进合同登记情况

一、按合同类型分

引进方式（合同类别）	合同数	合同金额（万美元）	技术费（万美元）
总　　计	**1 330**	**310 849.68**	**284 657.18**
A：专利技术的许可或转让（包括专利申请权的转让）	50	44 880.09	44 548.32
B：专有技术的许可或转让	215	115 922.27	115 449.93
C：技术咨询、技术服务	805	98 215.86	80 253.52
D：计算机软件的进口	238	34 274.99	34 274.99
E：A、B内容之一相关联的商标许可	1	139.10	139.10
F：涉及A、B、C内容之一的合资生产、合作生产等	5	3 524.22	3 524.22
G：为实施A至G项内容而进口的成套设备、关键设备、生产线等	16	13 504.11	6 078.06
H：其他方式的技术进口	—	389.04	389.04

（巨振乐）

二、按企业性质分

企业性质分类	合同数	合同金额（万美元）	技术费（万美元）
总　　计	**1 330**	**310 849.68**	**284 657.18**
国有企业	491	110 412.61	84 863.46
集体企业	30	2 590.23	2 590.23
外资企业	551	171 674.05	171 625.77
民营企业	251	24 416.27	23 821.20
其他	7	1 756.52	1 756.52

（巨振乐）

三、按国民经济行业分

行　业	合同数	合同金额（万美元）	技术费（万美元）
总　　计	**1 330**	**310 849.68**	**284 657.18**
农、林、牧、渔业	3	461.21	382.08
农业	3	437.84	358.71
农业服务业	—	23.37	23.37
采矿业	76	13 221.83	9 897.07
煤炭开采和洗选业	7	3 644.11	2 027.27
石油和天然气开采业	68	9 442.20	7 734.28
其他矿采选业	1	135.52	135.52
制造业	471	198 978.05	180 567.26
农副食品加工业	—	18.26	18.26
食品制造业	7	1 336.94	1 336.94
纺织业	1	94.86	94.86

（续）

行 业	合同数	合同金额（万美元）	技术费（万美元）
纺织服装、鞋、帽制造业	1	19.16	19.16
皮革、毛皮、羽毛（绒）及其制品业	—	60.64	60.64
木材加工及木、竹、藤、棕、草制品业	1	130.00	130.00
家具制造业	—	90.11	90.11
造纸及纸制品业	1	940.59	940.59
印刷业和记录媒介的复制	1	6.01	6.01
石油加工、炼焦及核燃料加工业	27	15 347.08	14 391.53
化学原料及化学制品制造业	35	19 719.09	19 387.32
医药制造业	16	1 388.71	1 388.71
化学纤维制造业	1	2 615.87	2 615.87
橡胶制品业	1	169.42	169.19
塑料制品业	1	230.16	230.16
非金属矿物制品业	1	752.45	752.45
黑色金属冶炼及压延加工业	20	17 745.72	2 085.00
有色金属冶炼及压延加工业	4	2 295.95	833.43
金属制品业	7	319.38	319.38
通用设备制造业	22	3 824.53	3 824.53
专用设备制造业	51	10 998.65	10 998.65
交通运输设备制造业	102	52 118.87	52 118.87
电气机械及器材制造业	20	4 216.84	4 216.84
通信设备、计算机及其他电子设备制造业	101	54 681.51	54 681.51
仪器仪表及文化、办公用机械制造业	29	2 595.09	2 595.09
工艺品及其他制造业	2	1 114.23	1 114.23
废弃资源和废旧材料回收加工业	19	6 147.93	6 147.93
电力、燃气及水的生产和供应业	14	2 603.58	2 187.98
电力、热力的生产和供应业	12	1 407.77	992.17
燃气生产和供应业	2	1 143.42	1 143.42
水的生产和供应业	—	52.39	52.39
建筑业	24	832.86	832.33
建筑安装业	10	424.62	424.09
建筑装饰业	10	277.84	277.84
其他建筑业	4	130.40	130.40
交通运输、仓储和邮政业	29	9 816.50	7 096.66
铁路运输业	1	119.72	119.72
城市公共交通业	5	1 513.53	81.97
水上运输业	4	20.85	20.85
航空运输业	16	5 239.71	5 191.96
管道运输业	1	67.03	67.03
装卸搬运及其他运输服务业	2	1 434.03	193.50

（续）

行业	合同数	合同金额（万美元）	技术费（万美元）
邮政业	—	1 421.63	1 421.63
信息传输、计算机服务和软件业	316	41 725.31	41 722.61
电信和其他信息传输服务业	7	180.93	180.93
计算机服务业	203	36 897.46	36 897.46
软件业	106	4 646.92	4 644.22
批发和零售业	27	3 282.63	3 282.63
批发业	8	186.11	186.11
零售业	19	3 096.52	3 096.52
住宿和餐饮业	5	793.27	793.27
住宿业	5	132.02	132.02
餐饮业	—	661.25	661.25
金融业	54	14 541.79	14 541.79
银行业	37	13 787.99	13 787.99
证券业	10	33.95	33.95
保险业	6	209.24	209.24
其他金融活动	1	510.61	510.61
房地产业	81	4 917.24	4 902.23
房地产业	81	4 917.24	4 902.23
租赁和商务服务业	24	1 241.04	1 241.04
租赁业	6	768.96	768.96
商务服务业	18	472.08	472.08
科学研究、技术服务和地质勘查业	123	11 807.64	11 414.43
研究与试验发展	30	1 214.74	821.53
专业技术服务业	91	10 538.79	10 538.79
科技交流和推广服务业	2	54.11	54.11
水利、环境和公共设施管理业	4	261.15	261.15
环境管理业	4	261.15	261.15
居民服务和其他服务业	64	5 702.80	5 089.40
居民服务业	19	778.10	778.10
其他服务业	45	4 924.70	4 311.30
教育	5	28.55	28.55
教育	5	28.55	28.55
卫生、社会保障和社会福利业	1	169.13	169.13
卫生	1	169.13	169.13
文化、体育和娱乐业	2	117.75	117.75
广播、电视、电影和音像业	1	117.00	117.00
体育	1	0.75	0.75
公共管理与社会组织	1	5.05	5.05
群众社团、社会团体和宗教组织	1	5.05	5.05

（巨振乐）

四、按国别（地区）分

国别地区	合同数	合同金额（万美元）	技术费（万美元）
总　计	**1 330**	**310 849.68**	**284 657.18**
美国	241	77 621.09	75 741.46
芬兰	4	40 457.52	40 457.52
德意志联邦共和国	88	40 017.05	28 629.77
中国香港	201	31 849.74	31 302.14
韩国	166	31 157.08	31 157.08
日本	223	25 258.11	23 756.45
瑞士	15	8 987.69	7 362.01
英国	56	7 172.45	7 093.32
荷兰	26	7 144.27	7 144.27
意大利	29	5 486.59	2 930.02
丹麦	2	5 135.03	4 803.26
英属维尔京	17	5 117.87	5 117.87
爱尔兰	14	4 604.58	4 604.58
法国	27	3 693.01	2 667.34
新加坡	26	3 434.90	3 434.90
瑞典	29	3 338.39	2 536.40
奥地利	7	3 239.52	340.11
加拿大	34	1 894.16	717.14
中国台湾	28	1 074.05	1 074.05
澳大利亚	14	731.91	731.91
以色列	9	496.86	118.00
开曼群岛	4	427.52	427.52
西班牙	4	368.78	368.78
匈牙利	1	328.42	328.42
巴西	2	317.15	317.15
印度	32	303.04	303.04
比利时	6	241.89	241.89
巴哈马	3	225.34	225.34
萨摩亚	3	195.09	195.09
百慕大	1	188.65	188.65
俄罗斯	4	126.86	126.86
乌克兰	1	105.90	105.90
其他	13	109.17	108.94

（巨振乐）

四、利用外资

4－1 按投资方式分外商直接投资情况

单位：万美元

项目名称	实际外资
总　　计	**804 160**
中外合资企业	191 944
中外合作企业	14 184
外商独资企业	592 310
外商投资股份制	5 722

（高　茜）

4－2 按投资产业分外商直接投资情况

单位：万美元

产业名称	实际外资
总　　计	**804 160**
第一产业	733
第二产业	112 326
第三产业	691 101

（高　茜）

4－3 按投资行业分外商直接投资情况

单位：万美元

行业名称	实际外资
总　计	**804 160**
农、林、牧、渔业	733
农业	231
林业	22
畜牧业	265
渔业	0
农、林、牧、渔服务业	215
采矿业	260
石油和天然气开采业	0
非金属矿采选业	260

（续）

行业名称	实际外资
制造业	86 378
农副食品加工业	1 362
食品制造业	8 138
皮革、毛皮、羽毛（绒）及其制品业	0
家具制造业	489
石油加工、炼焦及核燃料加工业	70
化学原料及化学制品制造业	770
医药制造业	3 567
塑料制品业	756
非金属矿物制品业	687
金属制品业	1 122
通用设备制造业	5 147
专用设备制造业	3 471
交通运输设备制造业	20 500
电气机械及器材制造业	12 062
通信设备、计算机及其他电子设备制造业	26 792
仪器仪表及文化、办公用机械制造业	917
工艺品及其他制造业	425
废弃资源和废旧材料回收加工业	103
电力、燃气及水的生产和供应业	25 305
燃气生产和供应业	24 872
水的生产和供应业	433
建筑业	383
房屋和土木工程建筑业	89
建筑装饰业	294
交通运输、仓储和邮政业	114 930
道路运输业	157
航空运输业	13 562
管道运输业	96 478
装卸搬运和其他运输服务业	3 140
仓储业	1 593
信息传输、计算机服务和软件业	135 121
电信和其他信息传输服务业	81
计算机服务业	19 611
软件业	115 431

（续）

行业名称	实际外资
批发和零售业	74 311
批发业	59 597
零售业	14 714
住宿和餐饮业	2 877
住宿业	0
餐饮业	2 877
金融业	36 349
保险业	0
其他金融活动	36 349
房地产业	87 739
房地产业	87 739
租赁和商务服务业	161 595
租赁业	266
商务服务业	161 329
科学研究、技术服务和地质勘查业	70 044
研究与试验发展	20 865
专业技术服务业	22 364
科技交流和推广服务业	25 563
地质勘查业	1 253
水利、环境和公共设施管理业	270
环境管理业	270
居民服务和其他服务业	4 497
居民服务业	76
其他服务业	4 421
教育	321
教育	321
卫生、社会保障和社会福利业	554
卫生	554
文化、体育和娱乐业	2 493
广播、电视、电影和音像业	16
文化艺术业	1 761
体育	534
娱乐业	182

（高　茜）

4-4　按投资国别分外商直接投资情况

单位：万美元

国别名称	实际外资
总　　计	**804 160**
亚洲	606 454
文莱	198
塞浦路斯	80
朝鲜	0
中国香港	440 357
印度	60
印度尼西亚	0
伊朗	20
伊拉克	16
以色列	174
日本	59 022
中国澳门	144
马来西亚	71
巴基斯坦	0
沙特阿拉伯	2 500
新加坡	31 656
韩国	70 959
泰国	0
土耳其	3
阿拉伯联合酋长国	21
中国台湾省	1 173
非洲	1 704
毛里求斯	1 392
尼日利亚	0
塞舌尔	312
南非	0
欧洲	70 235
比利时	18
丹麦	1 737
英国	3 828
德国	25 763
法国	2 286
爱尔兰	157
意大利	474

（续）

国别名称	实际外资
卢森堡	334
荷兰	8 542
希腊	80
西班牙	3 192
奥地利	1 366
芬兰	431
挪威	346
波兰	8
罗马尼亚	6
圣马力诺	389
瑞典	890
瑞士	20 290
格鲁吉亚	0
亚美尼亚	0
阿塞拜疆	32
哈萨克斯坦	3
俄罗斯	43
乌克兰	0
捷克共和国	0
欧洲其他	20
南美洲	88 486
巴巴多斯	200
巴西	21
开曼群岛	59 320
智利	50
特克斯和凯科斯群岛	13
英属维尔京群岛	28 882
北美洲	24 888
加拿大	2 308
美国	21 097
百慕大	1 483
大洋洲	2 193
澳大利亚	924
新西兰	106
萨摩亚	1 163
其他	10 200

（高　茜）

4-5　2012年1－12月外商投资区县/开发区分布表

金额单位：万美元

区县名称	实际外资		
	绝对值	同比（%）	比重（%）
总　计	**804 160**	**14.0**	**100.0**
首都功能核心区	124 282	13.5	15.5
东城区	63 634	15.2	7.9
西城区	60 648	11.9	7.5
城市功能拓展区	494 678	17.5	61.5
朝阳区	320 073	20.9	39.8
海淀区	150 164	5.6	18.7
丰台区	16 632	127.7	2.1
石景山区	7 809	15.4	1.0
城市发展新区	151 746	8.1	18.9
房山区	7 998	43.8	1.0
通州区	10 376	15.1	1.3
顺义区	42 053	3.9	5.2
其中：综保区	1 089	－27.4	0.1
大兴区	82 031	6.7	10.2
其中：开发区	66 923	4.9	8.3
昌平区	9 288	10.1	1.2
生态涵养发展区	33 454	－3.2	4.2
门头沟区	4 485	6.7	0.6
平谷区	7 197	19.5	0.9
怀柔区	20 659	247.9	2.6
密云县	587	－86.8	0.1
延庆县	526	－96.2	0.1

注：上述附件表中比重由于四舍五入的因素，分项之和有可能不等于100%。

（郭亚天）

4-6 2012年北京市外商投资进度表

金额单位：亿美元

时间	实际外资	
	金额	同比（%）
2012.01	7.6	3.4
2012.02	14.3	25.2
2012.03	21.3	18.8
2012.04	28.4	16.2
2012.05	36.6	17.2
2012.06	44.5	16.1
2012.07	52.5	15.2
2012.08	60.0	14.9
2012.09	68.3	12.9
2012.10	74.1	13.1
2012.11	78.3	13.5
2012.12	80.4	14.0

（郭亚天）

五、对外经济

5－1 境外投资

金额单位：万美元

年度	企业数（个）	中方协议投资额	中方实际投资额
1979	1	22.00	
1980	4	181.80	
1981	2	25.80	
1982	3	20.80	
1983	2	166.50	
1984	3	210.07	
1985	5	190.30	
1986	4	56.60	
1987	6	213.72	
1988	12	720.70	
1989	6	671.00	
1990	11	396.90	
1991	23	3 623.18	
1992	34	819.45	
1993	47	12 562.49	
1994	30	486.68	
1995	25	2 510.86	
1996	22	1 656.70	
1997	20	715.46	
1998	21	550.73	
1999	13	394.58	
2000	20	2 502.29	
2001	20	912.30	
2002	25	5 086.04	
2003	38	63 249.61	
2004	52	20 371.08	13 621.48
2005	52	24 216.24	7 582.08

（续）

年度	企业数（个）	中方协议投资额	中方实际投资额
2006	76	31 654.53	6 980.56
2007	87	36 642.53	9 439.85
2008	103	42 491.15	20 582.28
2009	140	49 958.39	30 580.71
2010	266	177 084.38	69 383.36
2011	237	209 700.08	74 533.75
2012	277	—	118 641.60
总　　计	**1 687**	**808 706.54**	**232 704.07**

（谢智虹）

5-2　对外承包工程合同额（分国别）

2012 年 1—12 月　　单位：万美元

国别名称	新签合同额	完成营业额	派出人数	期末在外人数
合　　计	**404 037**	**289 909**	**6 768**	**12 143**
阿富汗	114	85	0	0
巴林	0	59	0	1
孟加拉	690	764	21	13
缅甸	573	481	10	14
柬埔寨	2	2	0	0
朝鲜	1 724	1 372	0	0
中国香港	2 591	377	22	22
印度	0	6 707	60	3
印度尼西亚	785	352	29	16
伊朗	4 457	4 004	29	16
伊拉克	38	11	0	0
日本	0	35	2	0
科威特	0	1 673	8	18
老挝	1 111	1 215	105	102
马来西亚	27 028	2 501	166	84
蒙古	11 754	2 230	219	158
尼泊尔	1 370	375	0	0
巴基斯坦	15 000	2 650	0	0
卡塔尔	0	2 529	17	54
沙特阿拉伯	6 675	9 626	1 068	1 054

（续）

国别名称	新签合同额	完成营业额	派出人数	期末在外人数
新加坡	1 669	897	62	475
斯里兰卡	11 315	3 316	93	90
叙利亚	5 600	0	0	0
阿拉伯联合酋长国	948	6 374	89	758
越南	0	13 938	36	50
哈萨克斯坦	0	338	0	39
乌兹别克斯坦	0	24	0	4
阿尔及利亚	16 107	7 777	150	485
安哥拉	37 844	65 318	1 922	4 308
贝宁	79	16	0	0
博茨瓦纳	50	45	0	0
布隆迪	922	306	17	26
喀麦隆	349	4 130	10	80
中非共和国	0	10	0	10
乍得	33 232	18 022	248	354
刚果（布）	3 260	5 141	231	424
埃及	0	257	3	21
赤道几内亚	1 561	1 831	57	57
埃塞俄比亚	23 608	16 202	124	299
加纳	20 465	186	16	20
几内亚	120	437	2	13
几内亚（比绍）	249	131	10	10
科特迪瓦	168	118	0	0
肯尼亚	4 394	2 107	55	58
利比里亚	24	24	5	5
马拉维	16	16	0	0
马里	0	237	13	13
毛里塔尼亚	14	4	0	0
毛里求斯	5 845	6 992	294	483
莫桑比克	6 003	483	10	32
纳米比亚	0	817	35	45
尼日尔	0	1 198	47	35
尼日利亚	100 403	62 240	398	736

（续）

国别名称	新签合同额	完成营业额	派出人数	期末在外人数
卢旺达	1 243	906	54	83
塞拉利昂	9 854	0	0	0
南非	0	253	0	0
苏丹	582	633	20	20
坦桑尼亚	8 793	2 977	38	171
乌干达	563	1 304	84	97
赞比亚	19 170	11 494	264	558
津巴布韦	566	525	17	93
厄立特里亚	1	1	0	0
南苏丹	2 542	1 419	30	30
刚果（金）	1 812	925	70	49
荷兰	0	30	0	0
格鲁吉亚	436	0	3	0
白俄罗斯	3 420	3 867	491	519
俄罗斯联邦	0	27	3	0
安提瓜和巴布达	0	0	0	16
古巴	6 584	2 097	6	0
格林纳达	0	211	0	7
巴拿马	1	0	1	0
秘鲁	312	11	2	0
苏里南	0	6	2	0
特立尼达和多巴哥	0	943	0	13
美国	0	5 004	0	0
澳大利亚	1	1 296	0	0

（崔春玲）

5－3 对外劳务合作新签劳务人员合同工资总额（分国别）

2012 年 1—12 月　　　　单位：万美元

国别名称	新签劳务人员合同工资总额	劳务人员实际收入总额	派出人数	期末在外人数
合　计	**2 434**	**5 746**	**5 733**	**4 616**
塞浦路斯	0	128	250	164
中国香港	345	583	790	340
以色列	234	132	163	84
日本	712	2 170	512	1 630

（续）

国别名称	新签劳务人员合同工资总额	劳务人员实际收入总额	派出人数	期末在外人数
马来西亚	0	298	549	318
蒙古	205	205	270	0
菲律宾	0	53	41	16
新加坡	343	984	1 355	1 328
阿拉伯联合酋长国	0	10	0	0
中国台湾省	595	736	1 010	258
塞拉利昂	0	8	0	7
丹麦	0	67	57	46
英国	0	52	228	143
德国	0	26	35	23
法国	0	0	0	3
希腊	0	11	40	19
挪威	0	127	211	175
加拿大	0	155	221	61
美国	0	1	1	1

（崔春玲）

六、口岸通关

6-1 北京口岸运营情况

项目	2012年	2011年	同比增长（%）
首都机场空港口岸			
进出境人员（万人次）	2 034.7	1 861.0	9.3
其中：进境人员（万人次）	1 021.4	938.3	8.9
出境人员（万人次）	1 013.3	922.7	9.8
其中：外籍进出境人员	892.5	881.4	1.3
国际货邮运量（万吨）	67.1	63.6	5.5
进出境飞机起降（架次）	121 507	114 242	6.4
海关监管空运货物（万吨）	51.3	50.7	1.0
其中：监管进口货物（万吨）	26.6	25.9	2.4
监管出口货物（万吨）	24.7	24.8	−0.4
海关征收关税及代征税（亿元）	334.3	315.6	5.9
北京西站铁路口岸			
进出境人员吞吐量（人次）	116 563	132 738	−12.2
其中：进境人员（人次）	52 261	61 452	−15.0
出境人员（人次）	64 302	65 438	−1.7
其中：外籍进出境旅客（人次）	7 438	7 546	−1.4
北京丰台货运口岸			
外运进出口货物（吨）	38 281.0	23 641.0	61.9
海关监管货物（吨）	9 263.0	5 921.7	56.4
其中：监管进口货物（吨）	3 679.0	3 487.6	5.5
监管出口货物（吨）	5 584.0	2 434.1	129.4
海关征收关税及代征税（万元）	3 756.0	3 110.5	20.8
北京朝阳口岸			
陆港公司进出口货物量（标箱）	46 741	45 876	1.9
海关监管货物（标箱）	56 367	55 818	1.0
其中：监管进口货物（标箱）	55 912	55 199	1.3
监管出口货物（标箱）	455	619	−26.5
海关监管货物（万吨）	86.8	99.1	−12.4

（续）

项　　目	2012年	2011年	同比增长（%）
其中：监管进口货物（万吨）	85.2	97.9	－13.0
监管出口货物（万吨）	1.6	1.2	40.2
海关征收关税及代征税（亿元）	141.8	125.1	13.4
北京平谷国际陆港			
北京京港国际物流有限公司进出口货运量（标箱）	22 499	7 482	200.7
海关监管货物（标箱）	21 260	7 649	177.9
其中：监管进口货物（标箱）	21 239	7 629	178.4
监管出口货物（标箱）	21	20	5.0
海关监管货物（万吨）	15.3	6.8	125.7
其中：监管进口货物（万吨）	15.3	6.7	126.4
监管出口货物（万吨）	0.02	0.03	－33.3
海关征收关税及代征税（亿元）	17.1	7.7	121.8
北京口岸合计			
进出境人员吞吐量（万人次）	2 046.4	1 874.3	9.2
其中：外籍进出境人员（万人次）	893.2	882.2	1.3
海关监管货物（万吨）	154.3	157.2	－1.9
其中：监管进口货物（万吨）	127.3	130.9	－2.7
监管出口货物（万吨）	26.9	26.2	2.5
海关征收关税及代征税（亿元）	493.6	448.8	10.0

第七部分

大　事　记

2012年大事记

1季度

2011年12月10日—2012年3月15日

北京市商务委组织开展“九省区市保障冬季首都市场蔬菜供应暨服务产区菜农服务首都市民联合行动”。

2012年3月

市商务委商务服务业发展协调处正式组建。

2季度

2012年4月9日

市商务委、市财政局印发了《关于促进我市商业会展业发展的通知》（京商务贸发字〔2012〕55号）。

2012年4月9日—12月2日

2012年北京市商业服务业服务技能大赛活动举办。

2012年5月29日—31日

由国家商务部、北京市人民政府支持，北京市商务委员会主办，2012中国（北京）电子商务大会在京举行。

2012年5月28日—6月1日

由商务部和北京市人民政府共同主办的首届中国（北京）国际服务贸易交易会成功举办。

2012年6月20日

市商务委推动北京新发地农产品批发市场等8家单位发起成立农产品直采直供联盟，是本市对农产品供应模式的又一次新探索。

3季度

2012年7月23日—24日

北京市商务委员会向遭遇特大暴雨自然灾害较为严重的房山、门头沟和石景山区紧急调运应急储备物资，迅速保障灾区群众基本生活需求。

2012年8月8日

北京市商务委与北京市人民检察院第二分院就共同建立预防职务犯罪合作机制，开展预防职务犯罪活动举行签约仪式。

2012年8月8日

北京市商务委举行全市首批商务服务业示范楼宇和电子商务特色楼宇命名仪式。

2012年8月13日—15日

六省（市区）盐政执法联席会议在内蒙古锡林郭勒盟锡林浩特市召开。

2012年8月26日

本市规模最大的区域物流公共信息平台“物流中国”投入试运行。

2012年9月8日—11日

北京代表团赴厦门参加第十六届中国国际投资贸易洽谈会。

2012年9月23日

北京市商务委与北京市人民检察院第二分院就共同建立建设工程及政府采购领域廉洁准入工作机制举行签约仪式。

4季度

2012年10月1日—8日

北京市商务委员会机关及服务大厅完成了从朝内大街190号临时搬迁至丰台区横道沟西街和芳星园三区的工作。

2012年11月1日

我市启动家具以旧换新试点，试点为期1个月。

2012年11月5日—6日

第十六届北京香港经济合作研讨洽谈会在香港成功举办。

2012年11月6日

国务院批准北京首都国际机场为汽车整车进口口岸。

2012年11月8日—14日

北京市商务委员会圆满完成中国共产党第十八次全国代表大会商品供应和服务保障工作。

2012年11月12日

北京市商务委员会市场秩序协调处挂牌成立，承担北京市打击侵犯知识产权和制售假冒伪劣商品领导小组办公室工作。

2012年12月12日—16日

由北京市商务委员会、北京市西城区人民政府共同主办的2012中国（北京）中华老字号博览会在京举行。

2012年12月27日

“放心肉”服务体系建设经专家验收通过。

2012年12月27日

北京地区出口汽车产品质量安全示范区被国家质检总局批复同意为“国家级出口工业产品质量安全示范区”称号。

第八部分

附　　录

北京市商务委员会组织序列

（截至2012年12月31日）

序　号	商务委处室
1	办公室
2	综合处（研究室）
3	法制与公平贸易处（世贸组织事务处）
4	流通规划处
5	流通发展处（电子商务处）
6	流通秩序处
7	市场秩序协调处
8	服务交易处
9	储备调控处（北京市盐务管理办公室）
10	消费促进处（批发业发展处）
11	物流发展处
12	商务服务业发展协调处
13	总部经济发展处
14	外贸运行处
15	外贸发展处
16	机电进出口处（北京市机电产品进出口办公室）
17	服务贸易处
18	对外经济合作处
19	外资发展处
20	外资管理处（对港澳台经济合作处）
21	安全监管处
22	财务处
23	人事处
序　号	市政府口岸办公室处室
24	秘书处
25	综合业务处
26	航空港处
27	陆港管理处（北京市人民政府口岸办公室丰台货运口岸管理处、北京市人民政府口岸办公室朝阳口岸管理处）
28	北京西站铁路口岸处

序 号	市粮食局（部门管理机构）
1	办公室
2	调控处
3	政策法规处
4	储备处
5	监督检查处
6	流通管理处
7	财务处
8	人事处
序 号	市商务执法监察大队（直属管理机构）
1	法制科
2	办公室
3	行政科
4	执法一队
5	执法二队
6	执法三队
7	执法四队

北京市商务委员会领导成员

卢　彦　党组书记，主任
束　为　党组副书记，副主任
郭　伟　党组成员，纪检组组长（2012 年 8 月调出）
闫小彦　党组成员，副主任
程玉华　党组成员，副主任
许　康　党组成员，副主任
倪跃刚　党组成员，副主任
宋建明　党组成员，副主任（2012 年 9 月调入）
李薇薇　党组成员，副主任
申金升　副主任
武玉民　党组成员，纪检组组长（2012 年 12 月调入）
孙　尧　党组成员，副主任
吴　平　副主任（2012 年 2 月到我委挂职）
魏忆京　委员（副局级）
邓洪波　委员（副局级）（2012 年 7 月任职）
张东芳　委员（副局级）（2012 年 12 月退休）
韩　雯　副巡视员（2012 年 2 月调出）
刘行苍　副巡视员
赵立宗　副巡视员
陈　文　援藏指挥部副指挥（副局级）

北京市人民政府口岸办公室领导成员

王卫平　　党组书记，主任

吴伯棠　　党组成员，纪检组长

魏登范　　党组成员，副主任

王立杰　　党组成员，副主任（2012年6月退休）

朱　雷　　党组成员，副主任（2012年6月调入）

北京市粮食局领导成员

李广禄　党组书记，局长
周爱华　党组副书记，纪检组长
朱　雷　党组成员，副局长（2012 年 6 月调出）
张　强　党组成员，副局长
杨　牧　党组成员，副局长
徐志坚　党组成员，副局长（2012 年 7 月调入）